中国国际私法与比较法年刊

CHINESE YEARBOOK OF PRIVATE INTERNATIONAL LAW AND COMPARATIVE LAW

2021
（第二十九卷）

中国国际私法学会
武汉大学国际法研究所 主办

黄进 肖永平 刘仁山 主编

法律出版社
LAW PRESS·CHINA
北京

图书在版编目(CIP)数据

中国国际私法与比较法年刊. 第二十九卷, 2021 / 黄进, 肖永平, 刘仁山主编. -- 北京 : 法律出版社, 2022

ISBN 978-7-5197-7121-8

Ⅰ. ①中… Ⅱ. ①黄… ②肖… ③刘… Ⅲ. ①国际私法-中国-2021-年刊②比较法-中国-2021-年刊 Ⅳ. ①D997-54

中国版本图书馆 CIP 数据核字(2022)第 173533 号

中国国际私法与比较法年刊(2021 · 第二十九卷)
ZHONGGUO GUOJI SIFA YU BIJIAOFA NIANKAN
(2021 · DI-ERSHIJIU JUAN)

黄 进
肖永平 主编
刘仁山

策划编辑 沈小英
责任编辑 毛镜澄 王 鸿
装帧设计 李 瞻

出版发行 法律出版社
编辑统筹 法治与经济出版分社
责任校对 晁明慧 王 皓
责任印制 吕亚莉
经 销 新华书店

开本 710 毫米×1000 毫米 1/16
印张 25 **字数** 466 千
版本 2022 年 10 月第 1 版
印次 2022 年 10 月第 1 次印刷
印刷 北京虎彩文化传播有限公司

地址:北京市丰台区莲花池西里 7 号(100073)
网址:www. lawpress. com. cn
投稿邮箱:info@ lawpress. com. cn
举报盗版邮箱:jbwq@ lawpress. com. cn

销售电话:010-83938349
客服电话:010-83938350
咨询电话:010-63939796

书号:ISBN 978-7-5197-7121-8
定价:208.00 元

凡购买本社图书,如有印装错误,我社负责退换。电话:010-83938349

目　录

国际私法实务

冲突法研究

国际民事管辖权研究

比较法研究

仲裁法博士生论坛

信息与资料

Contents

Studies on Private International Law Practices

Studies on the Conflict of Laws

Studies on the International Jurisdiction over Civil Matters

Comparative Law Studies

Forum of Doctor Candidates on Arbitration Law

Information and Materials

国际私法实务

2020年中国国际私法司法实践述评

黄　进[*]　张文卿[**]

2020年,为应对新冠肺炎疫情对涉外民商事审判带来的影响,最高人民法院发布了《关于依法妥善审理涉新冠肺炎疫情民事案件若干问题的指导意见(三)》(以下简称《指导意见三》)。此外,由于《民法典》的颁布,最高人民法院《关于适用〈中华人民共和国涉外民事关系法律适用法〉若干问题的解释(一)》(2020年修正)删掉了2012年最高人民法院《关于适用〈中华人民共和国涉外民事关系法律适用法〉若干问题的解释(一)》第4条和第5条的内容。在区际司法协助领域,最高人民法院《关于内地与香港特别行政区相互执行仲裁裁决的补充安排》(以下简称《补充安排》)将内地法院能够采取保全措施的时间提前,《关于内地与澳门特别行政区法院就民商事案件相互委托送达司法文书和调取证据的安排》增加了电子方式转递的规定。在案例方面,本文没有仅侧重法律适用问题,还对每种法律关系的案例进行抽样,选出不同法律关系中有典型国际私法问题和参考价值的案件进行评析。本文还对国际公约与国际惯例的适用、区际司法协助和国际司法协助的典型案例进行了一定的分析。

本文为关于中国国际私法司法实践的第20次述评。① 本次述评,首先,简要说明2020年最高人民法院发布的国际私法领域的规范性文件;其次,围绕最高人民法院发布的2020年全国十大典型海事案例,分别简述案情和典型意义,以确认这些案例的审判参考价值;最后,通过检索和阅读2020年我国司法实践中的涉外民商事案件,评析法律适用问题和其他国际私法问题,例如,国际民事诉讼的"禁诉令"制度和

---

* 武汉大学国际法研究所教授、博士研究生导师。

** 武汉大学国际法研究所博士研究生。

① 前19次的年度述评,依次参见《中国国际私法与比较法年刊》第6卷至第22卷、第25卷和第27卷。其中,2001年和2002年的年度述评同时发表于第6卷。

涉外金融领域国际惯例的适用等。需要指出的是,本文不代表任何机构的观点和立场,主要是为我国国际私法学界的同仁和研究者提供直接相关的材料和信息,以全方位展现2020年度我国在立法和司法层面发生的重大国际私法事件。

一、最高人民法院发布的规范性文件

(一)《指导意见三》①

2020年最高人民法院针对新冠肺炎疫情期间民事案件的有关问题共发布3份司法指导意见。《指导意见三》主要针对涉外商事海事纠纷作出规定,可分为6个部分:

第一部分对当事人、诉讼证据和时效期间作出特殊说明。首先,受疫情影响无法及时办理公证、认证或其他证明手续的当事人,可申请延期提交。其次,在我国领域外形成的证据,当事人可以受疫情或防控措施影响向法院申请延长举证期限。如果一方当事人提供的在我国领域外形成的公文书证因疫情无法及时办理公证等手续,对方当事人可以保留对证明手续的异议,先对证据的关联性、证明力等发表意见。最后,在我国领域内没有住所的当事人,因疫情无法在法定期间提交答辩状或提起上诉的,可根据《民事诉讼法》的规定申请延期。当事人申请承认和执行外国法院判决、裁定或外国仲裁裁决的,如果在时效期间的最后6个月内因为疫情而不能提出申请,可以主张时效中止。

第二部分是法律适用问题。《指导意见三》强调,法院在适用域外法律时,不能以我国法律的不可抗力规则来理解域外法的类似规定。关于国际条约的适用,要明确具体案件中受条约调整的事项和不受条约调整的事项,对于后者,要根据我国冲突规范的指引确定准据法。《指导意见三》还专门针对《联合国国际货物销售合同公约》提出了具体适用意见,具有开创性意义:首先,法院可查阅联合国国际贸易法委员会官方网站刊载的公约缔约方状况,了解某一国家或地区是否为公约缔约方或对特定条款作出保留。其次,由于公约不调整合同效力以及合同对货物所有权的影响,这两类事项应当由我国冲突规范来确定准据法。此外,当事人受疫情或疫情防控措施影响,主张适用该公约第79条的有关规定部分或全部免除合同责任的,法院应严格把握该条款的适用条件。最后,对公约内容的解释应当结合上下文并参照公约的目的和宗旨,进行善意解释。同时要注意,《〈联合国国际货物销售合同公约〉判例法摘要汇编》不构成公约的组成部分,法院在审理案件过程中可以参考但不能

---

① 《指导意见三》,载中华人民共和国最高人民法院官网,http://www.court.gov.cn/fabu-xiangqing-236501.html,最后访问日期:2021年9月27日。

将其作为法律依据。

第三部分对信用证和独立保函问题作出了规定。首先,法院要遵循信用证的独立抽象性原则和严格相符原则,区分恶意不交付货物与因疫情或防控措施导致不能交货的情形。其次,当事人主张因疫情或防控措施导致银行营业中断的,法院要正确适用《跟单信用证统一惯例》(UCP600)第36条关于不可抗力的规定,当事人对不可抗力责任另有约定的除外。

关于独立保函纠纷,首先,《指导意见三》要求法院遵循保函独立性原则和严格相符原则,依据相关司法解释严格认定构成欺诈的情形。其次,法院要正确适用《见索即付保函统一规则》(URDG758)第26条关于不可抗力的规定,当事人对不可抗力责任另有约定的除外。

第四部分是关于受疫情影响较大的货物运输法律问题。根据《指导意见三》第10条第1款的规定,承运人提供证据证明因运输途中运输工具上发生疫情需要及时确诊、采取隔离等措施而变更运输路线,只要承运人及时通知了托运人,变更路线的行为不构成对原《合同法》第291条的违反。《指导意见三》第10条第2款指出,承运人提供证据证明因疫情或疫情防控,起运地或者到达地采取禁行、限行防控等措施而发生运输路线变更等导致迟延交付,只要承运人已及时通知托运人,可免除承运人的相应责任。

第五部分用7个条款对船舶适航、开航前可以解除合同的情形、承运人在邻近港口或地点卸货是否构成违约、集装箱超期使用费的调减、航次取消或变更后货运代理企业的责任、船舶的延期交付、港口不得随意限制船舶停泊期限7个方面进行说明。

在船舶适航方面,根据《指导意见三》第11条的规定,船舶停靠过受疫情影响的地区不必然导致船舶不适航,但若该船舶采取过消毒、熏蒸等疫情防控措施,导致不适合运载特定货物,则该船舶对特定货物来说就是不适航的。此外,有船员感染新冠肺炎,也不必然导致船舶不适航。如果疫情导致持证健康船员数量无法达到适航要求,则船舶不适航。

《指导意见三》第12条列举了开航前承运人或托运人可以根据《海商法》第90条解除合同的情形。对于承运人在邻近港口或地点卸货,第13条通过两款分别规定承运人免责和不能免责的情形。当目的港具有因疫情或疫情防控措施被限制靠泊卸货等情形,承运人在目的港邻近的安全港口或地点卸货,承运人不承担违约责任,合同另有约定的除外。但如果承运人卸货后未就货物保管作出妥善安排并及时通知托运人或收货人,则不能免除承运人的违约责任。

受疫情影响,收货人或托运人可能因运输受阻无法及时归还集装箱,需要向承运人支付超期使用费。《指导意见三》第14条要求法院尽可能引导当事人协商解决,协商不成的,法院可以酌情予以调减。

关于货运代理企业的责任,根据《指导意见三》第15条的规定,原则上,承运人因疫情或疫情防控措施取消航次或变更航期,货运代理企业不承担责任。但货运代理企业未尽到勤勉和谨慎义务,未及时就航次取消、航期变更通知托运人,或者在配合托运人处理相关后续事宜中存在过错,货运代理企业应当承担相应责任。

在船舶建造过程中,很多船企由于疫情无法复工,导致船舶建造延迟,无法按期交付。《指导意见三》第16条指出,除合同另有约定外,船舶修造企业以疫情或者疫情防控措施导致劳动力不足、设备物资交付延期,无法及时复工为由,请求延展交船期限的,人民法院可根据疫情或疫情防控措施对船舶修造的影响程度,酌情支持。

2020年1月29日交通运输部《关于统筹做好疫情防控与水路运输保障有关工作的紧急通知》规定,严禁港口经营企业以疫情防控为名随意采取禁限货运船舶靠港作业、锚地隔离14天等措施。《指导意见三》在此基础上进一步保障了船舶所有人或经营人的权利。在港口经营企业所在地的海事部门、港口管理部门没有明确要求的情况下,港口经营企业擅自以检疫隔离为由限制船舶停泊期限,船舶所有人或经营人可以根据《指导意见三》第17条的规定主张赔偿。

第六部分提出开辟诉讼绿色通道,涉我国港澳台地区案件参照执行。《指导意见三》要求人民法院审理与疫情有关的涉外商事海事纠纷时,积极开辟诉讼绿色通道,运用智慧法院成果,将线上与线下服务有机结合,优化跨域诉讼服务。此外,涉我国港澳台地区的与疫情有关的涉外商事海事纠纷也参照该指导意见执行。

(二)最高人民法院《关于适用〈中华人民共和国涉外民事关系法律适用法〉若干问题的解释(一)》①(2020年修正)

此次修正删除了2012年最高人民法院《关于适用〈中华人民共和国涉外民事关系法律适用法〉若干问题的解释(一)》第4条和第5条的规定,主要原因是《民法典》未保留原《民法通则》第142条第2款和第3款的规定,没有对国际条约的适用进行规定。

---

① 最高人民法院《关于适用〈中华人民共和国涉外民事关系法律适用法〉若干问题的解释(一)》(法释〔2020〕18号)。

(三)《补充安排》

《补充安排》共5条,第1条和第4条自2020年11月27日起施行。目前香港特别行政区已完成有关程序,《补充安排》第2条和第3条自2021年5月19日起施行。首先,《补充安排》明确了两地裁决的相互认可,将最高人民法院《关于内地与香港特别行政区相互执行仲裁裁决的安排》(以下简称《安排》)中"执行内地或香港特别行政区仲裁裁决的程序"解释为"认可和执行内地或香港特别行政区仲裁裁决的程序",避免当事人申请认可我国香港特别行政区仲裁裁决时欠缺依据。其次,《补充安排》允许申请人同时在两地申请执行裁决。《安排》不允许申请人同时分别向两地有关法院提出申请,只有一地的法院执行不足以偿还债务时,才可就不足部分向另一地法院申请执行。在实践中,在我国香港特别行政区申请执行仲裁裁决不适用时效中断,申请人很可能在内地申请执行而错过了在香港特别行政区申请执行的期限,导致尚未偿还的部分无法在香港特别行政区获得执行。《补充安排》允许申请人分别向两地法院申请执行,避免因内地和我国香港特别行政区申请执行的期限不同而导致无法获得执行。最后,为保障仲裁裁决执行的效果,避免被申请人在司法审查期限内恶意转让财产,《补充安排》第4条规定,法院可以在受理执行仲裁裁决申请前后采取保全或强制措施。

(四)最高人民法院《关于内地与澳门特别行政区法院就民商事案件相互委托送达司法文书和调取证据的安排》(以下简称2020年《内澳送达与取证安排》)

在文书送达和取证方面,《关于内地与香港特别行政区法院相互委托送达民商事司法文书的安排》和《关于内地与香港特别行政区法院就民商事案件相互委托提取证据的安排》均未明确涉及信息技术。2020年《内澳送达与取证安排》增加了以电子方式转递的规定,并强调以电子方式转递的资料应当确保其完整性、真实性和不可修改性。2020年《内澳送达与取证安排》第23条还允许受委托方法院在一定条件下协助安排其辖区证人、鉴定人通过视频、音频作证。

2020年《内澳送达与取证安排》还允许在最高人民法院与澳门特别行政区终审法院协商一致的情况下,由中级人民法院或基层人民法院与澳门特别行政区终审法院相互委托送达和调取证据。此外,2001年《关于内地与澳门特别行政区法院就民商事案件相互委托送达司法文书和调取证据的安排》没有说明"委托书不符合本安排规定"是指委托书具体存在哪些问题,2020年《内澳送达与取证安排》第4条明确了委托书不符合规定,是指委托事项存在材料不齐全、信息不完整等问题,影响受委托方法院完成受托事项。收到委托书的内地人民法院如果认为不属于本院管辖,应当报请高级人民法院处理。

二、最高人民法院发布的典型案例

2021年8月17日,最高人民法院发布10起2020年全国海事审判典型案例。各海事法院及其上级法院主动克服疫情影响,不断提升我国海事司法的国际影响力,有效推动了海洋经济建设。

(一)"莆田市秀屿区海洋与渔业局与希腊加斯佩罗船贸有限公司海洋自然资源与生态环境损害赔偿纠纷案"①

被告所有的巴拿马籍游轮在出港航行过程中触礁搁浅,船内燃油泄漏,导致所处海域的生态环境和渔业资源等受损,莆田市秀屿区海洋与渔业局就该损害提起赔偿诉讼,厦门海事法院组织原、被告以及遭受油污损害的渔民进行调解,三方成功达成调解协议。该案有两个方面的典型意义:第一,有效解决油污损害赔偿纠纷,使海洋行政机关及时获得赔偿,为生态环境的修复提供保障;第二,在调解过程中,法院邀请生态环境技术专家参与调解,并且依法将调解协议进行公告,提高了审理的专业化水平。

(二)"中国科学院水生生物研究所与扬州润航船务有限公司、成某某、朱某某、中华联合财产保险股份有限公司扬州中心支公司船舶触碰责任纠纷案"②

被告船舶在长江上游特定水域航行过程中,因操作不当与养殖设施碰撞,造成设施内驯养繁育的圆口铜鱼受损。原告基于科研项目对该鱼类进行驯养和繁育,此次碰撞造成的科研损失巨大,因此主张被告承担损害赔偿责任。经法院认定,圆口铜鱼是处于极危等级状态的鱼类,原告通过人工技术连续4年成功孵化,对于挽救该物种并维护长江流域水生态平衡具有重要意义,被告造成的碰撞使原告驯养繁育的该鱼类损失殆尽。武汉海事法院委托东海研究所对损失的价值进行鉴定评估,将《评估鉴定报告》作为证明船舶碰撞事故导致科研鱼类价值损失的证据。此案明确了生态环境科研项目的价值认定标准,具有典型意义和示范作用。

(三)"李某某、林某某与天安财产保险股份有限公司深圳分公司海上保险合同纠纷案"③

在该案中,原告所有的游艇在返程途中触礁搁浅,施救过程中受台风影响,游艇翻沉灭失,构成全损。原告在向被告索赔被拒后,诉至法院。一审法院认为,该案属

① 厦门海事法院(2019)闽72民初969号。

② 武汉海事法院(2018)鄂72民初102号。

③ 海口海事法院(2020)琼72民初66号;海南省高级人民法院(2020)琼民终431号。

于保险责任纠纷,并查明有关事实,认定驾驶人具有相应驾驶资格,该船舶具有适航证书并配备了最新电子海图,保险人的抗辩理由不成立。法院在严格区分事故原因和保险责任的基础上,综合除外责任情形,判定保险人承担保险责任。二审法院最终以调解方式结案。该案的审理结果充分保障了游艇所有人的合法权益,有利于海南游艇产业的发展。

(四)"益利船务有限公司与施某某等光船租赁担保合同纠纷案"①

原告益利船务有限公司主张,由于光船租赁合同的承租人五洲国际海运有限公司未按时支付租金,根据担保合同的约定,被告应对承租人未履行的租金支付义务及损害赔偿承担连带保证责任。被告提出管辖权异议,认为香港特别行政区法院对该案有专属管辖权。

一审法院分别对《光船租赁合同》的管辖条款是否排除本院管辖、《个人保证书》的管辖条款是否排除本院管辖进行了说理。法院首先认定《光船租赁合同》中的管辖权约定构成非对称管辖权条款(asymmetric jurisdiction clause),船东可以选择香港特别行政区以外的其他法院起诉,仅当船东选择在香港特别行政区法院起诉时,香港特别行政区法院享有排他性的管辖权,承租人必须受排他性管辖的约束。同时,非对称管辖权条款不违反我国《民事诉讼法》中级别管辖和专属管辖等强制性规定,因此有效。法院进一步认定,《个人担保书》中也存在非对称管辖权条款,该案原告选择在厦门海事法院起诉,符合合同约定,没有违反内地法律,因此驳回被告的管辖权异议。

该案典型意义有三方面:第一,明确认定非对称管辖权条款有效,体现了对意思自治的尊重,符合国际海事交往实践需求。第二,法院主动查阅并根据波罗的海国际航运公会关于标准光船租赁合同(BARECON 2001)的《起草说明》,认定该案《光船租赁合同》第30条D款的调解仅在仲裁程序开始后才触发,而双方签订合同时删去了仲裁条款,因此无法在仲裁程序中实现调解。第三,根据司法解释认定该案不符合适用"不方便法院"原则的法定条件。

(五)"德国航运贷款银行与SPV萨姆莱恩有限公司船舶抵押借款合同纠纷案"②

2020年4月30日以来,有7家外国当事人和1家香港特别行政区公司向青岛海事法院申请扣押利比里亚籍"SAM L10N"轮,由于船东未在法定时间内提供担保

① 厦门海事法院(2020)闽72民初239号;福建省高级人民法院(2020)闽民辖终114号。

② 青岛海事法院(2020)鲁72民初1845号。

并最终弃船,德国航运贷款银行向青岛海事法院起诉并申请拍卖该船舶。法院发布公告要求债权人在规定期间登记债权,上述8家当事人和该轮21名外籍船员进行了登记并提起诉讼。

该案的典型意义有两方面:第一,法院根据德国航运贷款银行与船东在抵押合同中约定适用的利比里亚法律,确认德国航运贷款银行的船舶抵押权,抵押权和21名船员的工资债权应当从船舶拍卖价款中优先受偿。第二,海事法院通过判决充分保障船员合法权益,采取合理措施将21名外籍船员安全、高效遣返,有效促进了国际航运业的复工复产。

(六)"BOA BARGES AS与南京奕淳船舶制造有限公司船舶建造合同纠纷案"①

2007年4月18日,挪威籍船东BOA BARGES AS与南京奕淳船舶制造有限公司成立3份《造船合同》,约定发生争议时向伦敦国际仲裁院申请仲裁并适用英国法。2010年5月17日,该案外国原告承继原3份合同,成为新买方。受新冠肺炎疫情影响,原、被告于2020年5月16日达成《补充协议》,将争议解决方式变更为南京海事法院管辖,适用中国法。2020年6月,原告向南京海事法院起诉,请求判令被告返还预付款及利息。

该案有两点典型意义:第一,鉴于疫情影响,原告代理律师无法及时提交授权委托书的公证认证文书,法院按照《指导意见三》的相关精神先行立案,允许外国当事人延期提交公证认证材料。第二,法院在疫情背景下积极采用互联网方式组织多轮在线协商,促使当事人达成调解协议,从立案到审结仅用27天,高效、圆满地化解纠纷。

(七)"蒋某某与林某某船舶碰撞损害责任纠纷案"②

2018年12月26日,林某某所有的"浙奉渔26011"轮与蒋某某所有的"华伦67"轮发生碰撞,导致后者沉没。原告蒋某某起诉请求判令被告赔偿损失,被告以享有海事赔偿责任限制进行抗辩。

该案有两方面典型意义:第一,法院依据《海上交通安全法》和《海商法》准确认定原、被告的碰撞责任比例。原告超航区航行、船员不适任且配备不足,被告船员不适任、配备不足且事故发生后擅离现场,分别承担80%和20%的责任。第二,关于海事赔偿责任限制,法院认为,被告作为所有权人没有尽到渔船经营安全管理义务,

① 南京海事法院(2020)苏72民初611号。

② 宁波海事法院(2019)浙72民初1036号。

对于船舶配员不足、船员不适任、无证驾驶等行为可能造成的危害理应遇见，仍然放任损害事实的发生，构成《海商法》第209条规定的“明知可能造成损失而轻率地作为或者不作为”，无权享有海事赔偿责任限制。该判决有效遏制了实践中内河船违规入海和船员无证驾驶现象，有利于加强船舶所有人和经营人的安全航行意识。

（八）“福建省中江石化有限公司与利比里亚籍‘GAS PRODIGY’轮船舶所有人等诉前海事请求保全案”①

2020年2月10日，福建省中江石化有限公司（以下简称中江石化公司）进口2400吨丙烯，承运船舶利比里亚籍船舶在港口卸货时发生丙烯泄漏。2020年3月10日，中江石化公司向法院申请诉前扣押船舶，并要求被申请人提供担保。厦门海事法院受理后，在24小时内促成当事人双方和解。被申请人向申请人出具保函后，法院裁定准许申请人撤回保全申请。法院充分发挥“互联网+审判”的功效，在保全程序中快速展开调解，使纠纷获得迅速圆满解决，让船舶上的防疫物料快速卸货并投入生产，纾解疫情期间物资供给紧张的局面，彰显了中国海事司法的效率和智慧。

（九）“樊某某、郭某某与黄某某、周某某、罗某某海上人身损害责任纠纷案”②

2019年4月18日，“珠香1746”渔船在作业时失联。渔船所有人周某某为我国澳门特别行政区居民。2021年4月21日，搜救队确认该船已沉没，周某某及其哥嫂和5名内地渔工全部遇难。樊某某为5名内地渔工之一，其近亲属向法院诉请船舶所有人的继承人支付人身损害赔偿金。该案有3项重要意义：一是广州海事法院适用网上授权委托见证，实现智慧诉讼服务新模式，显著提高诉讼效率。二是由澳门特别行政区陪审员作为合议庭成员，有利于澳门特别行政区法律的查明与适用，进一步完善了我国的陪审员制度。三是充分发挥珠海市港澳流动渔民协会的作用，有效解决3名澳门特别行政区当事人的送达问题，同时与法院合作开展调解工作解决纠纷。

（十）“胜船海事公司与中海工业有限公司、扬州中远海运重工有限公司船舶建造佣金合同纠纷案”③

该案是适用英国法审理的船舶建造佣金合同纠纷。2015年6月2日，两名被告

① 厦门海事法院（2020）闽72财保2号。

② 广州海事法院（2020）粤72民初89号。

③ 上海海事法院（2019）沪72民初2560号。

与TTI公司签订3份《造船合同》,合同写明两名被告为"卖方""乙方",TTI公司为"买方""甲方"。2015年7月20日,两名被告与原告针对这3份《造船合同》分别达成3份《佣金协议》,两名被告在《佣金协议》中被称为"卖方",原告被称为"经纪人"。《佣金协议》共约定6期佣金,分别在收到买方各期船款后30日内支付,同时约定"买方/卖方在船舶建造期间出于任何原因取消和/或解除,卖方应立即解除并免除其支付剩余未付佣金分期款的义务""本协议受英国法律约束并须依英国法律予以解释"。

2016年8月起,TTI公司未再按期支付造船款。2018年3月,美国破产法院作出"资产出售令",批准TTI公司作为破产债务人以公开招标方式出售或转让其船舶和在建造船合同。2018年10月23日,TTI公司与3位新买方达成《转售协议》,将其在《造船合同》的所有权利、所有权、利益和权益转让给新买方。两名被告从新买方处获得全额船款并交付船舶。在佣金方面,两名被告仅支付了前两期佣金,原告请求判令两名被告支付剩余佣金及利息。

该案争议点有三:一是《造船合同》的转让是否导致被告剩余佣金支付义务被免除;二是《佣金协议》关于获得佣金的条件是否成就;三是原告的实际付出是否值得考虑。法院准确运用英国法的判例规则对合同条款进行解释,处理佣金合同的争议性问题,回应了当事人选择英国法时对纠纷结果的合理预期。

关于《造船合同》的转让是否导致被告剩余佣金支付义务的免除,《佣金协议》的表述是"取消"(cancel)和"解除"(rescind),全句是"买方/卖方在船舶建造期间出于任何原因取消和/或解除,卖方应立即解除并免除其支付剩余未付佣金分期款的义务",没有"转让"(assign)或"转移"(transfer)的表述。法院认为,如果合同成立时当事人意图将转让列为免除剩余佣金支付义务的事由,应当在《佣金协议》中明确记载,从目前的协议文本中无法得出当事人有该意图。《造船合同》的转让、取消和解除虽然都会导致TTI公司和两名被告间权利义务消灭,但合同的转让、取消和解除分别存在不同的规则和后果,无法从现有协议文本得出当事人意图将3个概念同等对待。

关于获得佣金的条件是否成就,原、被告约定的条件是收到买方各期船款后30日内支付。根据英国法,经纪人获得佣金应当以佣金合同约定的条件达成为前提,这在许多判例中都有体现。问题是该案新买家向两名被告支付船款是否也属于《佣金协议》约定的"买方"付款。协议文本对买方公司国籍、注册地和办事处等进行了详细描述,买方应特指TTI公司;从协议目的来看,经纪人获得每期佣金都与《造船合同》履行进度“挂钩”，即要求经纪人在《造船合同》当事人间不断协调，直至买卖双方履约完毕。在新买方介入后，经纪人已无法促成原合同当事人完成合同，因此不能获得后续佣金。除非原、被告明确约定在这种情况下原告仍能获得佣金。

关于原告的实际付出是否值得考虑，上海海事法院参考了英国法院的判例。英国法院在判例中认为“除非其能证明书面协议设定的条件已成就。如果不能，则其败诉”“这里不存在折中之道，代理人证明其已经花费了时间、金钱及技术并不重要”。案涉《造船合同》原买方 TTI 公司无力继续履约，《佣金协议》设定的条件无法成就，虽然原告曾投入资金和精力试图让《造船合同》能继续履行，但无法获得佣金。

三、涉外民商事案件统计分析

最高人民法院院长周强在 2021 年 3 月 8 日的工作报告中指出，2020 年最高人民法院受理案件 39, 347 件，审结 35, 773 件，制定司法解释 28 件，发布指导性案例 17 个，加强了对全国法院审判工作的监督指导。地方各级法院和专门法院受理案件 3080. 5 万件，审结、执结 2870. 5 万件。结案标的额 7. 1 万亿元。审结涉我国港澳台地区案件 2. 4 万件，办理涉我国港澳台地区司法协助互助案件 1. 1 万件。审结涉侨案件 4675 件。[①] 通过对近千个案例进行检索，本文从 2020 年审结的上千宗涉外民商事案件中，按照法律关系的性质选出具有典型国际私法问题和审判参考价值的案例。[②] 对其中关于国际公约与国际惯例的适用、区际司法协助和国际司法协助的代表性案例也进行了评析。

广义上的国际私法不仅包括涉外民事关系的法律适用，还包括国际民事诉讼法、国际统一实体法和国际商事仲裁的相关问题。在实践中，一些涉外民商事纠纷也呈现同一案件涉及多个典型国际私法问题的现象。本文除围绕法律适用问题制作案例统计表格外，还对每种法律关系进行单独抽样，重点分析每种法律关系中法律适用以外的国际私法问题，例如，国际民事诉讼的“禁诉令”制度和涉外金融领域国际惯例的适用等。

本文围绕法律适用问题筛选出 50 个案例，并以图表形式进行分析。表 1 列举了每个案例的基本情况，包括案号、适用的法律、法律选择方法等；表 2 统计了法院适用的准据法，其中，43 个案件适用了中国内地（大陆）法，占总数的 86%；表 3 呈现

---

① 《最高人民法院工作报告》，载中华人民共和国最高人民法院网站，http://www.court.gov.cn/zixun-xiangqing-290831.html，最后访问日期：2021 年 12 月 14 日。

② 法院案件的主要数据库来源是：北大法宝、中国裁判文书网和全国各海事法院网站。

了案例的 18 种纠纷类型;表 4 统计了这些案例的法律适用方法,包括外国法无法查明时适用中国法的情况;表 5 统计了这些案例援引的国际私法条文和次数。选定这些案例的考量因素如下:(1)案件类型多元化。样本案例同时包括国际民商事争议和区际民商事争议,案由除常见的合同、侵权以及知识产权纠纷外,还涉及债权人撤销权、信用证欺诈和网络域名权属纠纷。(2)审理法院多层级。除中级人民法院、高级人民法院外,还有最高人民法院。(3)法律适用原则或方法的多样性。样本案例尽可能涉及较多的法律适用条款,以全面体现我国法院法律选择方法的现状。在一些案件中,一审和二审法院对法律关系存在不同定性,适用不同的冲突规范。对于这些案件,表格仅列举二审法院的选法依据和法律选择方法,一审法院的审理情况则在脚注中说明。

表 1　中国法院审理的涉外民商事案件抽样统计

序号	当事人及案由	审理法院及案号	涉案国家或地区	适用法律	法律选择方法	选法依据
1	上海纽鑫达进出口有限公司与程某某等股东资格确认纠纷	上海市第一中级人民法院(2020)沪 01 民终 3024 号	美国	中国法律	法人登记地①	《涉外民事关系法律适用法》第 14 条
2	美国三井住友海上火灾保险有限公司与台太兴业(常熟)食品有限公司产品责任纠纷	江苏省苏州市中级人民法院(2019)苏 05 民初 441 号	美国	中国法律	侵权人主营业地②	《涉外民事关系法律适用法》第 45 条

① 二审法院认为,被上诉人系美国籍,该案为涉外股东资格确认纠纷,依照《涉外民事关系法律适用法》第 14 条的规定,适用法人登记地法。由于登记地位于我国,因此适用中国法律。

② 该案原告为美国企业,属于涉外民商事纠纷。原告的请求权基础是基于侵权主张生产者的产品责任,法院依据《涉外民事关系法律适用法》第 45 条的规定确定准据法。由于被侵权人明确主张适用中国法律且侵权人的主营业地在中国,该案准据法为中国法律。

续表

序号	当事人及案由	审理法院及案号	涉案国家或地区	适用法律	法律选择方法	选法依据
3	简某珊、简某威赠与合同纠纷	广东省广州市中级人民法院（2020）粤01民终3117号	中国香港特别行政区	中国内地法律、中国香港特别行政区法律	不动产所在地、根据先决问题确定适用的法律、共同国籍①	《涉外民事关系法律适用法》第24条、第36条；2012年最高人民法院《关于适用〈中华人民共和国涉外民事关系法律适用法〉若干问题的解释（一）》第12条、第19条
4	黄某与崔某同居关系析产纠纷	吉林省高级人民法院（2020）吉民终225号	未说明	中国内地法律	不动产所在地、意思自治原则②	《涉外民事关系法律适用法》第36条、第37条

① 一审法院认为，该案是原告基于共有人身份而提起的涉香港特别行政区确认合同无效纠纷。首先，根据《涉外民事关系法律适用法》第36条的规定，不动产物权适用不动产所在地法。案涉宅基地在我国内地，因此适用内地法律。由于简某珊并未被登记为宅基地使用权人，因此无法依据原《物权法》成为案涉宅基地的权利人。其次，简某珊还主张，宅基地房屋使用权份额是与简某良的夫妻共同财产。法院认为，根据2012年最高人民法院《关于适用〈中华人民共和国涉外民事关系法律适用法〉若干问题的解释（一）》第12条的规定，涉案房产是否为夫妻共同财产是该案的先决问题，再依照《涉外民事关系法律适用法》第24条和2012年最高人民法院《关于适用〈中华人民共和国涉外民事关系法律适用法〉若干问题的解释（一）》第19条的规定，应适用香港特别行政区法律处理该夫妻财产关系。最后，法院结合香港特别行政区《已婚者地位条例》第4条的规定，认定案涉宅基地房屋使用权不属于夫妻共同财产。

② 一审法院认为，该案为涉外同居关系析产纠纷，双方请求分割不动产及动产物权。按照《涉外民事关系法律适用法》第36条和第37条的规定，应分别适用不动产所在地法和当事人协商同意的法律，该案中两者皆为中国内地法律，因此适用内地法律。

续表

序号	当事人及案由	审理法院及案号	涉案国家或地区	适用法律	法律选择方法	选法依据
5	博隆投资(广州)有限公司、深圳市金辉裕泰投资企业股东损害公司债权人利益责任纠纷	广东省高级人民法院(2019)粤民终1500号	中国香港特别行政区	中国内地法律	意思自治原则①	《涉外民事关系法律适用法》第41条
6	王某某与中山市铭汇房地产有限公司普通破产债权确认纠纷	广东省中山市中级人民法院(2020)粤20民初7号	中国香港特别行政区	中国内地法律	意思自治原则②	《涉外民事关系法律适用法》第41条
7	日本荣宝株式会社与北京康特荣宝电子有限公司申请破产清算纠纷	北京市高级人民法院(2019)京清终3号	日本	中国法律	其他法律对涉外民事关系法律适用的特别规定③	《涉外民事关系法律适用法》第2条第1款
8	陈某某与王某某、谢某某债权人撤销权纠纷	广东省佛山市中级人民法院(2020)粤06民终1880号	新加坡	中国法律	最密切联系原则④	《涉外民事关系法律适用法》第2条第2款

① 该案是涉香港特别行政区股东损害公司债权人利益责任纠纷。一审法院根据《涉外民事关系法律适用法》第41条的规定确定准据法。由于各方当庭同意适用中国内地法律,因此准据法为内地法律。该案是广东省高级人民法院发布的20个服务保障粤港澳大湾区建设典型案例之五。

② 法院认为,该案是涉香港特别行政区普通破产债权确认纠纷,根据《涉外民事关系法律适用法》第41条的规定,当事人可以协议选择合同适用的法律。由于当事人一致同意适用中国内地法律,本案准据法为内地法律。

③ 在该案中,被申请强制清算的公司是在我国境内以有限责任公司形式设立的中外合资企业。一审法院根据《涉外民事关系法律适用法》第2条第1款的规定,结合《公司法》第2条和第217条的规定,认定该案适用中国法律。

④ 二审法院认为,该案为债权人撤销权纠纷,陈某某为新加坡公民,具有涉外因素。关于债权人撤销权纠纷的法律适用,法院依据《涉外民事关系法律适用法》第2条第2款规定的最密切联系原则,将当事人主张撤销的行为的发生地作为最密切联系地。由于被主张撤销的行为发生于我国,因此准据法为中国法。

续表

序号	当事人及案由	审理法院及案号	涉案国家或地区	适用法律	法律选择方法	选法依据
9	高某某、何某债权人撤销权纠纷	浙江省高级人民法院(2020)浙民终323号	中国香港特别行政区	中国内地法律	最密切联系原则①	《涉外民事关系法律适用法》第41条
10	雀巢产品有限公司与张某等债权人撤销权纠纷	北京市第四中级人民法院(2020)京04民初692号	瑞士联邦	中国法律	意思自治原则②	《涉外民事关系法律适用法》第44条
11	林某某与南宝树脂化学工厂股份有限公司、南宝树脂(佛山)有限公司劳动合同纠纷	广东省佛山市中级人民法院(2019)粤06民终12135号	中国台湾地区	中国大陆法律	劳动者工作地法③	《涉外民事关系法律适用法》第43条

① 该案为涉香港特别行政区合同纠纷,当事人主张债权人撤销权。由于被主张撤销的行为和事实发生在中国内地,法院根据《涉外民事关系法律适用法》第41条的最密切联系原则指出,该案准据法为中国内地法律。二审法院予以确认。

② 法院认为,原告雀巢公司的注册地在瑞士,该案属于涉外商事纠纷。经审查认定,雀巢公司于2016年以被告侵害商标权向朝阳区人民法院起诉,朝阳区人民法院已判决被告赔偿。在该案中,雀巢公司请求撤销被告2015年向张某个人账户转账的行为。该案法院引用《涉外民事关系法律适用法》第44条关于侵权责任法律适用的规定,由于双方当事人均选择适用我国法律,准据法为中国法。

③ 二审法院认为,该案是劳动合同纠纷,上诉人系中国台湾地区居民。根据《涉外民事关系法律适用法》第43条的规定,上诉人的工作地点在中国大陆,该案准据法为中国大陆法律。上诉人的工作时间段为2007~2018年,其间,未办理港澳台人员就业证。虽然港澳台地区居民就业证制度已被2018年的《关于废止〈台湾香港澳门居民在内地就业管理规定〉的决定》所取消,但该文件是上诉人离职以后才发布的,因此上诉人与被上诉人不存在劳动关系。

续表

序号	当事人及案由	审理法院及案号	涉案国家或地区	适用法律	法律选择方法	选法依据
12	印度GMR卡玛朗加能源公司、印度国家银行班加罗尔分行信用证欺诈纠纷	最高人民法院(2019)最高法民终414号	印度	中国法律	外国法无法查明时适用中国法①	最高人民法院《关于审理独立保函纠纷案件若干问题的规定》第22条、《涉外民事关系法律适用法》第10条
13	卡塔尔航空集团公司与赵某等航空运输人身损害责任纠纷	北京市第三中级人民法院(2020)京03民终5683号	卡塔尔	《蒙特利尔公约》	国际条约优先适用②	原《民法通则》第142条
14	深圳宏兴运通国际货运代理有限公司、裴玥货运代理合同纠纷	广东省深圳市中级人民法院(2020)粤03民终1190号	美国	《蒙特利尔公约》、中国法律	国际条约优先适用③	原《民法通则》第142条
15	伊诺塔池技术株式会社、宁波波普朗士数码科技有限公司国际货物买卖合同纠纷	浙江省高级人民法院(2019)浙民终944号	韩国	中国法律	意思自治原则④	《联合国国际货物销售合同公约》第6条

① 最高人民法院认为,该案为具有涉外因素的保函欺诈纠纷。根据最高人民法院《关于审理独立保函纠纷案件若干问题的规定》第22条的规定,有关反担保保函欺诈认定的标准应适用我国法律,关于印行班加罗尔分行开立的保函欺诈认定标准,应适用其经常居所地法律,即印度法律。由于当事人未能提供印度的法律规定,一审法院与最高人民法院亦无法查明,故根据《涉外民事关系法律适用法》第10条的规定适用我国法律审理。此外,该案各份反担保保函均约定适用《见索即付保函统一规则》(URDG458),因此该规则构成独立保函的组成内容。

② 该案中,卡塔尔公司是在卡塔尔注册成立的公司,我国与卡塔尔均系《蒙特利尔公约》缔约方,并且我国未声明保留,二审法院根据原《民法通则》第142条第2款的规定认定该案适用《蒙特利尔公约》。根据该公约第17条第1款,卡塔尔公司应承担死亡赔偿责任。

③ 该案案涉货物是从中国经航空运输至美国,因此该案具有涉外因素。二审法院根据原《民法通则》第142条第2款和《蒙特利尔公约》第1条第1款和第2款的规定,认定该案案涉航空运输属于公约调整的"国际运输",案涉货运代理合同纠纷发生于国际航空运输关系中,因此适用公约来审理。对于公约未规定的运费问题,适用原《合同法》第288条的规定。

④ 一审法院认为,伊诺塔池技术株式会社的营业地在韩国,该案为涉外商事纠纷。二审法院认为,虽然我国与韩国均为《联合国国际货物销售合同公约》缔约方,但根据该公约第6条的规定,当事人可以协议排除公约的适用。由于当事人在合同中约定"本协议的解释管辖均适用中国法,不适用法律冲突规则,不适用《联合国国际货物销售合同公约》",该案准据法为中国法。

续表

序号	当事人及案由	审理法院及案号	涉案国家或地区	适用法律	法律选择方法	选法依据
16	意大利依玛轴承公司、宁波通利轴承有限公司国际货物买卖合同纠纷	浙江省高级人民法院(2019)浙民终727号	意大利	《联合国国际货物销售合同公约》	国际条约优先适用①	《联合国国际货物销售合同公约》第1条
17	浙江东峻商贸有限公司国际货物买卖合同纠纷	浙江省杭州市中级人民法院(2019)浙01民初3232号	韩国	《联合国国际货物销售合同公约》	国际条约优先适用②	《联合国国际货物销售合同公约》第1条
18	林某某、林某英侵权责任纠纷中当事人婚姻关系成立时间的认定	福建省福州市中级人民法院(2020)闽01民终1811号	马来西亚	马来西亚法律	共同经常居所地③	《涉外民事关系法律适用法》第21条
19	中文在线数字出版集团股份有限公司侵害作品信息网络传播权纠纷	北京知识产权法院(2019)京73民终3154号	美国	中国法律	被请求保护地④	《涉外民事关系法律适用法》第50条

① 该案一方当事人为意大利注册登记企业,该案为涉外商事纠纷。一审法院认为,我国与意大利均为《联合国国际货物销售合同公约》缔约方,双方当事人未排除该公约的适用,案涉货物不属于该公约排除适用的范围,本纠纷应适用公约审理。二审法院予以确认。

② 该案当事人营业地所属国分别为我国和韩国,两国均已加入《联合国国际货物销售合同公约》,该案属于国际货物买卖合同纠纷。审理过程中,双方当事人也同意优先适用公约,公约无明确规定的事项则适用我国法律。法院对此予以确认。

③ 该案涉及婚姻关系成立时间的确认。二审法院根据《涉外民事关系法律适用法》第21条的规定,适用共同经常居住地法认定婚姻关系成立时间。该案被继承人林某官与洪某某共同经常居住地和婚姻缔结地均在马来西亚,因此,婚姻关系成立时间的准据法为马来西亚法律。根据马来西亚《结婚与离婚法令》的规定,双方于1942年8月25日以佛教仪式订立的婚姻关系成立。

④ 当事人苹果公司为依美国法律设立的法人,该案为涉外著作权侵权案件。案涉侵权行为是在我国通过苹果应用商店提供的应用程序下载服务,法院根据《涉外民事关系法律适用法》第50条的规定认定被请求保护地在我国境内,该案适用我国《著作权法》。

续表

序号	当事人及案由	审理法院及案号	涉案国家或地区	适用法律	法律选择方法	选法依据
20	娱乐壹英国有限公司、艾斯利贝克戴维斯有限公司著作权权属、侵权纠纷	广东省高级人民法院(2020)粤民终2336号	英国	中国法律	被请求保护地①	《涉外民事关系法律适用法》第48条、第50条
21	微软公司、华创证券有限责任公司侵害计算机软件著作权纠纷	贵州省高级人民法院(2016)黔民终111号	美国	中国法律	意思自治原则②	《涉外民事关系法律适用法》第50条
22	加拿大测量国际有限公司与石某等不正当竞争纠纷	北京市朝阳区人民法院(2018)京0105民初28345号	加拿大	中国法律	被请求保护地③	《涉外民事关系法律适用法》第48条、第50条
23	M & L实验室股份有限公司(Laboratoires M & L, Societe Anonyme)与浙江君大生物科技发展有限公司、广州市爱莲化妆品有限公司侵害商标权纠纷	浙江省杭州市中级人民法院(2019)浙01民初4277号	法国	中国法律	被请求保护地④	《涉外民事关系法律适用法》第50条

---

① 该案诉讼主体为英国公司,属于具有涉外因素的著作权权属、侵权纠纷。一审法院根据《涉外民事关系法律适用法》第48条和第50条的规定,适用被请求保护地法即中国法。

② 该案当事人微软公司为美国法人,该案纠纷属于涉外知识产权纠纷。由于双方当事人均引用我国法律起诉和答辩,二审法院将其视为当事人在侵权行为发生后共同选择了我国法律,根据《涉外民事关系法律适用法》第50条的规定,将中国法作为准据法。

③ 在该案中,测量公司为加拿大企业,其主张的不正当竞争行为发生在我国境内并在我国请求保护其合法权益。法院根据《涉外民事关系法律适用法》第48条和第50条的规定,将中国法作为准据法。案涉不正当竞争行为发生于《反不正当竞争法》(1993年)施行期间,因此适用该法予以审理。

④ 该案是具有涉外因素的侵害商标权及不正当竞争纠纷,原告在我国起诉并选择适用我国法律保护知识产权,被告未提出异议。法院根据《涉外民事关系法律适用法》第50条的规定适用我国法律。由于案涉侵权行为持续至2020年8月,因此适用《商标法》(2019年修正)和《反不正当竞争法》(2019年修正)进行审理。

续表

序号	当事人及案由	审理法院及案号	涉案国家或地区	适用法律	法律选择方法	选法依据
24	罗马瓷砖有限公司与黄某某公司证照返还纠纷	江苏省苏州市中级人民法院（2019）苏 05 民初 406 号	中国台湾地区	中国大陆法律	意思自治原则①	《涉外民事关系法律适用法》第 44 条
25	丁某某等与孙晓岐品牌咨询(北京)有限责任公司等股东出资纠纷中诉讼主体资格的认定	北京市高级人民法院(2020)京民终 177 号	中国香港特别行政区	中国香港特别行政区法律	法人登记地②	《涉外民事关系法律适用法》第 14 条
26	陈某某、黄某某赠与合同纠纷	广东省广州市中级人民法院(2020)粤 01 民终 18309 号	中国香港特别行政区	中国内地法律	不动产所在地③	《涉外民事关系法律适用法》第 36 条
27	李某某、广州市城市管理和综合执法局房屋拆迁安置补偿合同纠纷	广东省广州市中级人民法院(2020)粤 01 民终 1241 号	中国香港特别行政区	中国内地法律	不动产所在地④	《涉外民事关系法律适用法》第 36 条

① 由于被告为中国台湾地区居民，该案参照《涉外民事关系法律适用法》确定法律适用。原告请求被告返还营业执照正副本以及公司设立至今的全部财务资料等。法院认为，该案属于公司证照返还纠纷，并根据《涉外民事关系法律适用法》第 44 条关于侵权责任法律适用的规定，认定侵权行为地在中国大陆且当事人协议选择适用中国大陆法律，因此准据法为中国大陆法律。

② 原审被告为在中国香港特别行政区注册的公司，该案属于涉香港特别行政区股东出资纠纷。关于被告作为被中国香港特别行政区公司注册处处长依职权解散的公司，能否作为诉讼主体参加诉讼，法院根据《涉外民事关系法律适用法》第 14 条的规定适用登记地法进行判断。依照香港特别行政区《公司条例》的规定，被告已告解散后，不具有法人主体资格，不能作为诉讼主体参与诉讼。综上，二审法院驳回起诉。

③ 该案当事人通过合同约定了房屋特定楼层的赠与，受赠人向法院请求赠与人交付并协助办理过户登记。一审法院认为，受赠人为中国香港特别行政区居民，该案为涉香港特别行政区合同纠纷，当事人未约定准据法，应根据《涉外民事关系法律适用法》第 41 条的规定适用内地法律。二审法院则认为该案系因不动产纠纷提起的诉讼，应根据《涉外民事关系法律适用法》第 36 条的规定适用不动产所在地法律。涉案不动产所在地位于广州市，因此准据法为中国内地法律。

④ 当事人请求法院判令城管局按照《关于征用拆迁房屋协定书》的约定协助办理过户登记。当事人为中国香港特别行政区居民，该案为涉香港特别行政区纠纷。一审和二审法院均认定该案属于不动产纠纷，依据《涉外民事关系法律适用法》第 36 条的规定，适用不动产所在地法。案涉房屋位于广州市，因此准据法为中国内地法律。

续表

序号	当事人及案由	审理法院及案号	涉案国家或地区	适用法律	法律选择方法	选法依据
28	刘某某、纪某某房屋买卖合同纠纷	广东省广州市中级人民法院(2020)粤01民终11601号	美国	中国法律	最密切联系原则①	《涉外民事关系法律适用法》第41条
29	诸某、黄某确认合同无效纠纷	广东省广州市中级人民法院(2020)粤01民终16039号	中国香港特别行政区	中国内地法律	不动产所在地②	《涉外民事关系法律适用法》第36条
30	陈某如、陈某、陈某伶等确认合同效力纠纷	广西壮族自治区高级人民法院(2019)桂民终568号	中国台湾地区	中国大陆法律	意思自治原则③	《涉外民事关系法律适用法》第3条
31	许某某、周某某损害股东利益责任纠纷	广东省广州市中级人民法院(2020)粤01民终11670号	马来西亚	中国法律	法人登记地④	《涉外民事关系法律适用法》第14条

① 在该案中,原告向一审法院请求被告赔偿涉案房屋市场价格与购房协议约定价格的差价。原告是美国公民,一审法院先认定该案为涉外房屋买卖合同纠纷,然后依据《涉外民事关系法律适用法》第36条规定的不动产所在地原则确定准据法。二审法院对此进行了纠正,根据《涉外民事关系法律适用法》第41条的规定认定案涉房屋所在地与该案具有最密切联系,而房屋位于我国境内,因此准据法为中国法。

② 一审被告黄某为中国香港特别行政区居民,该案属于涉香港特别行政区纠纷。原告的诉讼请求包括:确认《商品房预售合同》无效、确认房屋归诸某所有。一审法院根据《涉外民事关系法律适用法》第41条的规定认为合同所涉标的物房屋位于广州市,因此合同最密切联系地是中国内地,该案适用内地法律。二审法院认为,该案属于不动产买卖合同及物权纠纷,当事人诉讼请求包括房屋产权确认及变更,于是根据《涉外民事关系法律适用法》第36条的规定确定中国内地法律为准据法。

③ 该案为涉我国台湾地区确认合同效力纠纷,原告之一是中国台湾地区居民。一审法院根据《涉外民事关系法律适用法》第2条第2款的规定认为,其他原告和被告均为中国大陆公民或法人,《协议书》签订地在中国大陆,所涉财产位于中国大陆,中国大陆法律与该案民事关系有最密切联系,是准据法。二审法院则依据《涉外民事关系法律适用法》第3条的规定认为,各方当事人在一审中已明确选择适用中国大陆法律,因此准据法为中国大陆法律。

④ 该案一方当事人为马来西亚国籍,属于涉外商事案件。一审法院将该案定性为涉外损害股东利益责任纠纷,根据《涉外民事关系法律适用法》第41条规定的意思自治原则,基于双方当事人在诉讼中同意适用我国法律,认定中国法为准据法。二审法院则认为,该案是关于股东权利义务的认定,根据《涉外民事关系法律适用法》第14条的规定,适用案涉公司注册登记地法律即中国法。

续表

序号	当事人及案由	审理法院及案号	涉案国家或地区	适用法律	法律选择方法	选法依据
32	曾某某与关某某、郭某某不当得利纠纷	广东省东莞市中级人民法院（2020）粤19民终6252号	中国香港特别行政区	中国内地法律	不动产所在地、不当得利发生地①	《涉外民事关系法律适用法》第31条、第47条
33	广州市市头实业有限公司、广州市番禺泰兴金属线材有限公司公司解散纠纷	广东省广州市中级人民法院（2020）粤01民终18542号	中国香港特别行政区	中国内地法律	法人登记地②	《涉外民事关系法律适用法》第14条
34	北京环球文苑资讯科技有限公司与庄士中国文化发展有限公司股东知情权纠纷	北京市高级人民法院（2019）京民终1508号	中国香港特别行政区	中国内地法律	法人登记地③	《涉外民事关系法律适用法》第14条
35	北京长信乐纯环保科技有限责任公司与以色列莱克斯坦有限公司股东知情权纠纷	北京市高级人民法院（2020）京民终184号	以色列	中国法律	法人登记地④	《涉外民事关系法律适用法》第14条

① 二审法院认为，该案存在两个法律关系：一是遗产继承；二是不当得利。在遗产继承问题中，被继承人为中国香港特别行政区居民且没有遗嘱，案涉不动产遗产位于中国内地，法院直接依据《涉外民事关系法律适用法》第31条的规定适用中国内地法律。关于不当得利纠纷，法院则根据《涉外民事关系法律适用法》第47条的规定确定准据法。因双方当事人没有协议选择适用的法律且没有共同经常居所地，因此适用不当得利发生地法律即内地法律。

② 案涉公司注册登记地为中国香港特别行政区，该案为涉香港特别行政区公司解散纠纷。一审法院直接根据《涉外民事关系法律适用法》第41条的规定确定内地法律为准据法。二审法院则根据《涉外民事关系法律适用法》第14条的规定，适用被起诉要求解散的公司登记设立地法律即内地法律。

③ 该案股东为中国香港特别行政区注册公司，属于涉香港特别行政区案件。股东的诉讼请求是查阅及复制财务会计报告等公司资料。该案当事人未约定法律适用，一审法院直接依据《涉外民事关系法律适用法》第41条的规定认定中国内地法律为准据法。二审法院明确指出此案是股东知情权纠纷，并根据《涉外民事关系法律适用法》第14条的规定将目标公司注册登记地法作为准据法。由于目标公司是在我国内地注册成立的法人，因此准据法为内地法律。

④ 在该案中，股东是以色列注册企业，属于涉外案件。股东的诉讼请求是查阅及复制财务会计报告等公司资料。由于原告主张被告侵犯其股东知情权，一审法院依据《涉外民事关系法律适用法》第44条的规定，认定该案适用侵权行为地法律即中国法律。二审法院认为，被告是在我国登记设立的公司，原告作为股东因股东知情权产生纠纷，根据《涉外民事关系法律适用法》第14条的规定，适用登记地法律即中国法。

续表

序号	当事人及案由	审理法院及案号	涉案国家或地区	适用法律	法律选择方法	选法依据
36	王某某、徐某某共有权确认纠纷	广东省广州市中级人民法院(2020)粤01民终7707号	中国台湾地区	中国台湾地区有关规定	共同经常居所地①	《涉外民事关系法律适用法》第24条
37	陈某某与林某某、方某某民间借贷纠纷	广东省汕头市中级人民法院(2019)粤05民终1129号	中国香港特别行政区	中国香港特别行政区法律	最密切联系原则②	《涉外民事关系法律适用法》第41条
38	香港美宝发展有限公司、深圳两岸投资管理有限公司物权保护纠纷	广东省深圳市中级人民法院(2020)粤03民终5696号	中国香港特别行政区	中国内地法律	不动产所在地③	《涉外民事关系法律适用法》第36条
39	徐某某与单某某等遗嘱继承纠纷	上海市第一中级人民法院(2019)沪01民终1425号	法国	中国法律	国籍国④	《涉外民事关系法律适用法》第32条、第33条
40	吕某甲因诉吕某丙、吕某乙、陈某乙、陈某甲继承纠纷	吉林省长春市中级人民法院(2017)吉01民终3768号	澳大利亚	中国法律	最密切联系原则⑤	《涉外民事关系法律适用法》第33条、第2条第2款

① 该案双方当事人均为中国台湾地区居民。一审法院认为,该案是基于婚姻关系的房屋权属争议,双方争议的基础是合法婚姻关系,因此应根据《涉外民事关系法律适用法》第24条而非第36条的规定确定准据法。由于婚姻缔结地在中国台湾地区,虽然双方就共同经常居所地存在不同陈述,但无论按照哪一方的陈述,均适用中国台湾地区有关规定。二审法院予以确认。

② 该案原审原告为中国香港特别行政区居民,属于涉香港特别行政区民间借贷纠纷。一审法院在审理过程中未参照适用《涉外民事关系法律适用法》的规定。二审法院根据《涉外民事关系法律适用法》第41条的规定,认定中国香港特别行政区为案涉借款合同的最密切联系地,借款合同的准据法为中国香港特别行政区法律。

③ 该案一方当事人为中国香港特别行政区注册公司,属于涉香港特别行政区不动产物权保护纠纷。二审法院根据《涉外民事关系法律适用法》第36条的规定,适用不动产所在地即中国内地法律。

④ 该案是遗嘱继承纠纷,被继承人是中国公民,在法国去世并留有自书遗嘱。该案当事人对于在境外形成该遗嘱的方式、真伪和效力发生争议,二审法院首先根据《涉外民事关系法律适用法》第32条的规定认定遗嘱成立,其次根据《涉外民事关系法律适用法》第33条的规定,适用我国法律判断遗嘱的真伪和效力。

⑤ 该案是涉外遗嘱继承纠纷,被继承人为澳大利亚国籍,长期生活在澳大利亚。二审法院首先根据《涉外民事关系法律适用法》第33条关于遗嘱效力法律适用的规定,认定该遗嘱已获得被继承人立遗嘱时、死亡时经常居住地国和国籍国法院认可,该遗嘱有效。其次,由于《涉外民事关系法律适用法》未对遗嘱继承的准据法进行专门指引,法院依据《涉外民事关系法律适用法》第2条第2款规定的最密切联系原则,认定涉案不动产及有关租金均在我国,准据法为中国法。

续表

序号	当事人及案由	审理法院及案号	涉案国家或地区	适用法律	法律选择方法	选法依据
41	李某某、意大利博浦盟银行股份公司网络域名权属、侵权纠纷	浙江省杭州市中级人民法院（2020）浙01民终501号	意大利	中国法律	意思自治原则①	《涉外民事关系法律适用法》第3条
42	浙江欧水电器有限公司、杭州神水科技有限公司、中国欧莱科金融服务国际发展有限公司追收未缴出资纠纷	浙江省台州市中级人民法院（2019）浙10民初102号	中国香港特别行政区	中国内地法律	意思自治原则②	《涉外民事关系法律适用法》第3条
43	周某某、广东省广州市荔湾公证处公证损害责任纠纷	广东省广州市中级人民法院(2019)粤01民终3638号	美国	中国法律	不明确③	《涉外民事关系法律适用法》第41条、第44条
44	陈某某、陆某某与罗某某、戴某、黎某某等房屋租赁合同纠纷	广东省珠海市中级人民法院(2020)粤04民终2225号	中国澳门特别行政区	中国法律	最密切联系原则④	《涉外民事关系法律适用法》第41条

① 该案一方当事人为意大利登记注册法人，属于涉外网络域名争议。一审法院根据《涉外民事关系法律适用法》第3条的规定，基于当事人双方在审理过程中一致同意适用我国法律解决纠纷，认定中国法为准据法。

② 该案被告为中国香港特别行政区注册的公司，是涉香港特别行政区追收未缴出资纠纷。一审法院根据《涉外民事关系法律适用法》第3条的规定，基于公司章程约定了争议解决适用的法律，认定准据法为中国内地法律。

③ 该案一方当事人为美国国籍，属于涉外公证损害责任纠纷。一审法院根据《涉外民事关系法律适用法》第44条的规定，基于双方当事人没有共同经常居所地也没有协议适用的法律，而侵权行为地在中国，认定中国法律为准据法。二审法院考虑违约与侵权的竞合，同时援引了《涉外民事关系法律适用法》第41条和第44条的规定，基于公证行为发生地在中国、双方当事人对适用中国法律解决纠纷无异议，确定准据法为中国法。

④ 该案当事人包括中国澳门特别行政区居民，属于涉澳门特别行政区房屋租赁合同纠纷。二审法院根据《涉外民事关系法律适用法》第41条的规定，基于涉案商铺位于中国内地，认定内地与案涉租赁合同具有最密切联系，合同准据法为内地法律。

续表

序号	当事人及案由	审理法院及案号	涉案国家或地区	适用法律	法律选择方法	选法依据
45	蔡某某与吴某某民间借贷纠纷	浙江省温州市中级人民法院(2020)浙03民初273号	中国澳门特别行政区	中国内地法律	最密切联系原则①	《涉外民事关系法律适用法》第41条
46	曾某某、吴某民间借贷纠纷	湖北省孝感市中级人民法院(2020)鄂09民终344号	中国澳门特别行政区	中国内地法律	澳门特别行政区法律的适用将损害内地社会公共利益②	《涉外民事关系法律适用法》第41条、《涉外民事关系法律适用法》第5条
47	上海韩束化妆品有限公司等与NBA香港经营有限公司(NBA Hong Kong Operations Limited)申请确认仲裁协议效力	北京市第四中级人民法院(2020)京04民特21号	中国香港特别行政区	中国内地法律	仲裁地③	《涉外民事关系法律适用法》第18条

① 该案中,原告主张借款交付地在中国澳门特别行政区,被告主张借条是因赌债形成,一审法院认定该案属于涉澳门特别行政区民事纠纷。根据《涉外民事关系法律适用法》第41条的规定,由于双方当事人没有协议选择争议适用的法律,而合同签订地在深圳,法院认定合同签订地是双方借贷关系的最密切联系地,该案适用中国内地法律。

② 该案当事人在中国澳门特别行政区订立借款合同,即产生民事关系的法律事实发生在中国澳门特别行政区,一审法院认定该案属于涉澳门特别行政区纠纷。根据《涉外民事关系法律适用法》第41条的规定,由于双方未约定法律适用,法院认定与合同具有最密切联系的法律为中国澳门特别行政区法律。然而,根据《涉外民事关系法律适用法》第5条的规定,该案适用中国澳门特别行政区法律承认赌债合法并加以保护将违背内地的公序良俗、损害社会公共利益,因此准据法为中国内地法律。

③ 该案被申请人是在中国香港特别行政区注册的企业法人,属于涉香港特别行政区民事案件。法院根据《涉外民事关系法律适用法》第18条的规定,结合仲裁协议中约定的仲裁地(北京)以及"本项仲裁协议由仲裁所在地法律管辖"的约定,认定中国内地法律为仲裁协议效力的准据法。一方当事人主张仲裁协议约定了"对裁决书的复审可在具有法定管辖权的任何法院立案",违反了仲裁裁决的终局性。法院认为,该约定是指双方同意将裁决提交司法机关进行监督,未违反中国内地法律规定,仲裁协议有效。

续表

序号	当事人及案由	审理法院及案号	涉案国家或地区	适用法律	法律选择方法	选法依据
48	深圳新中桥通信有限公司、惠州君泰祥实业有限公司申请确认仲裁协议效力	广东省深圳市中级人民法院(2020)粤03民特749号	中国香港特别行政区	中国内地法律	仲裁地①	《涉外民事关系法律适用法》第18条
49	重庆江都投资有限公司申请陆某某确认仲裁协议效力	重庆市第一中级人民法院(2019)渝01民特499号	蒙古国	中国法律	仲裁机构所在地②	《涉外民事关系法律适用法》第18条
50	张某与赵某申请确认仲裁协议效力	北京市第四中级人民法院(2020)京04民特523号	美国	中国法律	仲裁地③	《涉外民事关系法律适用法》第18条、最高人民法院《关于适用〈中华人民共和国仲裁法〉若干问题的解释》第16条

① 该案是确认涉香港特别行政区仲裁协议效力案件。法院根据《涉外民事关系法律适用法》第18条的规定,认定中国内地法律为仲裁协议效力的准据法。一方当事人主张仲裁协议对仲裁机构约定不明,法院依据最高人民法院《关于适用〈中华人民共和国仲裁法〉若干问题的解释》第6条的规定,认定仲裁协议约定的"深圳市仲裁机构"是指深圳国际仲裁院,案涉仲裁协议有效。

② 该案合同履行地在蒙古国,属于确认涉外仲裁协议效力案件。法院根据《涉外民事关系法律适用法》第18条的规定,虽然双方当事人未选择仲裁协议效力的准据法但约定了位于我国境内的仲裁机构,认定中国法为仲裁协议效力的准据法。

③ 案涉仲裁的被申请人为美国公民,法院认定该案属于涉外仲裁协议效力案件。根据《涉外民事关系法律适用法》第18条和最高人民法院《关于适用〈中华人民共和国仲裁法〉若干问题的解释》第16条的规定,虽然当事人没有约定仲裁协议效力的准据法,但约定了仲裁地在北京,因此法院认定中国法为仲裁协议效力的准据法。

表 2　抽样涉外民商事案件适用法律情况

准据法类别	涉案数量/件	比例/%
中国内地(大陆)法律	43	86
中国香港特别行政区法律	3	6
中国台湾地区有关规定	1	2
国际条约	4	8
外域法	1	2

注:个别案件由于法律关系比较复杂,存在 2 个准据法。

表 3　抽样涉外民商事案件纠纷类型分布

纠纷类型	涉案数量/件	比例/%
合同纠纷	11	22
知识产权纠纷	4	8
与法人有关的纠纷	7	14
民间借贷纠纷	3	6
物权纠纷	2	4
侵权纠纷	2	4
不当得利纠纷	1	2
债权人撤销权纠纷	3	6
婚姻家庭、继承纠纷	3	6
信用证欺诈纠纷	1	2
不正当竞争纠纷	1	2
物权保护纠纷	1	2
确认仲裁协议效力纠纷	4	8
劳动争议纠纷	1	2
网络域名权属纠纷	1	2
公证损害责任纠纷	1	2
公司证照返还纠纷	1	2
与公司破产和解散有关的纠纷	3	6

表 4　抽样涉外民商事案件法律适用方法

类别	涉案数量/件	比例/%
意思自治原则	10	2
最密切联系原则	7	14
被请求保护地	4	8
不动产所在地	7	14
不当得利发生地	1	2
不明确	1	2
国籍	2	4
劳动者工作地	1	2
共同经常居所地	2	4
澳门特别行政区法律的适用将损害内地社会公共利益	1	2
法人登记地	6	12
侵权人主营业地	1	2
特别规定	1	2
根据先决问题确定所适用的法律	1	2
外国法无法查明时适用中国法	1	2
国际条约优先适用	4	8
仲裁地	3	6
仲裁机构所在地	1	2

注：个别案件由于法律关系比较复杂，因此会涉及 2 个或 2 个以上的法律选择方法。

表 5　抽样涉外民商事案件援引国际私法条文次数统计

被援引法条	被援引次数
《涉外民事关系法律适用法》第 2 条	3
《涉外民事关系法律适用法》第 3 条	3
《涉外民事关系法律适用法》第 5 条	1
《涉外民事关系法律适用法》第 10 条	1
《涉外民事关系法律适用法》第 14 条	6

续表

被援引法条	被援引次数
《涉外民事关系法律适用法》第18条	4
《涉外民事关系法律适用法》第21条	1
《涉外民事关系法律适用法》第24条	2
《涉外民事关系法律适用法》第31条	1
《涉外民事关系法律适用法》第32条	1
《涉外民事关系法律适用法》第33条	2
《涉外民事关系法律适用法》第36条	6
《涉外民事关系法律适用法》第37条	1
《涉外民事关系法律适用法》第41条	9
《涉外民事关系法律适用法》第43条	1
《涉外民事关系法律适用法》第44条	3
《涉外民事关系法律适用法》第45条	1
《涉外民事关系法律适用法》第47条	1
《涉外民事关系法律适用法》第48条	2
《涉外民事关系法律适用法》第50条	5
2012年最高人民法院《关于适用〈中华人民共和国涉外民事关系法律适用法〉若干问题的解释(一)》第12条	1
2012年最高人民法院《关于适用〈中华人民共和国涉外民事关系法律适用法〉若干问题的解释(一)》第19条	1
最高人民法院《关于审理独立保函纠纷案件若干问题的规定》第22条	1
《联合国国际货物销售合同公约》第1条	2
《联合国国际货物销售合同公约》第6条	1
原《民法通则》第142条	2
最高人民法院《关于适用〈中华人民共和国仲裁法〉若干问题的解释》第16条	1

注:个别案件由于法律关系比较复杂,因此援引2个或2个以上的法律条款。

以下是对每种法律关系的抽样情况。

(一)涉外海事海商案件

1."常州英德索特工业盐进出口有限公司诉和进船务私人有限公司等海上货物运输合同纠纷案"①

该案争议点包括承运人身份的认定、留置权的范围以及是否构成迟延交货,这些是国际海上货物运输中的常见典型问题。关于承运人身份,案涉提单由船长签发,未记载承运人名称,法院根据《海商法》第72条第2款"提单可以由承运人授权的人签发。提单由载货船舶的船长签发的,视为代表承运人签发"和第42条第1项的规定,认定船长经过和进船务私人有限公司(以下简称和进船务公司)的授权许可装货港代理签发提单,航行指令均来自和进船务公司,和进船务公司是承运人。关于留置权的范围,从《海商法》第87条的规定来看,留置对象应仅限于有运费支付义务的合同当事人合理范围内的货物。与进船务公司与常州英德索特工业盐进出口有限公司(以下简称常州英德公司)不存在合同关系,前者仅能针对有运费支付义务的公司的货物行使留置权。关于迟延交付,虽然提单和租约未载明收货时间,但按照常州英德公司对航程的正常测算,其对涉案船舶在内贸合同约定的交货期间内到港有合理期待,和进船务公司非法留置其货物,致使常州英德公司承担内贸合同的违约责任,和进船务公司应当对常州英德公司的损失承担责任。

2."印度国家银行与瓦伦亚洲私人有限公司金融借款合同纠纷案"②

该案是与船舶抵押权有关的金融借款合同确权纠纷。原、被告为企业法人,注册地、贷款协议签订地和履行地均在境外,双方在贷款协议中约定适用新加坡法律解决纠纷。华东政法大学外国法查明研究中心出具的法律意见书提供了新加坡现行民商事合同法律规则,以及新加坡《商船法》中有关船舶抵押合同的规定。法院据此确认了贷款协议的效力,并认定原告享有抵押权。该案体现了我国司法实践中外国法查明和适用能力,有助于加强外国当事人对我国海事司法的信心,提升我国法院在国际海事领域的地位。

3."东亚银行(中国)有限公司上海分行、江苏普华有限公司信用证欺诈纠纷案"③

该案是具有涉外、涉香港特别行政区因素的海运欺诈纠纷。案涉759号信用证

---

① 宁波海事法院(2019)浙72民初186号;浙江省高级人民法院(2019)浙民终1031号。

② 上海海事法院(2018)沪72民初4268号。

③ 湖北省高级人民法院(2019)鄂民终828号;最高人民法院(2020)最高法民申2937号。

约定受国际商会《跟单信用证统一惯例》(UCP600)最新版本约束,因此法院适用《跟单信用证统一惯例》(UCP600)对议付和善意议付进行认定。问题在于,《跟单信用证统一惯例》(UCP600)第2条"在相符交单下……"的"相符交单",是指客观相符还是议付行的主观认识。该案法官认为,只要议付行审查后认为相符并预付信用证下款项,即构成议付。客观上是否相符,是判断议付行是否善意议付的考量因素,不是构成议付的标准。这是本案的典型意义之一。

根据《跟单信用证统一惯例》(UCP600)第2条和第14条a款的规定,议付行有独立审单义务,应当依照信用证要求和国际商会制定的《关于审核跟单信用证项下单据的国际标准银行实务》(以下简称ISBP)审核单据。被告之一诚峰公司提交的指示提单没有托运人或托运人的代理人背书,不符合759号信用证和ISBP的要求,议付行未尽到基本的注意义务,不构成善意议付。法官准确根据ISBP和信用证要求,判断议付行是否适当履行审单义务、是否构成善意,使该案具有一定代表性。

(二)共有关系纠纷

"崔某某与金某某、蒋某某、金某元、金某梅共有纠纷案"①

案外人金某哲在韩国务工期间因意外事故身亡,各当事人为分割韩国(株)诚信会社支付的1.9亿韩元赔偿金产生纠纷。死亡赔偿金和当事人之间的共有关系都是基于死亡事实而产生的,死亡事实发生地在韩国,因此该案属于涉外民事纠纷。当事人崔某某主张该案是侵权纠纷,适用侵权行为地法。二审法院认为,该案是各赔偿请求权人关于赔偿金分割的纠纷,而不是向赔偿义务人索要赔偿金的纠纷,因此不属于侵权纠纷,应当根据《涉外民事关系法律适用法》第2条第2款的规定,适用与共有法律关系有最密切联系的法律。由于各当事人均为我国公民、标的物即案涉钱款在我国境内,故最密切联系地为中华人民共和国。二审法院对该案法律关系的定性具有典型意义。

(三)知识产权纠纷

1."陈某等诉北京实力电传文化发展股份有限公司等侵害文字作品著作权纠纷案"②

涉案作品为三毛父亲陈某庆写作的书信,共4627字,于1989年刊登在《皇冠》杂志。3位原告是陈某庆的子女。涉案节目对该书信的字词、短语和段落进行了增添、修改或删除,共使用1190字,进行朗诵并配有中文字幕,在腾讯视频App及网页

① 吉林省高级人民法院(2020)吉民终157号。

② 北京互联网法院(2020)京0491民初2880号。

端传播。该案争议点为被告是否侵害了涉案书信的修改权、复制权、表演权和信息网络传播权。该案的典型意义有三:第一,法院根据《涉外民事关系法律适用法》第31条的规定,适用被继承人死亡时经常居所地法,即中国台湾地区有关规定来确认原告的法定继承人身份,再根据我国《涉外民事关系法律适用法》第48条,适用我国《著作权法》确认原告依法继承了涉案书信的著作权。第二,原告主张被告侵害了修改权,但法律及司法解释未明确何为“对作品的修改”,法院认为,“对作品内容作局部变更以及文字、用语的修正属于对作品的修改,是受修改权控制的行为”。第三,对于涉案节目以字幕形式固定并再现书信的部分内容、进行一定改动是否构成复制行为,法院认为,复制行为不要求精确再现作品的全貌,只要在物质载体中保留作品的基本表达,即便对作品进行一些改动或未利用全部内容,也构成复制行为,涉案节目字幕构成对涉案书信的复制。

2.“陈某某与布鲁有限公司网络域名权属纠纷案”①

该案当事人陈某某于2002年注册涉案域名。布鲁公司认为,涉案域名与公司的驰名商标相同,于2018年就该域名向美国国家仲裁院申请仲裁。陈某某对裁决结果不服,向广州互联网法院请求确认涉案域名归属。法院认为,认定陈某某是否为域名合法持有人,关键在于其行为是否侵犯布鲁公司合法权益。

最高人民法院《关于审理涉及计算机网络域名民事纠纷案件适用法律若干问题的解释》第4条规定了域名持有人构成侵权或不正当竞争要满足的4项条件,其中一项要求“对该域名的注册、使用具有恶意”。该项条件与案涉仲裁裁决所依据的《统一域名争议解决政策》中域名侵权必须满足的一项要件一致。法院指出,仲裁裁决根据《统一域名争议解决政策》第4条b款列举的第一种恶意情形认定陈某某构成恶意,但实际上根据该款规定,域名持有人以向投诉人或投诉人的竞争对手销售、租赁或转让域名并获取收益作为注册或获取域名主要目的,才能认定为恶意。该案典型性在于,法院对《统一域名争议解决政策》的具体条款进行解读,否定了美国国家仲裁院的错误认定。

3.“华为技术有限公司、华为终端有限公司、华为软件技术有限公司与康文森无线许可有限公司确认不侵害专利权及标准必要专利许可纠纷案”②

该案被列为最高人民法院知识产权法庭2020年10件技术类知识产权典型案例之一。一审期间,当事人康文森无线许可有限公司(以下简称康文森公司)向德国

---

① 广州互联网法院(2019)粤0192民初69号。

② 最高人民法院(2019)最高法知民终732、733、734号之一。

地方法院提起专利侵权诉讼。南京市中级人民法院判决作出后,最高人民法院二审期间,德国法院作出一审判决,华为公司向最高人民法院提出行为保全申请,请求禁止康文森公司在最高人民法院终审判决作出前申请执行德国法院判决。最高人民法院首次指出裁定暂缓执行域外法院判决的行为保全需考量的5个因素,具体包括:执行该域外法院判决对中国诉讼的影响、采取行为保全措施的必要性、不采取行为保全措施对申请人造成的损害是否超过采取行为保全措施对被申请人的损害、公共利益、国际礼让因素。该案还首次探索了日罚金制度。

4."小米通讯技术有限公司、小米之家商业有限公司、北京小米移动软件有限公司与交互数字公司、交互数字控股有限公司标准必要专利许可纠纷案"①

申请人小米通讯技术有限公司等就标准必要专利许可费率诉至武汉市中级人民法院,法院于2020年6月9日受理。2020年7月29日,被申请人以申请人及其关联公司为被告,在印度地方法院申请禁令。申请人得知后,于2020年8月4日向武汉市中级人民法院申请禁诉令。法院认为,被申请人在印度地方法院发动禁令,会干扰该案的审理、执行程序,应当排除这种妨碍。此外,申请人的禁诉令申请也符合法律有关担保程序的规定。综上,武汉市中级人民法院裁定被申请人及其关联公司立即撤回或中止已申请的禁令,不得在该案审理期间就案涉标准必要专利在我国、其他国家和地区的法院针对小米通讯技术有限公司及其关联公司申请禁令。这是中国法院作出的首个跨国禁诉令,裁定依据合法、合理,符合国际惯例,为企业参与国际知识产权竞争提供保障。

5."OPPO广东移动通信有限公司、OPPO广东移动通信有限公司深圳分公司与夏普株式会社、赛恩倍吉日本株式会社标准必要专利许可纠纷案"②

该案属于最高人民法院发布的2020年中国法院十大知识产权案件。OPPO广东移动通信有限公司、OPPO广东移动通信有限公司深圳分公司(以下简称OPPO公司)与夏普株式会社在标准必要专利许可谈判过程中,夏普株式会社在域外对OPPO公司提起专利侵权诉讼。OPPO公司认为,夏普株式会社可能在域外申请禁令胁迫其谈判,于是向法院请求确定该案必要专利许可的全球费率并提出行为保全申请。法院裁定被告在终审判决作出前不得在其他国家、地区对OPPO公司就该案所涉专利提起新的诉讼或司法禁令。随后,外国法院向OPPO公司下达"反禁诉令",要求OPPO公司向我国法院申请撤回"禁诉令"。在该案中,我国法院的"禁诉

① 湖北省武汉市中级人民法院(2020)鄂01知民初169号之一。

② 广东省深圳市中级人民法院(2020)粤03民初689号之一。

令”和外国法院的“反禁诉令”同时并存,我国法院固定了夏普株式会社违反行为保全裁定的事实和证据,使夏普株式会社无条件撤回向德国法院申请的“反禁诉令”,为企业公平参与国际市场竞争提供了司法保护。

(四)公司、金融、保险和票据纠纷

“交通银行股份有限公司上海市分行与保乐力加(中国)贸易有限公司保证合同纠纷上诉案”①

2019年9月,交通银行股份有限公司上海市分行就浦星公司与保乐力加(中国)贸易有限公司(以下简称保乐力加公司)签订的《分销协议》出具涉案保函。2018年5月,保乐力加公司根据涉案保函约定要求银行付款,因银行拒付,遂诉至法院。该案有两点代表性意义:一是法院准确把握独立保函的概念,认为涉案保函的付款义务、条件、金额等均独立于基础交易关系,银行仅承担交单相符时的付款责任且案件不存在欺诈情形,故涉案保函是独立保函。二是法院认为,虽然保乐力加公司提供的出仓单与保函条款在表面上不完全一致,但在其已提交相关文件的情况下,应认定未导致歧义产生,构成表面相符。

(五)侵权纠纷

“匹克国际贸易(天津)有限公司、亚洲海事太平洋租船有限公司侵权责任纠纷案”②

该案当事人在《合作协议》和《租船确认书》中均约定仲裁条款,仲裁地为中国香港特别行政区,适用英国法律仲裁。双方核心争议是,商业贿赂侵权行为导致《租船确认书》运费过高的纠纷,是否受仲裁条款的约束。首先,由于当事人没有选择仲裁协议适用的法律,法院适用仲裁地法即中国香港特别行政区《仲裁条例》确认了仲裁协议效力。其次,一审法院认为,仲裁协议未限制仲裁范围,视为与两份约定有关的所有纠纷均提交仲裁解决。二审法院认为,运费属于租船合同的主要条款,与合同有很强的关联性,并且仲裁协议未明确排除因违约产生的侵权之诉的适用,综上,与运费有关的合同或侵权纠纷均应在中国香港特别行政区仲裁。

(六)合同纠纷

1.“林某隆、张某德合同纠纷案”③

经济互助会是一种民间经济往来形式,该案原告是经济互助会的会主,被告欠

① 上海市高级人民法院(2019)沪民终107号。

② 天津市高级人民法院(2019)津民终402号。

③ 浙江省温州市中级人民法院(2020)浙03民终522号。

缴会费,原告代缴后向法院诉请被告返还。二审法院综合考量经济互助会的宗旨、会员关系和运作模式,认定经济互助会背景下的经济往来属于互助性质的民间借贷,该案是民间借贷合同纠纷。这也是该案的典型意义。此外,虽然双方的行为发生地在美国,但法院结合有关证据,认定原、被告为同村村民,被告户籍地在中国,为中国村民并享受村民待遇,经常出入中国,因此该纠纷与我国有密切联系,适用中国法律。

2. “IDG-Accel 中国成长基金有限合伙企业(IDG-Accel China Growth Fund L. P.)、IDG-Accel 中国投资基金有限合伙企业(IDG-Accel China Investors L. P.)、IDG-Accel 中国成长 A 基金有限合伙企业(IDG-Accel China Growth Fund-A L. P.)、王某某保证合同纠纷案”①

该案是涉外保证合同纠纷,主合同为 3 份《股权转让协议》,均约定了仲裁条款,保证合同为《保证协议》。一审法院根据最高人民法院原《关于适用〈中华人民共和国担保法〉若干问题的解释》第 129 条的规定,即担保合同应当根据主合同确定案件管辖,认定《保证协议》应直接根据《股权转让协议》的仲裁条款提交香港国际仲裁中心仲裁。笔者认为,一审法院没有考虑仲裁协议的效力通常仅对协议双方具有约束力,虽然主合同约定了仲裁条款,但保证人不是主合同的当事人,保证人是否应受主合同仲裁条款的约束,需要结合具体案情讨论。根据二审法院查明的事实,《保证协议》约定接受香港特别行政区法院的非排他性管辖。这样来看,该案保证人没有接受仲裁并排除法院管辖权的意思。该案代表性意义在于二审法院的说理。首先,二审法院根据原《担保法》第 17 条和《保证协议》的约定,认定该案为一般保证。其次,根据最高人民法院《关于适用〈中华人民共和国民事诉讼法〉的解释》第 66 条的规定,该案应当追加被保证人为共同被告,但基于主合同约定了有效的仲裁条款,不能追加被保证人参与诉讼。最后,法院认定该案不存在原《担保法》第 17 条规定的保证人不得行使先诉抗辩权的法定情形,因此,保证人享有先诉抗辩权,应驳回起诉。

(七)国际公约与国际惯例的适用

1. “上海聚力传媒技术有限公司与中国联合网络通信有限公司广东省分公司其他不正当竞争纠纷案”②

该案的典型意义在于,法院结合《伯尔尼公约》等认定行为人通过 App 提供赛

---

① 江西省高级人民法院(2020)赣民终 175 号。

② 上海市浦东新区人民法院(2019)沪 0115 民初 62659 号。

事节目网络实时转播服务侵犯了著作权人的权利。首先,关于网络实时转播是否属于我国《著作权法》第10条规定的广播权的范围,法院认为,我国的广播权规定源于《伯尔尼公约》,应结合公约判断。根据公约,广播节目的转播权包括“无线和有线转播”。“有线转播”仅限于将无线广播信号通过有线电缆传送给特定区域观众,不包含互联网转播,因为当时还没有互联网技术。其次,对于《世界知识产权组织版权条约》(WCT)第8条“向公众传播权”的范围是否包括网络实时转播,法院援引《WCT草案说明》,认定“向公众传播”包括任何非交互式和交互式传播方式,因此网络实时转播也包含在内。最后,我国2006年已批准加入《世界知识产权组织版权条约》,但我国《著作权法》目前仅规定了属于交互式传播的信息网络传播权,未专门规定“向公众传播权”。综上,未经权利人许可在App中实时转播赛事节目的行为侵害的是《著作权法》中规定的“应当由著作权人享有的其他权利”。

2.“张家口联合石油化工有限公司与渣打银行(中国)有限公司金融衍生品种交易纠纷上诉案”①

2011年9月15日,渣打银行(中国)有限公司与张家口联合石油化工有限公司签订ISDA2002主协议及附件,约定了终止净额结算机制。2014年11月11日,张家口联合石油化工有限公司出具函件,要求提前终止并解除交易。渣打银行(中国)有限公司诉至法院,要求对方支付提前终止款项及相应利息。

二审法院认为,这种具体违约责任触发交易提前终止的合约安排在本质上是继续性合同的约定解除。提前终止应付款包括终止款项和未付款项,前者用来赔偿非违约方因交易提前解除遭受的损失。根据我国原《合同法》第113条的规定,损失赔偿额不得超过违约方订立合同时预见到或应当预见到的因违反合同造成的损失。国际掉期与衍生工具协会推出的ISDA主协议是国际衍生品交易的标准化合约,相关规则在实践中已被作为国际惯例,当事人既然采用ISDA主协议,应当对违约责任的承担具有预期。综上,该案可以根据终止净额结算条款计算损失。

我国相关法律尚未对终止净额结算机制作出规定,该案遵循金融衍生品交易的国际惯例,明确了终止净额结算条款的法律性质和效力,对未来同类案件具有参考价值。

① 上海金融法院(2020)沪74民终533号。

(八)区际司法协助案例

1."时和全球投资基金 SPC-时和价值投资基金申请认可和执行香港特别行政区法院民事判决案"①

时和全球投资基金 SPC-时和价值投资基金(以下简称时和基金)购买了哲源国际有限公司发行的欧元债券。哲源国际有限公司是上海华信国际集团有限公司(以下简称华信集团)设立于英属维京群岛的间接全资子公司。华信集团向时和基金出具维好协议(Keepwell Deed),并约定该协议适用英国法律,相关争议由中国香港特别行政区法院管辖。事后,时和基金以华信集团违反维好协议为由诉至香港特别行政区法院,华信集团未应诉,香港特别行政区高等法院作出缺席判决。判决生效后,华信集团未主动履行判决,时和基金向上海金融法院申请认可与执行该判决。

这是全国首例涉境内公司针对境外关联公司发债出具"维好协议"之香港特别行政区法院生效判决在内地法院申请认可和执行的案件,典型意义有二:第一,根据开曼群岛公司法,独立投资组合公司(Segregated Portfolio Company,SPC)具有法律主体资格,但其下的若干独立投资组合(Segregated Portfolio,SP)不具有法律主体资格。涉案我国香港特别行政区判决将原告列为时和基金,上海金融法院根据《关于内地与香港特别行政区法院相互认可和执行当事人协议管辖的民商事案件判决的安排》审查该判决,认可申请人资格。第二,上海金融法院对"社会公共利益"进行了准确把握。是否违反内地社会公共利益,要看认可与执行该判决将导致的结果,而不是根据内地法律判断维好协议的性质和效力。

2."华夏航运(新加坡)有限公司、东海运输有限公司申请认可和执行香港特别行政区仲裁裁决案"②

当事人双方存在一份包运合同,后又成立租船协议。包运合同约定产生的任何争议应根据英国法在中国香港特别行政区仲裁。双方因租船协议发生纠纷,仲裁庭根据相关事实和交叉询问认定包运合同条款已并入租船协议,并作出裁决。该案的典型意义在于法院对仲裁协议效力的认定,以及判定认可与执行仲裁裁决是否违反公共利益。

因当事人未约定仲裁协议效力的准据法,法院根据《内港相互执行仲裁裁决安排》第7条第1项的规定,适用仲裁地法即香港特别行政区《仲裁条例》确定仲裁协议成立并有效。此外,法院认为,违反内地法律规定不意味着损害了内地社会公共

① 上海金融法院(2019)沪74认港1号。

② 广州海事法院(2018)粤72认港1号之一。

利益，除非认可和执行仲裁裁决将严重损害内地法律基本原则。在该案中，内地仲裁法对仲裁协议的明示要求和原《民法总则》中意思表示的规定都不属于法律基本原则，因此认可与执行涉案裁决并不损害内地社会公共利益。

3.“大卫戴恩咨询有限公司、布拉姆利有限公司申请执行香港特别行政区仲裁裁决案”①

当事人协议约定将争议提交中国香港国际仲裁中心仲裁，准据法为英格兰法律。裁决生效后，申请人向法院申请认可与执行该裁决。被申请人认为，仲裁庭的组成违反仲裁规则、仲裁裁决违反社会公共利益。法院认为，仲裁庭的组成没有违反中国香港国际仲裁中心仲裁时适用的有效仲裁规则。仲裁员与两家公司(该案的两位申请人)的董事均在英国足协任职，并不意味着存在影响公正裁决的利害关系。社会公共利益，是指全体社会成员的共同利益而不是合同当事人的个人利益，虽然被申请人的部分资产属于国有资产，但不能将与其有关的任何事项都认定为社会公共利益。该案典型性意义在于法院根据仲裁规则，结合社会生活经验判断是否存在回避等程序问题。该案还对社会公共利益进行了阐述，具有参考意义。

4.“宾士奈设计集团国际咨询有限公司申请执行我国香港特别行政区仲裁裁决案”②

当事人双方签订《服务协议》，约定因合同引起的任何争议应根据《联合国国际贸易法委员会仲裁规则》在我国香港特别行政区仲裁。争议发生后，仲裁庭作出裁决，申请人向法院申请执行该裁决。被申请人认为，仲裁员未按照《中国委托公证人(香港)管理办法》向被申请人送达相关仲裁文书，构成《内港相互执行仲裁裁决安排》第7条第2项规定的情形，法院应裁定不予执行。该案的典型性意义是法院根据仲裁程序所适用的仲裁规则判断送达是否成功。该案送达符合《联合国国际贸易法委员会仲裁规则》第2条的规定，应认定为已送达。

5.“瑞士联合银行集团新加坡分行与上海国储能源集团有限公司香港特别行政区仲裁程序在内地申请财产保全案”③

该案是上海金融法院受理的首件在香港特别行政区仲裁程序中向内地法院申请财产保全的案件。该案首次适用2019年10月1日生效的最高人民法院《关于内地与香港特别行政区法院就仲裁程序相互协助保全的安排》(以下简称《内港法院

① 北京市第四中级人民法院(2020)京04认港5号。
② 四川省成都市中级人民法院(2019)川01认港1号。
③ 上海金融法院(2020)沪74财保7号。

相互协助保全安排》),对实践中类似问题的解决有参考价值。

第一,对于当事人可否自行递交保全申请材料。《内港法院相互协助保全安排》第3条第2款规定,应当由受理香港特别行政区仲裁的机构或常设办事处转递当事人的保全申请,但在实践中由香港国际仲裁中心转递保全申请的转递周期长,不利于发挥保全的作用。因此,法院参考最高人民法院研究室发布的《〈最高人民法院关于内地与香港特别行政区法院就仲裁程序相互协助保全的安排〉的理解与适用》,允许申请人将保全申请书等自行提交给法院,法院再根据香港特别行政区律政司提供的联系方式向仲裁机构予以核实。第二,对于保全申请书的保全金额以美元为单位列明的,是否需要折算成人民币。该案法院允许申请人以美元为单位提出保全数额,但还要补充提交折算后的人民币金额和折算依据,以便于在实践中具体操作。第三,对于仲裁机构希望获取保全裁定结果,法院是否应予以反馈。虽然《内港法院相互协助保全安排》未对此作出规定,但法院回应了仲裁机构的要求,将裁定结果反馈给仲裁机构。

6.“苏黎世财产保险(中国)有限公司与东京海上日动火灾保险(中国)有限公司申请确认仲裁协议效力案”①

当事人双方均为外资保险公司,原保险单和再保险合同均为英文,再保险合同将管辖(Jurisdiction)与保险期限等事项单独列出,明确载明按照原保单。在法院审查仲裁协议效力过程中,双方对“Jurisdiction”的含义发生争议。该案典型性意义在于,首先,法院根据文义解释原则认为,在英语中,“Jurisdiction”并不特指司法管辖权,也可表示仲裁等纠纷解决方式。其次,根据目的解释原则,法院认为再保险合同约定管辖按照原保单,而原保单约定了仲裁条款,就说明再保险合同的管辖是按照原保单的仲裁条款。综上,当事人双方将原保单中仲裁协议并入再保险合同的意思明确且具体,具有法律效力。

7.“阿尔法企业控股有限公司、深圳市楚润实业有限公司、深圳市杰特电信控股有限公司等借款合同纠纷执行审查案”②

该案焦点是,债务人在香港特别行政区进行清盘过程中,按照清盘计划的清偿比例向债权人清偿了债权,该债权人按照比例受偿后是否仍有权向我国内地法院申请强制执行。深圳市中级人民法院认为,按照2019年1月18日发布的《关于内地与香港特别行政区法院相互认可和执行民商事案件判决的安排》第3条第5项的规

① 上海金融法院(2019)沪74民特27号。

② 广东省高级人民法院(2020)粤执复707号。

定，这种清盘程序的法律效力尚无法被内地法院认可与执行，该清盘程序的法律效力不及于我国内地，债权人仍有权向内地法院申请执行。裁定作出后，被执行人申请复议。

该案的典型意义在于，复议法院首先将该案法律问题认定为债务人债务是否已全部免除，再分别对经司法程序的免除和当事人协商合意免除这两种免除方式进行分析。从司法程序的免除来看，破产清盘案件目前不属于我国内地与香港特别行政区法院相互认可和执行的案件范围，不能通过司法程序确认被执行人的债务已免除。从当事人合意免除来看，清盘计划已说明债权人受偿部分债权后须放弃其余债权，原债权人的代理人在清盘程序中已签字认可清盘计划，债权受让人的代理人在与清盘人协商后已收取相应清盘款，因此该案债权人和债务人实际已就免除清盘程序外的债务达成一致，并且和解协议已履行完毕。根据最高人民法院《关于执行和解若干问题的规定》第 19 条第 1 项的规定，应终结该案的执行。

（九）国际司法协助案例

“布兰特伍德工业公司申请承认和执行仲裁裁决案”①

在该案中，国际商会国际仲裁院根据布兰特伍德工业公司的申请，由独任仲裁员在广州作出案涉仲裁裁决。申请人向中国法院申请承认与执行该裁决。在该案中，我国法院首次明确境外仲裁机构在我国作出的仲裁裁决属于中国涉外仲裁裁决。法院进一步指出，被申请人不履行该仲裁裁决的，申请人应当根据《民事诉讼法》第 273 条向具有管辖权的法院申请执行，而不是依据《承认及执行外国仲裁裁决公约》或《内港相互执行仲裁裁决安排》申请承认与执行。

四、其他案件中的法律问题

（一）中国法的域外适用问题

目前，我国《民事诉讼法》关于管辖权的规定尚未完全与实体法的域外效力条款相衔接。2020 年 3 月起施行的《证券法》第 2 条第 4 款规定，我国境外的证券发行和交易活动如果扰乱我国境内市场秩序、损害境内投资者合法权益，将依照该法追究责任。但在实践中，法院仍然只能根据《民事诉讼法》确定管辖权。2020 年“瑞幸咖啡”财务数据造假事件发生后，一个备受关注的问题是《证券法》的域外效力条款能否为我国法院受理投资者诉讼提供有效依据。2021 年 4 月，最高人民法院发布《关于上海金融法院案件管辖的规定》，该规定第 2 条明确指出，“境内投资者以发生在

---

① 参见张振安：《外国仲裁机构在内地作出的仲裁裁决视为涉外仲裁裁决》，载东方律师网 2021 年 9 月 28 日，http://www.lawyers.org.cn/info/932754f53b874ffebda8ba4855248afc。

中华人民共和国境外的证券发行、交易活动或者期货交易活动损害其合法权益为由向上海金融法院提起的诉讼",由上海金融法院管辖,这使"瑞幸咖啡案"顺利进入我国司法程序。但这并没有真正解决实体法域外效力条款的适用问题。

(二)证券虚假陈述责任纠纷的定性

证券市场虚假陈述民事责任的性质在理论界一直存在争议,主要分为"违约责任说"和"侵权责任说"。"违约责任说"认为,招股说明书的性质属于要约邀请,购买者进行的认购行为是要约,发行人对要约进行承诺,合同关系成立。在目前的国际私法实践中,存在我国香港特别行政区居民购买内地公司的股票,因公司未及时披露相关信息而遭受投资损失,向法院起诉的案例。例如,在"钟某某与天下秀数字科技(集团)股份有限公司证券虚假陈述责任纠纷案"①中,公司的实际控制人发生变更,但没有按照《证券法》的规定立即披露,造成我国香港特别行政区投资者的损失。该案法官将纠纷定性为合同纠纷,根据《涉外民事关系法律适用法》第41条适用内地法律审理。然而,目前的主流观点是"侵权责任说",因为虚假陈述行为违反了《证券法》规定的信息披露义务,侵犯了投资者的知情权,投资者可主张侵权损害赔偿。

根据最高人民法院原《关于审理证券市场因虚假陈述引发的民事赔偿案件的若干规定》第27条的规定,证券承销商、中介服务机构等知道或应当知道发行人或上市公司虚假陈述而不予纠正,构成共同侵权,承担连带赔偿责任。笔者认为,将具有涉外因素的证券虚假陈述责任纠纷定性为侵权纠纷更符合司法解释的态度。

(三)与合同有关的法律问题

1. 民间借贷合同的准据法

在涉我国香港特别行政区和澳门特别行政区民间借贷纠纷中,如果双方未选择合同适用的法律,法院通常依据《涉外民事关系法律适用法》第41条的规定,将履行义务最能体现合同特征的一方当事人经常居所地法作为准据法。问题在于,交付借款义务和履行还款义务哪一个最能体现合同特征。从案例抽样情况来看,不同法院存在不同观点,总体倾向适用内地法律。只要借款义务和还款义务中有一个在内地履行,法院往往将内地法律作为准据法。但是,如何根据具体案件事实确定最能体现民间借贷合同特征的合同义务进而确定准据法,是一个值得讨论的问题。

---

① 广西壮族自治区南宁市中级人民法院(2020)桂01民初560号。

2. 债权人代位权纠纷的准据法

有一类涉外纠纷是合同债务人怠于行使到期债权，债权人向法院请求代位行使债务人的债权。法院需要首先确定准据法，再认定债权人是否对次债务人享有代为请求权以及代位权。对于如何确定这类纠纷的准据法，目前在实践中有不同做法。有的法院根据《涉外民事关系法律适用法》第2条第2款的规定，认为法律尚未对此类民事关系的法律适用作出规定，因此，通过最密切联系原则确定准据法，例如，“广东格林姆斯电器有限公司与欧某某、尤某某、范某某、黎某债权人代位权纠纷案”①的二审法院。有的法院则依据债权人与债务人之间法律关系的准据法决定债权人与次债务人的代位权法律关系的准据法，例如，“高某某与骆某某、珠海中力投资策划有限公司、惠州美域置业有限公司债权人代位权纠纷案”②的二审法院。这两种做法都有一定的合理性，值得结合司法实践进一步研究。

3. 抵押合同和质押合同纠纷的定性

这类涉外纠纷中同时存在合同法律关系和抵押、质押物权关系，法院首先要选择恰当的冲突规范，再确定准据法。笔者认为，法院应结合当事人的诉讼请求来选择冲突规范。在“北京荣泰永创投资管理有限公司合同纠纷案”③中，原告的一项请求是确认《主债权及房屋抵押合同》解除，法院根据《涉外民事关系法律适用法》第36条不动产纠纷的冲突规范，适用不动产所在地法来判断当事人是否构成根本违约而解除合同。但从原告的这项诉讼请求来看，依据《涉外民事关系法律适用法》第41条合同纠纷的冲突规范来确定准据法更加妥当。

在实践中，有结合当事人诉讼请求来对此类纠纷定性的典型案例。在“成都中德西拉子环保科技有限公司、中国长城资产（国际）控股有限公司股权质权纠纷案”④中，一审法院将纠纷定性为涉我国香港特别行政区担保合同纠纷。二审法院认为，原告的诉讼请求是确认对被告存款享有优先受偿权并要求被告承担质押担保责任，该案核心是审查质权的设立问题，应将纠纷定性为动产质权纠纷。

五、结语

2020年，最高人民法院发布《指导意见三》，对疫情期间涉外民商事审判工作进行指导。在区际司法协助领域，《内港相互执行仲裁裁决补充安排》和2020年《内澳

---

① 广东省中山市中级人民法院（2019）粤20民终6921号。

② 广东省珠海市中级人民法院（2020）粤04民终2602号。

③ 北京市第四中级人民法院（2020）京04民初163号。

④ 最高人民法院（2020）最高法民终1101号。

送达与取证安排》进一步深化了我国不同法域的交流合作。此外,最高人民法院发布了10个全国海事审判典型案例,体现出我国海事司法的国际影响力和公信力正不断提升。

本文抽样评析的案例没有局限于法律适用问题,还包括了其他国际私法问题。例如,国际民事诉讼中的"禁诉令"、仲裁协议的效力认定、在我国香港特别行政区仲裁程序中向内地法院申请财产保全等问题。

2020年4月,中国国际经济贸易仲裁委员会发布《关于新冠肺炎疫情期间积极稳妥推进仲裁程序指引(试行)》,对疫情期间仲裁庭立案、文件送达和审理活动提出了相关建议,建议当事人通过邮寄和非接触方式提交申请、通过电子邮件方式提交和接收仲裁文件,建议仲裁庭通过"中国国际经济贸易仲裁委员会智慧庭审平台"审理案件。

中国商事仲裁年度报告(2020年)

宋连斌[*] 武振国[**] 陈希佳[***]

2020年之交发生的新冠肺炎疫情,让世界充满不确定性,中国仲裁亦面临风险与机遇。一方面,国内仲裁机构的受案量和案件标的总额双双回落;另一方面,国务院支持国际知名商事争议解决机构入驻北京,最高人民法院颁布《关于内地与香港特别行政区相互执行仲裁裁决的补充安排》深化区际司法协助,疫情之下网络仲裁规范进一步发展,这些举措促使中国仲裁走向了进一步深化改革的新征程。经过对包括11,935件国内(不包括我国港澳台地区),涉外、涉我国港澳台地区仲裁案件进行研究后发现,2020年中国法院对仲裁所作监督总体仍以友好态度为主,否定性评价案件总体数量不多,对先予仲裁、职业放贷等新问题能够作出合理裁判。在司法实践中,仍然存在一些滥用司法审查的情况。一些法院对仲裁裁决的作出主体、仲裁协议与仲裁规则相互矛盾、重复仲裁等所作的认定,也引起了较大争议。

一、概述

本文旨在综述2020年中国仲裁实践动态及发展。受新冠肺炎疫情的影响,中国仲裁机构的受案量和案件标的总额较上一年度有所回落。2020年全国259家仲裁机构共受案400,711件,平均受案量为1547件,比2019年降低7%;案件标的总额为7187亿元,比2019年降低5.4%。其中,47家仲裁机构通过网上仲裁方式,共处理案件139,664件,占全国仲裁案件总数的34.9%;61家仲裁机构受理涉外国,涉我国香港特别行政区、澳门特别行政区及台湾地区案件2186件,较2019年下降了40件。在司法审查方面,全国仲裁机构所作仲裁裁决被人民法院裁定撤销103件,裁

---

* 中国政法大学国际法学院教授、博士研究生导师。

** 中国政法大学国际法学院博士研究生。

*** 法学博士,众才国际律师事务所合伙人。

定不予执行852件,较2019年分别减少51件、1224件。①

在立法、司法解释和相关规定方面,2020年《民法典》对涉及仲裁的部分进行了细微修订,最高人民法院、最高人民检察院发布了多项重要的司法解释。同时,还有一批仲裁机构修改或颁布了仲裁规则。

在案例收集方面,基于已有的数据库,此次共收集案例11,935件。本文仍以抽选的50件典型国内案例(不包括我国港澳台地区)、10件典型涉外和涉我国港澳台地区案例作为研究对象,分别对仲裁协议效力认定、仲裁裁决的撤销、仲裁裁决的执行、案外人申请不予执行仲裁裁决的司法审查理由进行分析,并就其中的重要案例与问题进行专门探讨。本文不代表任何机构的立场,仅为关心和支持仲裁发展的各界人士和机构筛选信息,为进一步繁荣仲裁研究提供便利。

二、新仲裁法规和仲裁规则述评

为了提高仲裁的规范化程度,打造有国际吸引力的仲裁地,国务院颁布了《关于深化北京市新一轮服务业扩大开放综合试点建设国家服务业扩大开放综合示范区工作方案的批复》(国函〔2020〕123号,2020年8月28日发布),最高人民法院颁布了《关于内地与香港特别行政区相互执行仲裁裁决的补充安排》(法释〔2020〕13号,2020年11月26日发布,以下简称《内港相互执行仲裁裁决补充安排》)、《关于审理拒不执行判决、裁定刑事案件适用法律若干问题的解释》(法释〔2020〕21号,2020年12月29日发布)、《关于人民法院执行工作若干问题的规定(试行)》(法释〔2020〕21号,2020年12月29日发布)。可以说,2020年是中国仲裁制度实现内涵式发展、着力扩大对外开放的一年。

(一)关于扩大对外开放

允许境外仲裁机构在我国仲裁,不仅能够避免中国当事人赴境外诉讼所带来的种种不便,还能为中国仲裁员和律师提供更多的实践机会,有助于形成一支熟悉国际规则、拥有丰富经验的仲裁队伍。考虑到这一点,2015年国务院《进一步深化中国(上海)自由贸易试验区改革开放方案的通知》(国发〔2015〕21号,2015年4月8日发布)指出,"支持国际知名商事争议解决机构入驻,提高商事纠纷仲裁国际化程度",是我国进一步扩大开放的必然要求。在2020年,相关政策得以进一步深化,国务院"允许境外知名仲裁机构及争议解决机构经北京市司法行政部门登记并报司法部备案后,在北京市特定区域设立业务机构,就国际商事、投资等领域发生的民商事

① 参见中国国际经济贸易仲裁委员会主编:《中国国际商事仲裁年度报告(2020～2021)》,法律出版社2021年版,第1～7页。

争议提供仲裁服务”。但是,建设国际仲裁中心,还要受制于一些实际问题的解决程度。例如,境外仲裁机构在我国所作裁决的籍属问题,仲裁费用、外汇管制、税收和出入境问题,境外证人的出庭作证问题等。

(二)关于区际司法协助

最高人民法院颁布的《内港相互执行仲裁裁决补充安排》,是对2000年最高人民法院《关于内地与香港特别行政区相互执行仲裁裁决的安排》(法释〔2000〕3号)的修订升级。该补充安排主要在以下四个方面进行了改革:第一,将“认可”程序纳入“执行”程序的文义范围,统一了法律适用;第二,对内地所有仲裁机构作出的仲裁裁决一视同仁,破除了对内地仲裁机构的身份限制;第三,当被申请人在两地均有可供执行的财产时,申请人可以同时向两地法院申请执行,两地法院应当相互提供本方的执行情况,以确保执行总额不超过裁决确定的数额;第四,为了保证执行效率,尽快实现申请人的合法权益,法院在受理认可或执行程序之前或之后可以进行保全。但是,《内港相互执行仲裁裁决补充安排》规定,“内地人民法院执行按香港特区《仲裁条例》作出的仲裁裁决,香港特区法院执行按《中华人民共和国仲裁法》(下称《仲裁法》)作出的仲裁裁决适用本安排”,也就是将“仲裁程序准据法”作为仲裁裁决籍属问题的确定标准。这种单一标准虽然能够扩展两地司法协助的广度,却与2009年最高人民法院《关于香港仲裁裁决在内地执行的有关问题的通知》(法〔2009〕415号,2009年12月30日发布)中确立的“仲裁地”标准相互龃龉,[①]可能导致部分香港特别行政区裁决难以通过《内港相互执行仲裁裁决补充安排》获得认可和执行。

(三)关于打击虚假仲裁

“虚假仲裁”和“虚假诉讼”在概念上就像是一对“孪生姐妹”,自从2012年修改后的《民事诉讼法》设立第三人撤销之诉以来,虚假仲裁问题便得到了业界的广泛关注。对此,最高人民法院认为问题的关键在于仲裁当事人不诚信,应通过雷霆手段,震慑通过欺骗仲裁庭获得仲裁裁决的恶意行为。在这种理念的指导下,在2018年,最高人民法院《关于人民法院办理仲裁裁决执行案件若干问题的规定》(法释

---

① 最高人民法院《关于香港仲裁裁决在内地执行的有关问题的通知》规定:“当事人向人民法院申请执行在香港特别行政区作出的临时仲裁裁决、国际商会仲裁院等国外仲裁机构在香港特别行政区作出的仲裁裁决的,人民法院应当按照《安排》的规定进行审查。”故此,在最高人民法院看来,仲裁地在我国香港特别行政区的裁决,即为中国香港特别行政区裁决。参见高晓力:《司法应依仲裁地而非仲裁机构所在地确定仲裁裁决籍属》,载《人民司法(案例)》2017年第20期。

〔2018〕5 号,2018 年 2 月 22 日发布,以下简称《仲裁执行规定》)就创设了案外人申请不予执行仲裁裁决制度,通过消灭裁决的执行力来阻止虚假仲裁的提起。在 2020 年,民事手段升级为刑事手段,最高人民法院《关于审理拒不执行判决、裁定刑事案件适用法律若干问题的解释》第 2 条第 4 项规定,利用虚假仲裁妨碍执行,或导致判决、裁定无法执行的,构成拒不执行判决、裁定罪。而在随后的 2021 年,最高人民法院、最高人民检察院、公安部、司法部《关于进一步加强虚假诉讼犯罪惩治工作的意见》(法发〔2021〕10 号,2021 年 3 月 4 日发布)第 4 条第 6 项规定,采取"与夫妻一方恶意串通,捏造夫妻共同债务""与他人恶意串通,捏造债权债务关系和以物抵债协议"等捏造事实行为骗取仲裁裁决,并申请人民法院执行该裁决的,构成虚假诉讼罪。当然,逐步升级的惩治手段,能否实现遏制虚假仲裁的预期效果,还需要通过实践给出答案。

(四)关于消解矛盾裁判

囿于人类认知的有限性,在绝对意义上发现真实终归是一个难以企及的目标,故不同裁判结果对同一事实作出不同认定是一个难以避免的问题。[①] 为了解决该问题可能引发的执行争议,最高人民法院《关于人民法院执行工作若干问题的规定(试行)》第 68 条规定,"执行中发现两地法院或人民法院与仲裁机构就同一法律关系作出不同裁判内容的法律文书的,各有关法院应当立即停止执行,报请共同的上级法院处理"。这一规定成立的前提是,无论当事人、诉讼标的和诉讼请求是否完全相同,只要另案处理结果与该案执行就同一法律关系作出不同认定,即构成矛盾裁判。显然,这种理解是事实探知绝对化的产物,不符合既判力主观范围相对化原则,也不利于中国系统构建既判力制度。在法理上,另案处理结果只能在既判力的主观、客观、时间范围内发生效力,"不能约束本案执行法院的执行行为,不具有排除本案执行的法律效力。只有在针对本案执行提起的执行异议或案外人异议之诉中,法院的裁判结果才具有排斥本案执行的效力"。[②]

(五)关于法人治理结构

仲裁委员会的设立主体多为所在地的政府机关,通过政府规章框定仲裁机构的活动范围,不能凸显仲裁机构的法人色彩,也不利于仲裁机构打造独立于行政机关的公正形象。鉴于此,深圳市第六届人民代表大会常务委员会于 2020 年 8 月 26 日

① 参见宋连斌、武振国:《虚假仲裁中案外人权利保障机制研究》(上),载《商事仲裁与调解》2020 年第 1 期。

② 张卫平:《另案处理结果对本案民事执行的效力及处置原则研究》,载《河北法学》2020 年第 3 期。

通过了《深圳国际仲裁院条例》,这是我国首次通过经济特区法规的形式将仲裁机构法人治理模式予以固定。在内容上,该条例主要在以下三个方面进行了创新:第一,“仲裁院实行以理事会为核心,决策、执行、监督有机统一的法人治理机制”,通过法人自治消除境内外当事人对“地方保护、行政干预和内部人控制”等方面的疑虑。第二,对仲裁机构执行人员的产生办法作出了细化规定,“仲裁院设院长一名和副院长若干名,并可以根据需要设立必要的内设机构和分支机构。院长为仲裁院法定代表人,对理事会负责,受理事会监督。副院长协助院长工作”“院长人选经理事会提名,副院长人选经院长提名,按照管理权限和程序由市人民政府任命。院长人选应当从理事会理事中提名”。第三,通过完善监督机制督促仲裁机构保持独立公正,既可以由理事会从内部监督执行机构的履职情况、工作报告和绩效薪酬,也可以由财务和审计机关从外部监督仲裁机构的财务工作。

(六)关于仲裁规则创新

2020年,为了提高仲裁机构管理案件的法治化程度,中国仲裁界进行了许多有益探索,在以下两个方面特别值得关注。

1. 网上开庭制度

我国许多仲裁机构积极更新仲裁规则,通过互联网处理仲裁案件。中国国际经济贸易仲裁委员会于2020年4月28日发布了《关于新冠肺炎疫情期间积极稳妥推进仲裁程序指引(试行)》,该指引充分吸收了国内外网络仲裁实践在立案、文件送达、程序令、审理范围书、庭前会议、开庭审理、仲裁庭合议等方面的先进做法,为积极稳妥推进仲裁程序提供了重要保障。北京仲裁委员会于2020年5月8日发布了北京仲裁委员会/北京国际仲裁中心《关于网上开庭的工作指引(试行)》,对网上开庭的定义和适用范围进行了明确界定。广州仲裁委员会于2020年6月10日公开征集《广州仲裁委员仲裁规则》的修订意见,尝试吸收网络仲裁的成功经验,使线上、线下仲裁程序实现全流程无缝对接。此外,在中国仲裁法学研究会的支持下,广州仲裁委员会于2020年9月10日发布了全球首个《互联网仲裁推荐标准》,为推动网络仲裁的规范发展、保障裁决的全球流通贡献了中国智慧和中国方案。

2. 仲裁收费制度

2020年2月28日,修订后的《广州仲裁委员会仲裁收费办法》正式施行。该办法删除了具有公务员身份的仲裁员获得报酬的规定,与《公务员法》保持一致,有助于中国仲裁树立不受行政机关、社会团体和个人干涉的公正形象。2020年9月1日,北京仲裁委员会公布了《关于采用小时费率计收仲裁员报酬的操作指引(征求意见稿)》,旨在"进一步明确按小时计费的具体操作细节,以便引导更多有需求的当事人采用该种计费方式"。小时费率看似是对"按照案件争议金额比例计费"的优化和补充,实则理顺了仲裁机构和仲裁员的关系,破除了仲裁收费的行政色彩,契合推动专业服务领域开放改革的政策导向。从长远来看,小时费率尊重仲裁员的专业付出和时间投入,体现了"付出与获得相适应""平等协商"的精神。此外,为小时费率设置上限以及引入工作小时复核制度,能够有效缓解当事人对小时费率适用过程中仲裁费用难以预测和控制的担忧,提高了支付仲裁员报酬的透明度。

三、仲裁司法监督案件统计分析

(一)数据收集及案例概况

为确保统计口径一致,此次收集的案例皆源于中国裁判文书网。经统计,与仲裁有关的四大类案例共计 11,935 件,将其中缺乏法律分析价值的案例排除后,仍有 10,434 件案例。① 其中,与确认仲裁协议效力有关的案例 1852 件,申请撤销仲裁裁决的案例 2640 件,申请仲裁裁决执行(包括申请强制执行与请求不予执行)的案例 1385 件,申请仲裁保全的案例 4557 件。经多种途径,特别是通过对北大法宝等数据库司法案例系统的另行抽样确认,相信以上数据基本能够反映 2020 年度四大类型案件在司法实践中出现的大致比例。以此为出发点,在适当考虑案件影响力的基础上,精选出富有代表性的国内(不包括我国港澳台地区)案例 50 件、涉外和涉我国港澳台地区案例 10 件。其中,在国内(不包括我国港澳台地区)案件中,与确认仲裁协议效力有关的案例 9 件,申请撤销仲裁裁决的案例 13 件,申请仲裁裁决执行的案例 7 件,申请仲裁保全的案例 21 件(见表 1 ~ 表 7)。

表 1　中国法院受理的与仲裁有关的国内(不包括我国港澳台地区)案件抽样统计

序号	主要争议点	审理法院及案号	案由	裁定结果	裁定理由
1	仲裁协议效力	北京市第四中级人民法院民事裁定书(2020)京 04 民特 744 号	申请确认仲裁协议无效	驳回申请	《69970 号借款协议》虽然是非授权代表签字,但当事人已经通过盖章作了事后追认,现有证据不能证明该盖章行为并非当事人的真实意思表示

① "缺乏法律分析价值的案例"主要是指以下类型的案例:申请人对确认仲裁协议效力、撤销仲裁裁决、执行或不予执行仲裁裁决、仲裁保全等类型的申请予以撤回,以及法院对申请人的此类申请按自动撤回处理的案例。

续表

序号	主要争议点	审理法院及案号	案由	裁定结果	裁定理由
2	仲裁协议效力	广东省广州市中级人民法院民事裁定书(2019)粤01民特1459号	申请确认仲裁协议无效	仲裁协议无效	经鉴定签名并非申请人本人所签,虽然被申请人主张该签名可能系申请人授权他人所签,但除其陈述外并未提交相应证据予以证实
3	仲裁协议效力	黑龙江省哈尔滨市中级人民法院民事裁定书(2020)黑01民特222号	申请确认仲裁协议无效	驳回申请	省建工公司与被申请人是不同的法律主体,省建工公司与申请人签订的《协议书》与涉案合同的内容互不关联,《协议书》中约定的争议解决条款不能取代涉案仲裁条款
4	仲裁协议效力	浙江省杭州市中级人民法院民事裁定书(2020)浙01民特201号	申请确认仲裁协议无效	驳回申请	申请人主张,仲裁条款无效的理由系其无法确认是否签署过案涉合同及合同内容在签订后是否未被篡改,根据第三方平台天谷公司出示的证据,案涉合同在众筹签名平台上签署之后,便存证于天谷公司经营的"e签宝"平台,始终未被篡改
5	仲裁协议效力	山东省济南市中级人民法院民事裁定书(2020)鲁01民特239号	申请确认仲裁协议有效	仲裁协议有效	虽然"济南市市中区仲裁委员会"的名称不完全准确,但案涉合同签订时济南仅有济南仲裁委员会一家仲裁机构,且济南仲裁委员会位于济南市市中区,可以确定济南仲裁委员会便是当事人选定的仲裁机构
6	仲裁协议效力	湖北省武汉市中级人民法院民事裁定书(2020)鄂01民特216号	申请确认仲裁协议无效	驳回申请	虽然争议解决条款约定当事人在仲裁后拥有进一步向人民法院进行诉讼的权利,但从上述条款的文义可以看出,该约定显然不是约定当事人既可以申请仲裁,又可以向法院提起诉讼,而应理解为在武汉仲裁委员会作出裁决后双方所拥有的司法救济途径

续表

序号	主要争议点	审理法院及案号	案由	裁定结果	裁定理由
7	仲裁协议效力	湖南省怀化市中级人民法院民事裁定书(2020)湘12民特18号	申请确认仲裁协议无效	驳回申请	1. 在商品房买卖合同中,仲裁条款空白处的“当地仲裁委员会”系房地产公司填写,应作出对房地产公司不利的解释。2. 该案中合同当事人住所地、合同签订地、合同履行地均在怀化市行政辖区内,合同签订时怀化市虽未设立仲裁机构,但纠纷发生时,怀化市只设立了怀化仲裁委员会,应将其视为当事人选定的仲裁委员会
8	仲裁协议效力	广东省深圳市中级人民法院民事裁定书(2020)粤03民特590号	申请确认仲裁协议无效	驳回申请	涉案仲裁条款约定的“深圳市仲裁委员会”虽然名称不准确,但能够确定为深圳仲裁委员会,应将其视为当事人选定的仲裁委员会
9	仲裁协议效力	重庆市第一中级人民法院民事裁定书(2020)渝01民特401号	申请确认仲裁协议无效	驳回申请	1. 合同印章是否与公安机关登记备案的公章一致不能作为判定合同真实性的唯一依据,申请人未举证证明《联合施工协议书》上加盖的印章和法定代表人签字系伪造的直接证据。2. 工程款的支付记录显示双方已经实际履行了案涉合同
10	仲裁裁决效力	北京市第四中级人民法院民事裁定书(2020)京04民特111号	申请撤销仲裁裁决	驳回申请	申请人称被申请人做虚假陈述,隐瞒了足以影响公正裁决的证据,不属于《仲裁法》第58条第1款第5项规定的“对方当事人隐瞒了足以影响公正裁决的证据”的情形
11	仲裁裁决效力	河南省驻马店市中级人民法院民事裁定书(2020)豫17民特21号	申请撤销仲裁裁决	撤销仲裁裁决	仲裁协议签订时申请人正处于服刑期间,合同上申请人的签名非其本人所签,该合同上关于仲裁条款的约定非申请人本人的真实意思表示

续表

序号	主要争议点	审理法院及案号	案由	裁定结果	裁定理由
12	仲裁裁决效力	山东省聊城市中级人民法院民事裁定书(2020)鲁15民特61号	申请撤销仲裁裁决	驳回申请	当事人对仲裁协议效力有异议的可以向仲裁委员会或人民法院请求确认,但提出的时间应当在仲裁庭首次开庭前,申请人没有证据证明其在仲裁审理过程中对仲裁协议效力提出异议,应视为同意聊城仲裁委依据双方签订的仲裁协议进行仲裁
13	仲裁裁决效力	北京市第四中级人民法院民事裁定书(2020)京04民特418号	申请撤销仲裁裁决	驳回申请	1. 申请人主张被申请人提供的《情况说明》系伪证,但未能提供证据予以证明; 2. 申请人主张仲裁庭在仲裁该案时存在枉法裁决的行为,但并未提供相应生效的刑事法律文书或者纪律处分决定予以证明
14	仲裁裁决效力	广东省广州市中级人民法院民事裁定书(2020)粤01民特710号	申请撤销仲裁裁决	驳回申请	被申请人已经将涉案合同的复印件提交给仲裁庭并经双方质证,并不存在故意隐瞒的情形。而且双方当事人对于该复印件的真实性、合法性、关联性均无提出异议。申请人嗣后不能仅以未提供原件为由,主张被申请人隐瞒了足以影响公正裁决的证据
15	仲裁裁决效力	湖北省武汉市中级人民法院民事裁定书(2020)鄂01民特276号	申请撤销仲裁裁决	驳回申请	在申请人的委托下,汉风报亭公司以自己的名义与被申请人签署案涉合同的行为,属于隐名代理,案涉合同的真正缔约主体是申请人和被申请人。申请人主张案涉合同中仲裁协议的效力不及于自身的主张,不能成立

续表

序号	主要争议点	审理法院及案号	案由	裁定结果	裁定理由
16	仲裁裁决效力	浙江省杭州市中级人民法院民事裁定书(2020)浙01民特3号	申请撤销仲裁裁决	驳回申请	仲裁规则虽然对审理期限有规定,但允许特殊情况下经批准延长,且对延长的期限和次数未作限制。在该案中,首席仲裁员先后两次报经仲裁委员会秘书长批准后延长审限,不违反仲裁规则
17	仲裁调解书效力	安徽省马鞍山市花山区人民法院民事裁定书(2020)皖0503民特202号	申请撤销仲裁调解书	驳回申请	仲裁调解书是仲裁机构根据双方当事人自愿达成的协议制作的法律文书,是意思自治的结果。《仲裁法》仅对当事人可以向法院申请撤销仲裁裁决作出了规定,申请人请求撤销仲裁调解书缺乏法律依据
18	仲裁裁决效力	四川省绵阳市中级人民法院民事裁定书(2020)川07民特50号	申请撤销仲裁裁决	驳回申请	案涉合同签署地点在四川绵阳,争议解决方式为"提交协议签订地仲裁委员会解决"。绵阳范围内仅有一家仲裁机构,即绵阳仲裁委员会,因此应当视为合同约定绵阳仲裁委员会对该案行使仲裁管辖权
19	仲裁裁决效力	河北省石家庄市中级人民法院民事裁定书(2020)冀01民特33号	申请撤销仲裁裁决	驳回申请	《建设工程设计合同》是对地块的整体设计,并未约定具体哪栋楼由被申请人设计,且对图纸的设计、增项部分进行往来函件的沟通未脱离整体合同,基此,变更增项部分也属于《建设工程设计合同》的一部分
20	仲裁裁决效力	重庆市第一中级人民法院民事裁定书(2020)渝01民特112号	申请撤销仲裁裁决	驳回申请	对律师费的分担,系仲裁庭对仲裁案件行使自由裁量权的事项,不属于人民法院司法审查的范围,故申请人主张仲裁庭裁决其向被申请人支付律师费构成超裁的理由不能成立

续表

序号	主要争议点	审理法院及案号	案由	裁定结果	裁定理由
21	仲裁裁决效力	贵州省贵阳市中级人民法院民事裁定书(2020)黔01民特176号	申请撤销仲裁裁决	驳回申请	申请人为被申请人提供发票结算服务,其提供增值税发票的行为被税务机关认定为虚开,且该行为发生在合作协议的履行过程中,属于仲裁协议约定的范围
22	仲裁裁决效力	陕西省西安市中级人民法院民事裁定书(2020)陕01民特124号	申请撤销仲裁裁决	驳回申请	申请人不能证明被申请人参与了非法集资、非法吸收公众存款一案,故申请人认为,该案应移送公安机关,仲裁程序违法,无事实和法律依据
23	仲裁裁决执行	江苏省南通市中级人民法院执行裁定书(2020)苏06执异12号	申请不予执行仲裁裁决	驳回申请	南通仲裁委员会依据相关司法解释作出裁决没有违反法律规定,并无不当,申请人认为此违反社会公共利益毫无依据
24	仲裁裁决执行	广东省云浮市中级人民法院执行裁定书(2020)粤53执22号	申请执行仲裁裁决	不予执行	案涉合同落款处的“范某某”均为打印字体或印刷字样,而当事人又没有提供与此相对应并符合法律规定的电子签名认证证书,即无法证明落款“范某某”为可靠的电子签名,因此应视为被执行人未在上述《贷款协议》及《确认函》中签字
25	仲裁裁决执行	黑龙江省高级人民法院执行裁定书(2020)黑执复34号	案外人申请不予执行仲裁裁决	驳回申请	案外人未能提供充分证据证明当事人在仲裁案件中存在虚构法律关系、捏造案件事实的情形

续表

序号	主要争议点	审理法院及案号	案由	裁定结果	裁定理由
26	仲裁裁决执行	河北省石家庄市中级人民法院执行裁定书(2020)冀01执异61号	案外人申请不予执行仲裁裁决	驳回申请	案外人未向该院提供证据证明仲裁当事人恶意申请或者虚假仲裁损害其合法权益,且案外人提出不予执行仲裁裁决的申请超过了法院对执行标的采取执行措施之日起30日的法定期限
27	仲裁裁决执行	辽宁省阜新市中级人民法院执行裁定书(2020)辽09执31号之一	申请执行仲裁裁决	终结执行	申请执行人的合法权益依法受法律保护,但债权的实现取决于被执行人的履行能力。法院在执行过程中已穷尽了财产调查措施,未发现被执行人有可供执行的财产,该案符合执行程序的终结条件
28	仲裁裁决执行	湖北省咸宁市中级人民法院执行裁定书(2020)鄂12执85号	申请执行仲裁裁决	驳回申请	申请人不能提交其具备从事受让债权等网贷相关业务资质的证明材料,且相关部门已将其列入企业经营异常名录,并通过国家信用信息网进行公示。申请人的执行申请不符合受理条件
29	仲裁裁决执行	四川省德阳市中级人民法院(2020)川06执恢23号	申请执行仲裁裁决	终结执行	双方当事人自愿达成执行和解协议,申请人请求撤销本次案件的执行程序
30	仲裁财产保全	北京市第二中级人民法院民事裁定书(2020)京02财保11号	申请仲裁程序中的财产保全	查封、冻结被申请人的财产	符合财产保全的条件

续表

序号	主要争议点	审理法院及案号	案由	裁定结果	裁定理由
31	仲裁财产保全	山西省晋城市中级人民法院民事裁定书(2020)晋05财保25号	申请仲裁程序中的财产保全	驳回申请	采取财产保全措施的目的主要是防止财产转移,为将来顺利执行提供保障。被申请人晋城市住房和城乡建设局作为行政机关,一般不存在执行不能的情形,申请人也未提交有关被申请人执行不能的证据
32	仲裁财产保全	天津市第三中级人民法院民事裁定书(2020)津03财保4号	申请仲裁程序中的财产保全	冻结被申请人的存款	符合财产保全的条件
33	仲裁财产保全	内蒙古自治区伊金霍洛旗人民法院民事裁定书(2020)内0627财保89号	申请仲裁程序中的财产保全	冻结被申请人的股权	符合财产保全的条件
34	仲裁财产保全	辽宁省瓦房店市人民法院民事裁定书(2020)辽0281财保8号之一	申请仲裁程序中的财产保全	查封被申请人的房屋	符合财产保全的条件
35	仲裁财产保全	重庆市渝北区人民法院民事裁定书(2020)渝0112财保217号	申请仲裁程序中的财产保全	驳回申请	被申请人在向申请人提供抵押反担保时,已提供足额担保。故申请人提出的财产保全申请,法院不予支持
36	仲裁财产保全	吉林省松原市宁江区人民法院民事裁定书(2020)吉0702财保227号	申请仲裁程序中的财产保全	查封被申请人的轿车	符合财产保全的条件

续表

序号	主要争议点	审理法院及案号	案由	裁定结果	裁定理由
37	仲裁财产保全	黑龙江省大庆市大同区人民法院民事裁定书(2020)黑0606财保14号	申请仲裁程序前的财产保全	查封被申请人的履带式起重机	符合财产保全的条件
38	仲裁财产保全	上海市第一中级人民法院民事裁定书(2020)沪01财保16号	申请仲裁程序中的财产保全	查封、扣押、冻结被申请人的财产	符合财产保全的条件
39	仲裁财产保全	福建省福州市晋安区人民法院民事裁定书(2020)闽0111财保19号	申请仲裁程序中的财产保全	冻结被申请人的存款	符合财产保全的条件
40	仲裁财产保全	江西省瑞昌市人民法院民事裁定书(2020)赣0481财保21号	申请仲裁程序中的财产保全	冻结被申请人的财产	符合财产保全的条件
41	仲裁证据保全	贵州省贵阳市云岩区人民法院民事裁定书(2020)黔0103证保2号	申请仲裁程序中的证据保全	驳回申请	申请人并未证明涉案证据资料客观存在,其保全证据的申请不符合法律规定
42	仲裁财产保全	广东省广州市白云区人民法院民事裁定书(2020)粤0111财保333号	申请仲裁程序中的财产保全	查封、冻结被申请人的财产	符合财产保全的条件
43	仲裁财产保全	陕西省西安市雁塔区人民法院民事裁定书(2020)陕0113财保896号	申请仲裁程序中的财产保全	查封、冻结、扣押被申请人的财产	符合财产保全的条件

续表

序号	主要争议点	审理法院及案号	案由	裁定结果	裁定理由
44	仲裁财产保全	新疆生产建设兵团金银川垦区人民法院民事裁定书(2020)兵0101财保8号	申请仲裁程序中的财产保全	查封、扣押被申请人的采棉机	符合财产保全的条件
45	仲裁财产保全	安徽省淮南市田家庵区人民法院民事裁定书(2020)皖0403财保216号	申请仲裁程序中的财产保全	驳回申请	被申请人涉嫌非法转让、倒卖土地使用罪,公安机关已立案侦查
46	仲裁财产保全	浙江省宁波市江北区人民法院民事裁定书(2020)浙0205财保242号	申请仲裁程序中的财产保全	冻结被申请人的财产	符合财产保全的条件
47	仲裁财产保全	山东省青岛市中级人民法院民事裁定书(2020)鲁02财保5号	申请仲裁程序中的财产保全	冻结被申请人的存款	符合财产保全的条件
48	仲裁财产保全	云南省玉溪市江川区人民法院民事裁定书(2020)云0421财保3号	申请仲裁程序中的财产保全	冻结被申请人的财产	符合财产保全的条件
49	仲裁财产保全	广西壮族自治区钦州市钦北区人民法院民事裁定书(2020)桂0703财保67号	申请仲裁程序中的财产保全	查封、冻结被申请人的财产	符合财产保全的条件
50	仲裁财产保全	广东省深圳前海合作区人民法院民事裁定书(2020)粤0391财保60号	申请仲裁程序中的财产保全	驳回申请	申请仲裁程序中的财产保全,应当向法院提供担保,申请人一直未向法院提供财产保全的担保

表2　案件类型分布情况

案件类型	案件总量/件	百分比/%	抽样数量/件
申请确认仲裁协议效力	1852	17.75	9
申请撤销仲裁裁决	2640	25.31	13
申请仲裁裁决执行	1385	13.27	7
申请仲裁保全	4557	43.67	21
总计	10,434	100	50

表3　申请确认仲裁协议效力案件处理结果类型

案件类型	裁定结果	数量/件	百分比/%
申请确认仲裁协议效力	确认有效	1686	91.04
	确认无效	166	8.96
	总计	1852	100

表4　申请撤销仲裁裁决案件处理结果类型

案件类型	裁定结果	数量/件	百分比/%
申请撤销仲裁裁决	驳回申请	2482	94.02
	撤销裁决	55	2.08
	重新仲裁	103	3.90
	总计	2640	100

表5　申请不予执行仲裁裁决案件处理结果类型

案件类型	裁定结果	数量/件	百分比/%
申请不予执行仲裁裁决	驳回申请	632	82.18
	重新仲裁	1	0.13
	不予执行	135	17.69
	总计	768	100

表6　申请执行仲裁裁决案件处理结果类型

案件类型	裁定结果	数量/件	百分比/%
申请执行仲裁裁决	执行裁决	232	37.66
	驳回申请	286	41.40
	终结执行	125	20.29
	中止执行	4	0.65
	总计	617	100

表7　申请仲裁保全案件处理结果类型

案件类型	裁定结果	数量/件	百分比/%
申请仲裁保全	准许申请	4541	99.65
	驳回申请	16	0.35
	总计	4557	100

根据上述统计,2020年度中国法院受理的与仲裁有关的案件中,数量最多是申请仲裁保全的案件,其后依次是申请撤销仲裁裁决、申请确认仲裁协议效力、申请仲裁裁决执行类案件。虽然总体上否定性评价的案件数量不多,但考虑到法院对先予仲裁、职业放贷的打击力度,在立案阶段,以仲裁申请人主体资格不适格为由驳回执行申请的案件占有较大比重。

(二)仲裁协议效力认定案件存在的问题及反思

与仲裁协议效力认定相关的法律,集中规定于2017年《仲裁法》第三章及最高人民法院2008年《关于适用〈中华人民共和国仲裁法〉若干问题的解释》(以下简称2008年《仲裁法解释》)。在实践中,被中国法院确认无效的仲裁协议,绝大多数违反的是2017年《仲裁法》第16条及相关司法解释之规定。基于2017年《仲裁法》第17条认定仲裁协议无效的案例,则相对少见。结合相关法律的规定,在此次收集的仲裁协议被认定无效的案件中,法院所援引的理由可大体归类如下:

1."请求仲裁的意思表示"相关案件:(1)受托人代表一方在仲裁协议上签字,不代表其受仲裁协议约束;①(2)虽然涉案合同约定了仲裁条款,但吴某未签字确

① 参见广东省东莞市中级人民法院民事裁定书,(2020)粤19民特311号。

认,不是仲裁协议当事人;[①](3)经鉴定签名并非当事人所签;[②](4)《司法鉴定意见书》能够证明陈某在签订案涉合同期间患有严重的精神疾病,现陈某已被法院宣告为限制民事行为能力人,故其签订的仲裁协议无效;[③](5)《施工合同书》涉及的仲裁协议以外的合同内容虽已履行,但现有证据无法证明涉案印文形成于合同签订时,亦无法证明签约人获得了公司的授权;[④](6)涉案合同下方空白处加盖了一个内有仲裁条款文字的方印,不但与正文中约定纠纷由人民法院管辖的内容相悖,且通过加盖方印的方式来增加条款,也与订立合同的习惯不符;[⑤](7)公司签订的仲裁协议,对公司股东没有效力;[⑥](8)涉案合同中争议解决方式的选择部分有涂改,无法判断各方对仲裁条款形成了合意;[⑦](9)公司注销后,公司签订的仲裁协议不能约束清算组成员。[⑧]

2.“仲裁事项”相关案件:(1)《承诺函》内容属于当事人独立于《股权转让协议》的新合意,并非《股权转让协议》的补充或延续,不受《股权转让协议》中仲裁条款的约束;[⑨](2)在当事人理解不一致的情况下,《合伙协议书》尾页空白处手写的借条,不能理解为《合伙协议书》的自然延伸,而是一个新的独立协议,不受《合伙协议书》中仲裁条款的约束。[⑩]

3.“选定的仲裁委员会”相关案件:(1)双方虽约定纠纷解决方式为仲裁解决,但未选定仲裁机构;[⑪](2)仲裁协议约定将争议提交“当地仲裁机构仲裁”,但当事人分处两个拥有仲裁机构的地区,因此,仲裁条款约定的仲裁委员会指向不明;[⑫](3)当事人约定将争议提交广安市仲裁委员会仲裁,但广安市范围内并无仲裁机构;[⑬](4)当事人约定“向乙方所在地仲裁委员会提起仲裁”,乙方所在地济南市有济

---

① 参见广东省广州市中级人民法院民事裁定书,(2020)粤01民特358号。
② 参见广东省广州市中级人民法院民事裁定书,(2019)粤01民特1459号。
③ 参见北京市第四中级人民法院民事裁定书,(2020)京04民特77号。
④ 参见湖南省常德市中级人民法院民事裁定书,(2019)湘07民特64号。
⑤ 参见广西壮族自治区北海市中级人民法院民事裁定书,(2019)桂05民特151号。
⑥ 参见湖南省永州市中级人民法院民事裁定书,(2020)湘11民特8号。
⑦ 参见湖北省武汉市中级人民法院民事裁定书,(2020)鄂01民特348号。
⑧ 参见河北省石家庄市中级人民法院民事裁定书,(2020)冀01民特121号。
⑨ 参见广东省广州市中级人民法院民事裁定书,(2019)粤01民特798号。
⑩ 参见四川省泸州市中级人民法院民事裁定书,(2020)川05民特25号。
⑪ 参见湖南省永州市中级人民法院民事裁定书,(2020)湘11民特3号。
⑫ 参见山东省青岛市中级人民法院民事裁定书,(2020)鲁02民特51号。
⑬ 参见四川省广安市中级人民法院民事裁定书,(2020)川16民特31号。

南仲裁委员会和中国国际经济贸易仲裁委员会山东分会两个仲裁机构；[①](5)双方约定将争议“提交买方法人营业执照所在地的仲裁机构解决”，买方营业执照所在地北京市有3家仲裁机构；[②](6)仲裁条款约定的“洪山工商局仲裁委员会”并不存在；[③](7)当事人约定将争议提交莆田市涵江区仲裁委员会仲裁，但莆田市涵江区并未设立仲裁委员会；[④](8)当事人约定将争议提交“原告方所在地仲裁委仲裁”，即使“原告”一词系指申请人，因合同双方均有可能成为仲裁申请人，待选仲裁机构即为两个；[⑤](9)当事人约定“向合同签订地仲裁委员会申请仲裁”，但双方对合同签订地各执一词，且均未提供充分证据予以证明；[⑥](10)合同前款约定争议“提交工程所在地仲裁委员会仲裁”，后款约定争议“提交上海市仲裁委员会仲裁”，约定了两家不同的仲裁机构；[⑦](11)仲裁协议中约定的“武汉仲裁委员会黄陂分会”不存在；[⑧](12)当事人约定将争议“提交上海/北京仲裁委员会仲裁”，既选定了上海仲裁委员会，又选定了北京仲裁委员会，仲裁机构选定不明；[⑨](13)该案中涉案合同纠纷为租赁合同纠纷，当事人却约定向劳动争议仲裁委员会申请仲裁，实质上属于未选定仲裁委员会情形；[⑩](14)仲裁协议约定“争议在南宁仲裁”，这与“提交南宁的仲裁机构仲裁”有所区别，后者明确由南宁的仲裁机构仲裁，而前者仅明确仲裁地点在南宁，不能排除外地仲裁机构到南宁仲裁的情形，因此仅约定仲裁地点，不能视为同时约定了仲裁机构。[⑪]

4.“或裁或审”相关案件：(1)争议解决条款约定“协商不成，提交当地仲裁委员会解决，直至提交法院审理”，既约定了仲裁又约定了通过诉讼解决，争议解决方式选定不明。[⑫] (2)《Ⅱ期合同书》包括3份协议，其中《合伙协议》约定的是诉讼解决，《补充协议一》约定的是提交武汉仲裁委员会仲裁，《投资协议》约定的是提交武汉

---

① 参见山东省济南市中级人民法院民事裁定书，(2020)鲁01民特200号。
② 参见重庆市第五中级人民法院民事裁定书，(2020)渝05民特4号。
③ 参见湖北省武汉市中级人民法院民事裁定书，(2020)鄂01民特352号。
④ 参见福建省莆田市中级人民法院民事裁定书，(2020)闽03民特41号。
⑤ 参见福建省宁德市中级人民法院民事裁定书，(2020)闽09民特1号。
⑥ 参见湖北省黄冈市中级人民法院民事裁定书，(2020)鄂11民特1号。
⑦ 参见辽宁省本溪市中级人民法院民事裁定书，(2020)辽05民特1号。
⑧ 参见湖北省武汉市中级人民法院民事裁定书，(2019)鄂01民特281号。
⑨ 参见上海市第二中级人民法院民事裁定书，(2020)沪02民特261号。
⑩ 参见福建省莆田市中级人民法院民事裁定书，(2020)闽03民特19号。
⑪ 参见广西壮族自治区南宁市中级人民法院民事裁定书，(2020)桂01民特1号。
⑫ 参见安徽省合肥市中级人民法院民事裁定书，(2019)皖01民特136号。

贸易仲裁委员会仲裁,3 份协议在整体上构成“或裁或审”条款。[①] (3)《借款借据》第 8 条规定,“解决争议的机构:1. 乙方所在地人民法院或广州仲裁委。2. 广州仲裁委”,第 1 款约定了“或裁或诉”,第 2 款约定了明确的仲裁机构,该条款存在逻辑矛盾,构成“或裁或诉”条款。[②] (4)案涉合同约定将争议“提交仲裁委员会仲裁或向人民法院起诉”,上述条款为或诉或裁条款。[③] (5)双方同日签订的《股权担保协议书》和《股权转让协议书》完全基于同一事实而产生,为不可分割的有机整体,前者约定的争议解决方式为诉讼,后者约定的争议解决方式为仲裁,属于约定既可以提起诉讼、又可以申请仲裁的情形。[④] (6)争议解决条款约定将争议“提交西安市仲裁委申请仲裁,或通过法律渠道解决”,虽然协议中未使用“起诉”一词,但“通过法律渠道解决”包含了向人民法院起诉之意。[⑤]

5. 仲裁协议失效的相关案件:(1)当事人于 2017 年 6 月 1 日签署的《股权转让协议书》约定将纠纷提交深圳仲裁委员会仲裁,2017 年 6 月 2 日签署的《股权转让协议书》约定将纠纷交由深圳市龙岗区人民法院解决,应认定纠纷解决方式从原定的仲裁变更为诉讼;[⑥](2)《借款协议之补充协议》中明确对《借款协议》中的争议解决方式由提交“北京仲裁委员会”变更为向“北京法院”诉讼,故双方约定的仲裁条款无效;[⑦](3)虽然案涉协议约定争议由济南仲裁委员会仲裁,但在法院审查过程中,双方均同意将纠纷解决方式变更为法院诉讼。[⑧]

6. “仲裁协议效力解释”相关案件:(1)当事人没有达成仲裁协议,不属于 2017 年《仲裁法》第 17 条规定的仲裁协议无效情形;[⑨](2)就案涉合同中仲裁条款效力的审查侧重形式要件审查,即主要针对合同形式是否完备、仲裁条款是否符合法律规定的仲裁协议要件等,不涉及当事人签名的真实性与否;[⑩](3)关于仲裁机构受理的尚未作出仲裁裁决的案件是否属于依法不能仲裁的行政争议,不属于申请确认仲裁

---

① 参见湖北省武汉市中级人民法院民事裁定书,(2019)鄂 01 民特 72 号。
② 参见广东省广州市中级人民法院民事裁定书,(2019)粤 01 民特 720 号。
③ 参见广东省广州市中级人民法院民事裁定书,(2020)粤 01 民特 843 号。
④ 参见四川省宜宾市中级人民法院民事裁定书,(2019)川 15 民特 10 号。
⑤ 参见陕西省西安市中级人民法院民事裁定书,(2020)陕 01 民特 155 号。
⑥ 参见广东省深圳市中级人民法院民事裁定书,(2017)粤 03 民初 2512 号。
⑦ 参见北京市第四中级人民法院民事裁定书,(2020)京 04 民特 551 号。
⑧ 参见山东省济南市中级人民法院民事裁定书,(2020)鲁 01 民特 110 号。
⑨ 参见安徽省亳州市中级人民法院民事裁定书,(2020)皖 16 民特 33 号。
⑩ 参见福建省厦门市中级人民法院民事裁定书,(2020)闽 02 民特 114 号。

协议效力案件的审查范围;[1](4)人民法院对于确认仲裁协议效力案件进行的司法审查,范围仅限于明确当事人在合同中约定的仲裁条款是否有效,至于当事人在仲裁程序中提出的仲裁请求是否属于仲裁条款约定的范围,应当通过仲裁实体审理解决;[2](5)仲裁机构对仲裁案件是否具有管辖权,不属于人民法院审理申请确认仲裁协议效力案件的审查范围。[3]

7. 其他类型的相关案件:(1)案涉《培训协议》系当事人在劳动关系存续期间签订的,因该协议产生的争议应当通过劳动仲裁程序处理,不属于民商事仲裁的案件范围,因此案涉合同中的仲裁条款无效;[4](2)该案双方纠纷系因是否解除涉案《特许经营协议》以及解除的后果而引发的,属于行政诉讼的受案范围;[5](3)法院确认仲裁协议无效,未经逐级层报上级法院审核即作出民事裁定,程序确有错误,应予纠正;[6](4)当事人向人民法院提起确认仲裁协议效力申请的,应以存在仲裁案件为前提,否则无权提出申请。[7]

通过考察以上案例,可发现如下4个特点:

第一,确认仲裁协议无效最常见的法律依据是《仲裁法》第16条,而2017年《仲裁法》第17条适用的频率却很低。就2017年《仲裁法》第16条的适用而言,“仲裁合意约定不明”出现的次数为13,“仲裁机构约定不明”出现的次数为22,“请求仲裁的事项不属于仲裁协议的范围”出现的次数为2。而就《仲裁法》第17条的适用而言,“约定的仲裁事项超出法律规定的仲裁范围”出现的次数为2,“无民事行为能力人或限制民事行为能力人订立仲裁协议”出现的次数为1,“当事人被胁迫订立仲裁协议”出现的次数为0。综合来看,2017年《仲裁法》第16条和第17条适用的次数比为37∶3,差距悬殊,这一结论也和往年的统计结果保持一致。[8]

第二,法院可以根据2017年《仲裁法》第20条审查“仲裁协议效力”,但能否据此认定“仲裁协议存在”和“仲裁协议范围”,亟待澄清。在2020年度检索到的案件

---

① 参见湖北省高级人民法院民事裁定书,(2020)鄂民终191号。

② 参见北京市第四中级人民法院民事裁定书,(2020)京04民特584号;上海市第一中级人民法院民事裁定书,(2019)沪01民特783号。

③ 参见辽宁省大连市中级人民法院民事裁定书,(2020)辽02民特38号。

④ 参见广东省广州市中级人民法院民事裁定书,(2019)粤01民特1458号。

⑤ 参见山东省临沂市中级人民法院民事裁定书,(2019)鲁13民特136号。

⑥ 参见河北省承德市中级人民法院民事裁定书,(2020)冀08民再11号。

⑦ 参见广东省深圳市中级人民法院民事裁定书,(2020)粤03民特295号。

⑧ 参见宋连斌、陈曦、陈希佳:《中国商事仲裁年度报告(2019)》,载黄进、肖永平、刘仁山主编:《中国国际私法与比较法年刊》第27卷,法律出版社2021年版。

中,此问题出现的次数为19,法院作出肯定回答的次数为9,作出否定回答的次数为10。实际上,请求确认仲裁协议不成立虽然不同于请求确认仲裁条款无效,但仲裁协议是否存在,同样属于需要解决的先决问题,是广义上对仲裁协议效力的异议。因此,当事人请求确认仲裁协议不成立的,属于申请确认仲裁协议效力案件的范围,法院应予审查。① 至于"仲裁协议范围",则是"仲裁协议效力范围"的简称,当然也是"仲裁协议效力"的真子集。上述文义解释的合理性,亦能经受住目的解释的检验。首先,为了厘清仲裁协议所具有的妨诉效力,确定自身对实体问题的管辖权,法院需要对仲裁协议进行全面审查。其次,自裁管辖权的设置初衷,并非为了阻止法院全面审查仲裁协议,只是赋予仲裁庭在法院审查仲裁协议期间享有是否继续仲裁的权力。最后,法院及早发现并终止无效仲裁,能够帮助当事人及时止损,起到提高仲裁效率的作用。②

第三,在确定仲裁协议效力的过程中,正确认识仲裁机构总会与分会的关系意义重大。例如,对于"武汉仲裁委员会黄陂分会",不能因为该分会不存在就认为仲裁协议无效。分会毕竟是仲裁委员会的派出机构,其接受仲裁申请、管理仲裁案件的权力源于总会,总会直接受理分会的案件,也符合2017年《仲裁法》和仲裁规则的要求。实际上,2015年《中国国际经济贸易仲裁委员会仲裁规则》第2条第6项也规定,"约定的分会/仲裁中心不存在、被终止授权或约定不明的,由仲裁委员会仲裁院接受仲裁申请并管理案件"。循此思路,当事人约定将争议提交济南市仲裁机构,中国国际经济贸易仲裁委员会山东分会是北京总会的派出机构,在本质上属于北京市的仲裁机构,不是济南市的仲裁机构,只有唯一确定的济南仲裁委员会有权受理案件,该仲裁协议因而有效。

第四,对于"先裁后审""或裁或审"条款或近似条款之认定,需要一种支持仲裁的合同解释方法。不妨从意思表示的完整性和独立性出发,将此类争议解决条款分为仲裁协议和协议管辖两部分。如果两部分均不符合仲裁协议和协议管辖各自的构成要件,则争议解决条款整体无效。如果只是其中之一存在缺陷,例如,仲裁部分满足仲裁协议的构成要件,协议管辖部分没有选定法院,则争议解决条款构成一个有效的仲裁协议。如果两部分均符合各自的构成要件,方可考虑争议解决条款在整

---

① 参见北京市第四中级人民法院民事裁定书,(2020)京04民特310号。

② 参见宋连斌:《申请人运裕有限公司诉被申请人深圳市中苑城商业投资控股有限公司申请确认仲裁协议效力案——仲裁条款可以独立于合同而成立》,载中华人民共和国最高人民法院、新加坡共和国最高法院合作主编:《中国—新加坡"一带一路"国际商事审判案例选》第1卷,法律出版社2020年版。

体的意思表示上是否违反应适用的强制性规则。从中国法的角度看,对于“或裁或审”条款,由于争议解决方式的选择不具有可执行性,自然是整体无效。但对于“先裁后审”条款,依据支持仲裁的理念,法院应该采用合同部分无效理论,在确认违反“一裁终局”原则的协议管辖部分无效后,继续保持仲裁部分的效力。[①] 具体到个案,对于“协商不成,提交当地仲裁委员会解决,直至提交法院审理”,仲裁部分符合仲裁协议的构成要件,协议管辖部分因约定法院不明而无效,故应继续保持仲裁部分的效力。

(三)仲裁裁决撤销、不予执行案件存在的问题与反思

撤销裁决之诉与不予执行抗辩,乃中国法院对仲裁裁决进行司法监督的两种方式。虽然2017年《民事诉讼法》的修改已将不予执行国内仲裁裁决的法定理由与2017年《仲裁法》规定的撤销裁决的法定理由并轨,但在实践中,对于这两种不同的司法监督程序,法院一般采纳何种理由裁定撤销裁决与不予执行裁决,则存在一定的差异,值得比较。基于此,笔者将涉及两者的相关案例予以区分归类。

在仲裁裁决被撤销的案件中,中国法院所援引的理由大体归类如下:

1.“没有仲裁协议的”相关案件:(1)国有企业转制后,国务院国有资产监督管理委员会根据政府文件接收其资产的行为,不构成法人的合并、分立,国有企业此前与其他主体签订的仲裁协议,亦不能约束国务院国有资产监督管理委员会;[②](2)涉案合同上仅加盖了贠某的印鉴,没有本人签名和指印,贠某对此不予认可,现有证据亦不能证明合同已实际履行,因此不能认定贠某同意受仲裁协议约束;[③](3)案涉合同签订时刘某正处于服刑期间,合同上刘某的签名非其本人所签;[④](4)某公司主张,案涉合同上周某的电子签名系由某公司经周某授权所签,但未能提供有效证据予以证实;[⑤](5)公安局出具的情况说明、行政处罚决定书等证据可以证明徐某A冒充徐某B办理并领取身份证的事实,某公司亦承认涉案合同系他人假冒徐某B身份信息签订的;[⑥](6)根据合同相对性原则,发包人与承包人签订的仲裁协议,不能约

① 参见宋连斌、黄保持:《违反一裁终局原则对仲裁协议效力的影响:基于中国实践的实证分析》,载《国际法研究》2017年第1期。

② 参见广东省韶关市中级人民法院民事裁定书,(2019)粤02民特9号。

③ 参见河南省洛阳市中级人民法院民事裁定书,(2019)豫03民特67号。

④ 参见河南省驻马店市中级人民法院民事裁定书,(2020)豫17民特21号。

⑤ 参见浙江省台州市中级人民法院民事裁定书,(2019)浙10民特44号。

⑥ 参见浙江省衢州市中级人民法院民事裁定书,(2019)浙08民特17号。

束实际承包人;[①](7)当事人在仲裁协议中约定争议提请当地仲裁委员会仲裁,但合同的签订地、申请人住所地、被申请人住所地及合同履行地均不在同一地方,且上述地点共有3个仲裁机构。[②]

2."裁决的事项不属于仲裁协议的范围或者仲裁委员会无权仲裁的"相关案件:(1)申请人请求支付工程欠款,仲裁庭先对案涉《建设工程施工合同》的效力进行认定并作出先行裁决书,这份超出当事人仲裁请求范围的裁决应予撤销,但这不影响仲裁庭后续基于先行裁决书的判断解决工程欠款问题;[③](2)经鉴定,案涉《保证合同》中"赵某"的签名并非本人书写,但涉及赵某的裁决事项与其他裁决事项可分,故应撤销仲裁裁决中的超裁部分;[④](3)案涉《商品房买卖合同》只与4-102号房相关,涉案仲裁裁决认定房地产公司向案外人出售4-106号房、4-107号房和4-108号房产生违约责任,超出了仲裁条款约定的仲裁范围;[⑤](4)案涉合同的签订主体为郭某与文化宫,仲裁庭直接认定文化宫与案外人之间存在事实合同关系,即使未对此作出裁决,但该认定仍超出了仲裁协议约定的范围;[⑥](5)仲裁协议的当事人是熊某和中伟公司,仲裁裁决要求案外人向中伟公司出具案涉房屋的建设工程发票,超出了仲裁协议的范围;[⑦](6)法院受理破产申请之后,对于未向管理人申报的债权,仲裁机构无权受理相关仲裁申请。[⑧]

3."违反法定程序的"相关案件:(1)仲裁庭在向吴某邮寄书面通知的过程中,地址和电话均不是吴某的,且快件被拒收退回,吴某本人并未收到仲裁庭的书面通知,仲裁庭作出缺席裁决不符合法律规定;[⑨](2)当事人在首次开庭前已书面提出了管辖权异议申请,管辖权异议提出的形式、时间均符合仲裁规则规定,但仲裁庭并未对该申请作出处理,亦未在裁决书中对管辖权异议作出处理;[⑩](3)仲裁委员会在仲裁过程中向申请人发出两份内容不同的裁决书;[⑪](4)前后两次仲裁的当事人、仲裁

---

① 参见湖南省衡阳市中级人民法院民事裁定书,(2020)湘04民特18号;河北省承德市中级人民法院民事裁定书,(2020)冀08民特6号。

② 参见新疆维吾尔自治区克拉玛依市中级人民法院民事裁定书,(2019)新02民特8号。

③ 参见山东省济南市中级人民法院民事裁定书,(2019)鲁01民特385号。

④ 参见广东省广州市中级人民法院民事裁定书,(2018)粤01民特334号。

⑤ 参见江苏省常州市中级人民法院民事裁定书,(2019)苏04民特6号。

⑥ 参见福建省泉州市中级人民法院民事裁定书,(2019)闽05民特125号。

⑦ 参见辽宁省抚顺市中级人民法院民事裁定书,(2020)辽04民特3号。

⑧ 参见江西省鹰潭市月湖区人民法院民事裁定书,(2020)赣0602民特74号之一。

⑨ 参见山东省威海市中级人民法院民事裁定书,(2019)鲁10民特23号之一。

⑩ 参见广东省广州市中级人民法院民事裁定书,(2020)粤01民特18号。

⑪ 参见河南省洛阳市中级人民法院民事裁定书,(2019)豫03民特23号。

标的及仲裁请求均相同，构成重复仲裁；①(5)仲裁机构要求当事人共同选定或共同委托仲裁委员会主任指定一名独任仲裁员并适用简易程序审理，违反了仲裁条款对3人组成仲裁庭的特别约定；②(6)仲裁委员会新仲裁规则载明的施行日期在案涉仲裁立案时间之后，对案涉仲裁不具有溯及力，案涉仲裁依据新仲裁规则适用简易程序，违反了正当程序；③(7)仲裁委员会没有送达答辩通知书、仲裁规则、仲裁员名册、选定仲裁员函等仲裁文书，属于程序违法；④(8)胡某在仲裁案件中同时担任当事双方的代理人，且没有取得申请人的授权；⑤(9)仲裁庭组成后，仲裁委员会应当将仲裁庭的组成情况书面通知当事人，但当事双方均未收到上述信息；⑥(10)仲裁委员会声称，邮寄送达的应诉材料被隋某当场退回拒收，但送达回证上没有隋某拒收的记载，也没有相关影像资料，不能提供留置送达的相关证据；⑦(11)仲裁庭采纳未经质证且与案件基本事实有关的证据，可能影响案件的正确裁决；⑧(12)某公司此前经工商机关核准注销登记，仲裁期间其已不具备仲裁主体资格，仲裁庭作出裁决时仍将这一不存在的主体列为申请人，违反法定程序；⑨(13)仲裁庭第六次开庭审理时，未通知申请人参加庭审，但第六次庭审笔录中有申请人的发言笔录；⑩(14)仲裁庭未准许有利害关系的第三人参加仲裁，违反法定程序；⑪(15)申请人在仲裁庭闭庭后提交的部分证据，与法院在另案中认定的事实相吻合，仲裁庭未予采纳，可能影响案件的公正裁决；⑫(16)仲裁庭在未穷尽其他送达方式的情况下，径行公告送达开庭通知，导致当事人未能参加庭审，剥夺了当事人参与仲裁的权利；⑬(17)仲裁庭准许到庭的一方代理人外出办理代理手续，但未限定期限，手续于当日上午办妥，但仲裁庭却在代理人外出期间对案件进行缺席审理。⑭

---

① 参见湖北省荆门市中级人民法院民事裁定书，(2020)鄂08民特10号。

② 参见浙江省杭州市中级人民法院民事裁定书，(2020)浙01民特20号。

③ 参见浙江省衢州市中级人民法院民事裁定书，(2019)浙08民再13号。

④ 参见湖南省邵阳市中级人民法院民事裁定书，(2020)湘05民特3号。

⑤ 参见湖南省湘潭市中级人民法院民事裁定书，(2020)湘03民特2号。

⑥ 参见安徽省亳州市中级人民法院民事裁定书，(2020)皖16民特22号。

⑦ 参见河北省承德市中级人民法院民事裁定书，(2020)冀08民特4号。

⑧ 参见重庆市第一中级人民法院民事裁定书，(2020)渝01民特78号。

⑨ 参见陕西省西安市中级人民法院民事裁定书，(2020)陕01民特38号。

⑩ 参见云南省昭通市中级人民法院民事裁定书，(2020)云06民特8号。

⑪ 参见甘肃省嘉峪关市中级人民法院民事裁定书，(2020)甘02民特18号。

⑫ 参见青海省西宁市中级人民法院民事裁定书，(2020)青01民特36号。

⑬ 参见辽宁省本溪市中级人民法院民事裁定书，(2020)辽05民初9号。

⑭ 参见辽宁省铁岭市中级人民法院民事裁定书，(2019)辽12民特27号。

4.“裁决所根据的证据是伪造的”相关案件:(1)杨某前后两次提交的同一证据不一致,并且第二次提交的证据所添加的字迹明显有利于杨某,故杨某显然存在伪造证据的嫌疑;①(2)史某提供的微信聊天记录,能够证明《房屋买卖合同》系刘某伪造,仲裁庭以该合同作为定案依据显属不当;②(3)经鉴定,《工程结算单》中的部分条款均为添加(二次)印刷输出形成的,形成时间位于当事人盖章之后,故裁决所依据的主要证据存在不实之处;③(4)涉案合同上的市政公司公章是由周某私自加盖,显系伪造。④

5.“隐瞒了足以影响公正裁决的证据的”相关案件:(1)刘某主张,高某曾从谭某处收取刘某的款项,谭某向高某转账的证据材料是刘某无法自行提供的,对此,高某应对其银行卡的收支情况进行如实陈述,高某拒绝提供转账凭证的行为属于故意隐瞒;⑤(2)被申请人主张的人工、动力、原辅材料成本费用,需根据合作期间的全部原始记录进行核算,但被申请人未提供合作期间的《生产记录》;⑥(3)承建人应当留存施工日志、施工计划等证据,这些证据是实际施工人无法取得并提交给仲裁庭的,承建人不提交证据导致仲裁庭无法查清案涉脚手架工程是否存在延期;⑦(4)被申请人在合同履行过程中存在过错,其应举证证明其履行义务符合验收条件,而其在仲裁程序中并未举证;⑧(5)申请人作为专业从事借贷业务的小额贷款公司,对于金额巨大的借款理应进行财务登记,但其无正当理由不予提交财务账册、会计原始凭证等证据,确属隐瞒了足以影响公正裁决的证据;⑨(6)被申请人在仲裁中存在不实陈述,足以影响仲裁庭对借款关系的认定。⑩

6.“仲裁员在仲裁该案时有枉法裁决行为”的相关案件:仲裁员在办理案件的过程中,明确利用职务上的便利为被申请人谋取利益,其在事后收受被申请人3万元贿款的犯罪行为已被人民法院判处刑罚,根据2017年《仲裁法》的相关规定,该仲裁

① 参见广西壮族自治区贵港市中级人民法院民事裁定书,(2020)桂08民特1号。
② 参见吉林省通化市中级人民法院民事裁定书,(2020)吉05民特7号。
③ 参见新疆维吾尔自治区吐鲁番市中级人民法院民事裁定书,(2020)新21民特5号。
④ 参见青海省西宁市中级人民法院民事裁定书,(2020)青01民特10号。
⑤ 参见辽宁省抚顺市中级人民法院民事裁定书,(2019)辽04民初87号。
⑥ 参见河北省石家庄市中级人民法院民事裁定书,(2019)冀01民特95号。
⑦ 参见江西省宜春市中级人民法院民事裁定书,(2020)赣09民特11号。
⑧ 参见吉林省长春市中级人民法院民事裁定书,(2020)吉01民特12号。
⑨ 参见辽宁省鞍山市中级人民法院民事裁定书,(2020)辽03民特67号。
⑩ 参见辽宁省抚顺市中级人民法院民事裁定书,(2020)辽04民特1号。

裁决应予撤销。[①]

在仲裁裁决被裁定不予执行的案件中,法院所援引的理由大体归类如下:

1.“当事人在合同中没有订立仲裁条款或者事后没有达成书面仲裁协议”的相关案件:(1)案涉合同落款处的“范某”均为打印字体或印刷字样,而当事人又没有提供与此相对应并符合法律规定的电子签名认证证书,即无法证明落款“范某”为可靠的电子签名,因此,应视为被执行人范某未在案涉合同上签字;[②](2)王某认为本人未在《借款合同》上签名,但小额贷款公司未能提交《借款合同》原件,以致无法进行笔迹鉴定,应承担不利后果;[③](3)案涉合同中的仲裁条款,不能约束案外人;[④](4)公安局的调查结果表明,仲裁协议的当事人为了顺利发行债券,未征得供电公司同意,便将其作为担保单位,并伪造了供电公司的印章,这足以证明供电公司没有签署担保函;[⑤](5)未经保证人书面同意,债权人与债务人协议变更主合同,修改后的仲裁条款不能约束保证人;[⑥](6)出借人在借据上擅自添加的仲裁条款,对借款人无效。[⑦]

2.“仲裁机构无权仲裁”的相关案件:(1)《施工合同》中约定了仲裁条款,但仲裁庭将《施工合同》之外的纠纷一并仲裁,超出了仲裁约定的范围;[⑧](2)法院受理破产申请后,未向管理人申报的债权,仲裁庭无权仲裁;[⑨](3)案涉合同由双方当事人和当地人民政府共同签订的《会议纪要》固定,但其中并未将仲裁约定为争议解决方式,故仲裁机构无权处理案涉争议;[⑩](4)双方在以物抵债协议中约定的仲裁范围是过户房产,不包括其他事项,故仲裁裁决对于借款及利息的认定超出仲裁协议约定的范围。[⑪]

3.“违反法定程序”的相关案件:(1)争议金额超过50万元,但仲裁庭仅由一名仲裁员组成,不符合相关仲裁规则的组庭规定;[⑫](2)仲裁秘书在通过手机短信告知

---

① 参见甘肃省兰州市中级人民法院民事裁定书,(2020)甘01民特18号。
② 参见广东省云浮市中级人民法院执行裁定书,(2020)粤53执22号。
③ 参见广东省惠州市中级人民法院执行裁定书,(2020)粤13执异66号。
④ 参见山东省泰安市中级人民法院执行裁定书,(2019)鲁09执异96号。
⑤ 参见山东省滨州市中级人民法院执行裁定书,(2019)鲁16执异21号。
⑥ 参见河南省周口市中级人民法院执行裁定书,(2019)豫16执异208号。
⑦ 参见广东省深圳市中级人民法院民事裁定书,(2018)粤03民特640号。
⑧ 参见贵州省六盘水市中级人民法院执行裁定书,(2020)黔02执异3号。
⑨ 参见江西省鹰潭市月湖区人民法院民事裁定书,(2020)赣0602民特75号之一。
⑩ 参见山西省吕梁市中级人民法院执行裁定书,(2019)晋11执他16号。
⑪ 参见新疆维吾尔自治区乌鲁木齐市中级人民法院执行裁定书,(2020)新01执异30号。
⑫ 参见江苏省苏州市中级人民法院执行裁定书,(2019)苏05执复188号。

李某到仲裁委员会领取材料没有得到回复的情况下,把应送达的材料全部采用公告方式予以送达,显然未尽到合理、审慎的送达义务;①(3)仲裁委员会通过电子邮箱向吴某发送所有文书及证据材料,既无证据证明仲裁时吴某仍然使用上述邮箱,仲裁案卷中也没有吴某签收上述文书的送达回证;②(4)仲裁委员会违法设立分支机构,该分支机构作出的裁决不具有法律效力;③(5)仲裁委员会通过电子邮箱送达相关仲裁文书的方式不当,其仲裁程序违反法定程序;④(6)仲裁机构未保障当事人申请仲裁员回避、提供证据、答辩等《仲裁法》规定的基本程序权利,属于最高人民法院《关于仲裁机构"先予仲裁"裁决或者调解书立案、执行等法律适用问题的批复》所禁止的情形;⑤(7)仲裁庭收到鉴定申请后,没有完成选定鉴定人程序即要求当事人提交鉴定所需材料,并以证据不充分为由,不予受理鉴定申请,明显不符合法定程序;⑥(8)仲裁庭以公章真伪并不影响认定申请人雇员签字的法律效力为由,不予准许申请人对公章真伪进行鉴定的申请,属程序违法。⑦

4."裁决所根据的证据是伪造"的相关案件:经鉴定,保证合同和担保授权业务书上加盖的是虚假印章,仲裁庭将这两份合同作为认定案件基本事实的主要证据,显属不当。⑧

5."隐瞒了足以影响公正裁决的证据"的相关案件:(1)被申请人在该案所作陈述,与另案仲裁庭查清的事实不符;⑨(2)《建设工程勘察设计合同》是认定案件基本事实的主要证据,但水利局提供的原件和海蓝公司提供的复印件的内容不一致,由于海蓝公司未能提供合同原件,导致仲裁庭不能确定合同真实性;⑩(3)案涉《建设合同》是查明施工期间事实的主要证据,被申请人在仲裁程序中却未提交。⑪

6."裁决违背社会公共利益"的相关案件:(1)律师基于多收代理费的目的,在委托代理合同中限制委托人接受和解、放弃诉讼、终止代理等权利,不仅侵犯委托人

---

① 参见湖南省郴州市中级人民法院执行裁定书,(2020)湘10执异175号。
② 参见湖南省娄底市中级人民法院执行裁定书,(2020)湘13执复36号。
③ 参见广东省高级人民法院执行裁定书,(2020)粤执复434号。
④ 参见四川省绵阳市中级人民法院执行裁定书,(2019)川07执异153号。
⑤ 参见江西省景德镇市中级人民法院执行裁定书,(2020)赣02执228号。
⑥ 参见山东省泰安市中级人民法院执行裁定书,(2020)鲁09执异16号。
⑦ 参见山东省淄博市中级人民法院执行裁定书,(2019)鲁03执异148号。
⑧ 参见辽宁省营口市中级人民法院执行裁定书,(2020)辽08执异19号。
⑨ 参见广东省深圳市中级人民法院民事裁定书,(2017)粤03民初2556号。
⑩ 参见广西壮族自治区来宾市中级人民法院执行裁定书,(2020)桂13执异19号。
⑪ 参见贵州省毕节市中级人民法院执行裁定书,(2020)黔05执异9号。

的诉讼权利,也不利于促进社会和谐,违反了社会公共利益;[①](2)案涉《河道砂石开采权、经营权出让合同》签订后,该河段由于原国家林业局(现国家林业和草原局)的批复成为禁止挖沙、采矿的国家湿地公园,导致案涉合同不能继续履行的原因是国家政策发生重大调整,属于社会公共利益的范畴;[②](3)某金融信息服务公司未经批准超越经营范围,直接从事或以债权转让等形式变相从事经常性的贷款业务,属于从事非法金融业务活动,为《网络借贷信息中介机构业务活动管理暂行办法》所禁止,裁决如得到执行,将扰乱金融管理秩序,损害社会公共利益。[③]

7."案外人申请不予执行仲裁裁决"的相关案件:(1)案外人朱某系某房地产公司名下楼盘的实际开发人,系合法、真实的权益主体,其代表某房地产公司与张某签订的商品房买卖合同实际系为民间借贷提供担保,故某房地产公司和张某之间不存在真实的商品房买卖关系,仲裁庭根据商品房买卖合同裁定某房地产公司向张某交付房屋,损害了案外人朱某的合法权益;[④](2)被执行人在仲裁过程中未如实向仲裁庭陈述其与案外人已就案涉房产签订《商品房买卖合同》并完成备案登记这一重要事实,致使仲裁庭作出被执行人应办理房屋产权转移登记手续的裁决,损害了案外人提出抗辩的合法权益;[⑤](3)案外人系公司股东,根据公司破产管理人披露的事实,可以认定公司原法定代表人陈某与其妻子存在恶意申请仲裁、虚构法律关系、转移公司财产的情形,且仲裁结果会损害案外人的合法权益;[⑥](4)法院生效判决证明,案外人杜某是案涉房屋的共有人,但仲裁裁决主文确认房屋归牛某一人所有,损害案外人的合法权益;[⑦](5)案外人购买诉争房屋后已使用10多年,尚未完成过户登记是因为当地不动产登记管理的不规范,故其享有的物权期待权,可以对抗仲裁当事人因相信初始登记而设立的抵押权。[⑧]

通过考察以上撤销和不予执行仲裁裁决案件,并联系表4与表5,可以得到如下4点启示。

---

① 参见广西壮族自治区梧州市中级人民法院执行裁定书,(2018)桂04执异22号。

② 参见湖南省高级人民法院执行裁定书,(2020)湘执监8号。

③ 参见山东省潍坊市中级人民法院执行裁定书,(2020)鲁07执63号;安徽省滁州市中级人民法院执行裁定书,(2020)皖11执21号;河南省平顶山市中级人民法院执行裁定书,(2019)豫04执异80号;江苏省泰州市姜堰区人民法院执行裁定书,(2020)苏1204执713号之一。

④ 参见湖南省常德市中级人民法院执行裁定书,(2020)湘07执异36号。

⑤ 参见四川省广元市中级人民法院执行裁定书,(2020)川08执异5号。

⑥ 参见上海市第一中级人民法院执行裁定书,(2020)沪01执异24号之一。

⑦ 参见陕西省商洛市中级人民法院执行裁定书,(2020)陕10执异8号。

⑧ 参见吉林省延边朝鲜族自治州中级人民法院执行裁定书,(2020)吉24执异35号。

第一,与往年不同,本次统计到的不予执行仲裁裁决案例,远多于撤裁案例。① 在裁定撤销仲裁裁决的55件案例中,法院所援引理由出现的频次分别为:没有仲裁协议(9件)、裁决的事项不属于仲裁协议的范围或者仲裁委员会无权仲裁(8件)、违反法定程序(26件)、裁决所根据的证据系伪造(5件)、隐瞒了足以影响公正裁决的证据(6件)、仲裁员在仲裁该案时存在枉法裁决行为(1件)。在裁定不予执行仲裁裁决的136件案例中,法院所援引理由出现的频次分别为:没有仲裁协议(7件)、裁决的事项不属于仲裁协议的范围或者仲裁委员会无权仲裁(5件)、违反法定程序(73件)、裁决所根据的证据系伪造(1件)、隐瞒了足以影响公正裁决的证据(21件)、裁决违背社会公共利益(10件)、案外人申请不予执行仲裁裁决(19件)。在2020年度不予执行仲裁裁决的案例中,"先予仲裁"违反法定程序、非法从事职业放贷活动以及案外人申请不予执行仲裁裁决领域存在大量类似案例。

第二,从违反法定程序出现次数最高的事由看,"先予仲裁"未保障仲裁当事人的基本程序权利,对其进行规制确有必要。这里的"先予仲裁",一般是指当事双方签订合同的同时,仲裁庭即根据合同内容制作仲裁调解书或仲裁裁决书的过程。② 该过程的特点在于,为了保证仲裁结果只是对合同内容的简单重复,仲裁被申请人必须放弃所有的陈述机会,但申请人举证质证的权利则不受影响。由于当事双方享有的程序性权利并不平等,"先予仲裁"无法达到正当程序的最低要求。从实体上看,考虑到"先予仲裁"的仲裁对象多为格式化的网贷合同,对其进行打击更有必要。如果放任仲裁机构为网贷平台背书,这种"透支"仲裁信用的投机行为必将在根本上对仲裁公信力造成破坏。

第三,将非法从事职业放贷活动上升到危害公共利益的高度是权宜之计,从长期来看可能矫枉过正。职业放贷行为的大量存在,更像是一种悖论,一方面是实体经济的融资难问题,另一方面是社会投资者投资无门。要破解这种困境,最根本的解决方案是通过经济手段消解民间借贷这种投资方式的吸引力,而非法律手段。③ 原因在于,法律手段可以在短期内打击某种易于识别的职业放贷行为,但可能促使

---

① 参见宋连斌、林荟、陈希佳:《中国商事仲裁年度报告(2017)》,载黄进、肖永平、刘仁山主编:《中国国际私法与比较法年刊》第24卷,法律出版社2020年版。

② 参见刘少阳、戴宇鑫:《"先予仲裁"引发的仲裁问题与执行监督规制——最高人民法院〈关于仲裁机构"先予仲裁"裁决或者调解书立案、执行等法律适用问题的批复〉释评》,载《法律适用》2020年第1期。

③ 参见[美]约翰·C.科菲:《看门人机制:市场中介与公司治理》,黄辉、王长河等译,北京大学出版社2011年版,第11~80页。

放贷行为隐身于其他难以识别的合同关系中，结果是反而鼓励不诚信行为，危及交易安全。例如，职业放贷人向借款人转账40万元，借款人向职业放贷人出具借条，并约定了高额利息。为了担保借款合同的实现，某房地产公司与职业放贷人签订了《商品房买卖合同》，房地产公司同意将职业放贷人向借款人转账的40万元作为购房款，并出具了收据。在借款人无力清偿债务时，职业放贷人便根据《商品房买卖合同》中的仲裁条款提起仲裁，要求某房地产公司交付房屋，仲裁庭据此支持了职业放贷人的请求。①

第四，根据2018年《仲裁执行规定》第9条和第18条的规定，案外人申请不予执行的对象应该是恶意仲裁和虚假仲裁，但这一制度却屡屡针对正确裁判，这是否合理有待商榷。例如，范某与房地产公司签订了商品房买卖合同，并办理了预告登记，根据其中的仲裁条款，仲裁庭作出要求房地产公司交付房屋的裁决。但在裁决执行的过程中，法院考虑案外人赵某与房地产公司签订的商品房买卖合同时间在先，且赵某已实际入住，便决定不予执行仲裁裁决。② 在我国不动产登记管理的现实情况下，保护实际居住人的物权期待权无可厚非，③但完全忽视其他权利人的合法利益亦不可取。原因在于，法院消灭正确裁决的执行力，并要求其他权利人为此更换执行名义并承担额外的诉讼成本，既不公平，又不合理。何况，如果房地产公司已经行将破产，其他权利人必将劳而无功。因此，“一房二卖”看似简单，实际上反映出当事人执行救济制度在我国法律中的缺失。④ 就该案而言，法院认定案外人赵某的异议成立之后，不应不予执行仲裁裁决，而应中止执行仲裁裁决。⑤ 此时，应允许范某提起债权人异议之诉，对房地产公司的财务状况进行审查。如果房地产公司已经资不抵债，法院应该依职权将执行程序转化为破产程序，平等保护范某和赵某的债权。如果房地产公司资金充裕，对于不能履行的非金钱债权，可以按照“赔偿执行”或者

---

① 参见湖南省常德市中级人民法院执行裁定书，(2020)湘07执异36号；湖南省常德市中级人民法院执行裁定书，(2020)湘07执异9号；湖南省高级人民法院执行裁定书，(2020)湘执复151号；湖南省高级人民法院执行裁定书(2020)湘执复199号。

② 参见四川省高级人民法院执行裁定书，(2019)川执复370号。

③ 参见姜宇轩、贾宏斌：《民事权利冲突司法认定研究——以执行异议之诉中不动产物权期待权与抵押权冲突为视角》，载《江汉论坛》2020年第12期。

④ 参见张卫平：《执行救济制度的体系化》，载《中外法学》2019年第4期。

⑤ 参见宋连斌、武振国：《虚假仲裁中案外人权利保障机制研究》(上)，载《商事仲裁与调解》2020年第1期。

“代偿执行”的方式转化为金钱债权。①

(四)涉外、涉我国港澳台地区仲裁案件的抽样考察及扼要评述

2017年最高人民法院《关于审理仲裁司法审查案件若干问题的规定》第21条规定:“人民法院受理的申请确认涉及香港特别行政区、澳门特别行政区、台湾地区仲裁协议效力的案件,申请执行或者撤销我国内地仲裁机构作出的涉及香港特别行政区、澳门特别行政区、台湾地区仲裁裁决的案件,参照适用涉外仲裁司法审查案件的规定审查。”考虑到涉外、涉我国港澳台地区案件在法律层面的审查标准几乎一致,在实践中常常一并讨论。相对纯国内仲裁案件,这两类案件数量极少,但公众关注度极高,故宜从个案的角度予以抽样考察。本次共收集到134个涉外、涉我国港澳台地区仲裁案件,从中挑选出10个进行分析,如表8所示。

表8 中国法院受理的涉外仲裁案件抽样统计

序号	主要争议点	审理法院及案号	案由	裁定结果	裁定理由
1	仲裁协议效力	北京市第四中级人民法院民事裁定书,(2020)京04民特502号	确认仲裁协议有效	仲裁协议有效	虽然仲裁协议中约定的“国际经济贸易仲裁委员会”名称不准确,但能够确定双方当事人选择适用“中国国际经济贸易仲裁委员会”的仲裁规则,进而能够确定仲裁机构为“中国国际经济贸易仲裁委员会”
2	仲裁协议效力	广东省东莞市中级人民法院民事裁定书,(2020)粤19民特179号	确认仲裁协议无效	仲裁协议无效	案涉合同的落款处仅有孙某的签名,且没有证据证明其他主体签署了该合同。虽然孙某履行了案涉合同中的出资义务,但不能以此得出各方均认同案涉合同中仲裁条款的结论

① 参见王娣:《强制执行竞合研究》,中国人民公安大学出版社2009年版,第14页;廖中洪:《“不可替代行为”强制执行若干问题研究》,载《昆明理工大学学报(社会科学版)》2011年第4期;雷秋玉:《不动产买卖合同竞合的规则提炼与证成》,载《浙江工商大学学报》2018年第1期。

续表

序号	主要争议点	审理法院及案号	案由	裁定结果	裁定理由
3	仲裁协议效力	北京市第四中级人民法院民事裁定书,(2020)京04民特21号	确认仲裁协议无效	驳回申请	涉案仲裁协议约定通过仲裁解决纠纷的意思明确,该意思之后又表述“对裁决书的复审可在具有法定司法管辖权的任何法院立案”,该相应内容应被理解为合同双方同意将仲裁裁决提交法院进行司法监督
4	仲裁协议效力	北京市第四中级人民法院民事裁定书,(2020)京04民特679号	确认仲裁协议有效	仲裁协议有效	仲裁条款中对仲裁机构的约定为香港特别行政区或北京仲裁委员会,但香港特别行政区没有名为“香港仲裁委员会”的机构,故法院认为双方对仲裁机构的约定为北京仲裁委员会
5	仲裁裁决效力	北京市第四中级人民法院民事裁定书,(2017)京04民特39号	申请撤销仲裁裁决	撤销中国国际经济贸易仲裁委员会裁决	1. 中国国际经济贸易仲裁委员会前后两次仲裁裁决所涉当事人相同、争议标的相同、仲裁请求相同,属于同一纠纷。 2. 中国国际经济贸易仲裁委员会对同一纠纷进行了两次裁决的行为,违反了“一裁终局”的法律制度
6	仲裁裁决执行	广东省深圳市中级人民法院民事裁定书,(2018)粤03民初2267号	申请认可香港特别行政区临时仲裁裁决	认可	在内地认可该仲裁裁决不违反内地社会公共利益,亦不属于2017年《仲裁法》第3条规定的不能仲裁的事项。综上,案涉仲裁裁决不存在最高人民法院《关于内地与香港特别行政区相互执行仲裁裁决的安排》第7条所规定的可裁定不予执行的情形

续表

序号	主要争议点	审理法院及案号	案由	裁定结果	裁定理由
7	仲裁裁决执行	广州海事法院民事裁定书,(2020)粤72协外认1号	申请承认与执行新加坡海事仲裁院仲裁裁决	承认与执行	案涉仲裁裁决不具有《承认及执行外国仲裁裁决公约》(以下简称纽约公约)第5条所规定的可以拒绝承认和执行的情形
8	仲裁裁决执行	河北省沧州市中级人民法院执行裁定书,(2020)冀09执异23号	申请不予执行贸仲裁决	驳回申请	不存在2017年《民事诉讼法》第274条项下不予执行仲裁裁决之情形
9	仲裁裁决执行	天津市第一中级人民法院民事裁定书,(2018)津01协外认3号	申请承认与执行美国独立电影电视联盟国际仲裁院仲裁裁决	不予承认、执行美国独立电影电视联盟国际仲裁院仲裁裁决	1. 该案无证据证明孙某系北方电影集团的员工,也无证据证明孙某是经北方电影集团授权委托后签订合同。 2. 仲裁庭秘书曾成功向北方电影集团的传真号码发送传真两页,但传真的两页文件未包括《仲裁通知书》和《仲裁规则》,因此传真送达不能确认为"接获关于指派仲裁员或仲裁程序之适当通知"
10	仲裁裁决执行	四川省成都市中级人民法院民事裁定书,(2019)川01认港1号	申请执行香港国际仲裁中心仲裁裁决	执行香港国际仲裁中心仲裁裁决	不存在最高人民法院《关于内地与香港特别行政区相互执行仲裁裁决的安排》项下不予执行仲裁裁决之情形

本次收集的134件涉外、涉我国港澳台地区仲裁案例中,涉外国仲裁案件66件,涉我国港澳台地区仲裁案件68件,具体信息如下:(1)仲裁协议效力确认案件12件,法院确认仲裁协议无效1件;(2)涉外国仲裁裁决撤销案件14件,法院撤销仲裁裁决1件;(3)中国内地(大陆)涉外国仲裁裁决执行案件5件,法院裁定不予执行0件;(4)外国仲裁裁决的承认与执行案件6件,法院裁定不予承认、执行2件;(5)涉外国仲裁保全案件29件,法院驳回申请0件。而我国涉港澳台地区仲裁案件,则表现为如下情况:(1)仲裁协议效力确认案件14件,法院确认仲裁协议无效3件;

(2)涉我国港澳台地区仲裁裁决撤销案件20件,法院撤销仲裁裁决0件;(3)中国内地(大陆)涉我国港澳台地区仲裁裁决执行案件3件,法院裁定不予执行0件;(4)涉我国港澳台地区仲裁裁决的认可与执行案件4件,法院裁定不予认可、执行0件;(5)涉外国仲裁保全案件25件,法院驳回申请0件;(6)为涉我国港澳台地区仲裁程序提供司法协助2件。从总体上看,法院对涉外仲裁案件持否定性评价的案例较少见。但考虑涉外仲裁案件总量本就不大,这一宏观统计结论或许不能准确反映中国内地(大陆)法院的立场。欲还原中国内地(大陆)司法对涉外仲裁案件的真实态度和裁判水平,还需对个案的裁判逻辑进行分析。

就涉外仲裁协议被确认无效的案例而言,特许经营权协议的可仲裁性出现的频率最高。例如,在呼和浩特市中级人民法院作出的一份裁定中,英国水务公司和托克托工业园区管委会于2011年签订《托克托工业园区污水处理项目特许经营权协议》被认定为行政诉讼受案范围内的行政协议,因而无效。① 法院的依据在于,2015年5月1日实施的《行政诉讼法》第12条第1款第11项明确将"行政机关不依法履行、未按照约定履行或者违法变更、解除政府特许经营协议"纳入行政诉讼的受案范围。从这一点来看,似乎可以得出结论,2015年4月30日之前,法律没有明确否定特许经营权协议的可仲裁性,但此后由特许经营权协议引发的纠纷便不可通过仲裁解决。但在2015年5月1日之后,还有不少法院承认特许经营权协议的可仲裁性。例如,北京市第四中级人民法院在一份裁定中指出,根据法不溯及既往原则,《行政诉讼法》未明确规定2015年4月30日以前签订的特许经营权协议中的仲裁条款自动失效,故青岛再生能源公司和黄岛城管局于2005年签订的《城市生活垃圾综合处理项目特许经营授权合同书》具备可仲裁性。② 北京市第二中级人民法院也认为,特许经营权协议是否具有可仲裁性,决定性因素是合同的主要内容是否为当事双方平等协商的结果,其中涉及行政审批和行政许可的部分只是法官需要考虑的一个方面。③ 从学理上看,判断特许经营权协议是否具有可仲裁性,需要对合同目的、权利义务的基本性质、缔约主体等方面进行综合考量,协议的名称和主体不是认定协议本身属于行政行为的充分条件。

就承认与执行仲裁裁决程序与境外撤裁程序的关系而言,中国法院严格遵守1958年《纽约公约》第6条的规定,肯定执行地法院相对于仲裁地法院的独立性。

① 参见内蒙古自治区呼和浩特市中级人民法院民事裁定书,(2020)内01民特75号。
② 参见北京市第四中级人民法院民事裁定书,(2018)京04民特488号。
③ 参见北京市第二中级人民法院民事裁定书,(2017)京02民特11号。

例如,上海市第一中级人民法院认为,在仲裁败诉方向新加坡法院申请撤销新加坡国际仲裁中心仲裁裁决期间,是否中止仲裁胜诉方向上海法院提起的承认与执行仲裁裁决程序,执行地法院享有自由裁量权。① 该裁判值得肯定,原因在于,《纽约公约》第6条规定:“倘裁决业经向第五条第一项(戊)款所称之主管机关声请撤销或停止执行,受理援引裁决案件之机关得于其认为适当时延缓关于执行裁决之决定,并得依请求执行一造之声请,命他造提供妥适之担保。”《纽约公约》之所以如此规定,正是为了废除1927年《关于执行外国仲裁裁决的日内瓦公约》确立的裁决执行双重许可制度。②《关于执行外国仲裁裁决的日内瓦公约》在审查裁决的国家司法体系间建立了管辖层级,将世界分成以仲裁地为代表的主要管辖法域以及其他次要管辖法域,认为仲裁地法院享有决定裁决是否有效的优先权限。《纽约公约》的起草者明确希望摆脱这种不利于裁决执行的制度,而采用一种只能依据公约规定情形审查裁决执行的制度。自1958年以来,废除裁决执行的双重许可被视为支持裁决执行运动向前迈出的重要一步,进而获得了极大的称赞。《纽约公约》摆脱了仲裁地法院在某种程度上处于支配地位的观念,但这并不意味着任何国家都不能控制仲裁程序。相反,他们将是否执行仲裁裁决的审查权授予了执行地法院。对执行地法院来说,《纽约公约》设定的标准是缔约方可以执行的最高审查标准,但这并不妨碍执行地面对承认和执行外国仲裁裁决申请时,采取比《纽约公约》更宽容的司法审查态度。③ 具体地讲,《纽约公约》并没有禁止中国法院执行一份即将被新加坡法院撤销的裁决。因此,仲裁地法院就裁决的效力所作出的任何认定,对其他法域都不具有约束力。④

就外国仲裁裁决被不予承认与执行的案件而言,中国法院对代表和代理的法律适用作出了正确区分,有效填补了《纽约公约》第5条第1项甲款留下的法律空白。在天津市第一中级人民法院审理的一起案件中,案外人名片正面印制有“孙某”“总

---

① 参见上海市第一中级人民法院民事裁定书,(2019)沪01协外认5号之一。

② See Emmanuel Gaillard, *The Relationship of the New York Convention with Other Treaties and with Domestic Law*, in Emmanuel Gaillard and Domenico DI PIETRO, eds., Enforcement of Arbitration Agreements and International Arbitral Awards, London: Cameron May, 2008, p. 70 - 88.

③ 这一事实被《纽约公约》第7条第1款的“更优惠权利条款”所明确,该条明确规定,法院必须注意比《纽约公约》更有利的国内法,即本公约之规定不影响缔约方间所订关于承认及执行仲裁裁决之多边或双边协定之效力,亦不剥夺任何利害关系人可依援引裁决地所在地之法律或条约所认许之方式,在其许可范围内,援用仲裁裁决之任何权利。

④ See Emmanuel Gaillard, *The Present-Commercial Arbitration as a Transnational System of Justice: International Arbitration as a Transnational System of Justice*, in A. van den Berg, ed., Arbitration: The Next Fifty Years, The Netherlands: ICCA Congress Series No. 16, 2011, p. 66 - 73.

裁”“天影恒星(天津)投资股份有限公司”,背面印制包括“Tianjin North Film(天津北方电影集团有限公司,以下简称天津公司)”在内的其他公司,案外人“孙某”据此与美国电影公司在法国戛纳签订《引进电影事宜备忘录》,在合同签署页的天津公司处有“孙某”的签字,却没有公司印章。但是,天津公司内部不存在名为“孙某”的高管或普通员工。针对上述事实,法院认为,《纽约公约》第 5 条第 1 项甲款分为“当事人无行为能力”“仲裁协议无效”两个拒绝承认及执行的事由,应从“代表”和“代理”两个方面考虑案涉合同中仲裁条款的效力。就前者而言,法人的行为能力包括法人及其分支机构的民事行为能力、民事权利能力、法人及其法定代表人民事责任的承担、股东的权利义务等事项,①故案外人代表天津公司签字的行为应被识别为行为能力问题。由于《纽约公约》未对当事人的行为能力问题作出规定,故应根据《涉外民事关系法律适用法》第 14 条的规定,适用法人的属人法。根据天津公司登记地法,“代表法人从事民事活动的负责人,为法人的法定代表人”,②而案外人显然不满足此项条件。就后者而言,考虑案外人既不是天津公司的员工,也没有与天津公司签订仲裁协议,故应该着重考虑案外人的行为是否构成表见代理。由于《纽约公约》未对代理问题作出规定,故应根据《涉外民事关系法律适用法》第 16 条的规定,适用代理行为地法律——法国法——判断代理行为的效力。法国《民法典》规定,“无权代理或超越代理权而完成的行为不可对抗被代理人,除非相对人可合理信赖代理人的权力是真实的,特别是因被代理人的行为或表示”。但在该案中,美国电影公司没有审查被代理人的授权文件,仅通过代理人提供的名片确认身份,显然不符合商事主体的基本认知,无法构成法律规定的合理信赖。③ 该案确定的规则表明,《涉外民事关系法律适用法》第 16 条第 1 款中的“代理”不能径直依据民法来解释,“宜从功能识别与目的识别的原理出发,将法定代理与机关代理排除在外,而仅指涉意定代理”。④ 至于机关代理,也就是法人的代表问题,应根据《涉外民事关系法律适用法》第 14 条的规定进行法律适用。

四、重要仲裁案例述评

(一)外国仲裁机构在中国作出的涉外仲裁裁决被视为中国涉外裁决

在中国仲裁立法实行“双轨制”的情况下,解决仲裁裁决籍属问题,对于仲裁司

① 参见刘仁山:《〈民法总则〉对〈法律适用法〉的回应与启示》,载《政法论坛》2019 年第 1 期。

② 2020 年《民法典》第 61 条第 1 款。

③ 参见天津市第一中级人民法院民事裁定书,(2018)津 01 协外认 3 号。

④ 林强:《涉外代理关系准据法的确定》,载《法学研究》2020 年第 6 期。

法审查的法律适用具有重要意义。虽然2017年的《仲裁法》和《民事诉讼法》没有明确裁决籍属的界定标准,但从《民事诉讼法》使用的“对中华人民共和国涉外仲裁机构作出的裁决”“国外仲裁机构的裁决”表述中可以看出,中国法院常常认同“仲裁机构所在地”标准。① 然而,广州市中级人民法院在2020年作出的一份裁定中,认定国际商会仲裁院仲裁庭(又称ICC)在广州作出的仲裁裁决属于中国涉外仲裁裁决,而非ICC机构所在地的裁决。② 该案直接根据“仲裁地”标准认定裁决籍属,值得关注。

该案当事人是布兰特伍德工业有限公司(以下简称布兰特伍德公司)、广东阀安龙机械成套设备工程有限公司(以下简称阀安龙公司)、广州市正启贸易有限公司(以下简称正启公司)。2010年,正启公司为买方,布兰特伍德公司为卖方,阀安龙公司为委托方,在案涉合同中约定,“与本合同有关的任何争议,均提交ICC根据国际惯例在项目所在地进行仲裁。本条所指项目地点在中国广州市”。2012年,广州市中级人民法院(2011)穗中法仲异字第11号裁定确认上述仲裁条款有效。2014年,ICC独任仲裁庭针对该案作出仲裁裁决。2015年,布兰特伍德公司申请广州市中级人民法院承认与执行该仲裁裁决。

广州市中级人民法院认为,案涉仲裁裁决系外国仲裁机构在中国作出的仲裁裁决,可以视为中国涉外仲裁裁决。案涉仲裁裁决没有获得主动履行的,布兰特伍德公司可参照2012年《民事诉讼法》第273条的规定向被申请人住所地或者财产所在地的中级人民法院申请执行。布兰特伍德公司现依据《纽约公约》申请承认及执行该仲裁裁决,其提起申请的法律依据显属错误。通过司法三段论,可以呈现法院的裁判逻辑。大前提:“仲裁地”是界定仲裁裁决籍属的标准。小前提:该案的仲裁地是中国广州,而非ICC所在地法国巴黎。结论:仲裁裁决为中国涉外裁决,而非法国裁决。

广州市中级人民法院根据“仲裁地”标准界定裁决籍属,符合国际立法和国内立

---

① 1994年《仲裁法》第65条界定的涉外仲裁是“涉外经济贸易、运输和海事中发生的纠纷的仲裁”,也就是对具有涉外因素的纠纷进行的仲裁。那么,涉外裁决也得以界定,即对具有涉外因素的纠纷进行仲裁所作出的裁决。同时,第71条对涉外裁决不予执行的规定中,条文本身并没有采用仲裁机构所在地标准区分涉外裁决。但是,由于1994年《仲裁法》第71条援引了1991年《民事诉讼法》第260条,2007年《民事诉讼法》第258条,2012年和2017年《民事诉讼法》第274条,2017年《仲裁法》最终还是依赖“仲裁机构所在地”标准对裁决籍属进行界定。参见宋连斌、王珺:《国际商会在中国内地仲裁:准入、裁决国籍及执行——由宁波中院的一份裁定谈起》,载《西北大学学报(哲学社会科学版)》2011年第3期。

② 参见广东省广州市中级人民法院民事裁定书,(2015)穗中法民四初字第62号。

法的主流趋势，具有进步意义。首先，通过体系解释推定《民事诉讼法》适用“仲裁机构所在地”标准，已不合时宜。在1996年国务院办公厅《关于贯彻实施〈中华人民共和国仲裁法〉需要明确的几个问题的通知》（国办发〔1996〕22号，以下简称《通知》）实施之前，只有中国国际经济贸易仲裁委员会和中国海事仲裁委员会是涉外仲裁机构，有权受理涉外争议。但在《通知》实施之后，“新组建的仲裁委员会的主要职责是受理国内仲裁案件，涉外仲裁案件的当事人自愿选择新组建的仲裁委员会仲裁的，新组建的仲裁委员会可以受理”。这意味着，中国国内仲裁机构和涉外仲裁机构泾渭分明的受案格局已被打破。此外，2016年最高人民法院《关于为自由贸易试验区建设提供司法保障的意见》（法发〔2016〕34号）第9条中“在自贸试验区内注册的企业相互之间约定在内地特定地点、按照特定仲裁规则、由特定人员对有关争议进行仲裁的，可以认定该仲裁协议有效”的表述，实际上就是承认临时仲裁的合法性。考虑临时仲裁不需要仲裁机构即可推进仲裁程序，以“仲裁机构所在地”确定裁决籍属显然不再合适。其次，“仲裁地”标准最先为英美法系国家所主张，随着《纽约公约》缔约主体的增多，已经成为界定仲裁裁决籍属的主流标准，甚至改变了原先持反对态度的德国立法。[①] 这种“一边倒”的趋势，乃是一种务实的考量。例如，海事合同中常常会出现“适用某某规则在某地仲裁”的表述，但直接约定仲裁机构的现象并不普遍，根据仲裁地确定裁决籍属有利于尊重当事人的意思自治。[②] 最后，将“仲裁地”作为界定裁决籍属的标准，不违反《民事诉讼法》的规定。《民事诉讼法》（2021年修正）第267条规定，“中华人民共和国缔结或者参加的国际条约同本法有不同规定的，适用该国际条约的规定，但中华人民共和国声明保留的条款除外”。而1986年全国人民代表大会常务委员会《关于我国加入〈承认及执行外国仲裁裁决公约〉的决定》规定，“中华人民共和国只在互惠的基础上对在另一缔约方领土内作出的仲裁裁决的承认和执行适用该公约”，也就是只承认《纽约公约》中的“仲裁地”标准，不承认“非内国裁决”标准。鉴于《纽约公约》优先于《民事诉讼法》，《纽约公约》中采用的“仲裁地”标准能够在中国得到普遍适用。

---

① 德国明确抛弃了“仲裁程序准据法”标准，完全接受单一的“裁决作出地”标准。德国政府在解释其《民事诉讼法典》的备忘录中指出，德国《民事诉讼法》第十编的变更是必要的，因为新法遵循了地域原则。今后，在德国作出的裁决受德国法律支配，无论裁决根据哪一个国家的法律作出。在外国作出的裁决视为外国裁决，在德国作出的裁决视为德国裁决。参见赵秀文：《论国际商会国际仲裁院裁决的国籍》，载《政法论丛》2005年第10期。

② 参见杨桦：《论〈纽约公约〉中仲裁裁决的国籍问题》，载《河北法学》2012年第2期。

(二)违法设立仲裁分支机构将导致仲裁裁决无效

执行法院在审查国内仲裁裁决时,通常只能援引 2017 年《民事诉讼法》第 237 条的规定。但在深圳市中级人民法院作出的一份裁定中,法院根据 2017 年《仲裁法》第 10 条认定仲裁裁决无效,理由是仲裁分支机构未经司法行政部门登记。[①] 但是,广东省高级人民法院随后撤销了深圳市中级人民法院的执行裁定,确认仲裁裁决有效。[②] 这两起截然相反的裁定,引起了相当高的关注度。

该案当事人为小额贷款公司和建设工程公司。2018 年 12 月 28 日,湛江仲裁委员会正式受理了当事双方的借款合同纠纷。2019 年 3 月 12 日,仲裁庭在深圳不公开开庭审理了该案。由于仲裁庭在裁决中支持了小额贷款公司的仲裁请求,在仲裁裁决的执行过程中,建设工程公司请求驳回强制执行申请。此外,法院查明,在广东省司法厅、深圳市司法局的登记备案信息中,没有查询到广东方面批准湛江仲裁委员会在深圳设立分支机构的信息。

深圳市中级人民法院认为,仲裁委员会未经批准跨地域从事仲裁活动,违反了 2017 年《仲裁法》第 10 条关于仲裁委员会应当依法设立并严格按照法律、法规开展业务之规定,其所作出的仲裁裁决不具有法律效力。通过司法三段论,有助于呈现法院的裁判逻辑。大前提:仲裁分支机构是裁决的作出主体。小前提:湛江仲裁委员会未经批准在深圳进行仲裁,应视为其在深圳违法设立分支机构。结论:由于仲裁分支机构系违法设立,其作出的仲裁裁决无效。需要注意的是,虽然该案的裁判依据是《仲裁法》第 10 条,但深圳市中级人民法院的理解显然又和《仲裁法》第 10 条本身存在差距。《仲裁法》第 10 条第 1 款规定,仲裁委员会可不按行政区划层层设立。参酌《仲裁法》第 6 条第 2 款中"仲裁不实行级别管辖和地域管辖"的规定,可对《仲裁法》第 10 条第 1 款进行体系解释,即仲裁委员会的受案范围不限于本地,只要仲裁委员会已经依法登记,其受理仲裁案件便无须经过案发地司法行政部门的批准。此外,开庭地或仲裁地是仲裁法上的概念,仲裁机构异地设立分支机构则属于行政监管的维度,两者不可混为一谈。在实践中,为了查明事实,仲裁庭深入争议发生地开庭是一种值得提倡的做法,不属于违法行为。

广东省高级人民法院认为,深圳市中级人民法院查实的是湛江仲裁委员会在深圳开庭审理该案,该事实既不能以此认定湛江仲裁委员会为非法设立,也不足以认定湛江仲裁委员会非法设立了分支机构、派出机构或业务站点,故深圳市中级人民

---

① 参见广东省深圳市中级人民法院执行裁定书,(2019)粤 03 执 1869 号。

② 参见广东省高级人民法院执行裁定书,(2019)粤执复 948 号。

法院依据《仲裁法》第10条裁定驳回执行申请属于适用法律错误。根据司法三段论,广东省高级人民法院的裁判逻辑如下。大前提:仲裁机构是裁决的作出主体。小前提:湛江仲裁委员会系依法设立的仲裁机构。结论:无论湛江仲裁委员会是否非法设立分支机构,仲裁庭是否异地开庭,均不影响裁决的效力。这意味着,即使未经当地司法行政部门登记,仲裁委员会也可以自行开拓外地仲裁市场。

广东省高级人民法院的裁判结果显然更正确。但是,两级法院都认为裁决的作出主体不是仲裁庭,而是仲裁机构或其分支机构,这显然是对仲裁制度的误解。在此,厘清仲裁机构和仲裁庭的关系,明确裁决的作出主体,甚为必要。首先,仲裁机构并非裁判者观念中的"第二人民法院",而是仅负责案件管理工作的服务性组织。1995年国务院办公厅《重新组建仲裁机构方案》(国办发〔1995〕44号)第4条规定,"仲裁委员会设立初期,其所在地的市人民政府应当参照有关事业单位的规定,解决仲裁委员会的人员编制、经费、用房等。仲裁委员会应当逐步做到自收自支"。也就是说,虽然不少仲裁机构现阶段被初步定义为事业单位,在财务上采取"收支两条线"制度,但其最终的发展方向是与行政机关脱钩,成为自收自支的民间性组织。1994年《仲裁法》第14条规定的"仲裁委员会独立于行政机关,与行政机关没有隶属关系"也表明,1994年《仲裁法》生效之后新设立的仲裁委员会,与《仲裁法》生效之前工商行政管理部门内设的经济合同仲裁委员会完全不同,不能代替行政机关行使公权力,无法履行"第二人民法院"的职责。实际上,商事仲裁机构先天缺乏行使仲裁权的能力,因为仲裁庭的组成人员多为不受仲裁机构领导的兼职人员。鉴于此,《国际商会仲裁规则》(2021年版)第1条第2款规定,仲裁机构不解决实体争议,只为仲裁庭定分止争提供程序性协助。其次,由于仲裁机构无法行使仲裁权,裁决的作出主体只能是仲裁庭。仲裁员接受当事人直接指定或间接指定的行为,实际上就是同意在限定的条件下,根据事实和应适用的法律作出专业判断。这种行为的本质是民事法律行为,而非司法行为。① 实际上,强制执行仲裁裁决的权力之所以要由法院行使,也正是因为仲裁机构不能行使公权力。② 最后,仲裁庭独立于仲裁机构。2017年《仲裁法》第8条规定,"仲裁依法独立进行,不受行政机关、社会团体和个人的干涉"。在实践中,一些仲裁机构之所以需要通过裁决书核阅等方式监督仲

---

① 参见宋连斌、武振国:《虚假仲裁中案外人权利保障机制研究》(下),载《商事仲裁与调解》2020年第2期。

② See Gary B. Born, *International Commercial Arbitration* (Second Edition), The Netherlands: Kluwer Law International, 2014, p. 2901 - 2955.

裁庭,正是为了消除仲裁庭独立行使权力过程中可能带有的恣意性。①

(三)仲裁庭组成不符合仲裁协议约定导致裁决被撤销

2020年7月21日,杭州市中级人民法院在一份裁定中认为杭州仲裁委员会(以下简称杭仲)作出的一份裁决无效,原因是仲裁庭组成不符合仲裁协议的约定。②从结果上看,该案是对2017年"来宝案"③裁判的延续。虽然法院一直坚持仲裁协议必然优先于仲裁规则,但该命题能否成立,依然值得推敲。特别是在没有厘清仲裁协议和仲裁规则关系的前提下,法院根据直觉贸然得出此项结论,过于武断。因此,在"来宝案"裁定作出4周年之际,反思同类案件的裁判逻辑和价值取向,具有重要意义。

在此先简要概述该案案情。该案当事人为中介公司和谷某,双方在《房屋委托租赁合同》中约定:"因执行本协议所发生的争议,应提交杭州仲裁委员会,按照其届时有效的仲裁规则进行仲裁。仲裁庭应设3名仲裁员。"但2016年实施的《杭州仲裁委员会仲裁规则》第76条规定,"除当事人双方另有约定外,凡案件争议金额不超过六十万元人民币的,适用简易程序。适用简易程序审理的案件,仲裁委员会应当立即向双方当事人分别发送受理和答辩通知。当事人应当自收到通知书之日起十日内共同选定或共同委托仲裁委员会主任指定一名独任仲裁员成立仲裁庭审理案件"。争议发生后,谷某向杭仲提起仲裁。由于争议金额低于60万元人民币,杭仲向中介公司寄送《应裁通知书(简易程序)》,该通知书载明,"请于收到通知书之日起10日内,与申请人共同选定或共同委托本仲裁委员会主任指定一名独任仲裁员,并将《选(指)定仲裁员声明书》提交本仲裁委员会。没有选定或委托指定仲裁员的,及未在上述期限提交声明书的,由本仲裁委员会主任指定"。由于中介公司没有在规定时间内表示反对,杭仲指定倪某为独任仲裁员审理上述纠纷。2019年11月18日,杭仲向中介公司寄送的《仲裁庭组成人员通知书》中载明,"如果您对独任仲裁庭组成人员申请回避,请在开庭前书面提出,并说明理由"。2019年12月3日,独任仲裁员适用《杭州仲裁委员会仲裁规则》所规定的简易程序开庭审理。在庭审中,独任仲裁员告知中介公司对此前仲裁程序有无异议,但未特别提示组庭方式不符合仲裁条款的约定,中介公司明确表示对此前仲裁程序无异议。由于仲裁庭支持了谷

① 参见武振国:《论虚假仲裁的规制——兼评案外人申请不予执行仲裁裁决》,载陈福勇主编:《北京仲裁》2018年第4辑,中国法制出版社2020年版。

② 参见浙江省杭州市中级人民法院民事裁定书,(2020)浙01民特20号。

③ 参见上海市第一中级人民法院民事裁定书,(2016)沪01协外认1号。

某的请求，裁决作出后，中介公司以组庭不当为由，请求法院撤销仲裁裁决。

在受理案件后，杭州市中级人民法院将该案的核心争议归结为两个问题：其一，仲裁协议和仲裁规则何者优先问题。法院认为，2017 年《仲裁法》第 58 条第 1 款第 3 项规定的撤裁事由和 2017 年《民事诉讼法》第 237 条第 2 款第 3 项规定的不予执行仲裁裁决事由均指向“仲裁庭的组成或者仲裁程序违反法定程序的”。因此，根据与执行问题相关的司法解释理解《仲裁法》第 58 条第 1 款第 3 项是一种合理做法。2018 年《仲裁执行规定》第 14 条第 1 款规定，“违反仲裁法规定的仲裁程序、当事人选择的仲裁规则或者当事人对仲裁程序的特别约定，可能影响案件公正裁决，经人民法院审查属实的，应当认定为民事诉讼法第二百三十七条第二款第三项规定的‘仲裁庭的组成或者仲裁的程序违反法定程序的’情形”。《仲裁执行规定》第 14 条第 1 款中提到的“当事人对仲裁程序的特别约定”，强化了对当事人约定的特别保护，是仲裁协议优先于仲裁规则的直观体现。法院的解读显然是对《仲裁执行规定》第 14 条第 1 款的误解，原因在于，《仲裁执行规定》第 14 条第 1 款将“仲裁法规定的仲裁程序”“当事人选择的仲裁规则”“当事人对仲裁程序的特别约定”置于同等位置，并没有将三者的优先顺序进行排列。此外，当事在仲裁协议中约定“按照杭仲届时有效的仲裁规则进行仲裁”，本质上是将仲裁规则列为“当事人对仲裁程序的特别约定”，这意味着仲裁协议和仲裁规则并非天然对立的两个类别，它们可能融合为一个整体。其二，当事人是否构成放弃异议问题。法院认为，在案涉仲裁案件审理过程中，独任仲裁员曾当庭询问当事人对此前程序有无异议，但此种询问没有具体到当事人是否同意这种违反仲裁协议的组庭现状，故仲裁庭的当庭询问不构成《仲裁执行规定》第 14 条第 3 款所指的“特别提示”。由此可见，中介公司作出的无异议表示不构成放弃异议。法院的理解是对司法解释的误读。《仲裁执行规定》第 14 条第 3 款规定，“适用的仲裁程序或仲裁规则经特别提示，当事人知道或者应当知道法定仲裁程序或选择的仲裁规则未被遵守，但仍然参加或者继续参加仲裁程序且未提出异议，在仲裁裁决作出之后以违反法定程序为由申请不予执行仲裁裁决的，人民法院不予支持”。就该款而言，“特别提示”只是促使“当事人知道或者应当知道法定仲裁程序或选择的仲裁规则未被遵守”的手段，“当事人知道或者应当知道”才是放弃异议条款生效的实质要件。何况，杭仲在《应裁通知书(简易程序)》《仲裁庭组成人员通知书》中通知中介公司独任仲裁庭的组成事宜，已经足以使中介公司“应当知道法定仲裁程序或选择的仲裁规则未被遵守”。但中介公司在仲裁过程中始终没有异议，实际上是以自身的行动认可了独任仲裁庭的管辖权。

由此可见,中国法院之所以认为仲裁协议必然优先于仲裁规则,是因为在一些法官的潜意识中,只有仲裁协议构成当事人的特别约定,仲裁规则不构成当事人的特别约定。这种理解不符合合同缔结的一般实践,忽视了当事人特别选定的仲裁规则的地位。因此,有必要通过仲裁协议的签订过程厘清仲裁协议和仲裁规则的关系。一般而言,仲裁机构向不特定社会主体发布仲裁规则的过程构成要约,双方当事人在仲裁协议中选定仲裁机构的过程构成承诺。此时,仲裁机构和当事人之间达成的只是初步合同,只有在仲裁机构正式受理案件之后,合同才得以最终成立。[①] 由此可见,最终的合同内容,不仅包括当事人在仲裁协议中直接书写的内容,还包括当事人通过仲裁协议直接或间接选定的仲裁规则。[②] 在这种情况下,如果仲裁协议和仲裁规则存在矛盾,实际上是合同文本的内部冲突,应该通过合同解释的一般原则加以解决。[③] 具体而言,按照文义解释规则,优先考虑当事人共同的主观意愿,在不能确定当事各方的明确意思是否存在交集时,还可通过"知情理性第三人"在重构缔约环境下的理解来推定某一具体条款的含义。文义不明或采用第一种路径产生不合理结果的,还可根据缔约目的,辅之以谈判资料和行业习惯,重新界定相关条款以得出适当结论。[④] 也就是说,应该优先考虑谷某和中介公司对仲裁协议的理解是否一致。谷某和中介公司在应当知道仲裁规则与仲裁协议可能存在冲突的情况下,仍然继续参加仲裁程序且没有提出异议,说明两者在该案中的理解都是仲裁规则优先于仲裁协议得到适用。当然,也可以认为,根据"后法优于前法"的合同解释原则,双方当事人默示承认独任仲裁庭的合意在后,这一默示合意能够自动取代仲裁协议中对仲裁庭组成方式的特别约定。

(四)重复裁决因违反"一裁终局"原则被法院撤销

与诉讼相比,仲裁最大的特点是"一裁终局"。但在裁决作出后,不少当事人常常会以相同、相关或类似的理由再次提起仲裁,企图在实质上形成"上诉"或"再审"的效果。对此,北京市第四中级人民法院(以下简称北京四中院)在一份裁定中认

---

① See Emmanual Gaillard & Jhon Savage, *Forchard Gaillard Goldman on International Commercial Arbitration*, The Hague: CITIC Publishing House, 2004, p. 602 – 603.

② See Elrifai, Silke Noa, et al., *Arbitral Institutions through the Magnifier: On the Nature of Their Decisions and Exposure to Suit*, Cardozo Journal of Conflict Resolution 19, 2018, p. 309 – 358.

③ 参见宋连斌、林荟、陈希佳:《中国商事仲裁年度报告(2017)》,载黄进、肖永平、刘仁山主编:《中国国际私法与比较法年刊》第 24 卷,法律出版社 2020 年版。

④ 参见宋连斌:《涉外仲裁协议效力认定的裁判方法——以"仲裁地在香港适用英国法"为例》,载《政治与法律》2010 年第 11 期;宋连斌、王珺:《国际商会在中国内地仲裁:准入、裁决国籍及执行——由宁波中院的一份裁定谈起》,载《西北大学学报(哲学社会科学版)》2011 年第 3 期。

为,根据"一裁终局"原则,仲裁庭无权受理当事人就"同一纠纷"重复提出的仲裁申请。对于重复仲裁问题是否属于法院的审查范围,引起了较大争议。①

该案当事人为中国石化集团国际石油勘探开发有限公司(以下简称国勘公司)与 UNI-TOP 亚洲投资有限公司(UNI-TOP Asia Investment Limited,以下简称代理公司)。2005 年,双方签订《代理协议》,约定代理公司协助国勘公司根据相关法律直接或间接获得 PK 公司股份,并将协助完成交易作为代理酬金支付的条件。双方在《代理协议》中约定,"由此产生的争端由贸仲的三名仲裁员根据其相关规则在北京予以仲裁"。后来,PK 公司将收购项目改为以公开招标方式进行,中石油集团中标 PK 公司 100% 股份。2012 年,代理公司提起第一次仲裁,请求国勘公司支付代理酬金。仲裁庭以代理公司未完成协助收购任务因而酬金支付条件未成就为由,驳回了代理公司全部的仲裁请求。2015 年,代理公司以存在"新的事实"为由,再次请求仲裁庭判令国勘公司支付代理酬金。所谓"新的事实",是指从 2006 年起,国勘公司根本没有向中石油集团追索 PK 公司股权和其他权益补偿,刻意阻碍《代理协议》中酬金支付条件的成就。仲裁庭认为,案涉合同中代理酬金的支付条件实际上是合同履行的条件,考虑代理公司已经履行了合同义务,国勘公司怠于履行收购义务的行为不影响酬金支付条件的成就。

北京市第四中级人民法院认为,重复仲裁属于仲裁司法审查案件的审查范围。通过司法三段论,可以呈现法院的裁判逻辑。大前提:2017 年《民事诉讼法》第 274 条第 1 款第 4 项规定,"裁决的事项不属于仲裁协议的范围或者仲裁机构无权仲裁的",裁决应予撤销。而 2017 年《仲裁法》第 9 条第 1 款"仲裁实行一裁终局的制度,裁决作出后,当事人就同一纠纷再申请仲裁或者向人民法院起诉的,仲裁委员会或者人民法院不予受理"之规定,正是"无权仲裁"的应有之义。小前提:中国国际经济贸易仲裁委员会前后两次仲裁裁决所涉当事人相同、争议标的相同、仲裁请求相同,属于"同一纠纷"。结论:中国国际经济贸易仲裁委员会第二次受理"同一纠纷"的行为,确系"无权仲裁"。

从事实认定方面看,法院没有对该案系重复仲裁进行论证,似有不周之处。根据既判力的时间范围,发生既判力的判决只能确认"言词辩论终结"时刻的权利状态,不能确认此后的权利状态。② 如果情况在既判力的"基准时"之后发生变化,这

① 参见北京市第四中级人民法院民事裁定书,(2017)京 04 民特 39 号。

② 参见吴俊:《指导案例 2 号的程序法理》,载《法学》2013 年第 1 期;林剑锋:《既判力时间范围制度适用的类型化分析》,载《国家检察官学院学报》2016 年第 4 期。

些新出现的情况便属于“新的事实”。[①] 照此标准,代理公司在 2015 年要求重新仲裁所依据的事实,均发生于 2006 年,也就是第一次仲裁程序的“言词辩论终结”时刻之前,不构成“新的事实”。故中国国际经济贸易仲裁委员会第二次受理仲裁申请的行为,当然构成重复仲裁。相反,如果第二次仲裁所依据的事实发生在既判力的“基准时”之后,则可能构成新的争议,仲裁机构受理案件则不会触及“一裁终局”的“红线”。例如,在最高人民法院 2020 年受理的一起案件中,法院认为,在对合同违约纠纷作出裁决后,因履行裁决而引发的物权纠纷(留置权纠纷)依然适用仲裁条款,且不违反“一裁终局”原则。[②]

从法律适用方面看,仲裁机构无权重复仲裁“同一纠纷”,似乎并不在“无权仲裁”的文义范围内。考虑 2017 年《民事诉讼法》第 274 条第 1 款第 4 项和第 237 条第 2 款第 2 项均使用“裁决的事项不属于仲裁协议的范围或者仲裁机构无权仲裁的”,且我国已在实质上取消了中国国内仲裁机构和涉外仲裁机构的受案区别,可以通过 2017 年《民事诉讼法》第 237 条第 2 款第 2 项的司法解释理解“无权仲裁”。《仲裁执行规定》第 13 条规定,《民事诉讼法》第 237 条第 2 款第 2 项规定的“无权仲裁”,包括“裁决的事项属于依照法律规定或者当事人选择的仲裁规则规定的不可仲裁事项、裁决内容超出当事人仲裁请求的范围、作出裁决的仲裁机构非仲裁协议所约定”。其中,裁决内容超出仲裁请求和仲裁机构非当事人选定显然与重复仲裁无关,可以立即排除。至于不可仲裁事项,主要规定在 2017 年《仲裁法》第 3 条,系指婚姻、监护、收养、扶养、继承纠纷,以及应当由行政机关处理的行政争议。而“重复仲裁”的预设前提是第一次仲裁是有效的,也就是说,仲裁事项本身具有可仲裁性。显然,“重复仲裁”与“裁决事项不具有可仲裁性”没有交集。[③]

虽然法院选择的撤裁理由并不合适,但这不能否定法院结论的正确性。原因在于,如果否定“一裁终局”原则而导致重复仲裁,则将会产生以下不利后果:首先,无论是对当事人还是对仲裁员来说,重复仲裁都会造成资源的浪费;其次,重复程序将对先前程序中的胜诉方造成不合理的负担,使其处于双重危险中;最后,重复仲裁可

---

① 参见肖建华、廖浩:《既判力基准时后的“和解”——以吴梅案“和解协议”与执行和解为例》,载《国家检察官学院学报》2014 年第 6 期。

② 参见中华人民共和国最高人民法院民事裁定书,(2020)最高法商初 4 号。

③ 参见古黛:《仲裁司法审查中“一事不再理”问题裁判思路评析》,载陈福勇主编:《北京仲裁》2020 年第 3 辑,中国法制出版社 2020 年版。

能造成裁判结果不一致,而这一现象会进一步带来众多消极后果。[①] 正是考虑"一裁终局"原则的重要性,不少仲裁机构的仲裁规则纷纷吸收这一原则。例如,2015年《中国国际经济贸易仲裁委员会规则》第49条第9款规定,"裁决是终局的,对双方当事人均有约束力。任何一方当事人均不得向法院起诉,也不得向其他任何机构提出变更仲裁裁决的请求"。显然,中国国际经济贸易仲裁委员会重复仲裁"同一纠纷"的行为,违反了仲裁规则的规定。因此,2017年《民事诉讼法》第274条第1款第3项"仲裁庭的组成或者仲裁的程序与仲裁规则不符的"之规定,应作为该案的撤裁依据。

五、总结与展望

2020年是充满机遇与挑战的一年。一方面,受新冠肺炎疫情影响,中国仲裁机构的受案量和案件标的总额双双回落;另一方面,中国仲裁经受住了百年未有之大变局的考验,通过扩大对外开放、深化区际司法协助、严厉打击虚假仲裁、改革仲裁机构管理体制、发起网络仲裁规范化运动、创新仲裁收费制度等方式,中国仲裁真正走进了仲裁制度改革的"深水区",走上了内涵式的发展道路。从这个角度讲,2020年可谓是中国仲裁的新起点。有理由相信,随着中国经济结构和国家治理体制的不断优化,中国将成为国际仲裁高地。

---

① 例如,裁判结果不一致会削弱裁判的终局性,破坏程序的公平性,违背当事人关于相同案件应被相同对待的合理预期,动摇所涉各程序机制的可信度,损害法律上的确定性和可预测性,同时也使法律无法有效发展出清晰的规范性标准。See Silja Schaffstein, *The Doctrine of Res Judicata before International Commercial Arbitral Tribunals*, Oxford: Oxford University Press, 2016, p. 1 – 10.

国际民事诉讼年度综述(2020~2021年)*

郭镇源** 何其生***

2020年国际民事诉讼领域在国际立法、司法实践与理论层面持续有新的进展。在国际立法层面,《跨国公司和其他工商企业与人权问题法律文书》(以下简称《跨国公司与人权法律文书》)的不断推进引发学界对于公法的域外适用的探讨;海牙国际私法会议持续开展管辖权公约等项目。在司法实践方面聚焦国际民事诉讼管辖权的冲突与解决,美国法院以国际礼让撤销其本国判决;迪拜使用禁诉令制度协调国内不同法院体系间的冲突;英国最高法院确认间接损失符合侵权案件域外送达的标准,并且其对于标准必要专利的判决引发了争议;中国最高人民法院确立涉外反垄断案件管辖的效果原则。在理论层面,公法的域外适用以及跨国公司侵权责任成为热门话题;《承认与执行外国民商事判决公约》(Convention on the Recognition and Enforcement of Foreign Judgments in Civil or Commercial Matters,以下简称《海牙判决公约》)的后续发展与管辖权项目依然受到广泛关注。

2020~2021年,国际民事诉讼领域持续关注《海牙判决公约》的生效对判决的承认与执行的影响,国际民事管辖权的冲突与解决在司法领域成为热点,以跨国公司责任为代表的公法的域外适用问题也保持较高的关注度。本文将从国际立法、司法实践与理论发展3个方面对2020~2021年国际民事诉讼的发展进行回顾和总结。

---

* 本文是作者所承担的国家社科基金重大项目"国际私法视域下中国法域外适用的制度构建研究"(项目批准号:20&ZD202)的中期成果之一。

** 北京大学法学院2020级博士研究生。

*** 北京大学法学院教授、博士研究生导师。

一、新近有关民事诉讼的国际立法及进展

(一)联合国人权理事会持续推进《跨国公司与人权法律文书》谈判

《跨国公司与人权法律文书》的谈判是近年来人权领域的国际立法的新进程。[①] 2014 年,联合国人权理事会通过第 26/9 号决议,决定设立一个不限成员名额的政府间工作组,谈判跨国公司及其他工商企业与人权问题的法律文书,明确跨国公司侵害人权的法律责任,建立预防、监督和追责机制。[②] 截至 2021 年,工作组已经召开 7 次会议,先后推出一版"零号案文"与三版修订草案。[③] 其中,2020 年 10 月 26 ~ 30 日举行了第六次工作组会议,2021 年 10 月 25 ~ 29 日举行了第七次工作组会议。第七次工作会议逐条讨论了法律文书第三版修订案文,虽然依然存在诸多分歧,但许多代表团承诺将建设性地参与工作组的讨论,并呼吁各国和其他相关利益攸关方加强参与,以推动案文取得发展。[④]

《跨国公司与人权法律文书》第三版案文共有 24 个条款,在其第 2 条明确了 5 项宗旨:(1)澄清和促进各国在商业领域,特别是跨国性质的商业活动中尊重、保护、履行和促进人权义务的有效实施;(2)澄清并确保商业企业尊重和履行人权义务;(3)通过有效的监督和执行机制,预防和减少商业活动中侵犯人权行为的发生;(4)确保在此类商业活动中,人权受到侵害的受害人诉诸司法并获得有效、充分和及时的救济;(5)促进和加强司法协助和国际合作,预防和减少在商业活动尤其是跨国性质的商业活动中侵害人权,向人权受到侵害的受害人提供诉诸司法并获得有效、充分和及时的救济。围绕此宗旨,《跨国公司与人权法律文书》详尽地对涉及跨国公司侵犯人权的司法问题作出了规定。

该法律文书最创新也最争议之处是其第 9 条至第 11 条包括管辖权、时效、法律适用、判决的承认与执行在内的与国际私法领域的交叉条款。传统上国际私法以及

---

① 原文件名称为:Legally Binding Instrument to Regulate, in International Human Rights Law, the Activities of Transnational Corporations and other Business Enterprises。

② See Emilio Rafael Izquierdo Miño, *Report on the Sixth Session of the Open-ended Intergovernmental Working Group on Transnational Corporations and Other Business Enterprises with Respect to Human Rights*, Human Rights Council, A/HRC/46/73, 2021, p. 1.

③ See OEIGWG Chairmanship, *Legally Binding Instrument to Regulate, in International Human Rights Law, the Activities of Transnational Corporations and Other Business Enterprises*, Third Revised Draft, 2021. 8.17.

④ See Emilio Rafael Izquierdo Miño, *Report on the Seventh Session of the Open-ended Intergovernmental Working Group on Transnational Corporations and Other Business Enterprises with Respect to Human Rights*, Human Rights Council, A/HRC/49/65, 2021. 12. 29, p. 6.

冲突法理论仅适用于民商事领域,虽然在公法的域外适用得到了一定的理论突破,但是传统公法尤其是刑事法律具有严格属地性。《跨国公司与人权法律文书》运用冲突法规制跨国刑事诉讼的做法是公法域外适用的一大突破,在目前以跨国公司为规制主体的公法域外适用研究浪潮中,该法律文书的谈判将带来持续的巨大的影响。

(二)海牙国际私法会议持续推进管辖权项目

2021年海牙国际私法会议继续推动管辖权项目,在2021年2月1~5日进行了第五次专家组会议。在此次专家组会议之后,管辖权项目正式进入工作组会议阶段,并于2021年10月11~15日召开了第一次工作组会议。

在第五次专家组会议中,与会专家一致同意,制定法律文书可以提高国际民事诉讼的法律确定性和可预见性,促进司法救济,减少平行诉讼带来的风险和成本。多数专家认为,有必要就直接管辖权和平行诉讼两个问题制定文书,但就二者的关系以及是否直接规定直接管辖权等问题的分歧明显。①

在直接管辖权问题上,专家组重点讨论了法定管辖权(srequired jurisdiction)及其例外情形,专家组最终认为考虑到法定管辖权的例外情形,要求缔约方以“必须(required)管辖”的命名不甚合适,将重新命名,并且决定在技术层面以《海牙判决公约》第5条为基础在后续的会议中讨论直接管辖权问题。在过度管辖权问题上(exorbitant jurisdiction),专家组同意以2001年《海牙民商事管辖权及外国判决承认和执行公约临时文本》(Interim Text-Jurisdiction and Foreign Judgments in Civil and Commercial Matters,以下简称《承认和执行公约临时文本》)第18条为基础,作第一步的讨论。

在平行诉讼问题上,专家组主席提出了3种建议方案:方案一,是参照2001年《承认和执行公约临时文本》第21条和第22条,以“先受理原则”(First-in-time rule + exceptional circumstances)为基础;方案二,是以“更适合法院原则”(Better forum approach)为基础,即由诉讼涉及的所有法院通过文书所确立的标准判断更合适的法院进行审理;方案三,是以“更适合法院规则与直接管辖权规则并用”(Better forum approach with the use of certain jurisdictional rules)为基础,即前述方案一与方案二的结合,当“先受理法院原则”无法解决平行诉讼问题时,以“更适当法院原则”进行管辖权所属的判断。会议也讨论了涉及关联诉讼请求的平行诉讼问题,专家组主席建

① See HCCH, *Report on the Jurisdiction Project*, CGAP, PREL. DOC. No.3, 2021.

议参照《海牙判决公约》第7条界定关联诉讼,但引发较大争议。此外,专家组会议还讨论了缔约方法院之间就确定管辖权、处理平行诉讼等问题建立沟通合作机制的必要性和考虑因素。

第五次专家组会议最终决定结束专家组工作,就国际民商事诉讼管辖权问题成立工作组,并确定将平行诉讼规则的起草作为下一次工作组会议的重点内容。在2021年10月15日结束的工作组会议上,工作组最终达成了关于平行诉讼规则的初步文件。文件主要包括两种方案,方案一以"先受理原则"为基础,结合了"更适当法院原则";方案二则完全以"更适当法院原则"为基础,详细列举了其考虑的因素。[①]

(三)海牙国际私法会议常设局关于国际旅游司法救助公约的报告[②]

2021年2月1日,海牙国际私法会议发布了关于在2020年10月召开的国际旅游司法救助项目会议的专家组报告,此次专家组会议针对在线争议解决(Online Dispute Resolution,ODR)进行了讨论。报告主要有以下观点。

(1)专家组认为,ODR在实践中包含许多种措施,因此需要专家组对于其定义作进一步讨论。此外,对于国际游客以及其相关问题的特殊性需要有更加深入的理解。主席特别建议专家组进一步考虑制定软法文书的必要性、急迫性与可行性。

(2)就现有关于外国游客获得司法救济的规定而言,部分专家赞同上一次专家组会议的结论,即现有的国际条约的管辖规定并不能很好地保护国际游客获得索赔的权利,也有一些专家认为,目前并没有就上述问题制定专门国际法律文书的必要性,尤其是在实践中,许多游客可能已经通过保险等方式实现了其诉求。

(3)经过对亚太经合组织在线争议解决机制以及欧盟、巴西各国和地区的ODR的平台的对比,专家组认为,现有的ODR技术与发展或许对制定一个新的法律文书是可取的(desirable),但仍需海牙国际私法会议讨论在该领域制定法律文书是否必要(necessary)和可行(feasible)。

(4)尽管专家组并没有得出"制定国际旅游司法救助在线争议解决法律文书"的必要性、可取性与可行性,但是专家组认为,目前制定一个解释现有的海牙公约和原则和如何解决国际游客及其诉求(包括对其他相关文书的一般参考)的"指南"可

---

① See HCCH, *First Meeting of the Working Group on Matters Related to Jurisdiction in Transnational Civil or Commercial Litigation*, Accessed October 15, 2021, https://www.hcch.net/en/news-archive/details/?varevent=827.

② See HCCH, *Report on the Tourists and Visitors (ODR) Project*, Prel. Doc. No.1, 2021.02.

以为游客提出索赔提供帮助。

(四)海牙国际私法会议关于国际亲子/代孕项目的报告①

2021年7月5~9日,海牙国际私法会议举行了亲子/代孕公约项目的第九次专家组会议。此次专家组讨论了可能的合法亲子关系公约草案的范围以及由国际代孕协议而建立的关于合法亲子关系的可能的议定书草案的范围。专家组还特别讨论了如下问题:

(1)将国内收养纳入公约草案范围的可取性和可行性;

(2)由于公约草案或议定书草案中的国内代孕协议而确立的合法亲子关系;

(3)在公约草案或议定书草案中的(国内/国际)代孕协议下的国内收养。

由于意见的不统一以及问题的复杂性,专家组决定在2021年11月召开第十次会议时继续进行讨论并在2022年完成最终文本的报告。

二、司法实践热点

(一)中国企业"华北制药维生素C反垄断诉讼案"再审胜诉

2021年8月10日,美国联邦第二巡回上诉法庭再次以违反国际礼让原则为由,撤销了纽约东区法院2013年作出的责令河北维尔康制药有限公司及其母公司华北制药集团有限责任公司对作为直接购买者的原告的3倍损失赔偿共计1.53亿美元的一审判决,并且指令地区法院驳回原告起诉并不得再次起诉。②

该案始于2005年,原告美国公司作为维生素C的购买者提起集体诉讼,指控4家中国企业合谋抬高价格并限制供应,违法了美国《谢尔曼法》与《克莱顿法》,并提出15.7亿元人民币的赔偿要求。在漫长的案件审理过程中,其余3家被告同意和解,而河北维尔康制药有限公司及其母公司华北制药集团有限责任公司一审败诉。一审败诉后,河北维尔康公司提出上诉,并在2016年9月的二审中胜诉,随后原告美国公司不服判决向美国联邦最高法院提起再审,2018年美国联邦最高法院裁决将案件发回二审法院重新审理。③ 美国第二巡回法庭在二审中重新考虑了中国商务部出具的意见,认定被告中国企业在维生素出口上串通价格与数量的行为是中国维生素C出口制度的重要组成部分,中国的法律要求被告中国企业在国际市场上固定价格。美国第二巡回法庭认为,被告企业无法同时符合中国法律和美国反垄断法的要

① See HCCH, *Report of the Experts' Group on the Parentage/Surrogacy Project* (*meeting from 5 to 9 July 2021*), Prel. Doc. No. 2A, 2021. 07.

② See Animal Sci. Prods. v. Hebei Welcome Pharma. Co. Ltd. No. 13-4971 (2d Cir. 2021).

③ See Animal Sci. Prods. v. Hebei Welcome Pharma. Co. Ltd. No. 16-1220. U.S. (2018).

求,构成出于国际礼让目的的真实冲突(true conflict)。美国法院在该案的判决中明确指出:“当外国政府通过对其法律的正确解释提供官方陈述而直接参与美国法院诉讼时,只要在当时的情况下是合理的,美国法院就必须遵守该解释。”[①]美国法院拒绝将美国反垄断法的规制范围解释为涉及该案被告企业的行为,因此决定驳回原告起诉。

历时17年的“华北制药维生素C反垄断诉讼案”最终以美国法院依照国际礼让驳回起诉,被告获得胜诉而告终。在国际民商事诉讼管辖权的研究中,国际礼让原则一直是重要的基础性的理论之一,美国第二巡回法庭的该项判决进一步明确了国际礼让原则在解决国际法律冲突中的重要作用,体现了在国际民事诉讼中合作的姿态。

(二)迪拜法院首次发布禁诉令处理管辖权争议

2020年11月,迪拜国际金融城法院(Dubai International Financial Centre,以下简称DIFC法院)发布一项禁诉令,裁定一家澳大利亚的建筑商与一家迪拜的本地分包商的仲裁案件中所涉的仲裁协议有效,因此该案一方不得在迪拜传统法院提起诉讼。[②] 该案的争议一方为澳大利亚建筑商,另一方为迪拜本地分包商,双方约定了在迪拜国际金融中心—伦敦国际仲裁院以仲裁方式解决争议。争议发生后,一方当事人按照仲裁协议提起仲裁,被申请方却同时向迪拜传统法院提起了诉讼,[③]随后仲裁申请方向仲裁机构所在地的DIFC法院申请了禁诉令。DIFC法院在全面审查了仲裁协议的有效性等争议焦点后裁定该仲裁协议有效,并禁止被申请人在迪拜传统法院起诉,被申请人在迪拜传统法院进行的平行诉讼程序无效。

DIFC法院位于迪拜国际金融城,而迪拜国际金融城属于迪拜的自由贸易区,在其规划中被定位为经济、行政和法律特区,施行与迪拜自身不同的法律制度,是名副其实的独立司法管辖区域。不同于使用阿拉伯语、适用伊斯兰法的传统法院,DIFC法院遵循普通法、使用英语作为工作语言,构成了一个国家下的两套法院体系。事实上,在目前的国际商事法庭建设浪潮中,“双体系法院”被频繁使用,例如,新加坡国际商事法院(Singapore International Commercial Court, SICC)、哈萨克斯坦国际商事法院(Astana International Financial Centre, AIFC),甚至中国最高人民法院国际商

---

① See Animal Sci. Prods. v. Hebei Welcome Pharma. Co. Ltd. No. 13 – 4971 (2d Cir. 2021), p. 10.

② See Ludhyan v. Lucina DIFC ARB 027 (2020).

③ See Brookfield Multiplex Construction LLC v. DIFC Investments (CFI 020/2016).

事法庭(China International Commercial Court, CICC)都体现了这种基于本土资源而尽可能追求国际化的价值取向。因此,这种同一国家不同法院体系下的管辖权冲突既不同于国内的平行诉讼也不同于跨国的平行诉讼程序,DIFC 法院采用的禁诉令方法为解决这类问题提供了思路。同时,这也意味着作为国际民事管辖权冲突代表的禁诉令制度被更加广泛地应用。

(三)英国最高法院对于标准必要专利全球费率管辖权的判决

英国无线星球公司(Unwired Planet Company,以下简称 UP 公司)与华为公司关于标准必要全球利率的纠纷是近年来国际知识产权纠纷的典型案件。经过 3 年的"拉锯",英国最高法院于 2020 年 8 月 26 日宣布驳回华为公司的起诉。该案件的案情大致可作如下梳理:UP 公司于 2014 年 3 月以其拥有的 6 件英国专利对华为公司提起诉讼,请求颁布禁止华为专利侵权的禁令,2017 年 6 月,英国专利法庭一审判决华为公司不得侵犯 UP 公司的 2 件英国标准必要专利权且需要向 UP 公司支付损害赔偿金,该禁令直到华为公司签订法院为双方设定的公平合理无歧视原则条款方可解除。华为公司对此提出上诉,经过二审的维持原判,2020 年 8 月英国最高法院最终判决维持原判。①

在全球的无线通信产品的标准必要专利诉讼中,跨国的平行诉讼是常见的诉讼形式,例如,在 UP 公司与华为公司的纠纷中,UP 公司在英国法院基于标准必要专利禁令救济提起诉讼,同时又在德国法院以标准必要专利侵权为由提起诉讼。作为应对,华为公司则在中国法院对 UP 公司提起标准必要专利垄断侵权的诉讼,同时还向主管机构申请 UP 公司在中国的同族必要专利无效。② 目前,各国法院在处理跨国的标准必要专利全球费率问题上的做法各有侧重,例如,美国法院不会主动为纠纷双方裁决全球费率许可合同条款,除非纠纷的双方当事人均表示同意;德国法院关注于双方的报价是否符合 FRAND 原则而决定是否发布禁令,并不主动裁决专利费率许可合同条款,日本法院与中国法院的态度与此类似。③

英国法院直接主动在标准必要专利禁令救济中为当事人裁决专利许可条款与

① See Unwired Planet International Ltd. & Anor v. Huawei Technologies Co. Ltd. & Anor (2017) EWHC 711; Unwired Planet International Ltd. & Anor v. Huawei Technologies Co. Ltd. & Anor (2018) EWCA 2344 & (2019) EWCA Civ 38; Unwired Planet International Ltd. & Anor v. Huawei Technologies Co. Ltd. & Anor (2020) UKSC 37.

② 参见祝建军:《我国应建立处理标准必要专利争议的禁诉令制度》,载《知识产权》2020 年第 6 期;祝建军:《标准必要专利全球许可费率司法裁判问题研究》,载《知识产权》2020 年第 10 期。

③ 参见祝建军:《标准必要专利全球许可费率司法裁判问题研究》,载《知识产权》2020 年第 10 期。

全球费率的做法毫无疑问与目前国际主流的观点相违背,在某种程度上体现了英国法院更积极、主动争夺管辖权的倾向。

(四)中国最高人民法院关于涉外反垄断纠纷管辖权的裁定

2020年12月28日,最高人民法院知识产权法庭对西斯威尔国际有限公司(以下简称西斯威尔公司)滥用市场支配地位纠纷作出二审民事裁定书,裁定驳回上诉人西斯威尔公司及其中国香港特别行政区公司提出的管辖异议。[①] 西斯威尔公司与中国OPPO公司均为通信科技企业,二者因滥用市场支配地位纠纷而引发诉讼,OPPO公司首先向广州知识产权法院提起针对西斯威尔公司滥用专利权的反垄断诉讼,广州知识产权法院分别在2020年作出两审裁定,认定西斯威尔公司收取不公平的高价专利许可费、捆绑销售过期专利以及相同专利重复收费等行为构成滥用市场支配地位。[②] 西斯威尔公司不服裁定而向最高人民法院提起管辖异议,主张之前已就其与OPPO公司之间的标准必要专利许可问题在英国法院提起诉讼,并要求英国法院确认西斯威尔公司的报价符合公平、合理、无歧视原则或确定公平、合理、无歧视全球许可费率,从而使双方能够在英国"一揽子"地化解纠纷。

最高人民法院最终依据《反垄断法》第2条后半部分"中华人民共和国境外的垄断行为,对境内市场竞争产生排除、限制影响的,适用本法"的规定表明了反垄断法的域外适用原则,同时也表明了案件的管辖可以被诉垄断行为产生排除、限制竞争影响的结果地作为管辖连结点。因此该案中西斯威尔公司的滥用市场地位行为对OPPO公司、OPPO深圳分公司在中国市场产生排除、限制竞争效果并造成了经济损失,中国法院对此具有管辖权。此外,最高人民法院认为,鉴于标准必要专利许可市场的特殊性,西斯威尔公司已在其他国家提起对OPPO公司的专利侵权诉讼的行为本身,也可能对OPPO公司、OPPO深圳分公司参与国内相关市场的竞争造成直接、实质、显著地排除与限制竞争的效果。OPPO公司住所地广东省东莞市可以作为该案侵权结果发生地,因此,原审法院作为侵权结果发生地法院享有管辖权并无不当。[③]

跨国反垄断领域目前尚不存在有拘束力的国际民事诉讼规则,近年来关于跨国反垄断案件管辖权的问题也经常引发不同法域之间的冲突。欧美国家在其长时间的反垄断实践与立法中确立了"效果原则",即在缺乏传统的属人管辖或属地管辖原

---

① 参见(2020)最高法知民辖终392号。

② 参见(2020)粤73民初451号民事裁定;(2020)粤73民初451号之一民事裁定。

③ 参见(2020)最高法知民辖终392号。

则的情况下,一国法院可以基于被告的行为对其国内造成的影响而行使管辖权,这种管辖原则也被视为客观属地的延伸。最高人民法院的裁定表明《反垄断法》的适用同样可以基于"效果原则"而使中国法院获取管辖权,这种态度体现了中国法院积极获取管辖权、扩大其受案范围的趋势。

(五)英国最高法院确认间接损失符合侵权案件域外送达的标准

2021 年 10 月 20 日,英国最高法院在"布朗利案"[①]中确认间接损失符合英国《民事诉讼法实践指南》(Rules & Practice Directions of Civil Procedure Rules)第 6B 条第 3.1 款所规定的侵权案件域外送达的标准。该条规定了对于侵权行为提起的诉讼,若在英国管辖范围内已经或将要遭受损害,或者由于在管辖范围内实施或可能实施的行为而造成或将持续造成损害,则符合域外送达的标准。[②]

该案可大致作如下梳理:2010 年,著名国际公法学家、牛津大学教授布朗利爵士(Sir Ian Brownlie)及其家人在埃及旅行时不幸遭遇车祸,其本人和女儿不幸逝世,布朗利夫人身负重伤。2012 年,布朗利夫人在英国高等法院起诉其在埃及下榻以及提供旅行服务酒店所属的加拿大四季公司(Four Seasons Holdings Incorporated),要求赔偿因事故造成的伤害和损失。[③] 2018 年,经英国最高法院认定,先前被起诉的加拿大公司并不实际控制涉案埃及酒店,因此英国法院不享有管辖权,布朗利夫人转而对四季公司开罗子公司(FS Cairo)提起诉讼,而该起诉需要满足英国前述《民事诉讼法实践指南》规定的域外送达的管辖权要求。英国最高法院在判决中认为,在原则上或实践中,没有理由将《民事诉讼法实践指南》第 3.1 条第 9 款规定的"损害"(damage)的条件限定为完成侵权的诉讼请求所必需的损害,或者仅仅因为某地是导致诉讼请求的行为发生地而赋予该地任何特殊的意义。因此,在英国所遭受的"间接损失"足以证明英国法院对该侵权诉讼具有管辖权。[④]

该判决引起了英国国际民事诉讼学界的广泛关注,因为其对于英国《民事诉讼法实践指南》关于侵权案件域外送达的条件的标准作出了进一步澄清,提高了英国原告对外国被告提起诉讼的便利性,扩大了英国法院的受案范围。该判决的另一影响在于,英国退出欧盟之后,根据英国与欧盟达成的《退出协议》(UK-EU Withdrawal Agreement)序言部分的规定,从 2021 年 1 月 1 日该协定生效之日起,欧盟和欧洲原

---

① See FS Cairo (Nile Plaza) LLC v. Lady Brownlie (2021) UKSC 45.

② See Rules & Practice Directions of Civil Procedure Rules 6B, para. 3.1(9)(a).

③ See Brownlie v. Four Seasons (2017) UKSC 80; (2018) 2 ALL ER 91, "Brownlie I".

④ See FS Cairo (Nile Plaza) LLC v. Lady Brownlie (2021) UKSC 45, para. 49.

于能共同体的全部法律不再适用于英国。[①] 因此,英国法院在民商事案件的程序上,也不必继续遵循欧盟的布鲁塞尔公约体系。该判决对于"损害"的更宽泛的定义与管辖权联结因素的选择,也在一定程度上体现了英国法院在"后脱欧时代"不同以往的扩大管辖权的倾向与方法。

三、国际民事诉讼理论前沿

(一)《海牙判决公约》研究

2019 年制定的《海牙判决公约》被视为国际民事诉讼领域的一大突破,该公约制定完成后,学术界持续对其成果以及对接续进行的管辖权项目的发展开展研究。

尼尔森(Nielsen)从《海牙判决公约》的历史出发,讨论了其适用范围,他认为虽然《海牙判决公约》的适用范围相对较窄,但这会提高《海牙判决公约》被更广泛接受的可能性。他认为虽然《海牙判决公约》的大多数条款都受到大陆法系的启发,但普通法概念对该公约的制定产生了重大影响,例如,《海牙判决公约》第 5 条第 1 款(g)项关于合同的间接管辖权的规定,他相信,间接管辖规则很可能在全球范围内被接受。尼尔森强调,应将该公约与 2005 年《海牙协议选择法院公约》(Hague Convention on Choice of Court Agreements)共同视为"一揽子"公约,他认为,《海牙判决公约》关于承认和执行的规定大体上没有争议,因为它们在很大程度上继承了 2005 年《海牙协议选择法院公约》中的核心观点。此外,他认为,《海牙判决公约》的制定在很大程度上基于政治现实主义(political realism),就其制定的双边化机制而言,其灵活、公平且简单,适用于现有国家和希望加入的国家。尼尔森认为,这一机制似乎已经达成了现实和公平的妥协,其的存在可能会使一些国家更容易批准或加入。[②]

就司法实践中判决的承认与执行情况而言,庄(Chong)对东盟与澳大利亚、中国、印度、日本和韩国关于承认和执行外国判决的法律进行了比较研究,她梳理了这些国家和地区关于外国判决的法律的共同原则和重大差异。庄认为,这些国家和地区在既有的判决承认与执行的司法实践中至少存在以下共同原则:(1)所申请承认

---

① See European Union, *Agreement on the Withdrawal of the United Kingdom of Great Britain and Northern Ireland from the European Union and the European Atomic Energy Community*, Official Journal of the European Union, No. 2019/C 384 I/01.

② See Peter Arnt Nielsen, *The Hague* 2019 *Judgments Convention-from Failure to Success*?, Journal of Private International Law 16, 2020, p. 205 - 246.

与执行的判决必须是就实体问题作出的判决;(2)作出判决的法院需要有适格的管辖权;(3)判决必须是终局的;(4)被申请承认与执行法院不对案件的实体法律问题作出审查;(5)判决不得违反被申请承认与执行方的公共政策;(6)作出判决法院需保证正当程序,保障当事人获得司法救济的权利;(7)判决不能是基于欺诈而作出;等等。而这些国家主要的分歧点在于对互惠的理解以及非金钱判决的承认和执行上。她认为,尽管这些国家对于某些方面的解释可能有所不同,但大多共享许多原则,并且随着《海牙判决公约》的制定,考虑到上述亚太地区更密切的经济一体化计划,判决的承认与执行制度的协调一致是可行的,也是值得追求的。①

顾维遐从内地与我国香港特别行政区之间判决承认与执行的角度出发,详细检视了我国香港特别行政区现行法律与普通法制度,特别是最高人民法院《关于内地与香港特别行政区法院相互认可和执行当事人协议管辖的民商事案件判决的安排》(以下简称《民商事案件判决的安排》)的实施情况。顾维遐认为,《民商事案件判决的安排》的实施情况远不能满足内地与香港特别行政区之间经济与商贸往来的需要,主要问题在于其规定得标准过于严格,与海牙公约体系促进判决的跨国流动的精神不甚相符。为解决这一问题,《民商事案件判决的安排》应当进行修订和实质性扩展以满足判决流动的实际需要。顾维遐进一步希望,如果中国批准《海牙协议选择法院公约》,中央人民政府也可以依据《香港特别行政区基本法》第 153 条使《海牙协议选择法院公约》适用于香港特别行政区,并且随着时间的推移,当中国总结处理《海牙协议选择法院公约》的经验,考虑加入《海牙判决公约》时,香港特别行政区将逐渐以更加全面的方式受益。②

尤特娜(Jueptner)关注《海牙判决公约》中涉及的直接管辖权问题,她认为,《海牙判决公约》是以不对称混合公约的形式对直接管辖权问题进行了非穷尽式的规定。她建议,如果海牙国际私法会议选择在后续创造一个并没有详尽规定直接管辖权的国际直接管辖权公约,那么这一新的公约将与《海牙判决公约》共同构成一个由冯迈伦教授(Arthur von Mehren)在 20 世纪 90 年代提出的"混合公约"(Mixed Convention),即承认和执行外国民商事判决与管辖权的混合体。她认为,这种模式的优势在于,其规定的"绿色清单"(green list)管辖权基础仅仅存在于参与谈判的缔

---

① See Adeline Chong, *Moving Towards Harmonisation in the Recognition and Enforcement of Foreign Judgement Rules in Asia*, Journal of Private International Law 16, 2020, p. 31 – 68.

② See Weixia Gu, *A Conflict of Laws Study in Hongkong-China Judgment Regionalism: Legal Challenges and Renewed Momentum*, Cornell International Law Journal 52, 2020, p. 591 – 642.

约方之间达成的共识,这意味着,这些被共同认可的管辖权基础可能会促进一些缔约方的法律改革,尤其是在一些不习惯规定直接管辖权的国家或地区。这有利于将普遍接受的国际直接管辖权的行使标准编纂为国际文书。直接管辖基础被编入具有约束力的国际文书将确保这些管辖权基础实际上可供诉讼当事人使用,并且这些统一的直接管辖基础将在所有缔约方得到统一的解释。①

(二)公法域外适用的理论发展

1. 国际人权法的域外适用

国际人权法一直是研究公法域外适用的重要领域,《跨国公司与人权法律文书》的谈判也使该领域越发引起学界的注意,形成了一波新的关于人权法、公司责任与国际民事诉讼的交叉研究浪潮。利亚·赖布尔(Lea Raible)在其著作中详细分析了国际人权法及其原则与法律域外适用(extraterritoriality)的成因。他认为,法律的域外适用是一个条约解释问题,而人权条约的域外适用必须遵循《维也纳条约法公约》(Vienna Convention on the Law of Treaties)中的解释规则。与此同时,更重要的一点在于,这种解释的核心是确定作为人权条约基础的价值观和原则。赖布尔强调,建立支撑国际人权法的价值观和原则并相应地解释其法律域外适用的范围是赋予人权法域外适用的必要条件。②

在具体的分析框架中,赖布尔使用了3种初级模型去建构这种关系,分别是"近似模型"(approximation model)、"差异化模型"(differentiation model)以及"分离模型"(separation model)。③ 作为验证,他采用3个案例研究说明了这3种模型的结果,包括了爱尔兰和巴林在高等教育方面的双边合作、中国股东在尼日利亚经营的经济特区的影响,以及对欧盟生产的糖的出口补贴,涉及一系列涵盖公民和政治以及经济社会权利的问题。赖布尔的最终结论认为,人权法上的域外管辖权是一种政治权力(political power)的解释。他指出,以政治权力和规则的适用为基础的管辖权

① See Eva Jueptne, *The Hague Jurisdiction Project-what options for The Hague Conference?*, Journal of Private International Law 16, 2020, p. 31 - 68.

② Lea Raible, *Human Rights Unbound: A Theory of Extraterritoriality*, Oxford: Oxford University Press, 2020, p. 1 - 3.

③ "近似模型",是指国际人权法中的管辖权范围与领土范围一致;"差异化模型",是指管辖权的标准取决于相关情况是在其管辖范围内的国家境内还是境外发现;"分离模型",是指国际人权法中的管辖权和领土所有权在概念上是完全分离的,如果有相似之处则纯属巧合。See Lea Raible, *Human Rights Unbound: A Theory of Extraterritoriality*, Oxford: Oxford University Press, 2020, p. 167.

是必要的,这种架构符合完整性与平等的要求。①

2. 跨国公司与人权诉讼的新发展

拉姆齐(Ramsey)从美国《外国人侵权法》(Alien Tort Statute)的适用与解释入手,通过一系列案例探讨了《外国人侵权法》是否允许直接将公司作为被告提起诉讼的问题,并由此进一步认为,国际私法中的法律适用(choice of law)与反致(renvoi)的运用可以为这一问题提供解答。②

美国于1789年颁布的《外国人侵权法》仅原则性地规定了"对由外国人提起的,针对违反国际法或美国缔结的条约的侵权行为的任何民事诉讼,联邦地区法院具有初始管辖权"。③ 但是该法案没有解决"谁可以被起诉"的问题,也因此造成了关于公司是否可以作为被告被起诉的漫长争议。在案件中,美国联邦最高法院均表达了根据《外国人侵权法》不能直接起诉外国公司的态度,并表明"反域外适用推定原则(The presumption against extraterritoriality)平等地适用于《外国人侵权法》",甚至在一些案件中指出,"强加外国公司的责任可能会抑制全球投资,损害发展中国家的经济,从而损害美国的外交政策"。④ 对此,拉姆齐认为,《外国人侵权法》具有独特地位,基于侵犯人权而被起诉的外国被告一般都犯有极其严重的罪行,法院对于政治因素的过度考虑与《外国人侵权法》的宗旨背道而驰且不利于保护受害者的利益。⑤

针对这种情况,拉姆齐认为,适用习惯国际法中的公司责任或直接允许原告根据联邦普通法提出侵权之诉或许可以解决这一问题。他认为,《外国人侵权法》关于公司责任的范围应由哪个法律渊源确定的争议显然是一个法律适用问题,因为它要求法院在国际法和国内法二者之间进行选择,而他认为适用国际法是合适的,这会允许对公司被告直接起诉。就过程而言,将法律适用的机制适用国际法会形成"虚假冲突"(false conflict),导致这一问题转回国内法,使法院可以根据国内法行使权力,对公司被告施加责任,而这又构成国际私法中"反致"的概念。拉姆齐认为,国际

---

① See Lea Raible, *Human Rights Unbound: A Theory of Extraterritoriality*, Oxford: Oxford University Press, 2020, p. 182 – 209.

② See Isaac Ramsey, *Hidden Renvoi: The Search for Corporate Liability in Alien Tort Statute Litigation*, California Law Review 107, 2019, p. 2073 – 2120.

③ 原文为"district courts shall have original jurisdiction of any civil action by an alien for a tort only, committed in violation of the law of nations or a treaty of the United States", see 28 U. S. C. § 1350 (2012)。

④ See Kiobel v. Royal Dutch Petroleum, 569 U. S. 108, 124 – 125 (2013) (Kiobel Ⅱ); Jesner v. Arab Bank, PLC, 138 S. Ct. 1406 (2018).

⑤ See Isaac Ramsey, *Hidden Renvoi: The Search for Corporate Liability in Alien Tort Statute Litigation*, California Law Review 107, 2019, p. 2106.

法中涉及公司责任的问题一般会交由各国国内法进行判断,并且公司责任本身是“全世界公认的侵权法原则”,因为这支持了国内法律制度选择强加公司责任的立场。①

3. 反腐败的域外执法

跨国反腐败执法,尤其是美国《反海外腐败法》的域外适用是公法域外适用领域的热门话题。罗伯逊(Robertson)对近些年美国《反海外腐败法》实施的情况作了分析,他认为,《反海外腐败法》在应对串谋及附属责任以及机构责任上面临挑战。②罗伯逊指出,美国政府对于《反海外腐败法》的域外适用的激进解释并不当然违背反域外推定原则与正当程序原则,但是其域外适用的狭隘解释也并不会有损于国际反腐败斗争。罗伯逊认为,一方面,对跨国腐败最有效的打击手段是合规努力与国际合作,如《联合国反腐败公约》(United Nations Convention Against Corruption)和围绕反腐败的国际努力在很大程度上降低了外国贿赂的可接受性;另一方面,美国对外国当事方的激进执法实际上可能会削弱未来国际合作努力的动力,单边执法可能会产生反弹效应,因为各国会认为这些起诉更侧重保护美国公司免受竞争,而不是促进道德原则,激进的域外执法也可能会削弱外国进行自己的调查或起诉的动机,让美国再次单独行动而破坏全球反腐败斗争,从长远来看,国际合作可以为打击跨国腐败提供更坚实的基础。③

总体而言,目前的公法域外适用研究呈现在基础理论上有所突破,为公法的域外适用不断夯实基础的态势;立法和司法实践中的域外管辖权则存在随个案在管辖权扩张与限缩之间摇摆的情况。涉及公法的法律适用和管辖权问题与国家司法主权这一主权国家的核心关切更靠近,也更具争议。随着《跨国公司与人权法律文书》谈判进程的不断推进,可以预见,各国的争论和分歧将会更加凸显,有关以跨国公司责任为核心的包括人权法与刑法在内的公法域外适用的话题将持续保持热度。虽然目前国际民事诉讼的主流发展还没有完全接纳这一领域,但随着国际政治、经贸格局的不断变化,国际民事诉讼与公法的交叉发展将是一个未来可期的趋势。

四、结语

国际形势发生着更加深刻的变化,国际民事诉讼领域也呈现合作与对抗并存,

① See Isaac Ramsey, *Hidden Renvoi: The Search for Corporate Liability in Alien Tort Statute Litigation*, California Law Review 107, 2019, p. 2110 - 2120.

② Cassandra Burke Robertson, *Conspiracy and Complicity under the FCPA*, Willamette Law Review 55, 2019, p. 539 - 541.

③ Ibid., p. 557 - 558.

全球民商事法律统一化进程虽缓慢但持续推进的态势。在国际立法方面,以海牙国际私法会议为代表的国际组织持续致力于弥合不同法系、不同制度的国家在民商事领域的分歧,为创造协调、高效的国际民事诉讼体制创造了良好的平台;联合国人权理事会关于《跨国公司与人权法律文书》的谈判也昭示传统的国际民事诉讼与公法的融合发展。在司法实践领域,既有美国法院遵循国际礼让原则驳回本国当事人的起诉,也存在英国法院对于标准必要专利案件的过度管辖的情形;以禁诉令为代表的国际民商事管辖权对抗也越发激烈。在基础理论方面,《海牙判决公约》的颁布为判决的全球流通打开了新的窗口;以跨国公司与人权为代表的公法域外适用理论还需要对管辖权自身的基础理论进行更深入的挖掘;反腐败法的域外适用领域也出现限缩过度域外管辖的声音。

在2020年,我国积极参与海牙管辖权项目以及联合国《跨国公司与人权法律文书》项目等国际条约的谈判,致力在国际舞台发出中国声音,展示中国智慧,体现了作为大国的担当。为了满足我国日益走近世界舞台中央的需求,《中共中央关于制定国民经济和社会发展第十四个五年规划和二〇三五年远景目标的建议》提出要"加强涉外法治体系建设,加强国际法运用"。习近平总书记在2020年11月的中央全面依法治国工作会议上强调,"要坚持统筹推进国内法治和涉外法治"。涉外法治体系建设的春风也意味着我国国际民事诉讼将迎来快速发展的机遇。作为负责任的大国,我国应当持续立足本国国情而兼具国际视野,积极参与国际事务以及国际规则的制定,同时不断深化涉外法律体系的改革。在国际民事诉讼领域,尤其需要学者推进中国法域外适用的研究以及推动国际民事管辖权朝向更加积极开放态度的转变,这将有利于促进涉外法治的发展,扩大中国法院受案范围的同时,保持与国际主流规则的协调并深度参与国际规则的形成。

冲突法研究

“最密切联系的法”选择路径研究

方 杰*

“最密切联系的法”,即适用与涉外民商事案件有最密切联系的法律,是当今国际私法重要的法律适用原则。但在涉外民商事审判实践中,“最密切联系的法”很难选择和确定,主要原因是“最密切联系的法”之传统选择路径存在理论体系不完整或适用范围局限性等问题。鉴于此,探究“最密切联系的法”选择路径十分必要。首先,探究“最密切联系的法”选择路径首要任务是阐明其与法律选择理论、法律选择方法之间的本质区别,申明其法律适用原则地位,厘清它与最密切联系原则的关系;其次,需要解决其路径选择问题,实现从理论研究层面到司法实践中操作规则或方法层面的转变,通过涉外民商事案件事实因素分析,对事实因素进行法律选择价值权重研究,建立案件事实因素合理考量指标和权重分配体系,以期合理提升“最密切联系的法”原则的可操作性和生命力。

随着我国的国际地位增强,对外交往日益活跃和广泛,我国国内涉外民商事争端也与日俱增,①2010 年《涉外民事关系法律适用法》及最高人民法院《关于适用〈中华人民共和国涉外民事关系法律适用法〉若干问题的解释(一)》(2020 年修正)已无法满足日益复杂的涉外民商事交往需要,诸多涉外民商事案件法律适用最终都要援用“最密切联系的法”②予以解决。但是,由于有关“最密切联系的法”的理论和认识分歧依然存在,加上其选择路径和方法不完善等问题,以致“最密切联系的法”难以选择和错误适用的情形时而出现。鉴于此,解读“最密切联系的法”这一法律适

* 中央司法警官学院副教授,法学博士。

① 2015 年 2 月至 2020 年 7 月 31 日,深圳前海法院共受理涉外、涉我国港澳台地区商事案件 9463 件,近些年该法院每年受理涉外民事案件数量都在递增。

② 《涉外民事关系法律适用法》第 2 条第 2 款规定:“本法和其他法律对涉外民事关系法律适用没有规定的,适用与该涉外民事关系有最密切联系的法律。”

用规则,探究其选择路径,显得尤为必要和迫切。

一、"最密切联系的法"发展历程

(一)理论考察

19 世纪,法律关系本座理论和既得权理论统治冲突法领域。20 世纪初,欧美冲突法学者开始批判和反思传统冲突法理论,最密切联系观念和"最密切联系的法"规则隐秘出现。"最密切联系的法"最初源于欧洲特征履行理论(the Doctrine of Characteristic Performance),该理论是瑞士冲突法发展的重要成果,它是依据涉外合同法律关系中与特征履行方有关的客观标志确定准据法的一种法律选择理论和方法。1902 年,瑞士法学家 J. 哈伯格(Harburger)率先在涉外合同领域提出新理论,指出每个合同都有自己的特征,在买卖合同中,卖方住所地在确定合同法律适用中起到重要作用。① 之后,瑞士法学家施尼泽(Schnitzer)进一步推演和论证了特征履行理论,他指出,仅仅应该关注履行合同特征义务地的法律,并称特征履行理论是当代法律选择理论的十分重要的研究性结论,创造了具有普遍意义的一般方法。② 1952 年,为解决涉外合同"小断裂"原则(Little scission)③造成的困境,瑞士联邦法院采用客观最密切联系地(the place of closest connection)法或推定双方当事人意图选择的法律,④较早地在立法中规定了"最密切联系的法"这一法律适用规则。至此,欧洲"最密切联系的法"概念基本形成。

1954 年,美国纽约州上诉法院法官富德(Fuld)审理"奥汀诉奥汀(Auten v. Auten)案",采用"联系集中地"(Grouping of Contacts)和"重力中心地"(Center of Gravity)的法律选择理念,依据法律与案件之间的联系多少确定案件准据法,形成了"最密切联系的法"的基本理论内核。⑤ 1964 年,富德法官审理"贝科克诉杰克逊(Babcock v. Jackson)案",再次提出依据法律与事件或当事人之间的联系,通过适用与诉讼案件有"最密切联系的法"(原文表述为最大联系的法律),以追求公正、公

---

① See Zhang Mingjie, *Conflict of Laws and International Contract for Sale of Goods*, édition Paradigme, 1997, p. 146. 转引自徐冬根:《国际私法》,北京大学出版社 2009 年版,第 144 页。

② See A. F. Schnitzer, "La loi applicable aux contracts", *Revue critique de driot international privé* Ⅲ, 1955, p. 476. 转引自徐冬根:《国际私法》,北京大学出版社 2009 年版,第 144 页。

③ 瑞士冲突法领域,区分支配合同成立的法律和支配合同实体效力的法律,被称为"大断裂";有关合同实体效力,区分支配合同当事人各自履行的法律,被称为"小断裂"。

④ See Kurt Lipstein, *Characteristic Performance — A New Concept in the Conflict of Laws in Matters of Contract for the EEC*, Northwestern Journal of International Law & Business 3, 1981, p. 406.

⑤ See Willis L. M. Reese, *Chief Judge Fuld and Choice-of-law*, Columbia Law Review 71, 1972, p. 551.

平和最好的结果，赋予与案件有关的最大利益地法律对特定事实争议具有最重要的控制权，允许法官适用与诉争案件有最密切联系的法律。① 尽管富德法官的法律选择理念在某种程度上会造成法律适用的不确定性和复杂性，但依据案件与法律之间的"联系"解决法律选择问题的灵活的法律选择方法，开拓了美国法律选择理论新领域。富德法官涉外审判思想促成了"最密切联系的法"规则在美国形成和发展。1971 年，哥伦比亚大学威利斯·里斯教授(Willis L. M. Reese)撰写了美国《第二次冲突法重述》(the Second Restatement of Conflict of Laws)，其中很多冲突规范包含"最密切联系的法"这一系属，如第 145 条、第 154 条和第 188 条等，在美国《第二次冲突法重述》中"最密切联系的法"的有关规定已经初具规模。

（二）立法考察

1971 年美国《第二次冲突法重述》中包含很多"最密切联系的法"的有关规定，但其属于民间法律汇编，并非国家立法，但在实践中经常被美国法官援用。1987 年瑞士《关于国际私法的联邦法》第 117 条第 1 款规定，当事人没有选择法律的，合同应适用与其有最密切联系的法律。② 2001 年《俄罗斯联邦民法典(总则)》第 1186 条第 2 款规定，若依本条第 1 款无法确定准据法，则案件适用与民事关系有最密切联系的国家的法律。③ 2005 年乌克兰《国际私法》第 4 条规定，具有涉外因素的私法关系准据法确定，如果依据第 1 款不能确定准据法，则适用与私法关系有最密切联系的国家的法律。④ 2007 年日本《法律适用通则法》第 8 条规定，当事人没有选择法律行为的准据法，法律行为的成立和效力依行为时该法律行为的最密切联系地法，并对最密切联系地法进行了界定。⑤ 2010 年《涉外民事关系法律适用法》第 2 条第 2 款规定，本法和其他法律对涉外民事关系法律适用没有规定的(没有可以援用的冲突规范)，则适用与该涉外民事关系有最密切联系的法律。2014 年俄罗斯联邦《民法典》第 1188 条规定，准据法所属国为多法域国家时，不能根据准据法所属国法律

① Babcock v. Jackson, 12 N. Y. 2d 473, 191 N. E. 2d 279, 240 N. Y. S. 2d 743(1963), Opinion of the Court, Fuld, J.

② Article 117 of Switzerland's Federal Code on Private International Law (CPIL) of December 18, 1987.

③ 参见顾海波、赵凯：《对俄罗斯国际私法立法的评介及借鉴》，载《东北亚论坛》2007 年第 4 期。

④ 参见匡增军：《乌克兰国际私法》，载黄进、肖永平、刘仁山主编：《中国国际私法与比较法年刊》第 10 卷，北京大学出版社 2007 年版。

⑤ 参见崔绍明：《法律适用通则法》，载黄进、肖永平、刘仁山主编：《中国国际私法与比较法年刊》第 10 卷，北京大学出版社 2007 年版。

确定应适用的法律时,则适用与案件有最密切联系的法律。[1] 2015 年巴拉圭《关于国际合同法律适用的第 5393 号法律》第 11 条规定,当事人双方没有选择合同准据法的,或他们的选择无效的,则合同适用与之有最密切联系的国家的法律。[2]

1980 年欧洲经济共同体《关于合同之债的法律适用公约》(又称《罗马公约》)第 4 条第 1 款规定,在当事人未选择合同准据法的情况下,该合同应适用与它有最密切联系的国家的法律。[3] 1988 年《海牙死者遗产继承法律适用公约》同样采用了"最密切联系的法"的冲突规则,该公约第 3 条第 3 款规定,如果被继承人在死亡时与其他国家有更密切的联系,继承则适用与其有更密切联系的国家的法律。[4] 欧盟议会及理事会 2008 年《关于合同之债法律适用的第 593/2008 号(欧共体)条例》(又称《罗马条例Ⅰ》)、欧盟议会及理事 2007 年《关于合同之债法律适用的第 864/2007 号(欧共体)条例》(又称《罗马条例Ⅱ》)和 2010 年《关于在离婚和司法别居的法律适用领域加强合作的第 1259/2010 号(欧盟)条例》(又称《罗马条例Ⅲ》)都有适用"最密切联系的法"的规定;欧盟议会及理事会 2012 年《关于在遗产继承领域的管辖权、准据法、判决承认与执行、公证书接受与执行以及关于欧洲遗产继承证书的设立的第 650/2012 号(欧盟)条例》(又称《罗马条例Ⅳ》)同样采用了"最密切联系的法"适用规则,其第 21 条第 2 款规定,如果从案件全部事实来看,被继承人在死亡时与第 21 条第 1 款所指定的法律体系所属国家以外的另一国家显然有更密切的联系,则以该另一国家的法律体系为遗产继承的准据法。[5]

从全球立法现状看,涉外民商事案件适用最密切联系的法律已经成为具有普遍性的法律适用规则。在国内立法层面,很多国家冲突法体系都有与"最密切联系的法"[6]有关的规定,包括美国、日本、俄罗斯、德国、瑞士和中国;在国际法层面,"最密

---

① 参见《俄罗斯联邦民法典》(第 3 卷),邹国勇、刘琦译,载黄进、肖永平、刘仁山主编:《中国国际私法与比较法年刊》第 16 卷,法律出版社 2017 年版。

② 参见《巴拉圭关于国际合同法律适用的第 5393 号法律》,邹国勇、白雪译,载黄进、肖永平、刘仁山主编:《中国国际私法与比较法年刊》第 22 卷,法律出版社 2019 年版。

③ 参见刘颖、吕国民编:《国际私法资料选编》,中信出版社 2004 年版,第 384 页。

④ 同上书,第 415 页。

⑤ 参见陈卫佐:《欧盟国际私法的最新发展——关于遗产继承的〈罗马Ⅳ规则〉评析》,载《国际法研究》2015 年第 2 期。

⑥ 虽然各国有关称谓或表达方式有所差别,如最密切联系地法、更密切联系的法和明显更密切联系的法,但立法者的意图都是依据联系程度探求与涉外民商事案件有重大联系的法律予以适用。"更密切联系的法"在语义学上可能表述得更科学,但与每一个涉外民事案件有联系的法律是有上限的,"最密切联系的法"在认识论角度和实践角度都是可以确定的,因此,采用"最密切联系的法"这一称谓并无不妥。

切联系的法”有关的冲突规则同样普遍存在于冲突法国际公约之中;从冲突法立法体系看,“最密切联系的法”不仅以一般性原则出现在冲突法总则之中,同样以系属形式出现在诸多具体法律关系领域的冲突规范中。在特定情况下涉外民事案件适用与案件有最密切联系的法律,已经成为全球共同践行的冲突法规则。“最密切联系的法”,即适用与案件有最密切联系的法律,已经不再是一个简单的系属,而是被普遍认可的处理涉外民商事案件特定情况的法律选择问题的重要法律规则。

二、“最密切联系的法”面临现实问题

(一)“最密切联系的法”经常被误读为最密切联系原则

在目前理论研究和涉外审判实践中,“最密切联系的法”经常被等同最密切联系原则,忽视了“最密切联系的法”的独立地位。[①] 此问题之解决,关键是明确“最密切联系的法”与法律选择理论、法律选择方法之间的区别与联系,澄清有关理论和认识上的混淆,为“最密切联系的法”选择路径研究扫清障碍。

1. 法律选择理论

法律选择理论是国际私法理论研究的核心内容,具有极其重要的理论意义。法律理论,是指在特定历史时期逐渐形成的,为寻求一定的法律规则、法律方法或法律秩序为基础和目的的法学知识,旨在通过逻辑论证和实践检验形成一系列概念、原理、结论和方法,[②]具有一般性、抽象性、主观性色彩。法律选择理论本质上属于法律理论,是关于跨国民商事关系引发的不同国家法律冲突现象本质及其规律的系统认识,其通过论证法律选择的必要性和合理性,探讨法律选择的原因、规则和方法,进行理论探讨、推理和价值判断,为法律选择和构建法律选择方法提供法律哲学基础和理由。

法律选择理论本质上是法学方法,旨在解释法律的意义世界,追求法学的真理,具有法学认识论的工具性作用。[③] 法律选择理论创立的重要冲突规范的系属不断被强化,就可以构建重要的法律适用原则,如物之所在地法、侵权行为地法等。法律选择理论建立了具体的方式、方法,并谋求在案件审理中指导法官选择目标法律,深入法律方法研究领域。从总体上讲,法律选择理论是一个综合理论体系,涉及内容广泛,不限于适用外国法的原因和基础、法律选择的合理性和可行性、连结点设计和选

---

① 参见崔绍明:《法律适用通则法》,载黄进、肖永平、刘仁山主编:《中国国际私法与比较法年刊》第10卷,北京大学出版社2007年版。

② 参见杜吉泽、李维香主编:《自然辩证法简明教程》,高等教育出版社2007年版,第85页。

③ 参见杜建明:《法学利益分析方法的比较分析与意义阐释》,载《政法论丛》2015年第5期。

择、法律适用原则和法律选择方法探讨等内容,旨在为司法实践提供理论指导。

2. 法律选择方法

法律选择方法与法律选择理论的价值取向不同,改造世界的手段也不相同。它们在概念、内涵以及价值意义方面有显著不同,但二者也有密切、不可分割的联系。[①] 法律方法是一种具有积极的实践指向的范畴,为法律活动指引方向、开辟道路,承担指导法律适用和生成法律结论的重要使命。[②] 法律选择方法本质上是法律方法,旨在解决法律选择问题,同样属于实践指向的范畴,其基于一定的理念并依据一定的指标体系和考察因素,指引法官选择涉外民事案件应适用的法律。法律选择方法是以科学、合理的法律选择理论为基础形成的,具有改造世界的功能和手段,能够直接服务于涉外民事审判司法实践。

法律选择方法的核心功能是弥补冲突规范体系不足,在待决案件没有冲突规范可以援引时,解决法律选择问题,为待决案件确定可以适用的准据法。此外,法律选择方法还承担辅助法官探寻法律适用原则指向的目标法律的任务,法律适用原则指出应适用的目标法律,法律选择方法作为实现这个目标的手段为法律适用原则服务。法律选择方法的特点在于它的科学性和实用性,[③]可以在涉外审判中重复使用,并产生可预期效果,是一个可资法官使用的、切实可行的、选择法律的实用工具或方法。

3. "最密切联系的法"具有法律适用原则属性

"最密切联系的法"与法律选择理论和法律选择方法有显著不同,它既不是为什么选择法律、如何进行法律选择和通过什么方式选择法律的理论探讨和研究,不是推演涉外民事案件应适用何种法律的法律选择方法,也不是可资法官利用选择法律的、切实可行的实用工具,而是直接指明涉外民商事案件应适用与其有最密切联系的法律的指导原则,是对最密切联系的法律这一系属的抽象和总结,是一个经过长期理论总结和实践炼化而成的、普遍性的、可以反复适用的、解决特定类型法律冲突的法律适用原则(系属公式)。在一般情况下,"最密切联系的法"是为特定涉外民事案件指定了应该适用的法律,是一个针对某一类或整个法律关系体系应适用何种法律的一个明确的立法规定,指明了某类法律关系应该根据这一原则指向

---

① 参见郑永流:《法学方法抑或法律方法?》,载郑永流主编:《法哲学与法社会学论丛(六)》,中国政法大学出版社2003年版。

② 参见李其瑞:《法学研究与方法论》,山东人民出版社2005年版,第35页。

③ 实用性原则是知识产权法的一个原则,是指发明或者实用新型申请的主题必须是能够在产业上制造或者使用的,并且能够产生积极效果。

的法律予以解决，是一个高度抽象概括的系属公式，完美契合了法律适用原则的本质属性。

“最密切联系的法”是法律选择理论和法律选择方法期待实现的目标；法律选择理论（包括最密切联系原则）和法律选择方法是实现这一原则的手段或途径。简言之，“最密切联系的法”与法律选择理论和法律选择方法是目的和手段的关系。“最密切联系的法”是20世纪诞生的法律适用原则，与传统的属人法、行为地法、意思自治、物之所在地法、旗国法和法院地法等法律适用原则并列，是现代冲突法重要的法律适用原则。目前，它在适用范围和普遍性方面超越了其他所有的法律适用原则，成为冲突法领域解决法律选择困境的终极手段。

（二）“最密切联系的法”传统选择路径具有明显局限性

“最密切联系的法”传统选择路径包括两种模式，即最密切联系原则和特征履行理论。虽然在“最密切联系的法”的形成过程中，最密切联系原则和特征履行理论作出了重要贡献，但两种选择模式存在自身无法克服的局限性，无法完成选择和确定“最密切联系的法”的重要任务。

1. 特征履行路径及其困境

20世纪上半期，特征履行理论被瑞士法学家施尼泽极力倡导，其较早采用“最密切联系的法”这一系属，比美国《第二次冲突法重述》采用此系属早20年左右。特征履行理论可以称得上是法律选择方法，它明确了合同领域的特征履行主体和依据特征履行主体营业地或住所地法解决合同争议，具有明确的理论体系和法律选择的方式和方法，但在探寻“最密切联系的法”方面存在缺陷。

首先，“特征履行说”适用领域狭隘——仅能够适用于合同领域，与“最密切联系的法”适用领域之普遍性不匹配。特征履行理论自身理论体系和法律选择方式决定它只能在涉外合同领域适用，不具备在其他领域适用的品格，不是一个普遍性的法律选择方法。而且，依据特征履行理论，在涉外合同法律关系案件中，法官需要考虑的因素基本上是相同的，同一类型合同案件准据法选择模式和结果基本一致。

其次，机械性凸显——依据客观标志确定准据法，与“最密切联系的法”适用领域之灵活性不匹配。为应对法律选择问题，特征履行理论在确定与案件有最密切联系的法律过程中，把它直接简化为一个传统冲突规范，涉外合同之债适用卖方营业地或住所地法。虽然特征履行理论在“客观标志说”基础上加入了价值衡量与选择，融入了一定的现代法律选择理念,诸如合同特性、选择更好的法律等,[①]但它基本上是传统"客观标志说"的延续,是典型的依据单一客观标志确定涉外合同法律适用的方法。客观地讲,特征履行理论被机械呆板的"魔咒缠身",考虑因素较简单,是一个机械僵硬的法律选择方法。

最后,特征履行义务标准体系存在合理性问题。一些国家,纷纷仿效瑞士立法构建的特征履行标准体系,但瑞士特征履行标准联结因素选择较随意和武断,而且经常被歪曲解释。与履行地标准、推定的当事人意图、合同自体法、法律关系本座和最密切联系原则相比,"特征履行说"并非更明确、具体,而且特征履行本身就是一个充满争议的概念,只是瑞士国际私法通过规定"目标类型合同特征履行标准体系"规避了这一问题。

2. 最密切联系原则问题

最密切联系原则是20世纪70年代美国法学家威利斯・里斯教授在批判传统机械僵硬的冲突规则的基础上提出的一个灵活的法律选择理论。虽然最密切联系原则以其灵活性和富有弹性的特征获得了很多学者支持,并且在"最密切联系的法"——法律适用原则形成方面作出巨大贡献,但由于自身理论体系缺陷和缺乏适用方式,同样没有构建合理的"最密切联系的法"选择路径。

第一,最密切联系原则理论体系不完整。里斯教授仅仅在美国《第二次冲突法重述》第6条阐述了选择法律需要考虑哪些因素,没有阐明最密切联系原则的内涵和理论体系。[②] 他指出"最密切联系原则"是考虑一个或多个因素的法律选择"方法",却不是一个"(法律)规则",[③]规则是最重要的,且坏的规则要远远好于"方法"。可见,里斯教授本人并不看好最密切联系原则。

第二,最密切联系原则缺乏实用性,没有适用方式。里斯教授认为,在特定问题上适用最密切联系的法律仍需要进一步的研究和讨论,确定最密切联系法律的过程很可能令人十分沮丧。[④] 他指出,确定最密切联系原则中的"联系",以及确定相关法律有关政策、基本原则或立法目的,这本身就是极为抽象的问题。[⑤] 最密切联系原则可操作性缺失,使其停留在理论探讨领域,无法在司法实践中再现和重复使用,并

---

① 参见方杰:《国际私法学说史》,中国法制出版社2017年版,第210页。

② 参见方杰:《"最密切联系原则"考证》,载《比较法研究》2013年第2期。

③ See Willis L. M. Reese, *Choice of Law*: *Rules or Approach*, 57 Cornell L. Rev. 315, 1972, p. 316.

④ Ibid., p. 322.

⑤ Ibid., p. 317.

产生期待性效果。

第三,最密切联系原则在我国司法实践中适用存在法律文化困境。最密切联系原则植根于英美法系法律文化,其适用需要法官享有高度自由裁量权,并深谙冲突法法律知识,且具有丰富的冲突法案件审判经验。从我国从事涉外审判法官的法律知识结构、法官享有的自由裁量权等看,最密切联系原则在我国移植适用存在诸多困难。

基于以上问题,最密切联系原则并非一个完整的法律选择理论,没有建立可操作的法律选择方法,无法完成“最密切联系的法”选择的任务。

3. 意思自治原则困境

16 世纪法国法学家卡罗律斯·莫利诺斯(Carolus Molinaeus,英美国家学者称他为“Charles Dumolin”)最先提出意思自治原则。莫利诺斯认为,基于契约自由原则,当事人依据自己的意志订立合同,创设自己的权利和义务,完全有权利决定争端解决方式和法律适用,并有权利为自己缔造的合同合意选择应适用的法律。

在涉外合同领域,意思自治原则源于合同自由原则,尊崇当事人的意志,完美契合合同自由理念、合同自治理念和涉外合同关系特性,为法律冲突解决提供了最经济、最便捷的路径,具有维护法律关系稳定和节约司法成本的重大价值。从形式上看,意思自治原则是案件当事人通过合意选择自己案件适用的法律,是通过当事人的意思表示解决法律选择问题;从本质上看,意思自治原则①是依据当事人意志,由当事人主导的法律冲突解决方式,并非指导法官为待决案件选择法律的方法,不具有法律选择方法品格,自然不能成为“最密切联系的法”的选择路径或方法。

三、“最密切联系的法”的路径选择

路径选择至关重要,直接影响和决定法官能否准确及时地寻找与涉外民商事案件有最密切联系的法律,关系争议能不能得到公正、高效、及时地解决。鉴于特征履行理论和最密切联系原则都不能有效完成寻找“最密切联系的法”的任务,我们确有必要换一个角度思考和研究“最密切联系的法”的探寻路径。“最密切联系的法”选择路径应具备两个特征:一是要具有科学的理论结构体系,能够阐明自身的合理性;二是涉外民商事案件审判法官可以操作运用,具有可重复性和可适用性。

(一)法律关系分析方法——理论层面研究

法律关系是一个极为重要的法律概念,它几乎与所有法律概念和元素都有密切

---

① 基于合同自由理念,考虑意思自治原则本质,在某种程度上讲,涉外合同当事人选择的法律本身就是涉外合同的“最密切联系的法”。

关系。法学研究和司法实践的过程基本上都是在分析、研究和判定法律关系。从法律选择理论发展史看,法律关系分析贯穿法律选择理论研究的始终,以法律关系特性或本质及法律关系构成因素为考察对象,探寻“最密切联系的法”是一个可以深入思考的选择。法律关系分析方法以法律关系特性和法律关系构成因素为分析研究对象,在法律关系性质限定范围内,依据具有法律选择意义的法律关系构成因素的排列组合所表现出的利益关系,决定哪一个法律与涉外民事案件有最密切联系,并成为最终适用的法律。[①]

法律关系分析以法律关系性质和构成因素为考察对象,在遵从现行冲突法体系优先适用的前提下,依据法律关系构成因素的重要程度,采用明确的适用程序和步骤探寻“最密切联系的法”。[②] 首先,确定或选择(在一个案件涉及两个以上法律关系的情况下)法律关系性质,此为确定法律关系构成因素法律选择价值的基础和前提;其次,确定法律关系首要构成因素,即具有重大法律选择意义的因素;再次,对法律关系构成因素进行利益分析和损害分析,确定与案件有较多利益联系的法律;[③]最后,综合考量法律关系性质和构成因素及其所体现的法律与案件之间的联系或利益关系,结合立法目的和法律选择经济分析,最终确定案件“最密切联系的法”。[④]

(二)案件事实因素分析——实用性工具转化

法律关系分析为如何确定“最密切联系的法”进行理论论证,较抽象,在司法实践中难以操作。因此,把法律关系分析转化成在司法实践中可具体操作和运用的案件事实因素分析非常必要。而且,法律关系分析转化为案件事实因素分析具有合理基础。法律关系是社会关系的一种表现形式,是具有法律意义和法的形式的社会关系。法律关系可以分为两个部分:一是法律关系的实体(事实)要素,表现为法律关系中的社会关系或案件事实,亦可称为法律关系的事实构成;二是法律关系的形式要素,即法的形式要素,法律关系就是事实构成和法的形式的辩证统一。法律关系实体要素和形式要素的二重性为我们将法律关系分析转化为案件事实分析提供了可能性。

案件事实构成和事实因素分析方法较法律关系分析方法更易于操作,也更便于

---

① 参见方杰:《法律关系分析论——以法律选择为视角》,载黄进、肖永平、刘仁山主编:《中国国际私法与比较法年刊》第 13 卷,法律出版社 2015 年版。

② 同上。

③ 同上。

④ 同上。

涉外民商事审判一线法官予以掌握和使用。案件事实构成和事实因素分析核心是对与法律选择有关的事实因素进行选择和价值评价。事实因素的选择和价值评价是对冲突法传统传承下来的连结点及有关因素的法律选择过程中的相对与重要程度的考量与评价。法律关系首要构成因素对应的案件事实因素价值位阶(相对法律选择的重要程度)较高,法律关系其他的事实因素也都对应自己的价值位阶。然后根据这些案件事实的价值位阶确定它们的法律选择权重值,最后对这些因素权重价值进行综合评价,确定这些因素集中地与哪一个法律有最大联系,最终确定与案件有关的"最密切联系的法"。确定"最密切联系的法",要依据案件事实的某个因素权重值或某些因素的综合权重值与案件有关的法律之间的联系予以确定,占综合权重值最多的法律即确定为与案件有"最密切联系的法"。案件事实因素综合权重值不是绝对数值,而是相对的,权重值有可能是100%,也可能是低于50%的数值。具体而言,假设一个涉外民事案件与3个国家法律有关,这3个法律有关的案件事实因素综合权重值比重分别为40%、30%和20%,那么综合权重值比重为40%的法律,就是我们寻求的案件"最密切联系的法"。

(三)主要案件类型考量事实因素及其权重分配

依据目前冲突法公认的连结点和理论界认可的具有法律选择意义的事实因素,采用事实因素分析方法对《涉外民事关系法律适用法》有关立法和相关冲突法公约进行解析。

1. 涉外婚姻案件

涉外婚姻案件考量事实因素主要涉及婚姻缔结地、当事人国籍和惯常居所。《涉外民事关系法律适用法》第21条规定,结婚条件适用当事人共同经常居所地法律(在法律上有明确要求,居住1年以上,有久居的意思);没有共同经常居所地,适用共同国籍国法律;没有共同国籍,婚姻缔结地在一方当事人经常居所地或者国籍国,适用婚姻缔结地法律。结合我国立法和涉外结婚案件法律选择考量因素,涉外结婚案件考量因素及法律选择价值权重如下(见表1)。

表1 涉外结婚案件考量因素及法律选择价值权重

案件因素	婚姻举行地 或缔结地	一方当事人国籍	一方当事人经常居住地 或惯常居所
权重/%	40	30	30

2. 涉外离婚案件

《涉外民事关系法律适用法》第26条规定,协议离婚当事人可以意思自治选择适用一方当事人经常居所地法律或者国籍国法律。当事人没有选择法律的,适用当事人共同经常居所地法律;当事人没有共同经常居所地的,适用当事人共同国籍国法律;当事人没有共同国籍的,适用当事人办理离婚手续机构地法律(见表2)。该法第27条规定,诉讼离婚适用法院地法律(见表3)。结合我国立法和涉外离婚案件法律选择考量因素,涉外离婚案件考量因素及法律选择价值权重如下:

(1)协议离婚

表2 协议离婚案件考量因素及法律选择价值权重

案件因素	意思自治	离婚行为地	一方当事人国籍	一方当事人经常居住地或惯常居所地
权重/%	100	40	30	30

注:此表依据我国立法制定,但协议离婚当事人协议选择法律属画蛇添足之举。协议离婚如果不发生争议,则依据协议办理离婚手续,不涉及法律适用问题;如果因离婚发生争议,一种方式是当事人重新签订协议,另一种方式是通过法院诉讼解决,则必须适用法院地法,因此,协议离婚当事人选择协议适用的法律是一个伪命题。

(2)诉讼离婚

表3 诉讼离婚案件考量因素及法律选择价值权重

案件因素	法院地
权重/%	100

3. 涉外法定继承案件

依据目前国内法和国际公约有关立法,涉外法定继承案件事实因素包括被继承人死亡时经常居住地或惯常居所地、被继承人国籍和被继承不动产财产所在地。1988年《海牙死者遗产继承法律适用公约》第3条规定,遗产继承适用被继承人死亡时惯常居住地所在国家的法律,但同时要具有惯常居住地国的国籍或者死者在惯常居住地国至少居住了5年;如果不存在上述法律,继承适用与被继承人有密切联系的国籍国法律,除非被继承人与另一国有更密切的联系。① 涉外法定继承案件考量因素及法律选择价值权重如下(见表4)。

① 参见赵相林主编:《国际私法》,中国政法大学出版社2007年版,第321页。

表4　涉外法定继承案件考量因素及法律选择价值权重

案件因素	被继承不动产财产所在地	被继承人死亡时经常居住地或惯常居所地	被继承人国籍
权重/%	100	60	40

4. 涉外合同案件

如果当事人通过意思自治选择了解决案件争端的法律,当事人的法律选择就是涉外合同案件事实因素,这个因素对法律选择具有决定性作用,直接指向“最密切联系的法”。如果当事人没有选择法律,法官可以建议当事人选择法律。如果当事人不选择法律,法官则需要考量合同履行地、合同签订地、当事人国籍、当事人住所或惯常居所和法院地,依据各案件事实的法律选择价值权重,为合同选择“最密切联系的法”(见表5)。

表5　涉外合同案件考量因素及法律选择价值权重

案件因素	意思自治	合同履行地	合同签订地	一方当事人国籍	一方当事人住所或惯常居所	合同标的物所在地	法院地、仲裁地
权重/%	100	30	20	10	10	10	20

5. 涉外物权案件

根据物权的本质和特性,涉外物权案件首要事实因素是物之所在地,物在物理上所处的场所。物权的本质和特性是法定对物的管理、支配并享受利益的权利,以维护静态财产归属为价值追求。不动产物权案件,不动产所在地是法律选择唯一的考量因素(见表6)。动产物权案件,法律选择考量因素应根据时代发展有所侧重,应依据动产物权价值确定考量因素及其权重。价值巨大的动产只考虑物之所在地,如国际“热钱”游资,[①]能够对一个国家或地区的经济秩序和政治秩序造成难以想象的巨大冲击,适用物之所在地法有利于维护“热钱”投入国家的国家经济安全。动产物权价值小于20万元人民币(以《中国家庭财富调查报告2019》[②]家庭平均拥有财

① 国际“热钱”又称“逃避资本”,是充斥在世界上无特定用途的流动资金。它以短期、套利和投机为特征,以追求最高报酬及最低风险为目标,在国际金融市场上迅速流动的短期投机性资金,价值和规模巨大。

② 参见《中国家庭财富调查报告2019》,载新浪财经,http://finance.sina.com.cn/roll/2019-10-30/doc-iicezuev5940280.shtml。

产为参照标准),可以同时考虑意思自治和动产所在地(见表7)。

(1)不动产案件

表6 不动产案件考量因素及法律选择价值权重

案件因素	物之所在地
权重/%	100

(2)动产案件

表7 动产案件考量因素及法律选择价值权重

案件因素	物之所在地	意思自治
权重	动产价值超过20万元(包括本数)人民币的权重为100%; 低于20万元(不包括本数)人民币的权重为40%	60%

6. 侵权案件

侵权之债是法定之债,侵权行为发生地运行的法律,对侵权之债的产生具有重要意义。涉外侵权关系法律适用首要考虑因素是侵权行为发生地,这是侵权之债法律适用的古典传统。随着时代的发展,涉外侵权案件法律适用涌现出很多新的法律适用理论,也诞生了相应的具有法律选择意义的案件事实考量因素,诸如意思自治、当事人国籍和惯常居所以及保险人营业地等。现代社会侵权与保险业结合已经成为基本定势,在涉外侵权案件中考虑保险人营业地因素非常必要。涉外侵权案件考量因素及权重(见表8)。

表8 涉外侵权案件考量因素及法律选择价值权重

案件因素	意思自治	侵权行为地	一个当事人国籍	一个当事人经常居住地或惯常居所地	保险人营业地
权重/%	100	40	25	25	10

四、结语

"最密切联系的法"是冲突法极为重要的法律适用原则,已经普遍存在于各国冲突法立法和冲突法国际公约之中。"最密切联系的法"法律适用原则性质定位,不仅可以厘清它与法律选择理论、法律选择方法之间的关系,而且可以为这一法律适用原则研究提供新的视角。在"最密切联系的法"选择层面,就方法论所要求的确定性、可操作性和预测性而言,传统理论和方法(特征履行理论和最密切联系原则)不能够成为一种自足和独立的“方法”。[①] 最恰当、最有效的社会科学认识来自对司法实践需要和契合司法实践需要手段的分析研究，案件事实因素分析开启了法律选择从理论领域转向实践需要的思考，实现了理论与实践的互动和沟通。案件事实因素分析方法考量和权衡案件事实因素，实现了从抽象理论研究到具体案件实体因素分析的转变，不仅印证了以法律选择为视角的法律关系分析的科学性和合理性，也为涉外民事审判实践中具体案件探寻“最密切联系的法”提供了具体方法。案件事实因素法律选择价值权重研究，为“最密切联系的法”选择提供了量化标准，也进一步增强了“最密切联系的法”选择的可操作性、科学性和合理性。

简言之，案件事实因素分析是非常值得尝试的方法，实现了“最密切联系的法”选择从理论探讨到实践应用的转变，但是有关标准体系建立仍需进一步研究和完善，而且要在司法实践中不断地修正和总结，才能构建“最密切联系的法”的科学选择方法。

① 参见杜建明：《法学利益分析方法的比较分析与意义阐释》，载《政法论丛》2015 年第 5 期。

涉外有价证券的法律适用困境及其疏解之道*

梅 傲** 勾明凤***

关于有价证券的法律适用,我国立法规定了权利实现地与最密切联系地这两个可并列选择的连结点。由于缺乏对连结点适用顺序的限制,导致该规则的逻辑有待优化,有损于原有的灵活性;将证券权利与物权纠纷笼统适用同一法律规定,难以契合不同权利的性质;未考虑间接持有体制下的有价证券物权纠纷,导致无法确定物之所在地。为解决其困难,应限制连结点的适用顺序,区分适用冲突规范,增加中间机构所在地法这一连结点,并允许当事人协议选择准据法。

在"一带一路"的深入拓展、《区域全面经济伙伴关系协定》(Regional Comprehensive Economic Partnership,RCEP)的签订等背景下,我国与其他国家的民商事交往日益增多。与此同时,有价证券在吸引外资、促进跨国企业的发展等方面扮演了重要角色。然而,由于其具有涉外因素,有价证券的法律适用问题较复杂。为推进我国证券市场的国际化建设,完善涉外有价证券的法律适用规则成为需要迫切解决的问题。

一、有价证券法律适用之检视

有价证券具有加快资本集中的作用,能够促进商品经济的发展。探讨有价证券的法律适用问题。首先,确定有价证券的内涵;其次,在此基础上了解有价证券法律适用的司法实践。

---

* 教育部哲学社会科学研究后期资助项目"我国《涉外民事关系法律适用法》实施研究"(20JHQ073);西南政法大学校级科研项目"'一带一路'倡议下我国国际商事法庭建设的挑战与对策"(2019XZYB-01)的阶段性成果。

** 西南政法大学国际法学院副教授,国际私法教研室主任。

*** 西南政法大学争端解决国际竞争力研究中心助理研究员。

（一）有价证券法律适用的立法

我国关于有价证券的立法主要见诸《证券法》，而有关涉外有价证券的法律适用则是见诸《涉外民事关系法律适用法》。根据《证券法》的规定可知，有价证券为一种无形动产，其本身没有价值。但它表彰权利人对一定财产所享有的债权或所有权，持券人可定期获得一定收入。故能自由地在证券市场上买卖和流通，由此，有价证券便具有了价格。[①] 有价证券的含义非常广泛，包含不同性质的财产权利，以此为依据，可以将有价证券分为以下3类：一是代表持券者对商品的使用权或所有权的商品证券，包括提货单、货运单等；二是产生于金融投资的资本证券，即狭义的有价证券，包括股票、债券等，代表持券者可向发行者请求一定的收入分配；三是能够让持券者或第三者有权索取货币的货币证券，包括支票、本票、汇票等。

《涉外民事关系法律适用法》第39条规定，有价证券适用权利实现地法或其他与该有价证券最密切联系的法律。由于未对连结点的适用顺序进行限制，法官可自由裁量连结点。但该条文指的是广义的有价证券还是狭义的有价证券并不明确，学界对有价证券的含义也存在分歧。在《证券法》的起草过程中，主要存在两种不同观点。一种观点认为，只需将股票和债券纳入证券的范畴；另一种观点认为，为了实现统一管理，应尽可能地将多种证券纳入《证券法》的调整范围。[②] 而后制定的《证券法》实际上是对这两种观点进行了折中。在明确公司债券和股票属于《证券法》调整范围的同时，以较灵活的方式处理其他种类的证券，即吸纳了两种可直接适用《证券法》的证券种类或行为，其他证券则适用其他法律、行政法规的规定或国务院的相关规定。但《证券法》未明确规定证券的定义，以列举的方式恐会缩小有价证券的外延。因此，以《证券法》为参考，《涉外民事关系法律适用法》第39条中的有价证券，主要是指狭义的有价证券，同时也包括其他类型的有价证券。

（二）有价证券法律适用的司法实践

本文收集了2015~2020年在中国裁判文书网上公布的20个案例，以此为基础，分析我国司法实践中涉外有价证券纠纷的连结点适用情况。其中，有12件案例的权利实现地和最密切联系地都被法官认定为我国，因此，根据《涉外民事关系法律适用法》第39条的规定，同时采用了权利实现地和最密切联系地两个连结点；有3件涉外有价证券纠纷的当事人之间存在协议，故法官根据《涉外民事关系法律适用法》

---

① 参见范建、王建文：《证券法》，法律出版社2020年版，第4页。

② 参见柯达：《区块链数字货币的证券法律属性研究——兼论我国〈证券法〉证券定义的完善》，载《金融监管研究》2020年第6期。

第41条的规定采用了当事人意思自治原则;有1件案例的权利实现地在我国,且当事人同意案件适用中国法,因此,分别根据《涉外民事关系法律适用法》第39条、第41条的规定,同时适用了权利实现地和当事人意思自治两个连结点。

根据案例统计,不少有价证券纠纷同时采用了两个连结点。这些连结点或是处于同一条法律适用规则中,或是处于不同的法律适用规则中,但都指向我国。因此,在这些案件中,法官有足够的理由将中国法作为案件的准据法。然而,在司法实践中,仍存在一些问题。关于涉外有价证券的法律适用规则,立法仅规定了权利实现地及最密切联系地这两个连结点。尽管在司法实践中,当事人意思自治原则已在有价证券纠纷中得以适用,然而法官适用该原则的前提是当事人之间存在协议。换言之,法官在有价证券纠纷的识别上存在差异,在实践中,有价证券纠纷并非一律受到《涉外民事关系法律适用法》第39条的调整。由于当事人之间存在协议,法官将案件识别为合同纠纷,因此,根据《涉外民事关系法律适用法》第41条的规定来确定的准据法。另外,法官认定最密切联系地的理由不够充分。在适用最密切联系原则的过程中,当案件与我国存在联系时,法官便倾向适用我国法律,这使法律适用的灵活性丧失。如在某家具公司与某财务公司的纠纷中,[①]法官仅因账户设立地为我国,便将我国认定为最密切联系地,此种认定有待商榷。

二、有价证券法律适用之困境

《涉外民事关系法律适用法》第39条的规定十分简洁,但是从该条文的内容来看,仍存在一些缺憾,不足以应对复杂的涉外有价证券纠纷。这主要表现在以下几个方面:未对连结点的适用顺序进行限制,导致了法律条文的逻辑有待优化、连结点选取存在属地主义倾向;未区分有价证券的权利性质,难以契合不同法律关系的性质与特点;未规定间接持有体制下的物权纠纷法律适用规则,存在无法确定物之所在地之难。

(一)法律条文的逻辑问题

《涉外民事关系法律适用法》第39条的规定看似简单,但两个连结点的适用顺序却有待优化。从文义上看,“或”字意味着两个连结点是并列选择的关系。法官既可以选择适用前一个连接因素,也可以选择适用其他最密切联系地法。然而最密切联系地理应是一个涵盖万千的连结点,权利实现地理所当然的是最密切联系地的具体表现。二者为包容关系,而非并列选择的连结点。[②] 因此,从立法技术上来说,上

① 参见(2019)粤民终389号判决书。

② 参见梅傲:《涉外法律适用风险的理论证成》,载《北方法学》2021年第4期。

述两个连结点不应以“或”字来进行连接。从立法者的意图来看,该条规定同样存在不妥。从《涉外民事关系法律适用法》第39条的后半句看,“其他”一词,实际上是将前半句中的“权利实现地”纳入了后半句的最密切联系地的范畴。由此观之,可理解为该条文事实上是要求适用与有价证券有最密切联系的法律。尽管在许多案件中,权利实现地可能同时为最密切联系地,但是也存在权利实现地不是最密切联系地的情形。此时,倘若法院适用了权利实现地法,那么最密切联系地法将无适用的可能性,有违该条款的意图。为了实现该条款的意图,法院须得依据最密切联系原则选择与案件有最密切联系的法律。同样地,最密切联系地未必是权利实现地,显然规定前一个连结点的意义不大。

(二)连结点选择的属地主义倾向

多数法官在运用最密切联系原则时,仅在判决书中列出了与中国有关系的连结点,忽略了与外国有密切联系的连结点。条文规定最密切联系地法的本意是为了实现法律适用的灵活性,但是有法院只考虑地理因素,而没有延伸、综合分析连结点。审理涉外民商事案件对法官提出了更高要求。为了追求效率,对于这两个并列选择的连结点,法官更倾向选择本国法,然而却使最密切联系原则的灵活性难以体现充分。[①] 最密切联系原则对实现个案公正有重要作用,如果不能良好地把握该原则,便失去了存在价值。

(三)法律适用同一制的效能检视不佳

有价证券纠纷所涉法律关系较复杂,包括物权关系、合同关系、侵权关系,尽管每一种法律关系都有自己的独特性,但为了最大限度地维持现行法律框架,可暂不区分不同法律关系的法律适用规定。然而,有价证券上存在不同性质的权利,立法未区分权利性质则有不妥。

1. 三种不同法律关系

涉外有价证券纠纷所涉及的主体很多,各个主体的行为不同,则产生的法律关系也不同,涉外有价证券纠纷中存在的法律关系庞大且复杂。《涉外民事关系法律适用法》将有价证券的法律适用规定于物权下,但是,如果仔细探讨涉外有价证券纠纷的法律性质,可以发现其所涉法律关系不仅包含了物权纠纷,也涉及了侵权纠纷与合同纠纷。因此,涉外有价证券纠纷中会产生多种不同性质的法律关系。每一种法律关系都有自己的独特性,因其所体现的特点和涵盖的内容不同而相互区别,相

① 参见梅傲:《论涉外民商事审判中的选法规则》,载《北方法学》2016年第2期。

同的法律适用规定不能很好地解决不同性质的法律纠纷。但是,对上述不同法律关系分别适用法律,会使有价证券的法律适用规定较复杂,且适用同一冲突规范,也能适应现实需要。因此,为了最大限度地维持现行法律框架,在法律适用规定上,不予区分多种法律关系为宜。

2. 两种不同权利性质

从不同角度出发,可以看出有价证券上存在双重性质的权利。首先,有价证券作为一种物,第一种权利即是对物的权利,包括所有权、用益物权、担保物权等,物权纠纷应当适用一般动产物权法律适用规则。其次,有价证券表彰了持券人对一定财产享有的权利,第二种权利即是其记载的内容所体现的权利。《涉外民事关系法律适用法》第 39 条没有区别有价证券上性质相异的两种权利,不符合有价证券的发行与交易的现实状况。[①] 债券和股票作为有价证券的主要类型,债权关系和股权关系为其对应的基础法律关系,这与物权关系相区别。《涉外民事关系法律适用法》已规定了动产的法律适用,有价证券上的物权纠纷应沿袭适用该规则,此举也并不会使有价证券的法律适用规则过于复杂。

(四)间接持有体制下的物权纠纷法律适用的缺失

在有价证券持有方式上,包括直接持有和间接持有两种方式。在传统的直接持有方式下,发行者直接和投资者产生了某种法律关系。投资者或是自己占有无记名有价证券,转让时,持有价证券交换即可;或是将记名有价证券的投资者的姓名记载于名册中,转让时,变更姓名登记即可。随着证券市场的发展,实现了证券的无纸化,间接持有方式逐渐兴起。在间接持有方式下,发行者和投资者并无直接的法律关系。[②] 二者之间存在一级或多级中间人,投资者于中间人处开设账户,证券的结算和交易只需在账户上记载即可完成。投资者没有实际持有的证书,其姓名也不会记载于发行者的相关名册上,投资者的证券权利仅体现在中间人的账户上。[③] 这种模式节省了证券交易成本,并提高了交易的安全性。但《涉外民事关系法律适用法》忽略了间接持有体制下有价证券的物权适用规则。在这种体制下,根本没有实物的有价证券,难以确定物之所在地,以传统的动产法律适用规则来调整间接持有模式下

---

① 参见杜焕芳:《论我国涉外物权法律适用的完善》,载《当代法学》2013 年第 2 期。

② 参见鲁世平、孙晓珍:《论物权冲突法的新发展:证券“相关中介机构所在地方法”》,载《西北大学学报(哲学社会科学版)》2012 年第 1 期。

③ 参见鲁世平、李希平:《间接持有体制下证券投资者的财产权性质论》,载《财经理论与实践》2016 年第 4 期。

的物权法律冲突具有一定的困难。

三、有价证券法律适用之考察

我国立法仅规定了权利实现地和最密切联系地这两个连结点,然而比较各国立法,有关涉外有价证券的法律适用规则多有不同。当事人意思自治原则、最密切联系地法、物之所在地法、属人法都得到了适用。

(一)当事人意思自治原则的适用

在私法领域,当事人有权根据自己的意愿创设权利义务。因此,在涉外有价证券的法律适用上允许当事人意思自治,极大地满足了在私人交往关系中尊重个人权利的要求。不少国家的立法在涉外有价证券纠纷法律适用上允许当事人意思自治。①

(二)最密切联系地法的适用

强制性规定的连结点与案件可能仅有偶然联系,在有价证券的法律适用规则上采用最密切联系地这一连结点,可以避免法律适用具有僵固性和呆板性。有价证券的无纸化和非场所化导致了涉外证券纠纷的法律适用日益复杂,也使案件与有关连结点缺乏确定的联系。而最密切联系原则的引入,可使法官在有价证券的发行与交易过程中,依据有价证券的发行地、交易地、账户所在地、营业机构所在地等确定与案件有最密切联系的法律。我国立法虽然采用了最密切联系地这一连结点,却未限制连结点的适用顺序。

(三)物之所在地法的适用

在有价证券的法律适用上,我国立法并未规定物之所在地法。然而出于区分有价证券上权利性质的需要,仍应采用该连结点,用一般动产物权的法律适用规则调整有价证券物权纠纷。在早期,英美法系主要是以物之所在地法作为有价证券的法律适用规则。② 直到现在,物之所在地仍然是涉外有价证券纠纷的一个重要连结点。有价证券为无体动产,其物之所在地是借助有形之物作为媒介确认的。在直接持有模式下,对于记名有价证券,登记簿所在地被看作有价证券所在地;对于无记名有价证券,纸质有价证券所在地即被视为物之所在地。在间接持有模式下,中间人营业

---

① 1966年波兰《国际私法》第28条规定:“在交易所所为的法律行为之债,依交易所所在地法,但当事人已选择准据法者不在此限。”

② See Benjamin J. ,*Determining the Situs of Interests in Immobilized Securities*, The International and Comparative Law Quarterly, Vol. 47,1998.

机构所在地即为物之所在地。①

(四)属人法的适用

在涉外有价证券纠纷中适用公司属人法不仅符合"内部事务原则",还能实现法律适用的确定性、一致性、可预见性。这是多数欧洲国家对于股票的法律适用所采取的做法。② 股票被欧洲国家认定为代表了社员权,③彰显股票持有人财产权和身份权双重权利,股东的权利义务作为公司法人制度的重要内容,可成为成员的内部事务。通常而言,以公司属人法作为确认与公司法人有关纠纷的准据法是各国法律适用的一般规则,这体现了当事人意思自治原则,同时符合"内部事务原则"。在其他的有价证券纠纷中,公司属人法仍然与案件有密切联系,④如系争证券账户开设地、资金账户存放地、营业机构所在地等通常都位于公司所在地。

四、有价证券法律适用之建议

为缓解《涉外民事关系法律适用法》第39条存在的适用问题,在原有规定的基础上,提出以下意见:首先,为了优化连结点的适用顺序以及法官缓解适用本国法的偏好,限制最密切联系原则的适用;其次,为了契合有价证券上存在的不同性质的相关权利纠纷,应分别适用不同规则;再次,为了实现私法自治与营造良好的营商环境,引入当事人意思自治原则;最后,为解决间接持有模式下的有价证券物权纠纷,在缺乏当事人意思自治的前提下,引入中间机构所在地法。

(一)限制最密切联系原则适用条件

1. 规定连结点的适用顺序

权利实现地是一个固定的连结点,而最密切联系地是一个开放性连结点。前者的理论基础源于萨维尼(Friedrich Carl von Savigny)的"法律关系本座说",权利实现地便是与涉外有价证券纠纷有特定联系的地域,为该法律关系的本座。这种方式实

---

① 海牙《关于经由中间人持有证券特定权利的法律适用公约》规定,在当事人没有选择准据法时,证券的间接持有适用中间人营业机构所在地法。实际上,该规定就是对物之所在地法的延伸适用。

② 如法国《民法典国际私法法规(第三草案)》第2306条规定:"股份依支配发行股份的法人的法律。"1992年《罗马尼亚关于调整国际私法法律关系的第一百零五号法》第57条规定:"记名股票、可转让股票、不记名股票以及有息债券的发行适用支配发行股票的法人的组织章程的法律。"

③ 参见邱润根、金梦:《论涉外证券的法律适用》,载《广西师范大学学报(哲学社会科学版)》2013年第3期。

④ 如瑞士《关于国际私法的联邦法》第106条规定:"商业证券上指定有所适用的法律的,适用该指定的法律。没有指定的,有关的问题适用证券签发人的营业机构所在地的法律。"美国《统一商法典》第8-106条规定:"证券的有效性和对转让作出登记时发行人的权利和义务,受对发行人之组织有管辖权的法律(包括冲突法规则)的约束。"

现了法律适用的可预见性、确定性及一致性,却忽视了所选准据法是否符合个案的实际情况及是否公平正义。① 后者的理论来源则是里斯(Willis L. M. Reese)等提倡的"最密切联系说",强调适用与个案有最密切联系地的法律,以期达到法律选择的科学灵活性与法律适用结果的公正性之有机结合。② 但最密切联系原则需依靠法官自由裁量来实现该原则蕴含的目的,其灵活性既是优点也是缺点,给法律适用的确定性带来了影响。

最密切联系原则具有纠正偏差和补足缺漏的作用,即在适用某个固定连结点难以实现案件的公平正义时,运用该原则来找寻最密切联系地法;在涉外民商事纠纷缺乏法律适用规定时,则可发挥该原则的兜底作用。在各国立法中,最密切联系原则在法律适用中有不同地位。例如,将该原则作为涉外合同适用的连结点或主要原则、涉外民事关系法律适用的补充原则或总原则、例外条款等。从《涉外民事关系法律适用法》来看,我国立法将最密切联系原则作为兜底条款,并在个别法律适用条款中作为连结点。应对连结点的适用顺序进行限制。由于法律适用的确定性作为冲突规范的天然使命,当一项冲突规范中既规定了一个固定连结点,又同时可适用最密切联系地法时,后者的适用应当是有前提条件的,而不能直接避开前者。法官应当首先适用该固定连结点,倘若该连结点的适用导致案件结果不合理或显失公平,则适用最密切联系地法。虽然冲突规范愈益体现出软化的趋势,但法官自由裁量权需受到一定的规制。③ 因此,有价证券的法律适用并不是由法官随意选择的。在多数涉外有价证券纠纷中,权利实现地不失为该法律关系的最密切联系地,此时,法官需先适用权利实现地法,只有在适用权利实现地法不符合个案实际情况及公平正义的前提下,才可适用最密切联系地法。

2. 克服属地主义偏好

如果在适用最密切联系原则时,一味地着重考虑适用本国法,将无法实现法律适用的灵活性,并使个案的审判结果在实质上有违公平正义。因此,法官不应对案件中涉及他国的连接因素弃之不顾,需克服属地主义偏好。以案件的实际情况为基础,找出与案件有关的所有连结点,明确连结点的数量分布以及适用某国法律理由

① 参见梅傲:《"人本说":国际私法一种新学说》,载《现代法学》2015 年第 2 期。

② See Symeon C. Symeonides, *Codifying Choice of Law around the World: An International Comparative Analysis*, Oxford University Press, 2014, p. 351.

③ 参见翁杰:《最密切联系原则的司法适用——以〈涉外民事关系法律适用法〉第 2 条为中心》,载《法律科学》2017 年第 6 期。

的充分性。综合考虑当事人的正当预期、案件结果的公平合理、每一个连结点在案件中的地位等相关因素,找到与案件有固有的、稳定的、本质联系的法律。

(二)区分有价证券的权利性质

有价证券作为一种动产,对于有价证券上的物权纠纷,即当涉及有价证券的转让、抵押、质押时,应当适用一般动产的法律适用规则。但是在有价证券担保物权法律适用上,有待进一步统一。《民法典》第 440 条规定,可以出质的权利包括有价证券,而《涉外民事关系法律适用法》规定,权利质权适用质权设立地法,即有价证券质权纠纷适用该规则。由此可见,并非所有涉外有价证券纠纷都适用《涉外民事关系法律适用法》第 39 条,有价证券的物权纠纷可以另行适用其他规定。但《涉外民事关系法律适用法》仅单独规定了质权的法律适用规则,而欠缺有价证券其他担保物权的法律适用规则,就显得不妥。此时,仅可把权利质权的法律适用规定看作一个例外条款,将其他物权纠纷适用一般动产物权的法律适用规则。至于证券上的权利,则适用《涉外民事关系法律适用法》第 39 条的规定。

(三)借鉴当事人意思自治原则

在所收集到的案例中,有 4 例案件根据《涉外民事关系法律适用法》第 41 条的规定,以当事人意思自治原则确定准据法。如在"茂某与某科技咨询有限公司纠纷案"中,①由于被告没有实际出资,原告请求确认被告无权享受股东权益。在该案中,双方当事人选择以中国法为准据法,且被告住所地在中国境内,故该案适用了中国法。再如,在"王某某、朱某某与某公司的纠纷案"中,②作为显名股东的被告将 100% 的股权转让给他人,而未向作为隐名股东的原告分配转让款,故原告请求被告支付股权转让款。法院认为,该案原告与被告均同意适用我国法律,且股权转让事项发生在中国,因此,该案适用了我国法律。从法官说理中可以看出,法官既考虑了意思自治的因素,又考虑了最密切联系地的因素。尽管这两起案件在种类上属于有价证券纠纷,但当事人之间存在相关协议,也属于合同纠纷。因此,法官可以适用《涉外民事关系法律适用法》第 41 条。

即便当事人之间不存在合同,涉外有价证券纠纷也应允许当事人意思自治。《涉外民事关系法律适用法》不仅在总则中规定了当事人意思自治原则,分则中也广泛存在允许当事人意思自治的冲突规范。因此,当事人意思自治原则在法律适用中

① 参见(2017)赣 01 民初 376 号判决书。

② 参见(2018)桂 04 民初 38 号判决书。

具有极其重要的地位，统领《涉外民事关系法律适用法》的司法应用。[①] 在涉外有价证券物权纠纷上，《涉外民事关系法律适用法》规定，动产物权纠纷的法律适用上允许意思自治，却忽视了有价证券法律适用上的意思自治。有价证券作为一种流动极为频繁的动产，允许当事人选择准据法与该特点相契合。在涉外有价证券法律适用中引入当事人意思自治具有显而易见的优点：一是体现了私法自治的精神。国际私法在本质上仍然是私法，它是以私人间的法律关系为成立基础，保护的是私人权利。当事人作为私法主体，有充分的自由决定自己的事务。在涉外民商事纠纷中，当事人作为直接利益相关人，法律适用的结果对其至关重要，只有当事人自己才清楚何种法律适用结果最符合自己的意愿和利益。在不违背强制性法律规定、社会公共秩序以及保护弱者利益的前提下，法律适用规则应当充分承认和尊重当事人的选择，以彰显法律的人文精神。[②] 二是有利于营造良好的营商环境。当事人协议选择法律能良好地实现当事人的预期利益，体现出内国法同等保护外国人与内国人的合法权益。因此，为了更好地保护私人权益，促进我国证券市场的繁荣发展，可以在有价证券的法律适用中允许当事人协议选择准据法。

(四)增加中间机构所在地法

我国有间接持有方式的有价证券，在跨境证券交易中产生的纠纷有赖完善的冲突规范予以调整。针对间接持有方式下适用物之所在地法的困境，为制定出能够满足实际需要且行之有效的冲突规范，海牙国际私法会议通过的《关于经由中间人持有证券特定权利的法律适用公约》引入了中间人账户所在地和当事人意思自治这两个连结点。但该公约或是出于避免当事人约定适用法律关系没有实际联系的法律为准据法的目的，对当事人意思自治原则的适用过于严苛，对此，实在没有必要进行过多限制。除意思自治原则外，我国立法可以该公约为参考，引入中间人账户所在地这一连结点。在间接持有模式下，投资者与受让人之间的交易往来实际上是账户的交易往来，当事人权益的证明也源于账户。[③] 适用账户所在地法有利于实现当事人的交易期望，以及法律适用的可预见性、确定性。在众多的中间机构中，账户所在地即为与投资者有直接联系的中间机构所在地。

---

① 参见陈卫佐：《涉外民事关系法律适用法的中国特色》，载《法律适用》2011 年第 11 期。

② 参见梅傲、罗迪：《"人本"语境下连结点选择方法论》，载《武大国际法评论》2021 年第 4 期。

③ 参见颜林：《"PRIMA"规则的适用：困境及出路——基于制度发展史的考察》，载《安徽师范大学学报（人文社会科学版）》2016 年第 5 期。

涉外遗嘱法律选择中的意思自治原则:适用、扩张与限制*

杨灵一**

自20世纪80年代起,在部分国家和海牙国际私法会议的推动下,意思自治原则已经成为涉外遗嘱领域重要的法律选择方法。适用意思自治原则需要考量其空间范围、时间因素、适用方式以及实质有效性。通过对各国立法例的考察,发现各国一般是有限制地引入意思自治原则:在遗嘱人选择法律的空间范围上,较多国家采"肯定说",限制遗嘱人选择特定范围内的法律;在时间因素上,限制在遗嘱人"作出选择时"、"立遗嘱时"或"死亡时";在方式上,一般要求遗嘱人采用明示或者默示的方式作出法律选择。关于意思自治的实质有效性,目前各立法例主要采用"准据法说"。

涉外遗嘱法律选择中的意思自治原则,是指遗嘱人被赋予了法律选择的权利,并且在行使这种权利时,法院不再适用规定客观连结点的冲突规范所指引的准据法,而适用遗嘱人所选择的准据法。① 意思自治原则已经流行于各国的遗嘱实体法中,国际私法领域应该制定能够与之配套的适用规则,为此,应该充分考虑遗嘱的特点。② 遗嘱不是一般的财产法,而是与遗嘱人与继承人之间的身份关系密切相关的

* 本文系国家社科基金项目"《民法典》时代我国国际私法典编纂国际民事程序研究"(批准号21BFX157)的阶段性研究成果;同时得到"中央高校基本科研业务费专项资金"以及"山东大学基本科研业务费专项资金"资助。

** 山东大学法学院助理研究员、国际法学博士。

① 参见李浩培:《李浩培文选》,法律出版社2000年版,第312页。

② See Lara Walker, *Party Autonomy, Inconsistency and the Specific Characteristics of Family Law in the EU*, 14 (2) Journal of Private International Law 225 (2018).

财产法。[1] 在实践中，依意思自治原则决定遗嘱的法律选择面临许多值得思考的问题。

一、涉外遗嘱法律选择中意思自治原则之适用

在实践中，依意思自治原则决定遗嘱的法律选择面临许多值得思考的问题。首先，就选择法律的空间范围而言，遗嘱人选择法律时能否选择与遗嘱人和遗嘱本身毫无关系的法律。其次，就选择法律的时间因素而言，遗嘱人可以选择的是立遗嘱时的法律、作出选择时的法律，还是死亡时的法律，抑或是三者皆可。再次，就选择法律的适用范围而言，遗嘱人选择法律时，必须选择某一法律支配所有遗嘱事项，还是可以拆分各遗嘱事项后分别选择法律。最后，就选择法律的方式而言，遗嘱人选择法律究竟以明示方式、默示方式，抑或是可假设或推定的方式。

（一）意思自治的空间范围

当事人选择法律的空间范围问题，实际就是当事人选择准据法时，能否选择与法律关系和法律事实没有客观牵连或真实联系的法律。长期以来，在契约领域存在理论上的争议。

1.“肯定说”与“否定说”

欧洲大陆学者多主张，当事人选定的准据法必须与契约之间有客观牵连或真实联系，而不得任意选择与契约完全无牵连的法律为准据法，即采“肯定说”。理由有二：其一，外国法律与契约间有某种牵连关系，如契约订约地、履行地、当事人本国、当事人住所地等，乃是适用外国法的基本原因，倘若与契约有真实牵连国家的法律都无法适用于该契约，当事人选择的法律，何以主张适用？其二，当事人如果可以选择一种与契约毫无真实牵连的国家的强行法，不免有规避法律的嫌疑。然而，以英国为代表的大多数国家不要求选择与契约有客观联系的法律，日本、泰国、奥地利、丹麦、比利时、德国以及瑞士等国的立法也没有作出限制，即采“否定说”，认为当事人有完全的选法自由。这是因为国际性契约复杂多变、内容不一，如果限制当事人在与契约有真实牵连关系国家的法律中加以选择，不仅在理论上难以自圆其说，而且实际上当事人选择的无牵连关系的法律，可能是中立的法律、当事人熟悉的法律，或者是最进步的法律。[2]

“肯定说”和“否定说”主要针对契约、合同等领域，遗嘱法非单纯的财产法，兼

① 参见王泽鉴：《民法概要》，北京大学出版社2009年版，第443页。

② 参见赖来焜：《当代国际私法学之构造论——建立以“连结因素”为中心之理论体系》，台北，神州图书出版有限公司2001年版，第289页。

具人身性与财产性,选择遗嘱准据法的空间范围是否应该被限制,各立法例采“肯定说”还是“否定说”?

经统计,采“肯定说”的立法例共有18个,表现为限制遗嘱人选择遗嘱继承的空间范围。[①] 其中,限制在国籍这一空间范围的有意大利、乌兹别克斯坦、吉尔吉斯斯坦、亚美尼亚、白俄罗斯、阿塞拜疆、乌克兰、保加利亚和罗马尼亚;限制在居所地的是韩国;捷克和多米尼加限制在经常居所地;瑞士限制的空间范围是国籍和最后住所地;列支敦士登限制在国籍和最后惯常居所地;比利时、黑山和加拿大限制在3个空间范围内,波兰最宽,共规定4个空间范围供遗嘱人选择。采“否定说”的立法例有6个,摩尔多瓦不限制遗嘱人选择遗嘱继承的空间范围,美国路易斯安那州和澳大利亚不限制遗嘱人选择遗嘱解释的空间范围,塞内加尔、多哥和多米尼加不限制遗嘱人选择遗嘱形式的空间范围。就“肯定说”而言,除坚持采用住所的英美法系国家和少数大陆法系国家外,多数国家仍然以国籍为连结点。2012年欧盟《继承条例》[②]第22条第1款所确定的空间范围也是国籍。

目前,国籍作为连结点已经日渐衰微,比如,人口流动使自然人与国籍国联系不再紧密,战争导致部分人成为无国籍人,跨国婚姻产生双重或者多国籍人。[③] 既然如此,上述各国以及欧盟为何还要选择国籍这个连结点?考虑到可能会有这个困惑,欧盟在制定条例时解释,允许遗嘱人选择国籍国法是确保遗嘱人与所选择法律之间的联系,为了避免特留份权利人的合法期待落空,保护生存配偶和子女的合法利益,同时实现遗嘱人对其与祖国文化联系的渴望。这种解释符合欧盟内部人员流动的现状。欧盟内部市场统一化发展趋势较迅猛,人们因为工作、学习、就医以及旅游等原因从一国到另一国的机会较多,很容易在别国有惯常居所地,但同时保留本国的国籍,其他家庭成员可能也在其本国内。国籍与自然人仍有较深的联系,因此限定在国籍国范围内有合理性。此外,并非所有欧盟国家都允许遗嘱人选择准据法,出

---

① 本文收集了64个国家和地区的立法资料,通过对文本的分析,总结归纳各立法例中意思自治原则的适用情况。

② Regulation (EU) No 650/2012 of the European Parliament and of the Council of 4 July 2012 on Jurisdiction, Applicable Law, Recognition and Enforcement of Decisions and Acceptance and Enforcement of Authentic Instruments in Matters of Succession and on the Creation of a European Certificate of Succession. OJ No L 201/107, 27. 7. 2012.

③ 参见董海洲:《从“身份”到“场所”——属人法连结点的历史与发展》,载《法学家》2010年第1期。

于谨慎考虑,将意思自治的空间范围限定在国籍会更容易被各国所接受。①

选择国籍作为连结点还需要考虑国籍的冲突问题。长期以来,双重国籍一直被认为像"一夫多妻"一样令人难以接受,是一个十分令人厌恶的"角色"。但随着全球化的快速发展,人口流动持续加快,客观上产生大量的双重国籍人,各国曾试图消除双重国籍,但所作的努力最终都白费,难以实现最初的目的。因此,各国不再回避双重国籍,越来越多的国家正视双重国籍,并制定立法承认双重国籍。② 欧盟内部客观上存在双重或多重国籍人,因此,2012 年欧盟《继承条例》第 22 条第 1 款第 2 项规定:"拥有多重国籍者可以选择其作出选择时或死亡时的任何一个国籍国法。"该规定反映了欧盟承认并保护拥有多重国籍人的态度,目的在于消除成员国之间烦琐的程序,因为国家法律制度之间的差异导致欧盟内部承认与执行程序严重的复杂化。③ 但该条例并没有说明无国籍人如何进行选择,有学者认为,欧盟的这种缺漏可能造成对无国籍人的歧视。④

2. 对空间范围的限制

有的立法例对意思自治的空间范围作出了限制性规定,比如,1995 年意大利《国际私法制度改革法》第 46 条规定,遗嘱人可以通过遗嘱明示选择居住地国法律支配继承法律关系,但是要求遗嘱人死亡时仍然居住在该国,否则选择无效。2001 年韩国《修正国际私法》第 49 条规定,遗嘱人通过适用于遗嘱的方式明示指定了下列各法中的某一个时,继承应适用该法:(1)指定当时遗嘱人的惯常居所地。但这一指定只有在遗嘱人直到死亡时仍在这一地方保有其惯常居所的情况下才有效。(2)涉及不动产的继承时适用该不动产所在地法。这两条是对居住地和惯常居所地的限制。还有的立法例对国籍作出限制,如 2005 年乌克兰《国际私法》第 70 条规定,如果遗嘱人在遗嘱里未选择其国籍国法,则继承关系依遗嘱人最后住所地国法。如果遗嘱作成后遗嘱人国籍变更,则遗嘱人的法律选择无效。

(二)意思自治的时间因素

作为一种死因行为,遗嘱因遗嘱人作出意思表示而成立,但只要遗嘱人还健在,无论遗嘱订立了多长时间均不发生法律效力,任何继承人都不能要求按照遗嘱继承

① 参见费珊龙:《欧盟继承条例中的法律选择规则研究》,厦门大学 2014 年硕士学位论文,第 27 ~ 28 页。

② 参见肖永平、郭明磊:《论国籍观念的演进与国籍法的变革》,载《法学评论》2007 年第 6 期。

③ See Oksana Rudenko, *Formation, Development and Modern State of Private International Law in the European Union*, European Journal of Law and Public Administration 5, 2018, p. 43.

④ 参见费珊龙:《欧盟继承条例中的法律选择规则研究》,厦门大学 2014 年硕士学位论文,第 28 页。

财产。① 遗嘱人死亡后,遗嘱即终意之处分,不得被撤回或变更。② 实体法上的遗嘱制度有两个重要的时间点,一是遗嘱成立时,二是遗嘱生效时,二者并不相同。遗嘱人去世后,遗嘱才生效,显然无法再作出法律选择。因此,依遗嘱人意思自治选择准据法必须考虑的时间因素,仅是指遗嘱人可以选择的连结点的时间因素,而不是遗嘱人可以作出法律选择的时间。法律选择的目的既有保障遗嘱自由之义,也旨在增加法律适用结果的确定性和可预见性。若遗嘱人选择的时间导致法律支配的"真空状态",则失去法律选择的意义。③

需要考虑的时间因素包含两个问题:其一,遗嘱人选择法律的时间因素是否应该受到限制?其二,若被限制,遗嘱人可以选择的时间因素有哪些?经统计,法律选择的时间因素可分为以下5个类别,各立法例的适用情况见表1。

表1 法律选择的时间因素统计

时间因素类型	被采用的次数
立遗嘱时	2〔1〕
作出选择时	2〔2〕
立遗嘱时或死亡时	2〔3〕
作出选择时或死亡时	3〔4〕
不限制	15〔5〕

注:〔1〕1991年美国《路易斯安那州民法典》第3531条、捷克2012年《关于国际私法的法律》第77条第4款。

〔2〕2001年韩国《修正国际私法》第49条、2005年保加利亚《国际私法典》第89条。

〔3〕1991年加拿大《魁北克民法典》第3098条、波兰2011年《关于国际私法的法律》第64条。

〔4〕2004年比利时《国际私法典》第79条、黑山2013年《关于国际私法的法律》第72条、2014年多米尼加《国际私法》第57条。

〔5〕瑞士1987年《关于国际私法的联邦法》第90~91条、1995年意大利《国际私法制度改革法》第46条、1996年列支敦士登《关于国际私法的立法》第29条、1997年乌兹别克斯坦《民法典》第1197条和第1198条、1998年吉尔吉斯斯坦《民法典》第1206条和第1207条、1999年白俄罗斯《民法典》第1133条和第1135条、1999年亚美尼亚《民法典》第1292条第1款、2000年阿塞拜疆《国际私法》第29条、2002年摩尔多瓦《民法典》第1623条、2005年乌克兰《国际私法》第70条、2009年罗马尼亚《民法典》第2634条、2014年多米尼加《国际私法》第54条。

---

① 参见陶希晋总主编、刘春茂主编:《中国民法学·财产继承》,人民法院出版社2008年版,第244页。

② 参见史尚宽:《继承法论》,中国政法大学出版社2000年版,第398页。

③ 参见赖来焜:《当代国际私法学之构造论——建立以"连结因素"为中心之理论体系》,台北,神州图书出版有限公司2001年版,第281页。

其中,有4个立法例限定为"立遗嘱时或作出选择时",共有5个立法例允许在两个时间因素中作出选择,15个立法例并不限制遗嘱人选择的法律的时间因素。2012年欧盟《继承条例》第22条允许遗嘱人选择其作出选择时或死亡时的国籍国法。遗嘱人选择法律的权利是一个非常有意义的工具,因此,第22条被认为是该条例最重要的条款之一。① 对法律选择的时间因素限制较少或者不加限制,虽然有利于扩大法律选择的范围,但会造成难以确定准据法的困扰。

首先,"死亡时的国籍国"是不确定的。根据欧盟《继承条例》第24条第2款和第25条第3款的规定,遗嘱人所选择的法律可以调整遗嘱效力。如果遗嘱人作出了法律选择,且选择了死亡时的国籍国法,则可能使遗嘱继承、遗嘱效力都处于待定状态,不利于维护家庭和社会公共秩序的稳定,应当只允许遗嘱人选择其作出选择时的国籍国法。②

其次,时际法律冲突的问题。遗嘱人作出法律选择之后,如果该准据法被新法所取代,是否应适用新法?例如,遗嘱人选择其国籍国法作为准据法,在遗嘱人作出选择后死亡之前,其国籍国法被修改,那么应适用修订前的法律,还是修订后的法律?所谓依意思自治原则选择适用某国法律,应是指适用该国法律的"裁判时""现时的"新规定,而非被"选择时"该国法律的内容,当事人所信赖的是选择国家司法的公平与正义,该国立法机关修正、废止或变更该准据法的,应当适用"裁判时"有效的准据法的具体内容。③

综上,遗嘱人选择法律的时间因素在不同情况下存在差异。在选择遗嘱继承、遗嘱效力、遗嘱解释等事项的准据法时,应该予以限制,以保证遗嘱人可以预见遗嘱继承将要产生的效果、遗嘱的效力以及对遗嘱内容的解释,增强法律选择的可预见性。在选择遗嘱形式的准据法时可不加以限制,遗嘱人选择立遗嘱时或死亡时的国籍国法、住所地法,抑或是其他任何一国法律皆可,因为时间因素对遗嘱形式有效性的影响较小。在限制时间因素的情况下,遗嘱人"立遗嘱时"、"作出选择时"以及"死亡时"是比较常用的时间点,但要注意遗嘱人"死亡时的国籍国法"可能会带来

---

① See Mariusz Zlucki, *Attempts to Harmonize the Inheritance Law in Europe: Past, Present, and Future*, Iowa Law Review 103, 2018, p. 2331.

② 也有学者认为,为避免歧义以及保护遗嘱人的合理期待,根据法不溯及既往原则,应将欧盟《继承条例》第22条第1款中的法律选择范围明确为作出选择时或死亡时国籍国当时有效的法律。参见费珊龙:《欧盟继承条例中的法律选择规则研究》,厦门大学2014年硕士学位论文,第28页。

③ 参见赖来焜:《当代国际私法学之构造论——建立以"连结因素"为中心之理论体系》,台北,神州图书出版有限公司2001年版,第324页。

的问题。

(三)意思自治的方式要求

明示方式选择准据法具有透明度强的特点,有助于增强法律选择的确定性与可预见性,目前为各国所普遍接受。2014 年多米尼加《国际私法》第 54 条规定,遗嘱人可以通过遗嘱的形式明示选择继承适用经常居所地法律。瑞士、美国路易斯安那州、阿塞拜疆和黑山等国家或地区也规定了明示的要求。遗嘱解释的方式既有明示的,也有默示的,还有推定的或假定的方式。美国路易斯安那州的法律规定,遗嘱解释受遗嘱人在立遗嘱时通过明示方式选择的州的法律所调整,或者适用遗嘱人立遗嘱时显然想要适用的州的法律,此处法条采用的是"意欲"的表述方式。在缺乏这种明示的或者默示的选择时,则根据遗嘱人立遗嘱时的住所地州法律进行解释。① 美国《第二次冲突法重述》也有关于遗嘱解释法律选择方式的规定,解释土地遗嘱和动产遗嘱首先适用遗嘱人指定的州的解释规则。在缺乏遗嘱人指定的情况下,土地遗嘱的解释适用土地所在州法院将要适用的解释规则,动产遗嘱适用立遗嘱人死亡时的住所地州法院将要适用的解释规则。②

(四)意思自治的实质有效性

意思自治的实质有效性,是指作出法律选择的人是否已经充分理解并同意其作出法律选择行为的内容。法律选择的实质有效性要研究的问题是,"关于支配'当事人意思'本身之准据法,即决定当事人选择法律效力之法律",关于这个问题,在讨论契约法律选择时,学者见解不一,国际上有以下几种学说。

第一,"法院地法说"。连结点的定性标准与讼争问题的定性标准相同,应依"法院地的民商法",德国法院判决以及意大利多数学者据此认为,应依法院地法决定当事人法律选择本身的效力。采此观点,有适用上简便易行的特点,但就当事人本身来说,法院地法在当事人作出法律选择时是不可预见的。因此,"当事人意思"的效力也不可预见,且容易导致"挑选法院"的适用结果。

第二,"准据法说"。1955 年《海牙国际有体动产买卖准据法公约》主张当事人

---

① 1991 年美国《路易斯安那州民法典》第 3531 条规定:"遗嘱中所使用的词汇和用语的意思依照立嘱人为该目的而明示指示的,或在他立遗嘱时显然意欲适用的州的法律确定,在缺乏此种明示或默示的选择时,则依照立嘱人立嘱时住所地州法律。"

② 美国《第二次冲突法重述》第 240 条规定:"处分土地权益的遗嘱,其条文的解释,适用遗嘱为此目的所指定的州的解释规则。遗嘱无指定时,其解释适用土地所在地法院将予适用的解释规则。"第 264 条规定:"处分动产权益的遗嘱,其条文的解释依据遗嘱为此目的所指定的州的本地法。遗嘱中无指定时,其解释适用立遗嘱人死亡时住所地州法院将予适用的解释规则。"

选择的法律决定“当事人意思”本身的效力。这种方式一方面将所有有关效力的问题集中于一种法律,简单易行;另一方面当事人在选择法律时便知悉准据法,符合当事人的正常期待。但有学者认为,“准据法说”存在适用上的循环论法之虞,因为准据法是以有效选择为基础的,有互为因果、循环推论之嫌,但新近很多立法仍采用“准据法说”。

第三,“依本应适用的法律说”。有学者认为,应考虑当事人是否选择了法律,如果没有选择法律,则依本应当适用的法律确定“当事人意思”的效力。

第四,“法院裁量说”。该说认为,“当事人意思”本身的效力应由法院自由裁量,就法院而言,适用简便,但有两个问题:其一,适用结果难以预见;其二,对当事人可能不利,有违正当的期待利益。①

关于法律选择的实质有效性,目前多采“准据法说”,即法律选择的实质有效性受遗嘱人选择的法律的调整。但是,确定选择行为是否有效是一个指向准据法之前的问题,采用“准据法说”可能存在逻辑上的悖论:既然法律选择行为是否有效尚不可知,为何可以用该行为所确定的准据法来衡量这一行为的效力?如果法律选择行为无效,那么该行为所选择的法律就不应适用,既然不应适用,又何以认定选择行为无效?为避免陷入逻辑循环的泥沼,有学者提出“惯常居所地法说”,即法律选择的实质有效性受遗嘱人的惯常居所地法所调整。具体而言,包括遗嘱人“作出选择时”或“死亡时”的惯常居所地,由于适用遗嘱人“死亡时”的惯常居所地法将使法律选择的效力长期处于不确定状态,故而由遗嘱人“作出选择时”的惯常居所地法来调整法律选择的实质有效性较合理。②

二、涉外遗嘱法律选择中意思自治原则之扩张

遗嘱人意思自治原则从产生起至20世纪80年代的发展并不迅速。国际公约方面,仅有1973年《海牙死者遗产国际管理公约》,其重要性在于正确解决国籍原则和住所原则的抵触问题以及认可遗嘱人的意思自治原则,并影响了1989年《海牙死者遗产继承法律适用公约》的制定。在国家立法中,只是少数国家采用了这个原则,而且有些采用这个原则的国家最后摒弃了它。③ 自20世纪80年代起,在部分国家

① 参见赖来焜:《当代国际私法学之构造论——建立以“连结因素”为中心之理论体系》,台北,神州图书出版有限公司2001年版,第248~249页。

② 参见费珊龙:《欧盟继承条例中的法律选择规则研究》,厦门大学2014年硕士学位论文,第31~32页。

③ 参见李浩培:《李浩培文选》,法律出版社2000年版,第313~322页。

和海牙国际私法会议的推动下,遗嘱人意思自治原则开始迈出前进的步伐。作为一种法律选择方法,意思自治原则有扩张的发展趋势,其形成并非出于偶然,有多方面的原因可探究。①

(一)扩张的表现

国外立法方面,瑞士1987年《关于国际私法的联邦法》第90条和第91条对意思自治原则的规定既精细又慎重,促进了遗嘱人意思自治原则的前进发展。② 1942年意大利《民法典》删除了关于意思自治的规定,1995年意大利《国际私法制度改革法》又恢复了对意思自治原则的采用,该法第46条规定,遗嘱人可以通过遗嘱明示选择居住地法以取代国籍国法。从1999年4月开始,韩国启动了修改1962年《涉外私法》的工作,并于2001年4月7日公布了韩国《修正国际私法》。③ 韩国新的国际私法引入了"惯常居所地"的概念,允许遗嘱人选择惯常居所地法和不动产所在地法作为遗产继承的准据法。④

1966年波兰《国际私法》也不允许遗嘱人选择准据法,波兰2011年《关于国际私法的法律》第64条第1款规定:"立遗嘱人可在遗嘱或者其他死因处分行为中指定遗产事项适用其本国法、实施该项法律行为时或者死亡时的住所地或者惯常居所地国法。"此外,加拿大魁北克、列支敦士登、乌兹别克斯坦、吉尔吉斯斯坦、白俄罗斯、亚美尼亚、阿塞拜疆、比利时、保加利亚、乌克兰、罗马尼亚、荷兰、捷克、黑山、多米尼加等国家或者地区都相继制定或修改冲突法规则,允许遗嘱人依意思自治原则决定遗嘱准据法。⑤

国际公约方面,1989年《海牙死者遗产继承法律适用公约》对遗嘱人意思自治原则的发展有显著的推动作用。这是由于:一方面,该公约第5条采用意思自治作为主观连结点以决定遗产继承准据法,与第3条采用客观连结点(惯常居所地和国

---

① 参见赖来焜:《当代国际私法学之构造论——建立以"连结因素"为中心之理论体系》,台北,神州图书出版有限公司2001年版,第324页。

② 参见李浩培:《李浩培文选》,法律出版社2000年版,第319页。

③ 1962年1月15日,韩国通过"第966号法律"公布《涉外私法》,此时并不允许依遗嘱人意思自治原则选择准据法。参见沈涓主编:《国际私法学的新发展》,中国社会科学出版社2011年版,第83页。

④ 参见2001年韩国《修正国际私法》第49条。

⑤ 参见1991年加拿大魁北克《民法典》、1995年意大利《国际私法制度改革法》、1996年列支敦士登《关于国际私法的立法》、1997年乌兹别克斯坦《民法典》、1998年吉尔吉斯斯坦《民法典》、1999年白俄罗斯《民法典》、1999年亚美尼亚《民法典》、2000年阿塞拜疆《国际私法》、2001年韩国《修正国际私法》、2004年比利时《国际私法典》、2005年保加利亚《国际私法典》、2005年乌克兰《国际私法》、2009年罗马尼亚《民法典》、2011年荷兰《民法典》(第10卷)、波兰2011年《关于国际私法的法律》、捷克2012年《关于国际私法的法律》和黑山2013年《关于国际私法的法律》、2014年多米尼加《国际私法》。

籍)平行;另一方面,该公约也为它的适用作出了许多详细的规则。需要注意的是,虽然上述1973年《海牙死者遗产国际管理公约》在平行地采用这些主观连结点和客观连结点方面先于该公约,但该公约以有关当事国的先前声明作为适用一些规定的条件,而《海牙死者遗产继承法律适用公约》没有这种条件。

欧盟虽然作出诸多努力协调其境内的国际私法,但与海牙国际私法会议的努力相比,统一继承冲突法一直被忽视。[①] 直到2012年颁布欧盟《继承条例》,这被认为是全球化的自然结果。[②] 欧盟对意思自治原则持支持的态度,其他领域的立法,特别是合同法,一直积极地适用意思自治原则。但这一原则是否适用于遗嘱冲突法。这一疑问直到2012年颁布欧盟《继承条例》后才被揭开。该条例第22条第1款规定,遗嘱人可以选择其作出选择时或死亡时的国籍国法调整继承关系。该条规定,赋予遗嘱人依意思自治原则选择准据法的权利,同时也明确了选择是有限制的。作出如此设计是为了便于自然人提前安排继承,同时尊重自然人的继承人和受遗赠人的合法期待。[③]

欧盟《继承条例》影响了德国《民法典施行法》的修改。截至2017年6月17日修订的德国《民法典施行法》第25条规定:"因死亡而发生的权利继承,只要其不在欧盟《继承条例》的适用范围之内,则参照适用该条例第三章的规定。"[④]从总体上看,国际社会已经接受了依意思自治原则决定遗嘱的法律选择。

(二)扩张的原因

首先,实体法上遗嘱自由的扩展。遗嘱是单方法律行为,只要立遗嘱人作出意思表示,遗嘱即成立,不需要相对人的同意。在遗嘱发生法律效力以前,遗嘱人还可以随时变更或撤回遗嘱。[⑤] 英国1837年《遗嘱法》确立了遗嘱的绝对自由原则,遗嘱人可以制定遗嘱,剥夺所有法定继承人的权利。现代遗嘱制度是遗嘱人自由处分自己财产的方法,这属于"为个人之遗嘱"。虽然特留份制度会限制遗嘱自由,被认为尚残存身份法的痕迹,但遗嘱法渐渐由身份法领域转移至财产法领域仍然是普遍

---

① See Paul Terner, *Perspectives of a European law of Succession*, 14 (2) Maastricht Journal of European and Comparative Law 158 (2007).

② See Angelique Devaux, *The European Regulations on Succession of July 2012: A Path Towards the End of the Succession Conflicts of Law in Europe, or Not?*, 47 International Lawyer 231 (2013).

③ 参见费珊龙:《欧盟继承条例中的法律选择规则研究》,厦门大学2014年硕士学位论文,第25页。

④ 参见邹国勇译注:《外国国际私法立法选译》,武汉大学出版社2017年版,第118页。

⑤ 参见周枏:《罗马法原论》(下册),商务印书馆2014年版,第495页。

趋势。[1] 在不违反法律规定及公序良俗的情况下,遗嘱人可以通过遗嘱处分其个人所有的财产。遗嘱制度的本质要求充分保障遗嘱人的意愿,尊重遗嘱人的选择。[2]

其次,符合对遗嘱冲突规范的软化处理趋势。随着遗嘱法律关系的愈加复杂,传统的遗嘱冲突规范亟须被改造,以适应新形势。国际社会通过变革连结点的方式软化遗嘱冲突规范,表现之一就是用灵活开放的连结点取代传统的僵硬封闭的连结点。采用灵活开放的连结点始于合同法领域,对意思自治原则的充分适用推动了冲突规范的软化发展。[3] 尽管意思自治原则曾经在欧美国家备受争议,但是随着其作用被逐渐发挥出来,意思自治原则已经基本不会受到质疑。如今美国和欧洲各国的国际私法都在较大程度上允许当事人决定他们的"命运",表现为允许当事人选择受理案件的法院以及案件应适用的法律。

意思自治原则因为其灵活性,曾遭受保守派的质疑,但是随着合同法领域对该原则的充分适用,并逐渐发展成熟,意思自治原则的优势被发挥出来,获得了较多肯定。在"占领"合同法律选择领域之后,意思自治原则已经向侵权、夫妻财产、信托、婚姻家庭以及继承等领域扩张。[4] 如今,已有较多国家规定依意思自治原则决定遗嘱的法律选择,弥补了传统遗嘱冲突规范僵硬、机械的缺陷。引入意思自治原则,符合对遗嘱冲突规范的软化处理趋势,增强了法律选择的灵活性。在处理具体案件的时候,如果遗嘱人已经选择了法律,还可以减轻法院的负担,从这个角度而言,引入意思自治原则,有助于兼顾"冲突正义"与"实体正义","冲突效率"与"实体效率"。[5] 有学者甚至断言,世界范围内不断增长的接受意思自治原则以确定准据法的方式带来了真正的革命。[6]

(三)扩张的影响

首先,缓和"国籍"与"住所"之争。遗嘱冲突法中引入意思自治原则有非常重

---

① 参见陈棋炎、黄宗乐、郭振功:《民法继承新论》,台北,三民书局股份有限公司2016年版,第243~244页。

② 参见赖来焜:《当代国际私法学之构造论——建立以"连结因素"为中心之理论体系》,台北,神州图书出版有限公司2001年版,第325页。

③ 参见费珊龙:《欧盟继承条例中的法律选择规则研究》,厦门大学2014年硕士学位论文,第30页。

④ See Patrick J. Borchers, *Categorical Exceptions to Party Autonomy in Private International Law*, Tulane Law Review 82, 2008, p. 1645.

⑤ 参见徐崇利:《我国冲突法立法应拓展意思自治原则的适用范围》,载《政治与法律》2007年第2期。

⑥ See Lehmann Matthias, *Liberating the Individual from Battles Between States: Justifying Party Autonomy in Choice of Laws*, Vanderbilt Journal of Transnational Law 41, 2008, p. 385.

要的实践意义。海牙国际私法会议致力统一遗嘱冲突法,但是遇到了诸多障碍,如何解决连结点的冲突,实现法律选择的统一,是国际社会面临的共同难题。在制定《死者遗产继承法律适用公约》的时候,普通法系国家坚持以住所为连结点,大陆法系的日本和西班牙主张采用国籍,最终另辟蹊径采用惯常居所地作为连结点,以调和两种连结点的冲突。但作为条件,当时公约引入了意思自治原则,因此,该原则也起到了缓和"国籍"和"住所"之争的作用。欧盟《继承条例》也有此意图,该条例第22条规定,在遗嘱人的惯常居所地法与国籍国法之间存在显著差异时,允许遗嘱人进行选择。当然,这也取决于遗嘱人的做法,比如,遗嘱人是选择适用其国籍国法,还是参照该条例的规定以惯常居所地为指引选择法律。①

其次,增加法律选择的确定性与可预见性。判决结果的一致性和可预见性是国际私法理论一直追求的目标,利弗拉尔教授认为,内国和外国的法院在处理案件时都体现了对这一目标的追求。遗嘱冲突法中引入意思自治原则可以增加法律选择的确定性与可预见性,达成具体案件判决的一致。因为国际私法是解决私人之间冲突的法律,判决结果应当考虑是否可以实现私人的愿望和利益,这也正是合同法领域最先适用意思自治原则的原因。国际合同双方缔结合同时选择将要适用的法律,此时,他们可预见适用该法律可能带来的结果,即使发生了纠纷,而这个结果会是双方都认可的。意思自治原则起到了保障交易秩序的作用,正是在这种保护机制下,国际经济交往活动才能有条不紊地进行下去。另外,法律通过维护当事人之间交易的法律效力,能够促使大多数国家实现其广泛的社会政策。换言之,允许当事人选择法律,实现当事人的愿望,就是各国首先应该追求的政策目标。与此同时,利弗拉尔教授指出,判决结果的一致性有助于防止当事人挑选对自己有利的法院。②

三、涉外遗嘱法律选择中意思自治原则之限制

遗嘱不仅产生财产法上的效果,还具有一定的人法性质,发挥维护家庭关系和保障社会稳定的功能。一个法律制度若要恰当地完成其职能,不仅要力求实现正义,还需要致力创造秩序。遗嘱制度赋予遗嘱人充分的处分自由,也通过各种方式进行限制,如要求遗嘱人为其生存配偶留有特定份额的财产。③

---

① See Mariusz Zlucki, *Attempts to Harmonize the Inheritance Law in Europe: Past, Present, and Future*, Iowa Law Review 103, 2018, p. 2331.

② 参见邓正来:《美国现代国际私法流派》,中国政法大学出版社2006年版,第160~161页。

③ See Mark Glover, *A Social Welfare Theory of Inheritance Regulation*, Utah Law Review 2018, 2018, p. 412.

(一)限制的表现

目前,各国一般允许并限制遗嘱人选择涉外遗嘱继承和涉外遗嘱形式的准据法,但是在具体规定上存在差异。对意思自治原则进行限制,一方面要求限制遗嘱人可以选择法律的空间范围,另一方面要求遗嘱人采取特定方式作出选择。

其一,限制可选择法律的空间范围。在选择涉外遗嘱继承的准据法时,各立法例仅允许遗嘱人选择国籍国法、惯常居所地法(经常居所地)、不动产所在地法、住所地法、居所地法、最后住所地法以及最后惯常居所地法,最常被选择的是国籍国法。乌兹别克斯坦、亚美尼亚、白俄罗斯、阿塞拜疆、保加利亚、乌克兰、罗马尼亚等国规定,只可以选择遗嘱人的国籍国法。加拿大魁北克规定,遗嘱人可以选择立遗嘱时或死亡时的住所地法或国籍国法,也可以在涉及不动产时选择不动产所在地法。比利时法规定,被选择的法律只能是遗嘱人作出选择时或死亡时的惯常居所地法或国籍国法。波兰法规定,遗嘱人可以选择的法律包括国籍国法、立遗嘱时或死亡时的住所地法、立遗嘱时或死亡时的惯常居所地法。列支敦士登法规定,外国遗嘱人以及住在国外的本国遗嘱人可以选择国籍国法或最后惯常居所地法。

国际公约方面,欧盟《继承条例》第21条以惯常居所地为连结点,在此背景下,考虑遗嘱人可能会希望作出选择,以便匹配一个比惯常居所地更永久的连结点,因此,该条例第22条规定,遗嘱人可以选择其作出选择时或死亡时的国籍国法。国籍在保护人权方面有重要作用,弃用国籍是否会不利于保护公民的权利,这点被条例的立法者考虑进来。[①] 同时,选择法律的自由还受到同一制的限制,即遗嘱人选择的法律必须"作为一个整体"支配继承法律关系,在这种情况下,分割是无效的。该条例第22条提供了有限制的意思自治,可以被视为对结构薄弱的一般原则的合理平衡。[②] 该规定一方面便于公民提前安排继承,另一方面也尊重继承人和受遗赠人的合法期待。

各国对涉外遗嘱形式法律选择范围的限制程度最低。塞内加尔和多哥允许遗嘱人在立遗嘱时明示选择适用于遗嘱形式的法律,法条强调了"明示选择",则只能采取此种方式,但对选择法律的范围没有限制,在没有选择的情况下,遗嘱形式的有效性则依遗嘱地。乌兹别克斯坦、吉尔吉斯斯坦和白俄罗斯都对遗嘱人可以选择的

① See Veerle van den Eeckhout, *Promoting Human Rights within the Union: The Role of European Private International Law*, European Law Review 14, 2008, p. 121.

② See Janeen Carruthers, *Party Autonomy in the Legal Regulation of Adult Relationships: What Place for Party Choice in Private International Law?*, International and Comparative Law Quarterly 61, 2012, p. 906.

范围进行了限制，遗嘱人只能选择适用其国籍国法，在没有选择的情况下，遗嘱形式的有效性依遗嘱地法、固定住所地法以及法院地法予以确定。多米尼加赋予遗嘱人的自由程度更高，没有限制选法范围，遗嘱形式只要符合遗嘱人指定的法律或者遗嘱人死亡时国籍国法或住所地法即为有效。①

其二，限制法律选择的方式。法律选择的方式，是指当事人表示自己选择准据法意向（intention）的方式，有3种，即根据当事人的“明示意思”（expressed intention）、根据当事人的“默示意思”（tacit intention）以及根据当事人的“推定的或假定的意思”（presumed or hypothetical intention）。

采用明示方式选择法律符合“明示意思说”，所谓“明示意思说”，又称“明示法律选择”，是指当事人明确表达自己选择准据法的意向。但并不是所有当事人都会有作出法律选择的意识，有的立法例还规定了默示的法律选择方式，符合“默示意思说”的要求。所谓“默示意思说”，又称“默示法律选择”，是指契约中就准据法无明确的规定时，则常常可从契约的内容或文句，或其他与契约有关的行为，对自己选择有关法律为契约准据法意思的暗示或推知当事人对契约准据法默示的意思。在契约法中，“默示”的主要标志，是指仲裁条款、管辖权条款、契约使用的语言文字、某国特殊术语、履行地、某国的格式契约、货币种类均足以表示契约当事人有意思适用该国的法律，例如，在英国的判例中，法院以契约是用英文书写为由而推定当事人有选择英国法的默示意思。② 与“默示意思说”有较大不同，“推定的或假定的意思说”，是指推定行为主体只能是法院或仲裁机构，推定的客体只能是与契约当事人有关的案件整体。

与契约法律选择一样，遗嘱人选择准据法也有方式的要求，但遗嘱与契约有本质区别，对法律选择方式的具体要求也不一样。各立法例通常要求遗嘱人以明示的方式选择涉外遗嘱继承、涉外遗嘱形式和涉外遗嘱解释的准据法。国际公约方面，1989年《海牙死者遗产继承法律适用公约》第5条要求：“这种指定应根据遗嘱方式在声明书中明确说明。”2012年欧盟《继承条例》也要求以明示的方式。如果遗嘱人确实具有法律选择的意图，那么在遗嘱中作出这一选择不会那么费时费力，要求遗

① 1972年塞内加尔《家庭法》第848条、1980年多哥《家庭法典》第717条、1997年乌兹别克斯坦《民法典》第1198条、1998年吉尔吉斯斯坦《民法典》、1999年白俄罗斯《民法典》第1135条、2014年多米尼加《国际私法》第55条。

② 参见赖来焜：《当代国际私法学之构造论——建立以“连结因素”为中心之理论体系》，台北，神州图书出版有限公司2001年版，第299～300页。

嘱人明示其意图并非十分苛刻的要求。如果遗嘱人本身没有这样的意图,而只是为了方便起见,偶然地或习惯性地使用某种语言或使用某国货币作为计量单位,便据此推定遗嘱人默示选择某国法律作为准据法,则属于对遗嘱人意图的过度解读。①

除方式要求外,还应当考虑法律选择方式的程度问题。欧盟《继承条例》第22条第2款中有"明确声明"和"表明"的表述,还要求法律选择应当是清晰的、明显的。但条例中并无关于法律选择是否要指明某一具体国家法律的要求。如果遗嘱人选择的是某一国的具体法律,而该法律事实上并不调整继承关系或只涉及继承的一部分,即选择的无效或者部分无效,此时该如何处理。此外,如果遗嘱人选择的法律援引了该国的另一部法律,是否可以将另一部法律一并作为准据法。这些问题虽然是司法实践中较具体的问题,但与"明确"一词的理解密切相关。究竟怎样的指定才足够明确,过于明确的指定可能会导致哪些问题,又该如何解决?这些问题在欧盟《继承条例》以及其他国家的法律中均未涉及。

其三,加拿大、意大利、摩尔多瓦、比利时以及保加利亚等国家规定,遗嘱人选择法律不能违反关于特留份的规定。② 这是实体法上对遗嘱自由的限制,冲突法上亦是如此。特留份,是指遗产处分中,遗嘱人必须为在世的某些亲属(遗属)保留一定的数额,否则遗嘱将因此无效或被撤销。大陆法系国家通常规定的是特留份,即一定范围内的遗嘱人近亲属对遗产享有不可剥夺的期待权。英美法系的英国和澳大利亚各司法辖区都确立了遗属供养制度,遗产首先用来承担家庭成员的供养义务,遗属供养权利人除遗嘱人的近亲属外,通常还包括其他受养人,且没有固定份额,能否授予及授予多少都由法官根据具体案情裁断。美国法上没有遗属供养制度,而是

---

① 参见费珊龙:《欧盟继承条例中的法律选择规则研究》,厦门大学2014年硕士学位论文,第30页。

② 1991年加拿大《魁北克民法典》第3099条规定:"如果所选定的法律将在很大程度上剥夺死者配偶或子女在没有此选择时所享有的天然继承权,则该项对继承的准据法所作的选择无效。如果该项选择有损于财产所在地国鉴于特定财产的经济、家庭或社会目的而对其设立的特殊继承制度,则该项选择亦归于无效。"1995年意大利《国际私法制度改革法》第46条规定:"财产有争议者可以通过遗嘱明示,对他的继承受其居住地国法律支配,但如果其死亡时已不再居住在该国,那么这种选择无效。在继承人系意大利公民情形下,上述法律选择不能影响意大利法律赋予继承人的权利,只要继承人在财产有争议的死者死亡时居住在意大利。"2002年摩尔多瓦《民法典》第1623条规定:"只要不违反强制性规定,遗产人可通过遗嘱将其遗产的转移由本法典第1622条所指法律以外的另一法律支配。所选择的法律适用于本法典第1621条所指的诸情形。"2004年比利时《国际私法典》第79条规定:"遗嘱人可以选择适用其所有财产的法律。被选择的法律只能是遗嘱人选择法律时或其死亡时的惯常居所地法或本国法。但是,遗嘱人选择的法律不能剥夺根据本法第78条确定的准据法赋予继承人的特留份额。遗嘱人必须采取遗嘱的形式选择法律或撤销该选择。"2005年保加利亚《国际私法典》第89条第5款规定:"对准据法的选择,不得有损于根据第1款和第2款应适用的法律所规定的给继承人的保留份额。"

不同的州分别选择适用寡妇产、鳏夫产、宅园份、动产先取份、临时家庭生活费、可选择份额等制度。① 特留份充分反映了遗嘱法的家庭特性，也在很大程度上反映遗嘱人与其近亲属之间的利益平衡，体现了一个国家或民族对家庭或亲属关系的态度，是遗嘱有效要件的核心问题之一。②

（二）限制的原因

其一，实体法上对遗嘱自由的限制。绝对的遗嘱自由会导致一系列社会矛盾，1938 年，英国制定《继承法（家庭条款）》，准许某些受扶养人向法院申请合理的扶养金，受扶养人的范围包括配偶、未成年的儿子、未婚女、无劳动能力或不能维持自己生活的子女以及遗嘱人死亡时尚未再婚的前配偶。1975 年，英国颁布《继承法（家庭及被扶养人条款）》进一步限制遗嘱自由。依据该法，有权向法院提出分割遗产请求的权利人包括：生存配偶或民事伴侣；未再婚的前配偶；遗嘱人的未成年子女；任何遗嘱人视为与婚姻有关的子女；在遗嘱人死亡前全部或部分依靠遗嘱人扶养的任何人；以及 1996 年 1 月 1 日之后，在遗嘱人死亡前两年内，作为遗嘱人的丈夫或妻子与其共同生活的任何人。该法取代了 1938 年《继承法（家庭条款）》，于 1995 年被《〈继承〉改革法》修正。至此，英国完全摒弃绝对的遗嘱自由原则。③

美国法在英国法的根基上成长壮大，从 18 世纪 50 年代至 70 年代，英国普通法逐渐在北美殖民地占据优势，但注重实际的美国人根据自己的国情进行了诸多改革。自美国独立战争以来的 200 多年里，美国法律经历了独特的发展过程，在许多方面已经把英国的模式抛在一边。至 19 世纪中叶，美国通过了《已婚妇女财产法》（Married Women's Property Act 1893），妇女开始享有财产处分权。④ 到 19 世纪末 20 世纪初，遗嘱为更多的美国人所使用，已婚妇女也开始用遗嘱来处分其财产。⑤ 为了减少州际之间的法律冲突，1969 年美国统一州法律委员会全国会议公布了《统一遗

---

① See Katherine Spaht et al., *The New Forced Heirship Legislation: A Regrettable "Revolution"*, Louisiana Law Review 50, 1990, p. 410.

② 参见魏小军：《遗嘱有效要件研究——以比较法学为主要视角》，中国法制出版社 2010 年版，第 13～15 页。

③ 参见何勤华主编：《英国法律发达史》，法律出版社 1999 年版，第 328 页。

④ See J. G. Miller, *Family Provision on Death: The International Dimension*, International and Comparative Law Quarterly 39, 1990, p. 261.

⑤ 参见［德］茨威格特、［德］克茨：《比较法总论》，潘汉典译，中国法制出版社 2017 年版，第 352 页。

嘱检验法典》。[①] 该法典对遗嘱自由进行了一定的限制,生存配偶和一定范围的直系血亲及旁系血亲享有继承权,养子女与非婚生子女、遗腹子女的继承权也受到保护。[②]

进入20世纪后,美国家庭的结构发生变化,参加工作的已婚妇女数量急剧增加,离婚成为常见的现象。据估计,20世纪初,美国每1000对夫妇中就有3对离婚,到1997年,50%的婚姻都以离婚告终。而且,大多数离婚的人会再婚,[③]超过60%的再婚夫妻会再度离婚。[④] 随着离婚数量的增加,与单亲(通常是母亲)生活在一起的孩子数量也在增加。是否接受新的家庭模式,并给予新模式下的家庭成员以继承权成为构建现代继承法的重点之一。[⑤]

其二,遗嘱冲突法的要求。在遗嘱冲突法领域引入意思自治原则,不是一个简单的任务。社会上的每个人都会为自己的利益考虑,特别是当自己与他人发生利益冲突时,每个人都会或多或少地从自己的角度考虑,选择有利于本人的法律。[⑥] 允许遗嘱人依意思自治原则选择准据法必须受到社会公共利益的限制。[⑦] 在某种程度上,限制意思自治原则是遗嘱冲突法的一个特征,即使意思自治在遗嘱领域有扩张趋势,也需要适度限制,只能在与各方当事人有充分联系的法律中选择,这种选择不仅要参考空间范围,还要参考选择法律的时间因素,就时间而言,不仅需要确定作出选择的时间,还要判断相关连结点的时间。[⑧] 已经有较多国家允许遗嘱人选择准据

---

① 该法典最初于1969年由统一州法律委员会全国会议和美国律师协会代表团通过。在其后的1975年、1982年、1987年、1989年、1990年、1991年、1997年、1998年、2002年、2003年、2006年该法典经历多次修订。目前,美国已有18个州采纳了该法典,分别是阿拉斯加州、亚利桑那州、科罗拉多州、夏威夷州、爱达荷州、缅因州、密歇根州、明尼苏达州、蒙大拿州、内布拉斯加州、新泽西州、新墨西哥州、北达科他州、宾夕法尼亚州、南卡罗来纳州、南达科他州、犹他州、威斯康星州。但各州采用情况是不一致的,有时可能通过判例对之予以重大修改。

② 参见何勤华、魏琼主编:《西方民法史》,北京大学出版社2006年版,第414~415页。

③ United States Census Bureau, *Number, Timing, and Duration of Marriages and Divorces: 1996*, Accessed March 16, 2019, http://www.census.gov./prod/2002pubs/p70-80.pdf.

④ See Kathryn Venturatos Lorio, *The Changing Concept of Family and Its Effect on Louisiana Succession Law*, Louisiana Law Review 63, 2003, p.1164.

⑤ See Ralph C. Brashier, *Inheritance Law and the Evolving Family*, Temple University Press, 2004, p.6-7.

⑥ Janeen Carruthers, *Party Autonomy in the Legal Regulation of Adult Relationships: What Place for Party Choice in Private International Law?*, International and Comparative Law Quarterly 61, 2012, p.913.

⑦ Andrea Slane, *Tales, Techs and Territories: Private International Law, Globalization and the Legal Construction of Borderlessness on the Internet*, Law and Contemporary 71, 2008, p.131.

⑧ Janeen Carruthers, *Party Autonomy in the Legal Regulation of Adult Relationships: What Place for Party Choice in Private International Law?*, International and Comparative Law Quarterly 61, 2012, p.912.

法,但在法律选择的空间范围上存在差异。考察各立法例的规定可知,这种差异不仅表现在不同的遗嘱事项上,遗嘱人可选择的法律不同,还表现在各国允许遗嘱人选择的法律范围不同。

四、我国涉外遗嘱法律选择中的意思自治原则

(一)我国涉外遗嘱法律选择中意思自治原则的适用

我国《涉外民事关系法律适用法》第3条规定了当事人意思自治原则,但将其放在第一章一般规定中,将该法律选择方法上升到一般规定的地位,是立法的一大亮点。但该条款设置了两个限制条件,即必须"依照法律规定"和"明示选择"才可以适用。在这一原则的指导下,《涉外民事关系法律适用法》中诸多具体领域体现了意思自治原则,当事人可以协议选择合同、代理、信托、仲裁、夫妻财产关系、侵权等领域的准据法。[①]《涉外民事关系法律适用法》第16条、第17条、第18条、第24条、第26条、第37条、第38条、第41条、第44条、第45条、第47条、第49条以及第50条对适用意思自治原则作出了具体规定。最高人民法院《关于适用〈中华人民共和国涉外民事关系法律适用法〉若干问题的解释(一)》(2020年修正)(以下简称《法律适用法司法解释(一)》)第4条明确规定,当事人应根据具体规定选择法律。[②] 因此,如果当事人已经根据法条要求选择了适用的法律,则法院应当优先适用当事人选择的法律。此时,法院依据的是分则有关意思自治原则的具体冲突规范,而不宜直接援引《涉外民事关系法律适用法》第3条的规定。从这个角度上看,《涉外民事关系法律适用法》第3条只是一种宣示性规定,不具有实质意义。[③]

《涉外民事关系法律适用法》没有规定遗嘱人可以选择法律,也不能根据第3条适用意思自治原则,故而,该原则并未成为我国涉外遗嘱法律选择的方法。但在司法实践中,我国法院在处理涉外遗嘱纠纷时常常适用当事人选择的法律,显然缺乏法律依据。在"叶某等与彭某继承纠纷案"[④]中,法院选择法律的依据是原《民法通则》第149条和原《继承法》第36条,在说理部分,法院认为,该案所涉不动产均位于广州市内,法院对案件具有管辖权,各方当事人合意适用我国法律,故法院确认我国法律作为解决案件争议的准据法。法院虽然以原《民法通则》第149条和《继承法》

---

① 黄进、姜茹娇主编:《〈中华人民共和国涉外民事关系法律适用法〉释义与分析》,法律出版社2011年版,第4页。

② 2020年《法律适用法司法解释(一)》第4条规定,中华人民共和国法律没有明确规定当事人可以选择涉外民事关系适用的法律,当事人选择适用法律的,人民法院应认定该选择无效。

③ 参见杜涛:《涉外民事关系法律适用法释评》,中国法制出版社2011年版,第61页。

④ 广东省广州市中级人民法院,(2013)穗中法审监民再字第1某号。

(已失效)第36条为选法依据,但仅仅是列出来而已,并未根据冲突规范中的连结点去选择应当适用的法律,法院最后适用的法律是当事人选择的法律,即我国法律。

在"姚某某等与严某某遗赠纠纷案"①中,法院也在适用意思自治原则时也存在不当之处。在该案中,法院已经采取国籍国法(当事人国籍为中国),即我国法律为裁判依据,然而在裁判说理时以"严某某现向法院提起诉讼,并主张适用中国法律"为由选择我国法律作出裁判。这种选法方式于法无依。同样的情况发生在"张某某诉潘某某等遗嘱继承纠纷案"②中,原告张某某及被告朱某某是我国台湾地区居民,法院参照《涉外民事关系法律适用法》第33条认为,遗嘱人立遗嘱时在中国大陆,且双方当事人同意适用中国大陆法律,故案件应当适用中国大陆法律。

在"裴某1与裴某2等遗嘱继承纠纷案"③中,法院根据《涉外民事关系法律适用法》第3条以及《法律适用法司法解释(一)》第8条裁定,原审当事人均援引我国法律,故而适用我国法律并无不当。该案一审和二审法院都存在适用法律是否适当的问题,应当予以纠正。在"陈某甲等与凌某甲等继承纠纷上诉案"④中,陈某甲、欧某乙、凌某丁为我国香港特别行政区居民,一部分当事人认为该案属于法定继承纠纷,另一部分当事人认为该案属于遗嘱继承纠纷,各方当事人均援引我国内地法律作为解决该案争议的准据法,根据《涉外民事关系法律适用法》第31条、第32条、第33条的规定,法院确认适用我国内地法律作为解决该案争议的法律。但这3条都没有规定当事人可以选择准据法,法院以当事人援引我国内地法律为理由选择实体法进行裁判,应当予以纠正。

(二)我国涉外遗嘱法律选择中意思自治原则的完善建议

从立法和司法两个层面来说,我国都应该引入意思自治原则,但也需要适度限制,只能在与各方当事人有充分联系的法律中选择,这种选择不仅要考虑空间范围,还要考虑选择法律的时间因素。⑤

首先,就遗嘱人选择法律的空间范围而言,除1989年《海牙死者遗产继承法律

① 上海市第二中级人民法院(2014)沪二中民一(民)终字第294号。

② 广西壮族自治区北海市中级人民法院(2017)桂05民初135号。

③ 北京市第二中级人民法院(2015)二中民终字第11660号。

④ 广东省广州市中级人民法院(2016)粤01民终6173号。

⑤ See Janeen Carruthers, *Party Autonomy in the Legal Regulation of Adult Relationships: What Place for Party Choice in Private International Law*?, International and Comparative Law Quarterly 61, 2012, p. 912.

适用公约》提供了国籍国法和住所地法两个选择外,乌兹别克斯坦、亚美尼亚、白俄罗斯、阿塞拜疆、保加利亚、乌克兰、罗马尼亚等国家规定只可以选择遗嘱人的国籍国法。欧盟《继承条例》第22条也规定,遗嘱人可以选择国籍国法,有学者认为,该条例赋予遗嘱人的准据法选择权,是该条例最显著的特点。[①] 根据该条例序言第38段的解释,将可以选择的法律限制为遗嘱人的国籍国法,“是为了确保遗嘱人与其所选择的法律有关联,尤其是为了避免破坏享有保留份额的人的合法期待”。该条例第22条实际上也是第21条的补充,尤其是考虑欧盟内部人员的流动性,给予遗嘱人事先选择的权利,有利于提高法律选择的可预见性,这是第21条不能达到的优势。我国应该规定遗嘱人只能选择其作出选择时的国籍国法。

其次,就遗嘱人选择法律的方式而言,各国的解读不同,多米尼加法规定,遗嘱人须通过遗嘱形式明示选择适用经常居所地法;韩国法规定,遗嘱人应以明示方式选择其作出选择时的惯常居所地法,但这一指定只有在遗嘱人直到死亡时仍在这一地方保有惯常居所的情况下才有效。黑山法规定,法律选择必须是以遗嘱方式明示的或者通过案件情况明确地表现出来。欧盟《继承条例》的解释更详细,该条例第22条规定,一个人可以选择适用其作出选择时或者死亡时拥有的国籍国法,但必须是以遗嘱的方式作出,比如,其他的遗嘱处分参考了国籍国法的特别规定,或者提到了国籍国的法律,由此可以推断遗嘱人选择了该国籍国法律。[②] 我国应规定遗嘱人只能以明示的方式作出法律选择。

五、结语

依意思自治原则决定法律选择的方法已成为一种基本方法,目前该原则的影响力还在持续增强。意思自治原则有扩张的发展趋势,其形成并非出于偶然或是突变的,有多方面的原因可探究。遗嘱冲突法中引入意思自治原则可以增加法律选择的确定性与可预见性,实现具体案件判决的一致。遗嘱不仅产生财产法上的效果,还具有一定的人法性质,发挥着维护家庭关系和社会稳定的功能。若要保证判决的一致性,必须对意思自治原则进行一定程度的限制,一方面要求限制遗嘱人可以选择的法律范围,另一方面要求遗嘱人采取明示或默示的方式,并且要考虑明示或默示的程度。我国《涉外民事关系法律适用法》第3条确立了意思自治原则的宣示性地

---

① See Fontanellas Morell & Josep Maria, *Freedom of Testation and Freedom of Choice of the Law Applicable to the Succession*, Cuadernos de Derecho Transnacional 10, 2018, p. 376.

② See Juan Carlos Olarra, *Recent Developments in the European Union*, Trusts & Trustees 20, 2014, p. 157.

位,将该法律选择方法上升到《涉外民事关系法律适用法》一般规定的地位,但在遗嘱领域并未明确规定可以适用意思自治原则。我国应该引入意思自治原则,允许遗嘱人有限制地选择法律。

涉外仲裁协议效力准据法认定规则的检视与完善

——以当事人协定之准据法的识别为视角*

包鸿举** 傅伟芬***

对于如何确定涉外仲裁协议效力准据法的问题,我国立法受到《承认及执行外国仲裁裁决公约》(以下简称《纽约公约》)的影响,但在识别当事人协定之准据法方面,在审判实践中尚存在一些认识误区并采纳从严审查标准,较少认定当事人协议选择了仲裁协议准据法,实质上采纳仲裁地法作为仲裁协议效力准据法的审查标准。像伦敦、新加坡、我国香港特别行政区、瑞士等最受欢迎仲裁地更倾向适用主合同选择的准据法,除非适用主合同准据法可能导致仲裁协议无效。法国更是抛弃冲突法的审查思路,认为仲裁协议应完全遵循意思自治原则。在仲裁制度型开放背景下,有必要重新审视我国涉外仲裁协议效力准据法的确定问题。有利于仲裁协议有效原则可以有效调和仲裁协议独立性与适用主合同准据法之间的冲突,涉外仲裁条款推定适用主合同明示选择的准据法符合合同解释规则并具有现行可行性。我国应以《仲裁法》修改为契机,采纳合同条款整体解释的方法,将主合同明示选择的准据法视为仲裁条款准据法,辅之以利于仲裁协议有效的原则来识别当事人协定之准据法。

《纽约公约》第2条规定了缔约方承认与执行仲裁协议的国际义务,除非受理案件的缔约方法院查明该项协议是无效的、未生效的或不可能实行的。因此,仲裁协

---

* 本文获第九届“中伦杯”全国国际商事仲裁征文大赛二等奖。

** 法学硕士,上海市浦东新区人民法院审判员、审判团队负责人。

*** 法学硕士,上海市高级人民法院审判员、审判团队负责人。

议的效力问题是如此重要,以至于在整个仲裁活动的不同阶段都有可能触发司法当局对它的司法审查。① 对于如何确定涉外仲裁协议效力适用的准据法,②《纽约公约》规定了承认与执行外国仲裁裁决阶段仲裁协议效力准据法的认定规则,我国《涉外民事关系法律适用法》第 18 条的规定受到该公约的影响,但在如何认定当事人明示或默示选择的仲裁协议准据法、当事人选择的主合同准据法可否推定为仲裁协议准据法等问题上,在审判实践中尚存在一些认识问题。

在我国着力推动规则、规制、管理、标准等制度型开放、构建与国际通行规则相衔接的制度体系的时代背景下,建设更高水平开放型经济新体制需要把涉外法治保障和服务工作做得更有成效。为提高仲裁的国际竞争力和推动仲裁法的域外适用,我国需要积极构建与国际规则相衔接的仲裁法律体系。在涉外仲裁协议效力认定规则方面,我国需要以《仲裁法》的修改为契机,在对标《纽约公约》的基础上,对标最高标准、最好水平的仲裁国际规则,以提升涉外执法司法效能。我国可采纳合同条款整体解释的方法,辅之以国际通行的合同解释原则,即利于仲裁协议有效原则来确定涉外仲裁协议效力的合适的准据法,以促进涉外仲裁法治的现代化和国际化。

一、《纽约公约》背景下仲裁协议效力准据法的认定规则

(一)提交仲裁阶段仲裁协议效力准据法

《纽约公约》第 2 条第 3 款规定:"当事人就诉讼事项订有本条所称之协定者,缔约方法院受理诉讼时应依当事人一造之请求,命当事人提交仲裁,但前述协定经法院认定无效、失效或不能实行者不在此限。"有学者对此指出,《纽约公约》并未就仲裁协议"无效、失效或不能实行"的情形进行具体罗列,因此,法院仍需通过法律适用确定准据法,作为仲裁协议效力的审查标准;也有观点认为,法院应当选择适用法院地法,在实践中,亦有法院参考该公约第 5 条第 1 款(甲)项所载的法律适用规则确定准据法,另有法院倾向选择更有利于承认仲裁协议效力的法律。③ 因此,在提交仲裁阶段,法院地国的法律特别是冲突法就成为判断仲裁协议效力准据法的关键。

---

① 参见中国国际仲裁 30 人编著:《1958 年〈承认与执行外国仲裁裁决公约〉(〈纽约公约〉)理解与适用》,法律出版社 2020 年版,第 79 页。

② 在《纽约公约》背景下,广义的仲裁协议效力还涉及仲裁协议形式有效性、当事人行为能力、可仲裁性的准据法认定问题,本文仅从狭义的实质有效性角度来研究仲裁协议效力适用的准据法。

③ 参见中国国际仲裁 30 人编著:《1958 年〈承认与执行外国仲裁裁决公约〉(〈纽约公约〉)理解与适用》,法律出版社 2020 年版,第 41～42 页。

(二)承认与执行外国仲裁裁决阶段仲裁协议效力准据法

《纽约公约》第5条第1款规定了5种可不予承认及执行的情形,其中,(甲)项规定:“第二条所称协定之当事人依对其适用之法律有某种无行为能力情形者,或该项协定依当事人作为协定准据之法律系属无效,或未指明以何法律为准时,依裁决地所在国法律系属无效者。”因此,关于仲裁协议是否有效问题,《纽约公约》并没有规定统一的实体规则或判别标准,该项规定仅提出了仲裁协议法律适用的冲突规范,将判别仲裁协议效力的标准指向相关国家的法律,指引执行法院按照相关国家的法律来判断仲裁协议是否有效。① 据此,在承认及执行外国仲裁裁决阶段,仲裁协议效力适用的准据法适用顺位为:当事人协定之准据法、裁决地所在国法律。

对于如何确定当事人协定之准据法,联合国国际贸易法委员会秘书处指出,在实践中,当事人很少明示选择管辖仲裁协议的法律。在报告判例法中,法院期待有其他因素能够帮助其裁定双方当事人默示选择用于管辖仲裁协定的法律;法院往往采用当事人选择的管辖主合同的法律,或者采用当事人选择的管辖仲裁程序的法律作为管辖仲裁协议的默示法律选择。②

对于何谓裁决地,《纽约公约》并未回答这个问题,绝大多数缔约方认为,裁决于仲裁地作出,裁决地由当事人选择,或者由仲裁机构或仲裁庭决定,仲裁地并不是一个物理或地理概念,而是一个法律概念,审讯地、审议地、裁决的签署地,以及仲裁过程中的其他部分都可以在其他地方进行。③ 对于仲裁地,联合国国际贸易法委员会1985年通过的《联合国国际商事仲裁示范法》(以下简称《示范法》)第20条第1款规定,当事人可以自由约定仲裁的地点。未达成此种约定的,由仲裁庭考虑案件的情况,包括当事人的便利,确定仲裁地点。该法第31条第3款还规定,裁决书应具有依照第20条第1款规定确定的仲裁地点,该裁决应视为在该地点作出。因此,在承认及执行外国仲裁裁决阶段,仲裁地一般由仲裁庭在裁决中予以明确,被请求承认或执行裁决地法院可依此确定仲裁地,这不同于外国仲裁裁决作出前阶段,特别是在当事人未约定仲裁地的情形下,需要由受理案件地法院依法确定仲裁地。

---

① 参见中国国际仲裁30人编著:《1958年〈承认与执行外国仲裁裁决公约〉(〈纽约公约〉)理解与适用》,法律出版社2020年版,第78~79页。

② 参见贸易法委员会秘书处《关于〈承认及执行外国仲裁裁决公约〉(1958年,纽约)的指南》(2016年英文版),载https://uncitral.un.org/sites/uncitral.un.org/files/media-documents/uncitral/en/2016_guide_on_the_convention.pdf,第142页,最后访问日期:2021年9月19日。

③ 参见杨帆译著:《商事仲裁国际理事会之1958纽约公约释义指南:法官手册》,法律出版社2014年版,第20页。

二、我国涉外仲裁协议效力准据法的认定规则及其完善

我国法律、司法解释等对涉外仲裁协议效力准据法的认定规则经历了从无到有,逐步完善的发展历程,亦存在一些需完善的地方。

(一)我国涉外仲裁协议效力准据法认定规则的发展历程

1986年原《民法通则》第145条规定:"涉外合同的当事人可以选择处理合同争议所适用的法律,法律另有规定的除外。涉外合同的当事人没有选择的,适用与合同有最密切联系的国家的法律。"1999年《合同法》延续上述规定,但未涉及涉外仲裁协议的准据法问题,亦未明确合同中涉外仲裁条款效力的准据法是否参照适用上述规定,或者是否适用主合同选择的准据法。对此,有学者在2004年就指出,我国法院《仲裁法》实施之初,对仲裁协议应适用的准据法问题未予以足够重视,并导致在司法实践中对仲裁协议效力法律适用问题上的混乱,未将仲裁协议准据法与主合同准据法相区分,一般将当事人选择的合同准据法作为仲裁协议的准据法加以适用。①

2010年《涉外民事关系法律适用法》第18条规定:"当事人可以协议选择仲裁协议适用的法律。当事人没有选择的,适用仲裁机构所在地法律或者仲裁地法律。"至此,我国首次从法律上明确涉外仲裁协议效力优先适用当事人协定之准据法。但在何谓当事人协定之准据法问题上,我国法院的裁判标准甚严。2005年最高人民法院《第二次全国涉外商事海事审判工作会议纪要》第58条规定:"当事人在合同中约定的适用于解决合同争议的准据法,不能用来确定涉外仲裁条款的效力。当事人在合同中明确约定了仲裁条款效力的准据法的,应当适用当事人明确约定的法律。"2017年最高人民法院《关于审理仲裁司法审查案件若干问题的规定》(以下简称《仲裁司法审查规定》)第13条规定:"当事人协议选择确认涉外仲裁协议效力适用的法律,应当作出明确的意思表示,仅约定合同适用的法律,不能作为确认合同中仲裁条款效力适用的法律。"可见,最高人民法院一贯严格区分主合同准据法和合同中仲裁条款效力准据法,明确排除当事人选择的主合同准据法作为合同中仲裁条款效力的准据法。

综上,我国对涉外仲裁协议效力准据法的认定规则受到《纽约公约》第5条第1款(甲)项的影响,无论是承认与执行外国仲裁裁决阶段,还是提交仲裁阶段,或是本国涉外仲裁,均采用《纽约公约》该项的准据法认定规则。同时,我国不承认仲裁协议准据法的默示选择,亦不承认主合同准据法可以作为认定仲裁协议效力的准据法。但在具体操作层面,各级法院在如何识别涉外仲裁协议当事人协定之准据法问

① 参见刘晓红:《论国际商事仲裁协议的法律适用》,载《法学》2004年第4期。

题上，司法实践认定不一。

（二）我国现行涉外仲裁协议效力准据法认定规则及待完善之处

仲裁协议包括合同中的仲裁条款和单独的仲裁协议，但前者是仲裁实践中最常见的表现形式。本文将以中国裁判文书网和《最高人民法院公报》案例上搜集到的涉及涉外仲裁条款效力的典型案例为样本，解析法院认定仲裁协议准据法的裁判思路及待完善之处。

1. 法院认定当事人选择了涉外仲裁条款效力准据法的案例较少且常需要适用从宽审查标准（见表1）

表1　法院认定选择了涉外仲裁条款效力准据法的典型案例

案号	合同约定条款	生效民事裁定理由
大连海事法院（2020）辽72民初1222号	任何因本租船合同产生的争议应适用英国法并提交中国香港特别行政区仲裁，仲裁裁决具有终局约束力	双方已明确约定案涉《租船合同》项下解决争议所适用的法律为英国法，故对《租船合同》中仲裁条款效力的审查应当适用英国法
嘉兴市中级人民法院（2018）浙04民特17号	本合同的订立、效力、解释、履行及争议的解决均适用中华人民共和国法律……将争议提交嘉兴仲裁委在嘉兴进行仲裁	当事人在涉案合同中约定合同争议适用中华人民共和国法律，涉案仲裁机构所在地及仲裁地亦均在中华人民共和国内，故应当适用中华人民共和国法律对仲裁协议效力进行审查
大连市中级人民法院（2017）辽02民初583号	本协议应归瑞士法律管辖，并按瑞士法律进行解释，且双方同意将协议提交国际体育仲裁院管辖，仲裁地为瑞士洛桑	根据协议英文版本，双方已约定将协议提交国际体育仲裁院管辖，归瑞士法律管辖、按瑞士法律进行解释。根据协议，瑞士法律是双方约定的准据法，因此，对仲裁协议是否成立、仲裁条款效力的审查应适用瑞士法律
苏州市中级人民法院（2019）苏05协外认2号	本协议的成立、效力、解释和履行，以及本协议项下发生的争议，均适用中国法律。双方同意排他性地将争议提交国际棉花协会仲裁解决	根据《原棉销售合同》的约定，双方当事人选定适用的法律为我国法律，因此该案应当依据我国法律来审查案涉仲裁协议的效力
上海市浦东新区人民法院（2020）沪0115民初34710号	6.1 本协议根据中国法律订立、执行和解释；本协议争议的解决适用中国法律。6.2……首先通过新加坡国际仲裁中心进行仲裁解决	根据合同第6.1条的约定，本协议争议的解决适用中国法律，双方亦认可仲裁协议适用中华人民共和国法律，故合同中的涉外仲裁条款效力认定应适用中华人民共和国法律

从表1案例来看,对于当事人约定的“任何因本租船合同产生的争议应适用英国法”“本协议应归瑞士法律管辖、按瑞士法律进行解释”“本协议项下发生的争议适用中国法律”,法院基本遵循当事人意思自治原则,采纳从宽审查标准,认定当事人选择了仲裁协议准据法。但从上述条款的文义解释来看,实际上难以区分当事人是就合同整体约定了准据法,还是单独就仲裁条款或者合同中其他条款约定了准据法。理由如下:首先,《涉外民事关系法律适用法》规定,当事人可以协议选择合同、仲裁协议适用的法律。但仲裁协议常以合同中仲裁条款的方式存在,法律未明确两者审查标准的差异。其次,如对上述条款中的“本租船合同”“本协议”作整体解释,则既包括合同中仲裁条款,又包括合同其他条款,可认定当事人约定了仲裁条款准据法。最后,如采纳从严审查标准,上述条款选择仲裁条款准据法意思表示的明确性则存疑。

当然,对于“本合同争议的解决适用中华人民共和国法律”和“本协议争议的解决适用中国法律”,由于仲裁条款本身为争议解决条款,当事人约定争议的解决适用法就是约定仲裁条款适用法。

2. 法院适用仲裁地法认定涉外仲裁协议效力的案例广泛存在且部分案件认定仲裁条款无效(见表2、表3)

表2 法院适用仲裁地法认定涉外仲裁条款有效的典型案例

案号	合同约定条款	生效民事裁定理由
深圳市中级人民法院(2018)粤03民初1050号	本协议履行过程中产生争议,协商不成,由深圳仲裁委员会裁决,适用中华人民共和国法律	该案当事人在合同中未明确约定仲裁协议适用的法律,故法院适用仲裁机构所在地法律,即我国法律进行审查
上海市第一中级人民法院(2020)沪01民特83号	本协议受中华人民共和国法律管辖……争议最终交由新加坡国际仲裁中心根据其仲裁规则在上海仲裁	该案系涉外仲裁协议效力纠纷,各方当事人在合同中未明确约定该争议适用的法律,该案纠纷准据法为中华人民共和国法律
广州市中级人民法院(2019)粤01民初750号	本合同受到中国香港特别行政区法律的约束,以中国香港特别行政区法律及中国香港特别行政区仲裁庭的仲裁为最终裁决	合同并未单独就仲裁条款应适用的法律作出约定,以中国香港特别行政区法律及中国香港特别行政区仲裁庭的仲裁为最终裁决可视为仲裁地在中国香港特别行政区,该案应适用中国香港特别行政区法律作为认定上述仲裁协议效力的准据法

续表

案号	合同约定条款	生效民事裁定理由
深圳市中级人民法院(2015)深中法涉外终字第57号	本协议受犹他州法律和美国联邦法律的约束……争议应当根据《国际商会仲裁调解与仲裁规则》在犹他州普罗沃市进行仲裁	当事人约定《供货协议》适用犹他州法律和美国联邦法律,但没有约定仲裁协议适用的法律,故应以约定的仲裁地法律即美国犹他州普罗沃市关于该案交易应适用的仲裁法律为准据法
天津海事法院(2019)津72民初651号	租约将在英国法律下进行,如有仲裁,将在中国香港特别行政区进行,仲裁裁决作为最终结果	上述约定应理解为仲裁地为中国香港特别行政区,合同适用的实体法为英国法。该案没有选择仲裁协议适用的法律,应适用仲裁地法律即中国香港特别行政区《仲裁条例》审查仲裁协议效力
上海市浦东新区人民法院(2020)沪0115民初62044号	本协议及解释应适用中国已公布的法律……仲裁地点应为中国香港特别行政区并应在中国香港国际仲裁中心进行	虽然涉案协议对合同适用法律作出约定,但对涉外仲裁协议效力适用的法律并无明确约定,应适用仲裁机构所在地法律即中国香港特别行政区的法律审理涉案仲裁条款的效力

正如前文所述,对于类似“本协议产生争议适用××法律”约定,表1和表2中法院理解各异,表明各地法院对同样条款的理解存在差异。

从表2案例来看,对于当事人约定的“本协议受中国法律管辖”“本合同受到香港特别行政区法律的约束”“本协议受犹他州法律和美国联邦法律的约束”“租约将在英国法律下进行”“本协议及解释应适用中国法律”,法院均严格区分合同准据法和仲裁条款准据法并采纳从严审查标准,对“本合同”“本协议”“租约”均认定为合同中其他条款,不包括合同中仲裁条款,据此认定当事人未明确约定仲裁协议准据法。由此带来另一个值得思考的问题,法律明文规定当事人可以协议选择仲裁协议准据法,但法院在审判实践中却极少予以适用,究竟是因为立法脱离实际,还是因为司法适用存在理解偏差。

表 3　法院适用仲裁地法或法院地法认定涉外仲裁条款无效的典型案例

案号	合同约定条款	生效民事裁定理由
青岛海事法院(2016)鲁 72 民特 466 号	English law to apply arbitration in Xiamen/Fujian/China(在中国福建厦门仲裁,适用英国法)	该案当事人没有约定仲裁协议适用的法律,约定了仲裁地,应当适用仲裁地法律,即中华人民共和国法律确认所涉仲裁条款的效力。该案当事人仅约定仲裁地点为厦门,未约定仲裁机构,且没有证据证明当事人就仲裁机构的选择达成补充协议,确认该仲裁条款无效
深圳市中级人民法院(2018)粤 03 民特 507 号	本合同适用中国香港特别行政区法律。凡因本合同引起的或与本合同有关的任何争议,均应提交中国国际经济贸易仲裁委员会在深圳进行仲裁	该案系申请确认涉外仲裁协议效力纠纷案件,因当事人没有约定仲裁协议效力的准据法,该案适用中华人民共和国法律确定仲裁协议效力。钟某某未在该协议书上签字盖章,也无证据证明钟某某与王某某以其他书面形式达成将涉案纠纷提交仲裁裁决的合意,应当认定钟某某与王某某之间不存在仲裁协议
最高人民法院(2006)民四终字第 28 号	四方应妥善解决履行中发生的争议,协商解决不成的,提交仲裁解决。本协议适用中国香港特别行政区法律	对仲裁条款效力适用的准据法要与解决争议适用的准据法相区别。在该案中,在仲裁条款项下约定"本协议适用中华人民共和国香港特别行政区法律",是对仲裁条款效力适用的准据法还是适用于解决合同争议的准据法容易产生歧义,不能视为明确约定了仲裁条款效力的准据法。因没有约定仲裁地,应适用法院地法即我国法律来认定该仲裁条款效力。该案中的仲裁条款尽管明确了发生争议要通过仲裁解决的意思表示,但没约定仲裁机构,各方当事人也没有对仲裁机构达成补充协议,故该仲裁条款应属无效

从表 3 案例来看,法院最终都认定仲裁条款无效。但如适用整体解释或主合同准据法,在第一个案例中,"English law to apply arbitration"意译为"仲裁适用英国法"更符合条款本义,如适用英国 1996 年《仲裁法》,该仲裁条款有效。实际上,考虑到厦门仲裁委员会设立于厦门,法院可以认定上述仲裁条款有效(类案见表 4)。第二个案例涉及仲裁协议效力的扩张问题,应考虑中国香港特别行政区法律规定后再作决定。第三个案例如适用中国香港特别行政区法律,则仲裁条款有效。

表 4　法院适用中国法认定未约定仲裁机构的仲裁协议有效的案例

案号	合同约定条款	生效民事裁定理由
九江市中级人民法院(2019)赣04民特3号	本合同具有相当法律依据与效力。若三方因在合同执行中发生了争议,应及时沟通协商解决,如协商不成,可依法仲裁,仲裁地为中国境内委托人所在地	双方当事人对于通过仲裁解决合同争议的意思表示明确,《仲裁法》是现行法律,双方对上述法律规定应当是明知的,故被申请人关于双方选定的仲裁机构是委托人所在市级行政区划内的仲裁机构,符合情理,予以采纳,九江仲裁委员会是江西省九江市行政区划内依法组建的唯一一家商事仲裁委员会,应属有效条款

3. 尚需加强对《纽约公约》的理解和适用

《纽约公约》第 7 条第 1 款规定:"本公约的规定不影响缔约方参加的有关承认和执行仲裁裁决的多边或双边协定的效力,也不剥夺有关当事人在被请求承认或执行某一裁决的国家的法律或条约所许可的方式和范围内,可能具有的利用该仲裁裁决的任何权利。"对此,2006 年联合国国际贸易法委员会第 39 届会议建议,适用该款规定,以便允许任何利害关系方运用在寻求一国依赖一仲裁协议的情况下根据该国的法律或条约而可能享有的权利,寻求该仲裁协议的有效性获得承认。该条款称作更有利于权利条款,在实践中,国际条约和国内法会比《纽约公约》更有利,如果它们允许承认与执行所援引的标准,无论从程序还是从不予执行的理由方面,都更宽松;如今广泛地认为《纽约公约》第 7 条第 1 款也适用于第 2 条对仲裁协议的承认与执行。①

因此,《纽约公约》是认定国际仲裁协议有效的最低标准,《纽约公约》允许缔约方制定更有利于承认仲裁协议效力的法律,而我国正在持续优化营商环境,需要超越《纽约公约》规定的最低标准并给予当事人更大的权利保护。

三、最受欢迎仲裁地关于涉外仲裁协议效力准据法的实践

根据伦敦大学玛丽王后学院国际仲裁院出版的《2021 年国际仲裁调查报告》,5 个最受欢迎仲裁地是伦敦、新加坡、中国香港特别行政区、巴黎和日内瓦,纽约和北京并列排名第六,上海排名第八,中国国际经济贸易仲裁委员会是最受青睐的 5 个仲裁机构之一,在执行仲裁协议和仲裁裁决方面更好地记录则是仲裁地更具吸引力

① 参见杨帆译著:《商事仲裁国际理事会之 1958 纽约公约释义指南:法官手册》,法律出版社 2014 年版,第 24 页。

的关键举措之一。可见,伴随我国对仲裁提供更大的支持,北京、上海逐渐成为最受欢迎仲裁地。为进一步贯彻把非诉讼纠纷解决机制挺在前面的司法理念,促进涉外仲裁取得更大发展,我国有必要考察上述最受欢迎仲裁地的有益经验为我所用。

(一)英国的实践

英国法院主要通过普通法的判例逐步发展了仲裁协议准据法认定规则。2012年5月,英国上诉法院针对“南美洲国家保险公司诉埃内萨工程公司案”(以下简称“南美洲国家保险公司案”)作出裁决,确立了认定仲裁协议准据法的“三步法”,具体为:仲裁协议的准据法应根据确定任何合同的准据法的既定普通法规则来认定,这要求法院承认及执行当事人选择的准据法,无论是明示的还是默示的,否则有必要适用与仲裁协议有最密切和最真实联系的法律,即通过上述3个阶段的调查来确定准据法。①

2020年10月,英国最高法院针对“恩卡建筑公司诉丘布保险公司案”作出裁决,进一步总结了仲裁协议准据法裁判原则,具体为:当事人是否就管辖仲裁条款的法律选择达成一致意见,可通过将英国法的合同解释规则作为法院地法来解释仲裁条款和将载有仲裁条款的合同作为一个整体予以确定;如果没有指明仲裁条款的准据法,对合同准据法的选择一般适用于构成合同一部分的仲裁条款。② 该案裁决的同时认为,如果受主合同准据法调整仲裁协议存在无效的严重风险,则可以否定上述推论而适用仲裁地法。上述裁决意味着,作为合同一部分的仲裁条款优先适用当事人选择的主合同准据法,例外情形下适用仲裁地法。

2021年10月,英国最高法院针对“卡巴布吉萨尔公司诉科特食品集团案”作出裁决,延续了“恩卡建筑公司诉丘布保险公司案”的裁判思路,该案裁决进一步指出,一旦承认管辖仲裁协议的法律不需要明示协议,而是任何形式的协议就足够,似乎很难抗拒这样的结论,即包含仲裁条款的书面合同中的一般法律选择条款通常是当事人支配仲裁协议所依据的法律的充足“指示”。③ 该案裁决同时认为,管辖仲裁协

① Sulamérica Cia Nacional de Seguros SA v. Enesa Engenharia SA [2012] EWCA Civ 638,载 https://www.bailii.org/ew/cases/EWCA/Civ/2012/638.html,第9、25段,最后访问日期:2022年1月3日。

② Enka Insaat Ve Sanayi AS (Respondent) v. OOO Insurance Company Chubb (Appellant) [2020] UKSC 38,载 https://www.supremecourt.uk/cases/docs/uksc-2020-0091-judgment.pdf,第59页,最后访问日期:2022年1月3日。

③ Kabab-Ji SAL (Appellant) v Kout Food Group (Respondent) [2021] UKSC 48,载 https://www.supremecourt.uk/cases/docs/uksc-2020-0036-judgment.pdf,第13页,最后访问日期:2022年1月3日。

议效力的法律管辖科特食品集团是否成为仲裁协议一方的问题，这对于如何识别仲裁协议效力扩张的准据法问题具有启示意义，因为债权债务转让还涉及合同实体权利义务转让的准据法问题，认定仲裁协议效力和债权债务是否转让适用同一准据法也利于解决裁决的一致性问题。

根据伦敦玛丽女王大学国际仲裁院教授马克西·舍勒（Maxi Scherer）的统计，其调研的80个司法管辖区中有34%选择了适用英国的仲裁协议准据法裁判规则（见表5）。①

表5 仲裁条款准据法适用主合同准据法的国家

英国	荷兰	德国	丹麦	奥地利
意大利	罗马尼亚	美国	加拿大	伊朗
巴基斯坦	印度	马来西亚	新加坡	蒙古国
澳大利亚	赞比亚	塞内加尔	阿尔及利亚	—

（二）新加坡的实践

新加坡《国际仲裁法》认可《示范法》的法律效力。参照《纽约公约》，《示范法》第8条第1款规定，就仲裁协议的标的向法院提起诉讼时，一方当事人在不迟于其就争议实体提出第一次申述时要求仲裁的，法院应让当事人诉诸仲裁，除非法院认定仲裁协议无效、不能实行或不能履行。因此，《示范法》对仲裁协议效力认定的法律依据未予明确，需要新加坡法院通过司法判例予以确定。

新加坡原则上承认并采纳了上述英国判例法针对"南美洲国家保险公司案"认定仲裁协议准据法的"三步法"，在此基础上，新加坡法律根据个案的实际情况，发展出了若干针对特殊情况的处置规则：首先，当仲裁条款嵌入主合同时，如果双方明示约定了主合同准据法，却未单独约定仲裁条款的准据法时，一般推定主合同准据法同样适用于嵌入的仲裁条款；其次，当双方签订了单独的仲裁合同，双方又无明确约定准据法时，仲裁地法通常被认定为仲裁合同的准据法。②

在典型案例"大成产业气体株式会社、大成（广州）气体有限公司诉普莱克斯

① 表5、表6数据源于上述荷兰威科国际仲裁博客的介绍博文，载 http://arbitrationblog.kluwerarbitration.com/2021/05/21/the-proper-law-of-the-arbitration-agreement-a-comparative-law-perspective-a-report-from-the-ciarb-londons-branch-keynote-speech-2021/，最后访问日期：2021年6月23日。

② 参见翁磊：《新加坡法院对商事仲裁中仲裁协议范围以及可仲裁性的认定》，载《上海法学研究》2019年第17卷，第209～210页。

(中国)投资有限公司案”中,《承购协议》约定,本协议受中华人民共和国法律管辖……争议最终交由新加坡国际仲裁中心根据其仲裁规则在上海仲裁。在该案中,新加坡上诉法院认为,确定仲裁协议准据法的适当法律框架是高等法院在“BCY v. BCZ [2017] 3 SLR 357 案”中确立的三阶段方法,它反映了英国上诉法院在“南美洲国家保险公司案”中确立的方法,在没有明示选择的情况下,法院会审查当事人是否默示选择了仲裁协议准据法,确定默示选择的出发点应该是仲裁协议被纳入并构成合同一部分的合同实体法。① 新加坡上诉法院还认定,约定的仲裁地是上海,不是新加坡,由于新加坡不是仲裁地,新加坡上诉法院不就任何其他争议的问题提出意见;此后,上海市第一中级人民法院受理该案,适用中国法认定仲裁协议有效。② 从该案例来看,无论适用主合同准据法,还是适用仲裁地法,该案仲裁协议都应适用中国法,新加坡上诉法院出于国际礼让交由仲裁地即中国的法院审理仲裁协议的效力问题。

(三)我国香港特别行政区的实践

香港特别行政区《仲裁条例》亦认可《示范法》的法律效力,同时,香港特别行政区依《基本法》保留原有的普通法,仲裁协议效力准据法的认定规则主要参照英国法。在典型判例方面,在“克勒克纳五通有限公司诉先进科技(香港)有限公司案”中,合同约定:本谅解备忘录和其中包含的所有义务应全部受德意志联邦共和国法律的管辖,任何争议应提交由 3 名仲裁员组成的仲裁庭,仲裁地点应在中国上海。2011 年 7 月,香港特别行政区高等法院原诉法庭对该案作出裁决,认为必须审查当事人之间的合同,包括仲裁条款,以查看当事人是否就合同准据法或仲裁协议准据法达成了任何明示或默示的协议,只有当该协议无法发现时,才意味着仲裁地法律成为仲裁协议准据法,在该案中,当事人就暗示仲裁协议准据法为德国法。③ 2011 年 11 月,该案的上诉许可被香港特别行政区高等法院上诉法庭拒绝。

2014 年 8 月,香港国际仲裁中心还修订其示范条款,引入选择性的法律适用条款:“本仲裁条款适用的法律为……”该示范条款有利于化解主合同实体法和仲裁地

① BNA v. BNB and another [2019] SGCA 84,载 https://www.elitigation.sg/gd/s/2019_SGCA_84,第 23 段、第 45 ~ 48 段,最后访问日期:2022 年 1 月 3 日。

② 参见上海市第一中级人民法院民事裁定书,(2020)沪 01 民特 83 号。

③ Klöckner Pentaplast Gmbh & Co. Kg v. Advance Technology (H. K.) Company Limited HCA 1526/2010,载 https://www.hklii.hk/cgi-bin/sinodisp/eng/hk/cases/hkcfi/2011/458.html? stem = &synonyms = &query = (KL%C3%96%20CKNER)%20OR%20ncotherjcitationtitles(KL%C3%96%20CKNER),第 26 ~ 32 段,最后访问日期:2022 年 2 月 27 日。

法律不同时带来的争议，增加仲裁协议准据法认定的确定性。

（四）法国的实践

对于国际商事仲裁协议的效力认定，无论是适用主合同准据法，还是仲裁地法，遵循的都是冲突法的思路。法国的裁判方法则不同，其已完全抛弃了冲突法方法解决国际商事仲裁协议法律适用问题的思路，并使该问题不受任何国家仲裁法的支配，仅视当事人是否真正达成了仲裁合意，法国法院通过大量判例逐步确立了该裁判方法。在著名的“达利科（Dalico）案”中，法国最高法院指出，根据国际私法的实体规则，仲裁条款独立于直接或间接将其包含的主合同；在不违背法国法中的强制性规则以及国际公共政策的条件下，仲裁协议的存在及其有效性乃根据双方当事人的共同意思来确定，无须适用某国法律。[①] 受法国法院上述裁判方法的影响，法国《民事诉讼法典》国际仲裁编未规定仲裁协议的法律适用规则（采纳法国裁判规则的国家见表6）。

表6　仲裁条款准据法适用完全意思自治原则的国家

法国	马里	尼日尔	乍得	科特迪瓦
加蓬	利比里亚	塞拉利昂	喀麦隆	中非
刚果	布基纳法索	—	—	—

（五）瑞士的实践

瑞士《关于国际私法的联邦法》第178条第2款规定，如果仲裁协议符合当事人选择的法律，或者管辖争议标的的法律特别是主合同准据法，或者瑞士法律，该协议即为有效协议。该条款融合了前述数种国际仲裁协议准据法的确定方法，体现了利于有效性的原则，在瑞士国际商事仲裁实践中，位于瑞士的仲裁庭通常首先审查仲裁协议依瑞士法是否有效，如果有效，则仲裁庭无须继续审查仲裁协议在当事人选择的法或支配争议标的的法下的有效性。[②] 适用瑞士利于仲裁协议有效原则的国家主要有比利时、西班牙、葡萄牙、秘鲁。

四、我国涉外仲裁协议效力准据法认定规则的重新认识

（一）涉外仲裁条款推定适用主合同明示选择的准据法符合合同解释规则

我国《民法典》第470条规定：“合同的内容由当事人约定，一般包括下列条

① 参见傅攀峰：《法国国际商事仲裁制度研究——以2011年〈法国仲裁法〉为中心》，中国社会科学出版社2019年版，第67～72页。

② 参见中国国际经济贸易仲裁委员会编：《“一带一路”沿线国家国际仲裁制度研究（4）》，法律出版社2019年版，第11页。

款……(八)解决争议的方法。”1989 年最高人民法院《全国沿海地区涉外、涉港澳经济审判工作座谈会纪要》规定:“涉外、涉港澳经济合同中解决争议条款,包括仲裁条款、司法管辖条款和法律适用条款等,不因合同本身无效而失去效力。”因此,仲裁条款、法律适用条款都属于争议解决条款。最高人民法院在(2019)最高法民特 1 号民事裁定中指出,仲裁协议是一种合同,判断双方是否就仲裁达成合意,应适用《合同法》(已失效)关于要约、承诺的规定。鉴于仲裁协议是一种合同,合同中的仲裁条款、法律适用条款和合同其他条款均应受合同解释规则的约束。

《民法典》第 142 条第 1 款规定:“有相对人的意思表示的解释,应当按照所使用的词句,结合相关条款、行为的性质和目的、习惯以及诚信原则,确定意思表示的含义。”以常见的法律适用和争议解决条文为例,第 1 款常约定本协议/本合同适用××国法律,第 2 款则约定诉讼或仲裁的争议解决方式,这也是本文收集案例的通常做法。仲裁条款、法律适用条款和合同其他条款在同一份合同中并存时,当事人可以就整个合同约定法律适用条款,结合合同相关条款,本协议/本合同应是指仲裁条款和合同其他条款的整体,而非单一指向仲裁条款或者合同其他条款。如果合同包括仲裁条款,在没有充足的相反理由的情形下,鉴于仲裁条款只是合同的一部分,或者说是,合同众多条款中的一个条款,普通人很自然、合理地将上述法律适用条款解释为适用于包括仲裁条款在内的所有条款。相反,在同一份合同中要求当事人就仲裁条款、合同其他条款分别拟定各自的法律适用条款,有违常理,不符合一般交易习惯。对此,有学者就指出,合约如果明示了主合约适用法是英国法,没有另行说明仲裁条文适用法是法国法,就合理解释主合约中的仲裁条文适用英国法。[①] 因此,对于“本协议/本合同适用××国法律”类似条款,根据合同整体解释规则,从尊重当事人意思自治出发,涉外仲裁条款可以推定适用主合同明示选择的准据法。

(二)利于仲裁协议有效原则可以调和仲裁协议独立性与适用主合同准据法之间的冲突

1. 仲裁协议独立性与主合同准据法适用于仲裁条款并不矛盾

《示范法》第 16 条第 1 款规定:“仲裁庭可以对其管辖权包括对仲裁协议的存在或效力的任何异议,作出裁定。为此目的,构成合同一部分的仲裁条款应视为独立于其他合同条款以外的一项协议。仲裁庭作出关于合同无效的决定,不应在法律上导致仲裁条款的无效。”从上述规定来看,仲裁协议独立性是为仲裁协议的存在和有

① 参见杨良宜、莫世杰、杨大明:《仲裁法——从 1996 年英国仲裁法到国际商务仲裁》,法律出版社 2006 年版,第 116 页。

效性服务,为此目的,法律拟制仲裁协议具有独立性。

对于最受欢迎仲裁地来说,英国1996年《仲裁法》第7条关于仲裁协议独立性规定:“除非当事人另有约定,构成或旨在构成其他协议(无论是否为书面)一部分的仲裁协议不得因其他协议无效、不存在或失效而相应无效、不存在或失效。为此目的,仲裁协议应视为不同的协议。”新加坡《国际仲裁法》和香港特别行政区《仲裁条例》承认《示范法》第16条的法律效力。如前所述,法国更是将仲裁协议独立性发展到仲裁完全意思自治,不再适用冲突法指引准据法。瑞士联邦《国际私法》第178条第3款规定:“不能以主合同无效或者仲裁协议涉及尚未发生的争议为由对仲裁协议提出异议。”因此,上述最受欢迎的仲裁地都承认仲裁协议的独立性。但在司法实践中,除非适用主合同准据法可能导致仲裁协议无效,否则英国、新加坡等国法院更倾向适用主合同准据法,在法律适用方面,仲裁协议的独立性体现在允许当事人就仲裁协议选择与主合同的准据法,但如果就此认为主合同的准据法一概不能适用于仲裁协议,那就成了“为独立而独立”,偏离了该原则的初衷和目的。① 因此,当事人在主合同明示选择的准据法适用于仲裁条款与仲裁协议独立性并不矛盾。

2. 利于仲裁协议有效原则可以有效避免适用主合同准据法的弊端

综合英国、新加坡和我国香港特别行政区近年来关于仲裁协议法律适用的相关判例,再结合已有的瑞士《关于国际私法的联邦法》的相关规定,我们可以得出以下结论,即在最受欢迎的仲裁地,有效性原则已经成为支配仲裁协议法律适用的主要原则,适用主合同准据法还是仲裁地法,取决于哪个更有利于仲裁协议有效。② 因此,我国法院审查仲裁协议效力时,可以按照利于仲裁协议有效的原则解释仲裁协议。

《仲裁司法审查规定》第14条将利于仲裁协议有效原则适用于仲裁地法和仲裁机构所在地法对仲裁协议效力作出不同认定的情形。我国法院完全可以将该原则适用于“当事人是否协议选择了仲裁协议准据法”的情形,首先推定当事人选择的主合同准据法适用于仲裁条款,但如果依主合同准据法认定仲裁条款无效,则适用利于仲裁协议有效原则,否定该可反驳的推定,转而适用仲裁地法或仲裁机构所在地法确定仲裁条款效力。具体而言,在有效性问题无争议时,即当合同准据法不会导

---

① 参见陈挚:《论主合同准据法对仲裁条款的可适用性——以有效性原则为视角》,载《仲裁研究》第43辑,第26页。

② 参见中国国际仲裁30人编著:《1958年〈承认与执行外国仲裁裁决公约〉(〈纽约公约〉)理解与适用》,法律出版社2020年版,第26页。

致仲裁协议无效的情况下,在比较分析当事人的默示意图时,当事人选择仲裁地的意图无法优于明确选择的合同准据法的意图。①

(三)仲裁条款推定适用主合同明示选择的准据法具有现实可行性

仲裁条款推定适用主合同明示选择的准据法的现实可行性体现在:

一是充分尊重当事人意思自治,促进法律适用的一致性。采用整体解释法律适用条款,即法律适用条款不仅针对合同准据法,还针对仲裁条款准据法,符合普通当事人的预期及交易习惯,有利于实现仲裁协议准据法和合同实体权利义务准据法的一致性。特别是在仲裁协议效力扩张的场合,认定仲裁协议效力和仲裁协议效力是否扩张适用同一准据法,更有利于减少法律适用的复杂性和不确定性。

二是主合同准据法与仲裁地法常为同一国法律,如果适用主合同准据法认定仲裁协议有效则不需要再适用仲裁地法。以前文表1、表2为例,7个案例的主合同准据法和仲裁地法一致,2个案例主合同准据法和仲裁地法均非中国法,2个案例的主合同准据法均为中国法,反而增加适用中国法认定仲裁条款有效的概率,减少适用外国法查明,并不会增加审判工作量。

三是贯彻利于合同有效原则,增加认定仲裁协议有效的可能性。以表3为例,2个案例适用主合同准据法仲裁条款有效,一个案例需要查明中国香港特别行政区法律。在具有较大影响的"西门子国际贸易(上海)有限公司诉上海黄金置地有限公司申请承认与执行外国仲裁裁决案"中,涉案合同约定实体争议应适用中国法律,法院依据中国法律认定该案具有涉外因素并认定仲裁条款有效,实现了法律效果和社会效果的良性统一。

五、以《仲裁法》的修改为契机完善当事人协定之准据法的识别规则

2021年7月,司法部公布了《仲裁法(修订)(征求意见稿)》,立法宗旨增加"促进国际经济交往"表述,提出完善仲裁协议规定,完善涉外仲裁规定等九方面的修改建议。该征求意见稿将仲裁协议界定为当事人达成的具有请求仲裁的意思表示的协议,删除仲裁条款需要约定明确的仲裁机构的硬性要求并对受理案件仲裁机构的确定作出指引性规定,还在涉外仲裁的特别规定中增加临时仲裁制度,实现与国际接轨。该征求意见稿吸收《仲裁法》司法解释成果,立法重新规定涉外仲裁协议效力认定的法律适用标准,即第90条规定:"涉外仲裁协议的效力认定,适用当事人约定的法律;当事人没有约定涉外仲裁协议适用法律的,适用仲裁地法律;对适用法律和

① 参见王静:《从司法实践看仲裁协议有效性准据法确定规则》,载《安徽理工大学学报(社会科学版)》2020年第4期。

仲裁地没有约定或者约定不明确的，人民法院可以适用中华人民共和国法律认定该仲裁协议的效力。”值得提出的是，征求意见稿并未将《仲裁司法审查规定》第 13 条规定上升为法律，这就为我们重新检视当事人协定之准据法识别的司法解释规则并加以完善提供了契机。

最高人民法院之前严格解释涉外仲裁协议当事人协定之准据法，可以使仲裁地在境外的仲裁协议因不适用中国法而减少无效的可能性，但这种担心在我国《仲裁法》修改后已无必要。随着“一带一路”建设高质量发展，中国企业在国际经济交往中将越来越多地选择中国法作为合同准据法。为提高我国仲裁的国际竞争力和推动我国仲裁法的域外适用，推动仲裁制度型开放，我国可以考察最受欢迎仲裁地的裁判标准来识别当事人协定之准据法，以实现与国际仲裁规则接轨。特别是我国《仲裁法》未规定法律适用范围条款，即无论仲裁地在中华人民共和国境内或境外，我国对涉外仲裁协议效力均具有管辖权，这不同于新加坡等国家将其国际仲裁法律适用范围限定在本国的做法。出于支持仲裁和国际礼让的考虑，我国有必要采取更宽松的涉外仲裁协议效力司法审查制度。

综上，对于涉外仲裁协议当事人协定之准据法，我国应采纳合同条款整体解释的方法，认定合同中约定的法律适用条款针对的是包括仲裁条款在内的整个合同，其既是当事人选择的合同准据法，也是当事人选择的仲裁条款准据法。同时，辅之以国际通行的合同解释规则即利于仲裁协议有效原则，如适用主合同准据法导致涉外仲裁条款无效，则适用仲裁地法认定涉外仲裁条款效力问题。因此，建议将《仲裁司法审查规定》第 13 条规定修改为，当事人可以协议选择合同中涉外仲裁条款效力适用的法律。当事人协议选择的合同适用的法律，可以视为当事人协议选择的确认合同中涉外仲裁条款效力适用的法律，但该法律的适用导致涉外仲裁条款无效的除外。

国际民事管辖权研究

海牙“管辖权项目”背景下我国应对国际平行诉讼策略之完善*

柴裕红** 瞿子超***

海牙国际私法会议“管辖权项目”重点讨论制定平行诉讼规则，以解决国际平行诉讼可能产生的国际司法冲突、判决结果抵触、司法资源浪费以及当事人增添诉累等消极后果。本次谈判要想取得进展，需要参与各方吸取过去数次尝试失败的经验，并吸收融合不同制度在处理这一问题时各自具有的优势。当前，我国对待国际平行诉讼问题的态度较消极。未来，我国在处理国际平行诉讼问题时，可采纳先受理法院规则与承认预期规则，同时优化不方便法院原则的适用并增设排除管辖权的兜底条款。我国还可积极参与“管辖权项目”谈判，通过国内立法与司法实践影响国际规则的制定，为国际法治贡献中国智慧。

一、背景

随着科技进步与经济全球化的发展，各国之间的联系与交流越发密切，在国际民商事交往的过程中，国际平行诉讼问题较典型且突出。各国将与管辖有关的事项视为主权问题的普遍做法，加深了这一问题处理的复杂性，在全球化背景下我国同样受到国际平行诉讼可能产生的国际司法冲突、判决结果抵触、司法资源浪费以及当事人增添诉累等消极后果的负面影响。根据国际层面的传统经验，各国一般尝试通过国内立法的形式化解冲突，但这一做法如果无法得到其他国家在司法领域的支持以及在立法环节的跟进，最终所能取得的成效也将并不显著。

---

* 本文系 2018 年度国家级外国文教专家项目“一带一路法律研究与运用”（项目批准号：DL20180080）的阶段性成果之一。感谢何其生教授《海牙管辖权项目的新发展》一文在该领域所作的基础性研究以及为本文提供的相关资料。

** 兰州大学法学院副教授，法学博士。

*** 兰州大学法学院硕士研究生。

海牙国际私法会议正就"管辖权项目"开展研究,该项目的核心任务是在全球范围内统一各国处理国际平行诉讼问题的规则,通过排除国际平行诉讼中后受理法院(或不方便法院)的管辖权并建立选择性的管辖权转移制度,抑制国际平行诉讼的产生。虽然该项目目前仍处于早期阶段,但不可否认,这是各国又一次携手应对全球性司法冲突的全新尝试。我国积极参与了该项目的专家组会议及第一次工作组会议,为妥善解决国际平行诉讼问题作出努力。在即将迎来"一带一路"倡议提出10周年这一重要时间节点上,重新回顾我国针对国际平行诉讼问题的态度与做法。

二、国际平行诉讼的成因及影响

(一)国际平行诉讼的定义与成因

国际平行诉讼,是指相同当事人就同一争议基于相同事实以及相同目的同时在两个或两个以上国家的法院进行诉讼的现象。[①] 就其表现形式而言,可以区分为原、被告同一的重复型平行诉讼以及原、被告逆转的对抗型平行诉讼。在重复型平行诉讼中,原告大多为了给被告施加压力,或是出于确保权利得到救济等目的,通过在多个国家提起诉讼以获得额外利益;而在对抗型平行诉讼中,在先诉讼的被告可以通过向其他国家的法院提起诉讼的方式,变更案件原本应当适用的实体准据法和程序准据法,并由此期待更有利的判决结果,从而使自身同样获得实质上的优势地位。[②]

国际平行诉讼产生的主要原因有以下两点:首先,在客观制度层面,由于各国均基于主权平等原则独立行使国际民事诉讼管辖权,且国际社会并不存在国内法意义上更高层级的法院,因此在司法实务中,客观上难以查明一个案件在其他国家是否存在平行诉讼。即使能够确认存在平行诉讼,在不存在条约和互惠关系的前提下,一国也很难主动放弃司法管辖权。在无法避免前述管辖权的积极冲突的同时,国际上也尚未建立可有效消除国际平行诉讼的管辖权转移机制。其次,在当事人主观层面,在先诉讼的原告或被告均具有通过在另一国提起平行诉讼以满足自身在具体案件中的特殊利益的需要,进而获得相较对方当事人独有的诉讼优势的动机。上述两个原因的叠加,导致国际平行诉讼不可避免地产生。此外,从法经济学角度似乎也能证明经济全球化是导致扩大管辖权进而诱发平行诉讼的重要因素,这与国际平行

---

① 参见李双元、谢石松、欧福永:《国际民事诉讼法概论》(第3版),武汉大学出版社2016年版,第334页。

② 松岡博『国際関係私法入門(第4版補訂)』(有斐閣2021年)289頁参照。

诉讼的发展历程同样保持一致。①

（二）国际平行诉讼与相近概念的区分

国际平行诉讼作为一个复杂的国际法律问题，各国基于本国的具体情况，对其所作的定义不尽一致。因此，有必要对各国关于国际平行诉讼的定义进行分析比较，从而归纳出不同定义的个性与共性。

未决诉讼（lis pendens）是与平行诉讼较相似的概念，其主要作为欧盟法上的概念存在。《关于民商事管辖权及判决的承认与执行的第44/2001号条例》（以下简称《布鲁塞尔条例Ⅰ》）第27条规定的未决诉讼，是指相同当事人就同一诉因在不同成员法院提起诉讼的情况。虽然在英语和德语的版本中只存在“相同的当事人”和“相同的诉因”两个条件，没有明确区分诉讼标的与诉因，但在法语、荷兰语版本以及欧洲法院早期的判例中均明确了适用第27条需满足3项条件：相同当事人、相同标的或“事项”、相同诉因。②《关于民商事管辖权及判决的承认与执行的第1215/2012号条例（重订本）》（以下简称《布鲁塞尔条例Ⅰ（重订本）》）对“未决诉讼”的一般性规定与《布鲁塞尔条例Ⅰ》基本保持一致。由于其在构成要件上与我国对于平行诉讼的定义几乎一致，因此，一般认为它与我国国际民事诉讼法中常用的“平行诉讼”“诉讼竞合”等词的含义相同。③

关联诉讼（related proceedings）是另一个与平行诉讼较相似的概念。《布鲁塞尔条例Ⅰ》第28条规定，关联诉讼是指，虽不满足第27条对于未决诉讼的定义，但多个案件之间存在非常紧密的关系，以至于可能产生相互抵触的判决。该条旨在通过避免产生冲突判决的方式促进欧盟区域内合理的司法管理。基于这一目标，“关联案件”的解释相当宽泛，包括一切可能产生抵触判决的案件。④ 从其定义和立法目的均可以看出，其具有相当的灵活性，判断标准也相对模糊和不确定，但就直接结果而言，关联诉讼同样能够产生判决冲突的结果，基于此种与平行诉讼相似的特征，在探讨规制国际平行诉讼的策略时，同样应将关联诉讼纳入讨论范围。

---

① 参见王国华、海燕：《国际民商事管辖权冲突之法经济学分析》，载《中国海洋大学学报（社会科学版）》2020年第5期。

② 参见［比］海尔特·范·卡尔斯特：《欧洲国际私法》，许凯译，法律出版社2016年版，第122页以下。

③ 参见肖雯：《欧盟〈布鲁塞尔条例Ⅰ（重订）〉关于“未决诉讼”修订之评介》，载《大连海事大学学报（社会科学版）》2019年第5期。

④ 参见［比］海尔特·范·卡尔斯特：《欧洲国际私法》，许凯译，法律出版社2016年版，第128页。

(三)国际平行诉讼的消极影响

在国际交往尚不密切的时期,国际平行诉讼所造成的影响往往被人忽视。但随着经济全球化的不断发展,这一问题对各国司法制度的冲击从未像现在这样引人注目。就目前来看,国际平行诉讼至少在以下四个方面影响了判决的国际流转并阻碍了国际民事诉讼的统一化进程。

1. 造成国际司法冲突

管辖权事关一国司法主权,对管辖权的具体规定属于一国内政事务,其他国家无权干涉。因此,在各国国内立法中对于管辖权基础的规定不尽相同,一些国家甚至主张一些明显属于过度管辖的管辖权基础,从而在确定管辖权时增加可供选择法院的数量。而对于合同和侵权等案件来说,存在多个与案情具有实质性关联的场所,不同国家对此均拥有管辖权无可非议,然而,一旦被当事人利用并形成国际平行诉讼的局面,会加剧管辖权的冲突。例如,英美法系国家的法院在处理国际平行诉讼案件时,通常会向当事人发出禁止其在外国法院提起诉讼的禁令,而这类禁令显然违反了国家主权平等原则,不正当地干涉了他国的司法管辖权。以德国、法国为代表的大陆法系国家对国际民事诉讼中的禁诉令持否定态度,并主张此类禁诉令是对本国司法主权的侵害。① 虽然也有观点认为,该命令仅禁止当事人在外国推进程序,并不会侵害外国的主权。然而,该命令却无法避免以藐视法庭等强制性制裁的方式强制当事人,并通过当事人的行为影响外国的程序。② 上述对禁诉令持否定态度的国家在实践中采用的"反禁诉令"措施则进一步加剧了冲突,不利于解决冲突。

2. 产生抵触的判决结果

上述冲突虽可能仅停留在政治和外交层面,但抵触的判决结果将切实影响国际民商事纠纷当事人的实体权利义务关系。除财产领域外,人身关系领域产生的矛盾判决所带来的不便更让人难以接受,例如,相互矛盾的离婚判决等。③ 这一问题同时还关乎法院能否公正裁判、实现实体正义并发挥维护当事人权利最后一道防线的作用。在不同国家的法院就同一起案件起诉,会导致各国法院难以充分获取位于另一国境内的证据、线索等信息的后果,并对案件的审理结果产生不利影响。此外,如果

---

① 参见刘枫欣:《国际民事司法合作视野下外国禁诉令之应对》,载《河南财经政法大学学报》2021年第5期。

② 参见[日]本间靖规、[日]中野俊一郎、[日]酒井一:《国际民事诉讼法》(第2版),柴裕红译,商务印书馆2020年版,第72页。

③ See Yoshimasa Furuta, *International Parallel Litigation: Disposition of Duplicative Civil Proceedings in the United States and Japan*, Pacific Rim Law & Policy Journal 5, 1995, p. 3.

法院作出的生效判决无法获得其他国家的承认与执行,将严重损害该国的司法公信力,甚至恶化社会整体的营商环境。因此,协调各国管辖权的国际公约便极为必要,不仅能够化解国际司法冲突,还能够消除抵触判决产生的“土壤”。

3. 浪费司法资源

不同国家的法院对同一起案件并行审理势必会造成某一法院徒劳无功的后果,而在通常情况下法院在审理国际民商事案件时所花费的精力远超处理类似案情的国内案件,这对于本就稀缺的司法资源来说又是一笔不小的损耗。可以说,各国目前处理国际平行诉讼问题的策略本质上都是不利于司法经济的发展,而只有建立一个避免国际平行诉讼产生的国际协调机制才能避免对司法资源的浪费。

4. 增加当事人诉累

为确定哪一国法院能够更快地作出判决,或作出的判决是否能够获得其他国家的承认与执行,当事人需在不同国家的法院参与诉讼,以获取案件审理进度的最新进展。这种情况不合理地加重了当事人(尤其是被告当事人)的诉讼负担,且难以深度参与诉讼过程,也不利于案件实体部分的审理。过于追求程序上的正当性而忽视实体正义可能更是一种舍本求末。因此,应尽快解决国际平行诉讼问题,避免当事人承受巨大的精力负担和财产消耗。

综上所述,国际平行诉讼在价值层面上加剧了各国在司法、主权领域的冲突,不利于国际司法协助的展开以及国际民事诉讼规则的统一化,在结果层面上导致了冲突判决结果的产生,使国际民商事关系陷入混乱并损害司法权威和营商环境,在经济层面既不利于司法经济的发展,同时加重了国际民商事争议当事人的负担,影响案件的审理。基于上述理由,各国均试图化解国际平行诉讼所带来的消极影响,下文将从海牙国际私法会议“管辖权项目”以及我国目前实践两方面出发,探讨国际平行诉讼问题的解决之道。

三、海牙国际私法会议对平行诉讼问题的研究

(一)历史发展与未来展望

在国际层面上,各国也曾经尝试通过公约的形式协调国际平行诉讼问题,目前,规制国际平行诉讼问题最有成效的是以欧盟《布鲁塞尔公约》和《卢加诺公约》为核心的区域性公约体系。但该公约体系仅有部分欧洲国家加入,无法做到真正意义上的全球互通。

海牙国际私法会议作为世界上最大的致力推进国际私法统一化的政府间国际组织,一直以来试图制定一部协调国际平行诉讼的国际公约,并经历了多次尝试,具

体过程大致可划分为下面 4 个阶段。

1. “管辖权项目”前的探索

1971 年海牙国际私法会议制定了《关于承认与执行外国民事和商事判决的公约》及其补充议定书,该公约在第 20 条规定了有关平行诉讼的问题。

当两个国家受第 21 条规定的补充协议约束时,如果在一国法院提起的诉讼,在相同当事人之间,就同一事实以及同一标的已在其他国家法院诉讼时,而这一诉讼的判决依据本公约规定,为前述国家当局有义务承认的判决时,前述国家的司法当局有权驳回起诉或延期判决。①

这一规定基本采纳了以德国等国为代表的承认预期规则,即后受诉法院如果判断先受诉法院作出的判决预期能够获得本法院的承认与执行,就不再受理或中止审理。该规则在理论层面上的确能够根本性地解决国际平行诉讼带来的消极后果,但这一目标的实现需建立在各国之间普遍缔结判决承认与执行公约的基础上,如果不存在此类公约,则承认预期规则也将无从谈起。但遗憾的是,1971 年《关于承认与执行外国民事和商事判决的公约》缔约方数量过少,并未发挥其应有作用。

2. 旧“管辖权项目”阶段

1992 年在美国的倡议下,各国再次就在国际民商事领域制定一项关于管辖权和承认与执行判决的多边公约展开谈判,并最终形成了《民商事管辖权和外国判决公约》(草案)。该公约草案在第 21 条对国际平行诉讼作出了规定:

(1)相同当事人基于同一诉因在不同缔约方的法院进行诉讼时,无论其请求何种救济,先受诉法院基于(白名单)(或与之不相矛盾的国内法上)的规定具有管辖权,并且若该法院作出的判决预计在后受诉法院所在国可以根据本公约获得承认时,后受诉法院应当中止程序。但是,后受诉法院根据(第 4 条)(第 11 条)或者第 12 条具有专属管辖权时除外。

(2)后受诉法院在先受诉法院已经作出符合本公约承认和执行要件的判决时不得行使管辖权。

(3)当先受诉法院的原告未采取获得判决的必要手续,或该法院未在合理的期

① 李旺:《国际诉讼竞合》,中国政法大学出版社 2002 年版,第 162 页。转引自李笑旻:《国际平行诉讼问题初探》,复旦大学法学院 2011 年硕士学位论文,第 21 页。

间内对本案作出审判时，后受诉法院可以根据当事人的申请继续审理案件。

(4)前3款规定同样适用于后受诉法院的管辖权根据第17条以该国的国内法为依据时。

(5)为本条的目的，法院在以下情况时视为受案：

①提起诉讼的文件或同等文件提交法院时，或

②若该文件在提交法院之前必须送达，则在负责送达的当局收到或送达被告时。

(在合适的情况下适用全球标准时间。)

③若原告在先受诉法院进行的诉讼中寻求确定其对被告不负义务，而一项寻求实质性救济的诉讼向后受诉法院提起时：

④前款各项规定不适用于该后受诉法院。

⑤若后受诉法院作出的判决预计可以根据本公约获得承认时，先受诉法院应根据当事人的申请中止程序。

(6)若先受诉法院根据当事人的申请认定根据第22条规定的条件在后受诉法院解决纠纷明显更妥当时，不适用本条的规定。[①]

该条款明确采用了符合欧洲大陆法系国家做法的承认预期规则，美国等国因此提出了反对意见。英国提出，后受诉法院必须中止诉讼的情况仅限于先受诉法院的管辖权是基于公约规定的"白名单"或与之不相矛盾的国内法规定的管辖原因而取得的。[②] 同时，该公约草案中没有规定与禁诉令相关的内容，这无疑再一次体现英美法系国家与大陆法系国家的冲突。但就结果而言，公约是计划将禁诉令作为一种补救平行诉讼的办法，还是仅仅依照当地法律处理，显得模棱两可。[③] 最终该公约草案未能通过，但在该公约谈判中达成的共识至少为后续公约的谈判与达成奠定了基础。随后达成的《选择法院协议公约》强调，基于当事人合意的"被选择法院地法原

---

① 公约临时文本翻译自 Interim Text-Summary of the Outcome of the Discussion in Commission II of the First Part of the Diplomatic Conference (6 – 20 June 2001), Accessed January 14, 2022, https://assets.hcch.net/docs/e172ab52 – e2de – 4e40 – 9051 – 11aee7c7be67.pdf。译文已经与公约临时文本日语版(道垣内正人译)进行校对。"( )"内的内容是指在各参会方之间存在争议。

② 道垣内正人:「裁判管轄等に関する条約採択をめぐる現況 – 2001年6月の第1回外交会議の結果 – (下)」,1212ジュリスト87 – 95(2001)。

③ See George J. P., *International Parallel Litigation-A Survey of Current Conventions and Model Laws*, Texas International Law Journal 37, 2002, p. 524.

则”对于化解管辖权冲突的重要性,从而有助于实现减少国际平行诉讼并提升管辖权确定性的宗旨。①

3.“判决项目”阶段

2019年《承认与执行外国民商事判决公约》也包含了规制国际平行诉讼的规定,具体表现为限制平行诉讼判决的承认与执行,相关条款规定在第7条中:

二、如果相同当事人关于相同标的的诉讼在被请求方法院正在进行中,在下述情形下,可以拒绝或者延迟承认或者执行:

(一)被请求方法院先于原审法院受理案件;且

(二)争议和被请求方有紧密的联系。

依本款的拒绝并不阻止之后申请承认或执行判决。②

上述规定并非直接限制国际平行诉讼的产生,而是通过不予承认和执行的方式使判决结果难以流通和生效,进而反向促使各国在国内法上作出限制。

4.进行中的“管辖权项目”

在上述两项公约成功达成的基础上,海牙国际私法会议近期将民商事领域的工作重心重新转回了管辖权领域,试图解决国际民商事案件的管辖权问题以及降低平行诉讼风险等问题,为此还专门召开了5次专家组会议以听取各国专家的意见。③在会议上,各国专家首先均表示同意建立选择性的管辖权转移机制并加强合作,这为之后的讨论确立了一个良好的合作氛围。在具体规则上,专家组讨论了引入“不方便法院”原则的可能性,④最终专家组会议形成了“先受理原则”、“更适合法院规则”和“以直接管辖权为基础的更适合法院规则”3种方案。

目前,海牙国际私法会议总务与政策理事会已经批准成立一个专门的工作组来处理与“管辖权项目”相关的问题。在首次工作组会议中,合并案文因各参与方之间的分歧而被放弃,最终保留了“先受理原则+管辖权+更适合法院因素”模式的主案

---

① 参见刘仁山:《我国批准〈选择法院协议公约〉的问题与对策》,载《法学研究》2018年第4期。

② 《承认与执行外国民商事判决公约》,何其生译,载黄进、肖永平、刘仁山主编:《中国国际私法与比较法年刊》第24卷,法律出版社2019年版。

③ See Hague Conference on Private International Law, *Jurisdiction Project*, Accessed October 8, 2021, https://www.hcch.net/de/projects/legislative-projects/jurisdiction-project.

④ 参见何其生:《海牙管辖权项目的新发展》,载《武大国际法评论》2020年第4期。

文以及基于"更适合法院规则"的替代案文以供未来继续讨论。① 相信随着各国专家对这一问题的深入交流,各国在这一问题上的共同利益能够被更好地发掘,并为之后制定相关公约打好基础。

(二)对解决国际平行诉讼的启示

从目前看来,无论是"管辖权项目"下的专家组会议还是工作组会议,均赞同以2001年《民商事管辖权和外国判决公约》临时文本作为讨论基础。如果粗略地以法系划分,一般情况下大陆法系国家大多主张通过承认预期规则排除管辖那些预期能够获得承认的案件,从而避免国际平行诉讼的产生,而英美法系国家普遍则通过不方便法院原则排除自身管辖权以达到相同目的。但是这两种做法均存在问题:对于承认预期规则来说,如何预测外国法院作出的判决是否能够获得本国的承认与执行,如何判断哪一诉讼系属②在先以及位于外国的诉讼系属是否属于职权调查的事项,预测错误时应当如何处理等问题都客观存在。对于不方便法院原则来说,问题似乎更突出,如果本国法院认为其并非不方便法院从而继续审理,外国法院同时对该案进行审理则会造成国际平行诉讼;相反,如果本国法院认为自身为不方便法院拒绝行使管辖权,外国法院同样不予管辖则将产生当事人无处可诉的局面。另外,在判断自身是否为不方便法院时,需要法官从个案角度衡平地考察,而大陆法系国家以成文法作为主要法律渊源,在规定不方便法院原则时通常以固定化、模块化的构成要件作为判断标准,法官往往因此陷入僵化适用的陷阱。

1. 过去失败的经验

公约临时文本是对上述两种做法的兼收并蓄,其同时涵盖了承认预期规则以及不方便法院原则。就内容来看,其以最先受诉法院管辖为主,承认预期规则作为补充。原则上先受理的法院具有优先管辖权,这与各国国内民事诉讼法上的先受理原则保持一致。如果先受理的法院经过判断认为自身具有管辖权,则案件继续审理。此时,如果任何一方当事人在其他国家提起与案件实质相同的国际平行诉讼,后受

① 需要说明的是,该次工作组会议为内部会议,经多方查证确认会议内容并不公开。海牙国际私法会议官网以新闻稿的方式对本次会议进行了介绍,载 https://www.hcch.net/en/news-archive/details/?varevent=827,最后访问日期:2022年1月14日。

② 所谓诉讼系属,是指"诉讼存于法院的事实状态,具体而言,是指特定当事人之间的特定请求,已在某个人民法院起诉,现存在于法院而成为法院应当终结诉讼事件之状态"。参见刘学在:《略论民事诉讼中的诉讼系属》,载《法学评论》2002年第6期。转引自刘仁山、陈杰:《我国面临的国际平行诉讼问题与协调对策》,载《东岳论丛》2019年第12期。

理的法院则需要根据承认预期规则判断在先诉讼法院的判决是否能够预期获得本国的承认与执行,如果具备则后受理的法院应当中止诉讼以避免国际平行诉讼;如果不具备则对该案继续审理,即使产生了国际平行诉讼,由于本就无法获得本国的承认与执行,因此也不会造成国际性的判决冲突。如果先受理的法院经过判断认为自身不具有管辖权,则可以根据该公约草案第21条第7款和第22条规定的不方便法院原则拒绝行使管辖权。在上述原则性规定之外,临时文本还规定了宽松的法院受案标准以及先受诉法院的例外,从而更好地保护实质救济诉权,防止当事人利用先受诉法院和承认预期原则提起恶意诉讼,损害对方当事人的合法利益。① 这一规定本就是对两大法系所采用制度妥协的结果,虽然公约最终未能达成,但并不能完全归咎于公约自身存在的问题,在一定程度上还与当时的时代背景密不可分。在国际环境已经发生巨大变革的今天,回顾当时的谈判过程并吸取过去失败的经验教训显得尤为重要。

2. 融合不同制度的优势

之前"管辖权项目"的专家组会议主要讨论了"先受理原则"、"更适合法院规则"和"以直接管辖权为基础的更适合法院规则"3种方案,从结论上看每一种方案都有利弊,这也分别代表了英美法系国家、大陆法系国家各自的观点以及折中的观点。事实上,"管辖权项目"除试图规制国际平行诉讼外,还意在限制各国的直接管辖权基础。只有各国在直接管辖权这一先决问题上达成一致,才能解决后续的平行诉讼问题。"先受理原则"仍然是各国主要采取的主流做法,但"更适合法院规则"和"以直接管辖权为基础的更适合法院规则"在理论上显然更具说服力。但这两种方式也更复杂,例如,其与直接管辖权规则的联系、解决有问题的战术诉讼策略的必要性、对现状的改进、与缔约方的主权以及和时间有关的问题等。② 更何况,国际领域内的司法管辖冲突由于不存在能够作出具体安排的上位法院,对于如何确定"更适合"这一点上,各国之间所考虑的内容本就不同,因此最终"先受理原则"可能更能获得国际社会的接受。

工作组会议否定了将主案文与替代案文合并为一项案文的提议,有观点认为,合并案文的努力功败垂成,但事实上不用这么悲观。工作组会议后续将要重点讨论的两个案文与第五次专家组会议给出的3种方案相比,并非一一对应,事实上正是

---

① 参见罗丛九:《论规制国际平行诉讼的承认预期规则》,载《西部法学评论》2010年第2期。

② See Hague Conference on Private International Law, *Report of the Jurisdiction Project*, Accessed October 8, 2021, https://assets.hcch.net/docs/5fbec58b-d14f-49c6-8719-b1fb68fd6d5b.pdf.

由于支持“先受理原则”的代表已经事先进行了合并,反而失去了再次合并案文的必要。包含“更适合法院因素”的主案文吸收了不方便法院原则的优势,已经不能简单地与第五次专家组会议中的“先受理规则”等同,虽然与“以直接管辖权为基础的更适合法院规则”的确存在差异,但在一定程度上也标志大陆法系国家对英美法系国家部分先进制度的吸收与借鉴,欧洲国际私法的最新发展已经表明,其对于不方便法院原则并不带有敌意。① 但如果要求其将一直以来坚持的管辖权判断标准弃之不顾,仅以“更适合法院规则”为依据确立管辖,未免有些强人所难,毕竟大陆法系的国际民事诉讼法律制度以管辖作为根基,无法接受在确立管辖权前判断是否是方便法院。② 相反英美法系国家更应当吸收大陆法系国家在管辖权问题上追求清晰、明确的价值目标,从而作出一定程度的妥协。

国际平行诉讼问题是一个长期存在且复杂的问题,对待这一问题需要新的思维,不能再拘泥于过去的法律传统。“管辖权项目”会议是一个千载难逢的机会,可以在没有先入之见的情况下,适当考虑经验现实,并从头开始对该领域进行批判性的审视。③

四、我国应对措施的现状

我国《民事诉讼法》并未对国际平行诉讼问题作出规定,只在司法解释中有所涉及。目前,在司法实务中处理此类案件的法律依据根据案件首先在外国法院起诉和首先在我国法院起诉分为两类,同时也区分了两种不同的处理模式。

1. 不方便法院原则

对于首先在我国法院起诉的案件依照最高人民法院《关于适用〈中华人民共和国民事诉讼法〉的解释》(2022 年修正,以下简称《民诉法解释》)第 530 条的规定可以适用不方便法院原则。但在司法实践中该原则并未发挥出预期作用,主要体现在现有法律规定严苛、适用要件刚性、目标和价值取向不是特别清晰等问题。④ 从不方便法院原则的立法目的出发,其理想效果应是允许我国法院对一些与我国关联不大

① 参见[比]海尔特·范·卡尔斯特:《欧洲国际私法》,许凯译,法律出版社 2016 年版,第 128 页。

② 實川和子「インターネット上の名誉毀損の国際裁判管轄と民訴法 3 条の9『特別の事情』について(最高裁平成 28 年 3 月 10 日判決)」『山梨学院大学法学論集第 83 号』(2019 年)161 頁。日本法院的做法即符合大陆法系国家对待管辖权问题的一贯立场。

③ See Paul Herrup and Ronald A. Brand, *A Hague Convention on Parallel Proceedings*, University of Pittsburgh Legal Studies Research Paper 23, 2021, p. 10.

④ 参见沈红雨:《我国法的域外适用法律体系构建与涉外民商事诉讼管辖权制度的改革——兼论不方便法院原则和禁诉令机制的构建》,载《中国应用法学》2020 年第 5 期。

的案件拒绝行使管辖权,并告知当事人向国外更适合的法院起诉。

2. 对“一事两诉”的禁止

对于首先在外国法院起诉的案件,人民法院依据《民诉法解释》第531条的规定进行处理。与处理国内平行诉讼时的先受理法院规则不同,处理该类诉讼并不以受理时间作为判断是否具有管辖权的标准。同时该条进一步规定,我国法院的管辖权和判决的有效性全面优于国外法院。根据第531条的规定,仅当外国法院判决已经被我国法院承认时才排除我国法院对该案件的管辖权,这意味着在外国法院已经作出判决但尚未获得我国法院承认时,也有产生国际平行诉讼的可能。我国法院的这种做法虽然不违反司法主权原则,但与国际法上的“礼让”原则不符。① 因此,就现状而言,我国对待这一问题的相关立法尚有待完善,在制度设计上存在进一步优化的空间。

五、我国应对国际平行诉讼策略的完善建议

“管辖权项目”自重新启动至今仍处于早期阶段。正如作为中国代表参与专家组会议的何其生教授所言:现在不确定性很强,所有方案都分歧很大,未来谈判走势不明。如果眼下就将目光放在具体条文或细节上未免有些为时过早,当务之急是推动国际社会对国际平行诉讼问题的关注,达成协力解决这一问题的共识。

对此,在未来的“管辖权项目”谈判中,我国应采取与我国大国司法理念相适应的开放、包容的立场。我国的国际民事管辖权制度应具有开放性特征,需要考虑与国际社会的兼容性,以及在未来国际立法中可能具有的示范效应或引领性作用。②开放、包容的管辖权制度不仅能够妥善化解国际民商事纠纷、强化国际经贸往来并加强司法协助交流,对于促进我国法治文明的进步与提升我国的司法竞争力同样大有裨益。

此外,我国还应通过内国司法审判积极影响国际规则的制定,这一举措将成为中国对国际民事诉讼的国际法治发展贡献中国智慧的重要途径。③ 综合考察各国对于这一问题的实践与经验,可以对我国应对国际平行诉讼问题的具体策略提出以下几点完善建议。若这些建议其中的一条或数条能够获得采纳,则可以作为未来我国在“管辖权项目”谈判中所坚持的基本主张,从而向世界发出中国声音、提出中国方

① 参见杜涛:《先受理法院规则与国际平行诉讼问题的解决》,载《武大国际法评论》2015年第2期。

② 参见何其生:《大国司法理念与中国国际民事诉讼制度的发展》,载《中国社会科学》2017年第5期。

③ 参见刘敬东:《大国司法:中国国际民事诉讼制度之重构》,载《法学》2016年第7期。

案、贡献中国智慧。

（一）采纳先受理法院规则

虽然海牙“管辖权项目”专家组对此还有不同看法，但在实践中先受理原则作为最易实施、最直观的检测标准已经得到世界上多数国家的支持。2001 年《民商事管辖权和外国判决公约》临时文本也不出意外地以先受理原则为基础，这与我国传统上属于民法法系国家的制度背景也相符。

若采纳先受理原则，则需要对 2022 年《民诉法解释》第 531 条的规定进行适当修改。对此学术界存在两种观点，一种观点认为，需对该条中的“可予受理”一词予以限制性解释；[①]另一种观点认为，可以将《民事诉讼法》第 36 条类推适用于涉外民事诉讼的方式。[②] 事实上，这两种方法都存在一些细微的不足。

首先，对于第一种观点，其本意在于通过改变法条的措辞，将意思转变为“法院可以受理，也可以不受理”。但在司法实践中，除非法条明文规定不予受理，否则我国法院在大多数场合下仍然会受理，这一点从不方便法院原则在我国法院中被援引的数量和比例不难看出。[③] 因此，仅通过法律解释的方法客观上难以实现预期的效果。

其次，第二种将《民事诉讼法》第 36 条的规定类推适用到国际民事诉讼领域的观点也存在一定的风险。如果考虑到法律文本规定的逻辑性以及法律在管辖权问题上应当具有的内涵一致性，这种观点具备很大价值。但目前区分国内管辖和国际管辖可能更妥当，毕竟国内与涉外案件的处理理应存在一定的区分，两者的立法目的和内在价值也并不完全等同。在司法实务中，在国内法层面上禁止双重起诉作为一项原则是不可动摇的，但在国际民商事案件中，由于存在各类涉外因素，不可避免地存在诸多对该条的例外情况。穷尽列举显然极为困难，且条文表述烦琐冗长。从立法技术角度而言，该条也更应在涉外编中单独规定。

基于以上考虑，建议在《民事诉讼法》涉外编“管辖”一章中增加当外国法院已经受理诉讼后，相同当事人之间就同一诉讼标的再向我国法院提起的诉讼终止或中止的规定。在以先受理原则为优先的基础上考虑保护我国国家、社会以及当事人的利益时，也应一并规定先受理原则的例外情况。这样“原则禁止、例外允许”的立法

---

① 参见刘仁山、陈杰：《我国面临的国际平行诉讼问题与协调对策》，载《东岳论丛》2019 年第 12 期。

② 参见杜涛：《先受理法院规则与国际平行诉讼问题的解决》，载《武大国际法评论》2015 年第 2 期。

③ 参见陈南睿：《不方便法院原则在中国法院的适用及完善——以 125 例裁判文书为视角》，载《武大国际法评论》2021 年第 2 期。

模式能更好地指引法官在具体案件的法律适用。在该条款中还可以规定国际平行诉讼的概念、先受理外国法院所作出判决的承认与执行程序等问题。

过去日本学术界对于民事诉讼法中关于禁止双重起诉的规定是否适用于国际民事诉讼领域也产生过激烈的争论,最终结论为日本《民事诉讼法》第 142 条规定的"法院"仅指内国法院,而不包括外国法院,这一点已被判例反复确认,①并且学术界对这一观点已无争议。② 这并不是说当前日本对国际平行诉讼采取消极规制的观点,而是通过其他途径来进行规制。其理由在于,对平行诉讼的国内和国际规制分属不同体系,在国际平行诉讼领域存在较多的例外情况,无法像国内对待双重起诉那样有效地实施管辖权转移,并且由于涉及他国主权,如果规定本国管辖权优先可能产生司法领域的冲突。在日本,如果在本国进行的在后诉讼更早地作出判决,之后作出的外国诉讼终局判决与日本判决相矛盾将被视为违反公序并被拒绝承认。③因此,如果日本的法官有意无视外国在先进行的诉讼,以早日作出国内判决为目标进行审理,最终日本的民事诉讼制度将失去国际信用,并将造成日本法院的判决在外国不予承认的损害结果。④ 鉴于此,东京大学高桥宏志教授就指出,"在日本,禁止双重起诉的原则只存在于行为规范中,而不存在于评价规范中,因此效果很弱"。⑤

此外,国际社会还存在支持通过先受理法院规则解决国际平行诉讼问题的学说。例如,国际法协会(International Law Association)提出的《关于在民商事争议中拒绝和转移管辖权的原则》⑥即规定了先起诉的行为将决定诉讼将在何处进行,这取决于先受诉法院与其他法院协商的自由裁量权。⑦ 该原则是专门为解决国际平行诉讼而进行国际民间合作的重要成果,对各国同样具有一定的示范效果。

(二)采纳承认预期规则

承认预期规则是对上述先受理原则的必要补充。当外国法院在先受理案件时,我国法院在判断是否受理与该案平行的诉讼时最主要考虑的一点即在于是否会产

---

① 参见[日]本间靖规、[日]中野俊一郎、[日]酒井一:《国际民事诉讼法》(第 2 版),柴裕红译,商务印书馆 2020 年版,第 72 页。

② 酒井一「国際訴訟競合に関する規定」国際私法年報第 11 号(2009),114 頁以下。

③ 参见日本《民事诉讼法》第 118 条第 3 款。

④ 安達栄司「国際的訴訟競合論」成城法学 75 号(2007),24 頁以下。

⑤ 高桥宏志『重点講義　民事訴訟法[新版]』有斐閣(2000),109 頁以下。

⑥ 《关于在民商事争议中拒绝和转移管辖权的原则》亦被称为"鲁汶/伦敦原则"(Leuven/London Principles)。

⑦ See George J. P., *International Parallel Litigation-A Survey of Current Conventions and Model Laws*, Texas International Law 2002, p. 526.

生抵触的判决结果。承认预期规则即在法院作出是否受理的决定前,判断该外国法院的判决是否能够获得本国法院的承认与执行。对承认预测规则最严厉的批评在于难以预测。但是,如果将各个应该预测的事由进行分解,与判断是否为方便法院相比并没有很大的差距。[①]

我国《国际私法示范法》第54条同样采纳了承认预期规则的观点,该条款目前仍然是对承认预期规则的最优表述,建议未来修订《民事诉讼法》涉外编时直接纳入该条款,增加"若预期先受诉外国法院判决能够在中国法院得到承认,则中国法院可以不行使管辖权"的规定及其例外,以使其能够与先受理法院规则一道发挥减少国际平行诉讼的作用。

另外,从国际礼让的角度出发,在明知他国法院对正在审理的案件即将作出的判决可能得到承认时,仍然对相同案件行使管辖权也不符合国际礼让的传统和惯例,因此有必要采纳承认预期规则以消除这一问题。"国际礼让"是一个古老的概念,有悠久的法律和政治渊源,意味着由于在国际体系中的共同成员资格而对其他国家的法律和行为的尊重——一种推定的承认,其高于礼貌,但不是义务。[②] 礼让在平行诉讼和判决执行中都是一个隐含的问题。[③] 各国都应该非常清楚国际礼让是相互的,一旦主动不遵守国际礼让势必遭到其他国家的反报,因此在处理国际关系时需要慎之又慎。我国一直以来坚持遵守国际法并以此为荣,但国际礼让原则依适用主权国家内部的法律而体现,并非任何国际义务的结果,[④]我国未来应更加注重国际礼让原则在国际交往中的重要价值。

(三)优化不方便法院原则的适用

就立法而言,不方便法院原则需要作出两点改进:其一,减少与我国的实际联系。当前《民诉法解释》中规定的不方便法院原则属于与我国"沾边"就具有管辖权,这不符合国际上对于不方便法院的定义,因此多数学者都支持对以我国利益受损为由拒绝适用不方便法院原则施加程度性要求,[⑤]以便使更多与我国关联不大的

---

① 酒井一「国際訴訟競合に関する規定」国際私法年報第11号(2009),118頁以下。

② See Slaughter A. M., *A Global Community of Courts*, Harvard International Law Journal 44, 2003, p. 205.

③ See Louise Ellen Teitz, *Both Sides of the Coin: A Decade of Parallel Proceedings and Enforcement of Foreign Judgements in Transnational Litigation*, Roger Williams University Law Review 10, 2004, p. 11.

④ See Calamita N. J., *Rethinking Comity: Towards a Coherent Treatment of International Parallel Proceedings*, University of Pennsylvania Journal of International Law 27, 2006, p. 635.

⑤ 参见陈南睿:《不方便法院原则在中国法院的适用及完善——以125例裁判文书为视角》,载《武大国际法评论》2021年第2期。

案件能够通过不方便法院原则拒绝行使管辖权,实现引入该制度的初衷。其二,对于以不方便法院原则为由不行使管辖权的案件,根据《民诉法解释》第530条规定为驳回原告起诉,但此时外国法院并不一定已经受理,若过早地驳回起诉,可能导致当事人丧失救济的权利,因此宜修改为中止审理,等待外国法院的下一步动向。这与国际通行的惯例也是一致的。[①] 基于上述理由,建议修改《民诉法解释》第530条的相关规定,短期内较可行的目标为将第530条第1款第4项修改为"案件未严重侵犯中华人民共和国国家、公民、法人或者其他组织的利益",并将该条文中的"裁定驳回起诉"修改为"中止诉讼",若外国法院拒绝管辖,则我国法院可恢复之前中止的诉讼程序以保障当事人能够获得司法救济。

对于司法来说,完善不方便法院原则的重点在于增强裁判文书的释法说理。今后在司法实践中进一步锻炼司法工作人员处理此类问题的能力。法官在作出判断后,还应将其作出判断的逻辑推理完整地记载在判决书中,以增强说理论证的合理性,提高裁判的可接受性并切实做到同案同判。

(四)增设排除管辖权的兜底条款

在国际民事诉讼领域,除需遵从国际礼让原则避免与其他国家产生竞争管辖权的情况以外,有时还存在一些不适合由我国行使管辖权,但也不符合不方便法院原则要件的情况。在此种场合下,由于我国法院不存在不予管辖的事由,因此必须进行管辖,但对该案进行管辖可能给法院或任何一方当事人造成沉重负担。因此建议增设排除管辖权的兜底条款,如可以在《民事诉讼法》涉外编"管辖"一章中增加"如果我国法院审理将会造成过重的审判负担以至案件难以获得公正、高效地审理,或会给任何一方当事人施加过重的负担,法院有权驳回诉讼"的条款。该条的立法宗旨与适用效果与不方便法院原则类似,均为排除管辖权的法律依据,可以视情况规定在同一条文中。

类似条款在日本法中也有体现,具体表现为日本《民事诉讼法》第3条第9款之中,该款规定了法院考虑到案件的性质、被告应诉的负担程度、证据所在地以及其他情况,如果认为在日本法院审理和判决会有害于当事人之间的衡平,抑或是存在妨碍实现案件公正迅速审理的特别情况时,可以全部或部分驳回诉讼。日本于2011年修订《民事诉讼法》时,在过往判例和法理的基础上新增了对财产案件的国际诉讼管辖基础,[②]由于在立法阶段已经规定了详细且精细的国际诉讼管辖原因,因此存在

① 松岡博『国際関係私法入門(第4版補訂)』(有斐閣2021年)290頁参照。

② 参见日本《民事诉讼法》第3条第2款至第12款。

取消因“特别情况”排除管辖权的条款的呼声，①但最终为了确保个案的妥当性而对该款予以保留，并在实践中发挥了该条款应有的作用。② 日本最高法院于2016年3月10日作出的判决即适用了该条款，日本最高法院从关联案件的性质、之前系属在他国诉讼的进展情况、证据所在地、对当事人公平的观点出发，认为存在日本不应行使管辖权的特殊情况，故最终驳回了上诉。③ 该判决最显著的意义在于，明确了外国在先诉讼的预见性和外国诉讼的应诉负担等是在“特殊情况”的框架下判断的。在具体司法实践中，存在相关双边司法协助条约的国家间可以实行承认预期规则，未缔结双边司法协助条约的国家间实施排除管辖权的兜底条款，同时辅之以不方便法院原则，从而在各环节上与各国家之间对于各类案件都能形成一套有效预防和避免国际平行诉讼产生的屏障机制。

采取弹性立法的模式，为今后遇到的新情况、新问题预留出法律框架内的解决途径，通过兜底条款的形式明确在特殊情况下排除管辖权的合法性，对于我国立法能力以及法治环境的提高与改善都能起到促进作用。

六、结语

在各国之间经济、文化交流日益频繁的当下，国际平行诉讼的危害更加凸显，这也意味着各国必须团结一致，共同应对国际平行诉讼所带来的挑战。海牙国际私法会议作为一个各方均能深度参与的平台，在达成国际私法领域的全球性公约方面具有得天独厚的优势。相信未来在对这一问题投入足够的重视后，各国一定能够就此问题形成卓有成效的国际公约。我国也应积极对待国际平行诉讼这一现实且紧迫的问题，适时、适当地修改《民事诉讼法》等法律，并在今后“管辖权项目”的研究和谈判过程中积极贡献中国智慧。

---

① 如大阪大学国际裁判管辖立法研究会提交的意见书「国際裁判管轄法制に関する中間試案に関する意見」即支持这一观点。

② 高杉直「国際訴訟競合の事案に関して最高裁として初めて民事訴訟法3条の9の『特別の事情』の解釈を示した事例~最高裁平成28年3月10日判決~」WLJ判例コラム臨時号第75号(2016)，1頁以下。

③ 不破茂「国際的競合訴訟の規律—最高裁平成28年3月10日判決を契機として—」国際商取引学会年報 Vol. 20(2018)，104頁以下。

《承认与执行外国民商事判决公约》间接管辖权规则的中国因应[*]

刘哲帆[**]

《承认与执行外国民商事判决公约》是在国际民商事判决全球流通方面最具影响力的公约,对于加强司法合作、促进不同法域间的融合影响深远。近年来,我国致力于优化营商环境,助力"一带一路"建设。在双边司法协助条约数量有限、国内立法缺失的背景下,亟须增强判决的流通性以促进经贸发展,因此我国存在加入公约的现实需要。间接管辖权规则作为公约的核心内容,可为我国批准加入提供重要视角。总体而言,我国管辖权的规则与实践基本符合公约要求,建议我国无保留接受,以实现判决的流通利益。同时,应放弃对合同纠纷的过度管辖权以及在我国履行的3类涉外投资合同纠纷的专属管辖权,并利用公约通过的契机,完善对消费合同纠纷、雇佣合同纠纷和信托纠纷的管辖权规则。

一、问题的提出

伴随涉外民商事交往的持续发展,在全球范围内协调民商事管辖权及判决承认与执行规则,为国际民商事活动提供司法保障,业已成为国际社会孜孜以求的目标。半个世纪以来,海牙国际私法会议积极探索,历经两次失败后再度重启"判决项目",最终于2019年7月2日收获成果。作为首个全面构建国际民商事判决全球流通统一框架的法律文书,《承认与执行外国民商事判决公约》(以下简称《判决公约》)对于加强各国民商事领域的司法合作,进而促进跨境经贸往来影响深远。① 它不仅系

* 本文系长治市法学会一般课题"'一带一路'法治保障和法律服务问题研究"最终成果。

** 中南财经政法大学法学院国际私法博士研究生。

① See Preface of Convention of 2 July 2019 on the Recognition and Enforcement of Foreign Judgments in Civil or Commercial Matters (Hereinafter "2019 Judgments Convention").

统全面地规定了承认与执行外国民商事判决的范围和条件，而且在规则设计上灵活安排，兼顾各国利益诉求，为判决的全球流通提供了广阔平台。[①]《判决公约》还完善了国际民商事争议解决途径，与2005年《选择法院协议公约》（以下简称《法院公约》）一并构成国际民商事判决承认与执行的完整公约，与《承认及执行外国仲裁裁决公约》、联合国《关于调解所产生的国际和解协议公约》共同组成国际民商事纠纷解决的"三驾马车"，是国际民商事规则制定的重要里程碑。[②]

从2012年"判决项目"重启到2019年外交大会召开，中国代表团积极参加谈判，在《判决公约》的序言、知识产权、反垄断、国家为一方当事人判决的声明、"公约关系的确立"条款、不动产物权和租赁的管辖基础等多个问题上提交建议并获得通过，对减少各国分歧、有效化解谈判僵局发挥了关键作用。作为《判决公约》谈判的重要参与方，中国代表团凝聚各方共识，以不同国家法律制度和司法实践为基础推进谈判，为公约的最终通过作出了积极贡献。[③]

随着"一带一路"倡议持续深入，我国的对外经贸和跨境人员流动更加密切，对加强法治保障、优化营商环境的需求越发凸显。近年来，我国致力于破除影响判决自由流通的现实障碍，[④]但目前的规则与实践仍然滞后，[⑤]且未与我国民商事往来频繁的国家缔结条约，如美国、英国、德国、日本等。对此，我国亟须完善国内立法、加强与各国的司法合作并考虑加入国际公约。中国代表团在《判决公约》谈判期间态度积极，旨在使其通过以发挥效用，并考虑是否加入的问题。基于促进经贸发展、增强判决流通性的现实需求，在双边司法协助条约数量有限、国内立法缺失的背景下，

---

① 参见《外交部条法司司长贾桂德在海牙判决公约国际研讨会开幕式上的致辞》，载柳华文主编：《中国国际法年刊》2019年，法律出版社2020年版，第504页。

② 参见宋建立：《〈承认与执行外国民商事判决公约〉及对我国的影响》，载《人民司法》2020年第1期。

③ 参见孙笑非、吴琼：《〈承认与执行外国民商事判决公约〉评介与展望》，载《国际法学刊》2019年第1期。

④ 参见张勇健、杨蕾：《司法机关相互承认执行民商事判决的新探索》，载《人民司法》2019年第13期；刘亚军、陈婉姝：《"一带一路"倡议下互惠原则在中国承认与执行外国判决领域的适用》，载《新疆大学学报（哲学·人文社会科学版）》2020年第4期。

⑤ 在规则层面，我国目前缺乏对外国判决承认和执行的系统规定，承认和执行外国判决的依据仅为我国与39个国家缔结的双边司法协助条约或者互惠原则；在实践层面，2021年申请在我国调查取证与承认与执行判决的请求仅有97件，这一数量与我国涉外经贸往来的频率是不相匹配的。参见《2021年民商事司法协助案件统计》，载司法部官网，http://www.moj.gov.cn/pub/sfbgw/jgsz/jgszzsdw/zsdwsfxzjlzx/sfxzjlzxxwdt/202110/t20211013_439226.html。

我国有必要对这一全球性公约的批准适时展开评估或论证。①

在承认或执行外国判决时,原审国法院对案件具有适格管辖权是必要条件之一。但在实践中,各国审查管辖权的模式和依据不尽相同,或依被请求国的直接管辖权规则,或依列举式的管辖基础清单,或依司法实践中确立的弹性标准。② 这无法保障国际民商事管辖权行使的合理性,阻碍了判决的跨国流通,不利于当事人真正获得司法救济。③ 鉴于管辖权审查的必要性,囿于不同审查模式的弊端,在《判决公约》中统一间接管辖权规则的重要性不言而喻。

在《判决公约》谈判过程中,间接管辖权问题关涉各方利益,其案文经历数次修改,是备受关注的核心内容之一。④《判决公约》解释报告亦表明,第5条是公约的核心条款,它列举的间接管辖依据和第6条的专属管辖依据共同界定了承认与执行外国判决时应予认可的管辖基础。⑤ 作为谈判博弈的成果,"管辖权过滤器"(jurisdictional filters)秉持求同存异精神,兼顾各国需要,同时内含鼓励承认的原则,有助于判决跨国流通目标的实现。因此,有必要对间接管辖权规则展开研究,为我国考虑加入《判决公约》提供一个视角。

在《判决公约》构建的框架内,缔约方法院负有相互承认与执行适格判决的义务。⑥ 若我国法院行使管辖权的依据类似于公约规定时,所作判决将更有可能获得流通。⑦ 对此,在考虑是否接受《判决公约》间接管辖权规则时,应从我国判决流通利益实现的角度出发,评估我国行使管辖权的规则及实践与《判决公约》规则的协调

---

① 参见宋建立:《〈承认与执行外国民商事判决公约〉及对我国的影响》,载《人民司法》2020年第1期。

② 德国采取镜像规则确定外国法院是否有管辖权;瑞士是间接管辖权列举模式的典型代表;加拿大在司法实践中以"真实和实质联系"标准审查外国法院的管辖权。

③ 间接管辖权的不同模式在适用时各有弊端。具体论述,参见刘懿彤:《间接管辖权的审查标准》,载《公民与法(法学版)》2015年第1期;黄瑜:《间接管辖权制度研究——从外国民商事判决在中国的承认与执行现状出发》,载《汕头大学学报(人文社会科学版)》2019年第2期。

④ 2015年10月工作组的第五次报告中间接管辖权的内容已初具雏形,其后历经2016年6月、2017年2月、2017年11月和2018年5月4次草案的修改。See HCCH Judgments Project: Meetings of the Special Commission (2016 – 2018), https://www.hcch.net/en/publications-and-studies/details4/?pid=6644&dtid=61.

⑤ See 2019 Judgments Convention, para. 134.

⑥ See 2019 Judgments Convention, Art. 4.

⑦ See 2019 Explanatory Report, para. 135.

性，分析我国对该问题的立场。① 此外，还可考察我国签订的双边司法协助条约中的间接管辖权规则以作参照。

二、《判决公约》间接管辖权规则及其变革

间接管辖权规则的统一减少了承认与执行外国判决的管辖权障碍，在一定程度上克服了国内间接管辖权模式的局限性，有助于《判决公约》目标的实现。首先，《判决公约》旨在协调判决的承认与执行机制，故放弃规范直接管辖权，转而着力于间接管辖权。这对各国司法主权让渡的要求较低，更容易得到认可和接受。其次，第 5 条和第 6 条作为各国妥协的产物，在内容上求同存异，兼顾了不同国家管辖权规则的需要。最后，第 5 条采用肯定列举式，仅设置了各国广泛接受的间接管辖权清单，而未规定拒绝承认的"黑色清单"。除第 6 条规定的专属管辖依据外，《判决公约》不限制被请求国根据其国内法承认与执行外国判决。② 因此，这一模式能够容纳更多国家的法律差异，发挥积极鼓励的作用。

该公约第 5 条规定了承认与执行判决时可予接受的管辖依据。第 6 条确立了承认与执行判决的专属管辖依据。③

第 5 条共有 3 款规定：第 1 款包含 13 项，其中，包括 3 种传统的管辖权类别——基于与被告联系的管辖权、基于同意的管辖权和基于争议与原审国联系的管辖权：(a)被申请承认或执行人的惯常居所在原审国；(b)被申请承认或执行的自然人在原审国有主要营业地，且争议起因于该国的营业活动；(c)被申请承认或执行的人为原告，反诉的提起人除外；(d)被告在原审国有分支机构、代理机构或其他无独立法人资格的机构，且争议起因于该类机构的活动；(e)被告明确接受管辖；(f)应诉管辖，即被告在原审国法院就实体问题进行答辩但未提管辖异议，但根据原审国法律管辖异议显然不会成功时除外；(g)合同义务在原审国履行或应当履行，但争议与原审国之间不存在"有目的和实质联系"时除外；(h)不动产租赁纠纷的原审国为不动产所在地国；(i)对合同纠纷的被告所作的判决，合同义务由位于原审国的不动产物权担保，且合同诉讼请求与该不动产物权相关请求一并提起；(j)关于非合同义务的纠纷，直接导致该损害的行为或疏忽发生在原审国；(k)管辖信托纠纷的原审国是信

① 由于我国在涉外民商事诉讼程序中没有规定的事项准用国内法的相关规定，因此，我国涉外民商事纠纷的管辖权规则集中在《民事诉讼法》(2021 年修订)第二章和第二十四章。管辖权规则在司法实践中的理解和适用，则主要体现在最高人民法院《关于适用〈中华人民共和国民事诉讼法〉的解释》(2020 年修订)(以下简称《民诉法解释》)及相关案例之中。

② See 2019 Judgments Convention, Art. 15.

③ See 2019 Judgments Convention, Art. 6.

托文书指定的解决争议的法院所在国或作为信托主要管理地的所在国;(l)关于反诉判决,判决有利于反诉人时,本诉与反诉产生于相同的交易或事件,判决不利于反诉人时,除非反诉是原审国法律要求提起的;(m)原审国为非排他性管辖协议指定的法院所在国。① 该款中的管辖依据不存在任何适用的先后顺序,满足其一就足以符合标准。② 第2款限制或排除了第1款某些管辖依据的适用,以保护在判决中败诉的消费者和雇员。③ 第3款则针对用于居住的不动产租赁(承租)或者不动产登记纠纷设置了"准专属"管辖权,排除了第1款的适用。④

《判决公约》之所以能在此次谈判中有所突破,统一间接管辖权规则,可归因于以下三个方面的发展:第一,吸纳了早期海牙公约及各国国内法中直接管辖权的共同经验。《判决公约》的数次修订草案可印证,第5条和第6条列举的间接管辖依据大多是国际社会公认的管辖基础,例如,被告惯常居所地、被告分支机构所在地、非排他性管辖协议、不动产物权纠纷的间接管辖权规则在公约历次草案文本中都没有变化。《判决公约》解释报告亦表明,第5条第1款所列的许多管辖依据在国内法中都有迹可循,但在《判决公约》中拟定得更精确或范围更窄。⑤ 第二,融合不同法系的管辖依据。整体来看,该条款的模式与欧盟"布鲁塞尔体系"类似,但部分款项又融合了普通法系国家的标准,如"有目的和实质联系"标准。因此,该条款兼具确定性和灵活性,协调了不同国家在管辖权问题上的分歧。第三,对专属管辖依据细分不同类型。为了缓和各国在专属管辖权问题上的冲突,《判决公约》分别在第6条和第5条第3款中规定了绝对和相对的专属管辖依据。绝对和相对的区别在于:不符合第5条第3款规定的判决,虽不能依据公约流通,但仍可根据国内法承认或执行;然而,不符合第6条规定的判决,无论根据公约还是国内法,都不应得到承认或执行。

与此前的海牙公约相比,此次间接管辖权的规定富有一定的创新性,体现在以下三个方面:第一,扩展适用对象。与直接管辖权规范相比,《判决公约》从判决承认与执行的角度重点考虑原审国与败诉方的联系,将部分款项的适用对象从"被告"扩大至"被申请承认或执行的人",体现了间接管辖权的独特视角。第二,增设新的间

① See 2019 Judgments Convention, Art. 5(1).

② See 2019 Explanatory Report, para. 138.

③ See 2019 Judgments Convention, Art. 5(2).

④ See 2019 Judgments Convention, Art. 5(3).

⑤ See 2019 Explanatory Report, para. 138.

接管辖依据。《判决公约》考虑到目前的边境贸易,增设了"自然人主要营业地"这一全新的管辖依据,其理由在于,在惯常居所地国以外的国家从事商业活动的自然人的主要营业地与该人因其商业活动而提出的任何诉讼均有合法联系。第三,保护"弱者"利益。此处的保护"弱者"不仅指保护作为败诉方的消费者和雇员,还包括在默示同意和反诉纠纷的间接管辖权规则中,考虑原审国可能存在的对被告不合理的管辖制度,如"管辖异议显然不会成功""要求被告强制反诉"等情形,从而在判决承认与执行阶段为原审国管辖下的弱势方提供例外保护机制。

三、《判决公约》间接管辖权规则与我国实践

(一)基于与败诉方联系的管辖权

根据《判决公约》第5条第1款(a)项,如果被申请承认或执行的人在成为诉讼当事方时在原审国拥有惯常居所,就构成行使管辖权的合法基础。[①] 以惯常居所为管辖依据的做法与许多现代海牙公约相一致,其优势在于,它比住所或国籍更符合事实,表达了一个人与其社会经济环境之间的密切联系,而且不易产生相互矛盾的结论。[②] 然而,该公约并未界定自然人惯常居所的概念,各国可能会存在不同解释。关于自然人以外的其他人,《判决公约》第3条第2款规定了4种在原审国具有惯常居所的情形。[③]

(a)项的特别之处主要在于,它将适用对象扩展至"被申请承认或执行的人",旨在确保原审国与败诉方存在联系。事实上,"被申请承认或执行的人"在原审国法院的诉讼程序中可能是原告或被告,还可能是第三人,若将适用对象都限定为被告,范围则会过窄。[④]

此外,(a)项还将败诉方取得惯常居所的时间限定在其"成为原审国法院诉讼程序的一方当事人时"。这能够确保败诉方与原审国联系的合理性。由于一个人的惯常居所在判决作出前后,甚至在被申请承认或执行之前都会改变,因此,只要确保该人在成为原审国法院诉讼当事方时有惯常居所,就意味着他与原审国建立了联系。[⑤]

值得注意的是,若原告败诉且在原审国无惯常居所时,对原告所作判决则可根据(c)项得到承认与执行。其理由在于,如果某人向法院提起民商事诉讼,这通常表

---

① See 2019 Judgments Convention, Art. 5(1)(a).
② See 2019 Explanatory Report, para. 142.
③ See 2019 Judgments Convention, Art. 3(2).
④ See 2019 Explanatory Report, para. 141.
⑤ See 2019 Explanatory Report, para. 143.

明该人接受该法院的管辖权。[①]

根据我国《民事诉讼法》和《民诉法解释》,自然人被告的住所与经常居住地是法院行使一般管辖权的依据;[②]法人被告以其住所(包括主要办事机构所在地、注册地或登记地)作为管辖权依据。[③] 就自然人而言,通常由被告住所地法院享有管辖权,被告住所地与经常居住地不一致时,由经常居住地法院行使管辖权。[④] 其中,住所是指户籍所在地,经常居住地则以连续居住 1 年为要件。[⑤] 相比之下,这与(a)项仅承认惯常居所的做法存在差距。而且,经常居住地的内涵虽与惯常居所地接近,但由于《判决公约》未对其明确规定,因此能否得到承认还有赖于被请求国法律的解释。至于法人的惯常居所,由于《判决公约》列举的认定情形多于我国的规定,而且能够将之包含在内,因此我国法人住所地法院行使的管辖权能够符合(a)项要求。

至于(c)项,我国立法虽无对应内容,但原告选择某一法院起诉,即意味着接受其管辖。即使原告败诉,也不能否认其对受诉法院管辖权的认可。

(二)基于同意的管辖权

1. 明示同意

如果被告在诉讼过程中明确同意原审国法院的管辖权,则满足(e)项的管辖权要求。其中,明示同意既可以是口头同意,也可以是书面同意。在适用范围上,要求被告采取表示同意的积极行动,仅仅不提出反对,或撤回对原审国法院的管辖异议是不够的。[⑥] 此外,被告的同意可以向法院作出,也可以向另一方当事人作出。

事实上,这种明示同意的规定在国内法中可能并不是很常见。对此,《判决公约》解释报告强调,明示同意的存在应视为一个由被请求国法院确定的事实问题。[⑦] 被请求国应审查原审国法院的管辖权是否符合这一标准,而不论原审国法院可能以何种理由作为其管辖权的依据。[⑧] 对此,《判决公约》在解释报告中预设了 3 种表示明示同意的情形以作参照。[⑨]

在基于同意的管辖权规则中,我国《民事诉讼法》仅涉及应诉管辖和协议管辖规

---

① See 2019 Judgments Convention, Art. 5(1)(c).

② 参见《民事诉讼法》第 22 条。

③ 参见《民诉法解释》第 3 条。

④ 参见《民诉法解释》第 3 条。

⑤ 参见《民诉法解释》第 3 条和第 4 条。

⑥ See 2019 Explanatory Report, para. 162.

⑦ See 2019 Explanatory Report, para. 163.

⑧ See 2019 Explanatory Report, para. 163.

⑨ See 2019 Explanatory Report, para. 164.

则,未直接涉及(e)项所述的明示同意。但结合《判决公约》解释报告的范例来看,明示同意的方式在司法实践中是广泛存在且会被认可的,因此是可以接受的。

2. 默示同意

(f)项的默示同意,通常是指被告就案情进行答辩且没有在原审国法律规定的时限内对管辖权提出异议。[①] 在大多数国家,默示同意是行使管辖权的合法依据,但具体要求不尽相同。由于各国"就案情进行答辩"的认定标准不一,因此(f)项也未作界定,而是将其作为事实问题交由被请求国判断。[②] 同时,解释报告还明确了管辖异议的范围,不仅包括对原审国法院有无管辖权的异议,还包括对其行使管辖权的异议。[③] 此外,(f)项还表示,被告在提出管辖异议失败后若继续就案情进行答辩,不应被认为已服从管辖。[④]

一般而言,满足上述两个条件就可认定被告已服从管辖,这符合大多数国家的实践,但(f)项还规定了一个消极条件:若被告未提出管辖异议是因为显然不会成功,则不能认为其已服从管辖。这一消极条件旨在保障被告在原审国法院拥有提出管辖异议并成功的机会,防止其承担不合理的风险。基于管辖异议的范围,若使这一消极条件成立,被告必须证明,任何在原审国法院提出管辖异议的机会都不会成功。假设原审国法律中存在不方便法院原则,若被告不对管辖权提出异议,也不要求法院拒绝行使管辖权,被告就必须表明,任何一种异议都没有成功的机会,否则将会根据(f)项得出其服从管辖的结论。[⑤]

值得注意的是,如果根据《判决公约》第5条或第6条有其他可予适用的管辖依据,被告的管辖异议将不会阻止判决的流通。

我国《民事诉讼法》第130条赋予了当事人在提交答辩状期间提出管辖异议的权利。若当事人未提出管辖异议,且就案情进行答辩,视为接受诉法院有管辖权。[⑥] 当事人在提出管辖异议的同时针对起诉状的内容答辩的,应视为已提出管辖异议,[⑦] 这一点与(f)项一致。然而,被告在提出管辖异议未成功后又应诉答辩的,是否可视为其已默示同意管辖,我国法律没有规定。至于(f)项的消极条件,由于满足任何间

① See 2019 Judgments Convention, Art. 5(1)(f).

② See 2019 Explanatory Report, para. 168.

③ See 2019 Explanatory Report, para. 175.

④ See 2019 Explanatory Report, para. 178.

⑤ See 2019 Explanatory Report, para. 169.

⑥ 参见《民事诉讼法》第130条。

⑦ 参见《民诉法解释》第223条第1款。

接管辖权标准之一,判决即可被承认与执行,因此该条件通常会在我国行使管辖权的依据不符合其他间接管辖权标准,且被告也不愿意服从管辖的情况下发生。但由于被告须证明任何对管辖权的抗辩都显然不会成功,因此可以预见其援引难度较大。

3. 非排他性管辖协议

(m)项表明,在当事方协议指定某一法院为争端解决的法院,但未排除其他法院管辖权的情况下,被请求国法院应承认该法院具有管辖权。①

关于管辖协议的范围,(m)项表示,非排他性管辖协议是指《法院公约》第3条第1款规定的"排他性管辖协议"以外的任何协议。② 这一定义使两项海牙公约在范围上形成了互补关系,实现了《判决公约》"序言"与《法院公约》相互补充的目标。③

关于管辖协议的形式,与《法院公约》一样,(m)项将协议限制在以书面形式签订或证明,或者能提供可获取的信息供日后查询的通信方式。④ 因此,口头协议不具有效力。

我国有关协议管辖的规则见诸《民事诉讼法》第35条和《民诉法解释》第529条,但并未区分管辖协议的排他性和非排他性。最高人民法院在2005年《第二次全国涉外商事海事审判工作会议纪要》表示,如果当事人协议约定外国法院对其争议享有非排他性管辖权,则不能排除其他法院的管辖权。⑤ 具体到审判实践中,若协议未明确约定为非排他性,则应认定为具有排他性。⑥ 在管辖协议的形式方面,应当采用书面形式,⑦即可以有形地表现当事人双方协议选择管辖法院意思表示的形式都是允许的,这与(m)项基本一致。此外,我国协议管辖还要求当事人协议选择的法院应与争议之间存在"实际联系",⑧但由于(m)项没有此限制,因此并不妨碍被请求国根据此项承认我国法院的管辖权。

---

① See 2019 Judgments Convention, Art. 5(1)(m).

② See 2019 Explanatory Report, para. 216.

③ 《法院公约》的解释报告中提到了一些非排他性管辖协议的实例。当事方之间签订的管辖协议符合有关实例时,则符合第(m)项要求。See 2019 Explanatory Report, para. 217.

④ See 2019 Explanatory Report, para. 218.

⑤ 参见《第二次全国涉外商事海事审判工作会议纪要》第12点。

⑥ 参见戴曙:《我国涉外协议管辖制度的理解与适用》,载《法律适用》2019年第17期。

⑦ 参见《民事诉讼法》第35条。

⑧ 参见《民事诉讼法》第35条。

(三)基于争议与原审国联系的管辖权

1. 合同之债的间接管辖权

(g)项规定了对一般合同纠纷的间接管辖权标准,最终的内容是各方妥协的产物。一方面,以欧盟为代表的大陆法系国家所支持的合同义务履行地得到了充分支持;另一方面,考虑了当事人的交易活动与原审国的联系,融入普通法系国家所提倡的“有目的利用”与“真实和实质联系”标准,将其作为不承认合同义务履行地法院管辖权的例外。对该项的理解应注意以下3点:

第一,合同义务履行地可能因争议的来源而异。例如,在货物销售合同中,如果卖方提出付款要求,(g)项将承认付款地法院的管辖权;如果买方就延迟交货提起诉讼,则(g)项将承认交货地法院的管辖权。①

第二,合同义务履行地的确定存在两种情形:一是若合同缔约方就履行地达成协议,则根据这一协议确定合同履行地。无论履行是否实际发生在该地点,当事人就履行地点达成的协议都具有决定性。② 如果合同中未具体指明履行地,只列入了法律选择条款,由于《判决公约》无意涉及法律选择规则,因此不应根据该条款确定履行地。③ 二是在合同缔约方没有就履行地达成协议,或者履行地协议无效时,必须根据合同准据法确定履行地。从实体法的角度确定合同履行地,可避免出现管辖权阶段和法律适用阶段所确定的合同履行地不一致的后果。值得注意的是,无论是履行地协议的效力还是合同的准据法,都由被请求国法律(包括其国际私法规则)确定。④

第三,承认合同履行地法院的管辖权存在例外,即被告的交易活动与原审国显然不构成“有目的和实质联系”时,可以拒绝承认或执行履行地法院作出的判决。“有目的和实质联系”标准旨在保障原审国法院对被告行使管辖权的合理性,避免与当事人在交易之间建立任意、随机或不充分的地域联系,例如,当合同在网上履行时,有关争议与原审国的联系只是虚拟的,可能不足以证明合同履行地法院所作的判决对被告是合理的。⑤

《判决公约》第5条第2款涉及消费合同或雇佣合同纠纷中对消费者或雇员所

① See 2019 Explanatory Report, para. 181.

② See 2019 Explanatory Report, para. 182.

③ See 2019 Explanatory Report, para. 183.

④ See 2019 Explanatory Report, paras. 182 – 184.

⑤ See 2019 Explanatory Report, para. 187.

作判决的管辖权,但作出了一定限制。在申请承认或执行的判决针对的是消费者或雇员时,第5条第1款中的(f)项、(g)项和(m)项不予适用,即不承认默示同意管辖、合同履行地法院的管辖权以及非排他性管辖协议所指定的法院的管辖权。① 而且,(e)项的明示同意只有在消费者或雇员通过口头或书面形式在法官面前表示同意的情况下才适用。② 这一规定的目的在于确保消费者和雇员真心实意地接受原审国法院的管辖,从而更好地保护消费者和雇员。③ 实际上,这些例外情形可能会将有关消费者或雇员的判决的流通限制在其惯常居所地国的范围内。④

我国《民事诉讼法》第272条针对在我国境内没有住所的被告,就涉外合同纠纷和其他财产权益纠纷确立了合同履行地、合同签订地、诉讼标的物所在地、可供扣押财产所在地以及代表机构住所地法院的管辖权。⑤ 我国确立的管辖依据明显多于(g)项,除合同履行地之外的其他依据可能无法满足要求。对于合同履行地的认定,我国司法解释的规定与(g)项既有相同之处,也存在一定差异:

首先,我国也以合同约定的履行地为准。只要当事人未在实际履行中以书面方式或双方当事人一致认可的其他方式变更约定,或虽变更约定但未涉及履行地问题的,仍以原合同的约定确定履行地。但在合同未实际履行时,且当事人双方的住所地均不在约定履行地的,则不再遵从当事人的约定,由被告住所地法院管辖。⑥ 这虽与(g)项的解释不同,但被告住所地法院的管辖权或可根据(a)项得到承认。

其次,在合同对履行地点没有约定或者约定不明确时,我国同时采用了特征履行地和法定履行地两种标准确定合同履行地,⑦而(g)项则采用合同准据法确定合同履行地。在此种情况下,难以确定被请求国依照其法律援引的合同准据法所确定的合同履行地是否在我国。

最后,由于(g)项规定了例外的保障措施,因此当被告的交易与我国显然不构成"有目的和实质联系"时,则会排除我国合同履行地法院的管辖权。由于这一标准源于美国和加拿大的管辖制度,可以预见,若被请求国是美国或加拿大等普通法系国

① See 2019 Judgments Convention, Art. 5(2).

② See 2019 Judgments Convention, Art. 5(2).

③ 参见徐国建:《建立法院判决全球流通的国际法律制度——〈海牙外国判决承认与执行公约草案〉立法资料、观点和述评》,载《武大国际法评论》2017年第5期。

④ See 2019 Explanatory Report, para. 221.

⑤ 参见《民事诉讼法》第272条。

⑥ 参见《民诉法解释》第18条第3款。

⑦ 参见《民诉法解释》第18条第2款、第19条、第20条和第21条。

家，则该标准可能会发挥更大的作用。

对于消费合同纠纷和雇佣合同纠纷，我国未在法律层面设置专门的管辖权规则，仅在有关的司法解释中对消费者和雇员给予特殊保护。《民诉法解释》第31条限制了消费者与经营者之间管辖协议的效力，防止经营者利用格式合同损害消费者利益。[①] 最高人民法院《关于审理劳动争议案件适用法律若干问题的解释》（已失效）第8条确立了用人单位所在地和劳动合同履行地法院对劳动合同纠纷的管辖权。[②] 同时，法官在司法实践中从协议管辖的立法目的、适用范围以及劳动合同的特殊性等角度出发，否定了劳动合同中所订管辖条款的效力，以保障劳动者的管辖选择权。[③] 与《判决公约》规定相比，我国对消费者和雇员的保护力度略显不足，法院基于默示同意或根据合同履行地行使管辖权对消费者或雇员所作判决则无法满足公约要求。

2. 非合同纠纷的间接管辖权

（j）项规定了对非合同义务的判决承认或执行的间接管辖权条件。该项未对非合同义务的概念加以解释，但通过列举所调整的损害类型对其适用范围作出了界定。该项旨在调整因死亡、人身伤害、有形财产损坏或损失而产生的非合同之债。[④] 如果在原审国法院提起的诉讼与人身伤害（包括死亡）和有形财产的损害或损失无关，则该项不适用。同时，与国内法相比，该项对非合同之债的间接管辖权采取了狭窄的基础，将管辖依据限定在直接造成损害的行为或疏忽发生的地方，从而排除了损害结果发生地法院的管辖权。[⑤]

我国《民事诉讼法》第29条确立了对侵权纠纷的一般管辖依据，即侵权行为地和被告住所地。[⑥] 其中，侵权行为地包括侵权行为实施地和侵权结果发生地。[⑦] 由于（j）项将侵权行为地限定在直接导致该损害的行为或疏忽发生的地方，因此，我国依被告住所地或侵权行为实施地行使的管辖权符合（a）项或（j）项的要求。但由于（j）项的管辖基础过窄，因此我国针对特殊类型的侵权纠纷所增设的管辖依据则可

① 参见《民诉法解释》第31条。

② 参见最高人民法院《关于审理劳动争议案件适用法律若干问题的解释》（已失效）第8条。

③ 参见王道强：《劳动合同约定管辖的司法回应》，载《人民司法》2013年第12期；潘国伟、王坤：《劳动争议约定管辖的效力之辨》，载《人民法院报》2016年2月3日，第7版。

④ See 2019 Judgments Convention, Art. 5(1)(j).

⑤ See 2019 Judgments Convention, Art. 5(1)(j).

⑥ 参见《民事诉讼法》第29条。

⑦ 参见《民诉法解释》第24条。

能无法满足要求。①

3. 自然人商业活动的间接管辖权

(b)项的规定表明,被申请承认或执行的自然人在成为诉讼程序的一方当事人时在原审国有主要营业地,且诉讼请求源于他的商业活动时,原审国法院所作判决有资格得到承认或执行。② 这一管辖权依据的理由在于,从事商业活动的自然人类似于法人,自然人的主要营业地与该人因从事商业活动而成为诉讼当事人有合法联系。

满足(b)项规定需符合两个条件:第一,争议必须源于自然人的商业活动;第二,"主要"营业地表明自然人可在多个地方经营业务,但只要其中一个符合"主要"营业地的资格即可。③

目前,我国国内法中没有关于自然人主要营业地管辖权的规定,签订的双边司法协助条约中也未涉及。

4. 分支机构活动的间接管辖权

当被告因其分支机构、代理机构或其他无独立法人资格之机构的活动与他人产生争议而被诉时,(d)项承认这些机构所在地国法院对被告的管辖权,并要求争议直接源自这些机构的活动。④ 这项规定的理由是,当被告在另一国设立和维持相应的机构并拥有控制权时,必须对因该机构的活动所产生的争议接受该国法院的管辖。⑤

对(d)项的适用应注意两点:第一,该项没有界定分支机构或代理机构的概念,而是将无独立法人资格的机构都包含在内。"机构"意味着被告在原审国从事商业活动要有稳定的实体存在,"无独立法人资格"则排除了子公司或其他具有法人资格的组织形式。⑥ 第二,争议必须与被告在原审国所设机构的活动相联系。然而,这种联系并不限制争议的性质,争议可能源于分支机构的内部管理,也可能源于分支机构在运营过程中的活动,因此它可能与(g)项或(j)项的适用存在重叠。⑦

我国《民事诉讼法》第272条允许代表机构住所地法院对合同或其他财产权益

---

① 参见《民事诉讼法》第30条、第31条以及《民诉法解释》第26条。

② See 2019 Judgments Convention, Art. 5(1)(b).

③ See 2019 Explanatory Report, para. 149.

④ See 2019 Judgments Convention, Art. 5(1)(d).

⑤ See 2019 Explanatory Report, para. 156.

⑥ See 2019 Explanatory Report, para. 157.

⑦ See 2019 Explanatory Report, para. 159.

纠纷行使管辖权。[①] 代表机构在我国虽然是非营利性的联络机构，但由于不具有法人资格，[②]因此可归于“无独立法人资格之机构”。然而，由于未要求争议直接产生于代表机构的业务活动，因此，代表机构住所地法院行使的管辖权或无法满足(d)项要求。而且争议的性质仅限于合同纠纷或其他财产权益纠纷，这比(d)项中调整的争议范围要窄。

5. 信托纠纷的间接管辖权

(k)项适用于对自愿设立且有书面凭证的信托的有效性、解释、法律效力、管理或变更纠纷所作的判决。对该项的理解应注意以下三点。

第一，“信托”一词在该项中未作定义。《判决公约》解释报告表明，信托不包括在普通法中由法律强制规定产生的信托或推定信托的情况，它可以由单方面的委托书或遗嘱设立。[③] 1985 年海牙《关于信托的法律适用及其承认公约》第 2 条解释了“信托”的含义，阐述了现有普通法概念下信托的属性，这对(k)项中“信托”的理解具有参考意义。[④]

第二，该项为信托纠纷判决的承认设置了两个间接管辖依据，满足其一即可。(1)原审国是信托文书指定的解决信托的有效性、解释、法律效力、管理或变更所涉争议的法院所属国，且不要求文书的指定具有排他性。[⑤] (2)原审国是信托文书中载有的明示或默示指定的信托主要管理地的所在国。[⑥] 在提起诉讼时，有关的指定必须包含在文书中。在承认或执行判决时，对指定的任何更改也不会消除这种联系。

第三，(k)项仅承认对信托内部纠纷的管辖权，即信托关系中的人(如委托人、受托人和受益人)之间的纠纷。[⑦] 使用“在信托关系中”保留了对曾经在信托关系中但在承认或执行时不再处于这种地位的人的管辖权。[⑧] 涉及信托当事人与第三方之间纠纷的判决则只能根据《判决公约》第 5 条第 1 款的其他规定加以承认。

我国国内法中目前没有关于信托管辖权的规定，在双边司法协助条约中也未

---

① 参见《民事诉讼法》第 272 条。

② 参见《外国企业常驻代表机构登记管理条例》第 2 条。

③ See 2019 Explanatory Report, para. 201.

④ See 2019 Explanatory Report, para. 200.

⑤ See 2019 Judgments Convention, Art. 5(1)(k).

⑥ See 2019 Judgments Convention, Art. 5(1)(k).

⑦ See 2019 Judgments Convention, Art. 5(1)(k).

⑧ See 2019 Explanatory Report, para. 207.

涉及。

6. 不动产纠纷的间接管辖权

《判决公约》第5条和第6条为承认与不动产有关纠纷的判决设置了4项间接管辖权规则。第5条第1款(h)项涉及不动产租赁(承租)纠纷,(i)项涉及不动产担保合同之债之诉。第5条第3款和第6条的内容将在下文专属管辖权部分详细介绍。

(h)项承认不动产所在地国法院对不动产租赁(承租)纠纷的管辖权。① 将这一管辖依据放置于第5条第1款,意味着《判决公约》将租赁纠纷视为合同纠纷,不排除被请求国适用其他管辖依据加以承认。

(i)项规定了合同之债由位于原审国的不动产提供担保,且合同之诉与针对同一被告的不动产物权之诉一并提起时,原审国即不动产所在地国拥有管辖权。② 该项旨在保障在诉讼程序中将以不动产物权为担保的合同之诉与该不动产物权之诉合并的效率。在某些国家,不动产担保物权的实现需要通过诉讼进行,可以预见这两项诉求可能被合并审理,然而第6条只承认不动产所在地国对不动产物权纠纷的专属管辖权。因此,若无该项就可能无法承认不动产所在地国对不动产物权担保的合同之债所作的判决。若债务人在原审国没有惯常居所或不在该国履行合同义务,此时只有适用(i)项才能使有关判决得以流通。③

我国《民事诉讼法》第34条确认了对不动产纠纷的专属管辖权,④其中不动产纠纷包括不动产物权纠纷和部分涉及不动产的合同纠纷,⑤例如,房屋租赁合同纠纷同样按照不动产纠纷行使专属管辖权。因此,我国不动产所在地法院对不动产纠纷行使的管辖权能够符合《判决公约》要求。

在我国,担保物权是基于特别程序实现的,⑥故不会存在(i)项所假设的与合同之债的诉讼请求一并提起并由不动产所在地国管辖的情形。因此,(i)项的规定与我国判决利益实现的相关性较小。

7. 基于反诉的间接管辖权

(l)项确立了对反诉的间接管辖依据,并根据判决是否有利于反诉人作出不同

---

① See 2019 Judgments Convention, Art. 5(1)(h).

② See 2019 Judgments Convention, Art. 5(1)(i).

③ See 2019 Explanatory Report, para. 192.

④ 参见《民事诉讼法》第34条。

⑤ 参见《民诉法解释》第28条。

⑥ 参见《民事诉讼法》第203条。

规定。[1] 对反诉成功和不成功的区别对待是为了平衡当事人在反诉中的利益,并考虑了原审国程序法规定强制反诉的可能性。[2]

在判决有利于反诉人时,反诉人/被告并无因被迫提起反诉而受到损害,因此承认或执行判决并无管辖权上的例外。[3] 为了确保对被反诉人/原告公平,反诉必须基于本诉的交易或纠纷。由于原告自愿向原审国法院提起诉讼,因此默认其同意该管辖权。

在判决不利于反诉人时,由于被反诉人/原告可借助《判决公约》获利,因此无须要求反诉与本诉存在联系。[4] 至于反诉人,由于反诉系反诉人提出,也默认其同意原审国法院的管辖权。但该假设适用的前提是,反诉人自愿提起反诉。若反诉在原审国法律下是强制性的,则反诉失败时应对反诉人提供保护,允许他在其他地方提起平行诉讼。[5]

值得一提的是,如果《判决公约》第 5 条第 1 款中的另一"管辖权过滤器"适用,则该项不会阻止对反诉所作判决的流通。例如,反诉人在原审国有惯常居所,则针对该反诉人的判决将满足(a)项要求,此时(1)项中的强制反诉的例外情况不会保护败诉的反诉人。同样,如果原告在原审国有惯常居所,成功的反诉即使不是基于同一交易或纠纷产生的,也将满足(a)项规定。[6]

我国《民诉法解释》第 233 条规定了反诉的成立条件,要求反诉与本诉之间存在牵连关系,两者必须基于相同事实或相同法律关系,且诉讼请求之间具有因果关系。[7] 而根据《判决公约》解释报告,反诉必须基于本诉的交易或纠纷,其中"交易"应作广义解释。反诉所依据的事实不一定与本诉是相同的,而是可能产生于更广泛但相关的情形。[8] 由此可知,我国规定的反诉的成立条件高于《判决公约》第 5 条第 1 款(1)项,且不存在强制反诉,因此,基于反诉行使的管辖权能够符合(1)项要求。

(四)专属管辖权

根据《判决公约》第 6 条的规定,关于不动产物权的纠纷,有且只有不动产所在

---

① See 2019 Judgments Convention, Art. 5(1)(1).
② See 2019 Explanatory Report, para. 209.
③ See 2019 Explanatory Report, para. 210.
④ See 2019 Explanatory Report, para. 212.
⑤ See 2019 Explanatory Report, para. 212.
⑥ See 2019 Explanatory Report, para. 213.
⑦ 参见《民诉法解释》第 233 条。
⑧ See 2019 Explanatory Report, para. 211.

地国法院所作判决能够自由流通。[①] 关于第6条的适用范围,解释报告表示,该条旨在确定不动产物权的存在、范围和内容,而与不动产物权的对世效力无关的诉讼则不适用该条,例如,基于买卖合同就不动产交付提起的诉讼或损害不动产的侵权诉讼就不在本条的范围之内。[②]

《判决公约》第5条第3款表明,只有原审国为不动产所在地国时,法院对用于居住的不动产租赁(承租)纠纷或不动产登记纠纷所作判决才可根据《判决公约》承认与执行。[③] 许多国家将以居住为目的的不动产租赁视为一种特殊的租赁,为保护与消费者或雇员同样弱势的租户,通常以专属管辖的方式确保该国法律的适用。[④]

根据《判决公约》的适用范围,在我国专属管辖的事项中,应主要考察我国对不动产纠纷以及3类涉外投资合同的专属管辖权与《判决公约》的协调性问题。不动产纠纷管辖权的协调性在前述内容已有涉及,不再赘述。

作为合同履行地,我国对上述3类涉外投资合同的管辖权通常可根据(g)项得到承认。但由于我国将这3类合同视为专属管辖事项,而不论纠纷与我国是否存在其他联系,因此可能触发(g)项的例外情形。由于公约未对这些合同作出特殊规定,若当事方协议选择外国法院或在被告惯常居所地起诉并得到《判决公约》认可,则会影响我国专属管辖的利益。

四、我国关于《判决公约》间接管辖权规则的立场与对策

(一)我国关于《判决公约》间接管辖权规则的立场

从《判决公约》间接管辖权规则与我国管辖权规则和实践的比较分析可知,我国的做法虽与该公约存在差异,但多数行使管辖权的情形符合该公约要求。此外,我国双边司法协助条约中承认的间接管辖依据与《判决公约》相比也更宽泛。因此,这些有利于实现我国判决跨境流通的规则是可以接受的。

其一,基于与被告联系的管辖权。虽然我国的一般管辖权以住所为主要的管辖依据,签订的双边司法协助条约中还涉及居所,但对于《判决公约》第5条第1款(a)项的规定,我国可以接受。原因在于:第一,与住所和居所相比,惯常居所更适合评估一个人的主要利益中心地,从而保障当事人与法院地国之间存在真实合理的联系;第二,在国际民商事诉讼中,经常居住地的适用频率远远高于住所,而且我国对

① See 2019 Judgments Convention, Art. 6.

② See 2019 Explanatory Report, para. 235.

③ See 2019 Judgments Convention, Art. 5(3).

④ See 2019 Explanatory Report, para. 228.

于经常居住地的解释与惯常居所地的一般理解是一致的，即强调客观的居住事实，弱化居住意图。因此，虽然惯常居所由各国国内法加以解释，但由于《判决公约》规定了促进统一解释的原则，因而是可以接受的。在实践中，我国在住所和经常居住地的认定中存在客观条件过于严格、考虑因素单一等问题。[①] 为了更好适应国际社会中惯常居所的发展趋势，可综合考量各种因素确立自然人的经常居住地，以当事人的主要利益中心地作为出发点，避免使其含义过于技术性。

其二，基于同意的管辖权。由于《判决公约》第5条第1款(e)项和(f)项与我国实践没有明显冲突，而且(f)项的消极条件主要是为了防止被告承担不合理的风险，因此这两项可予以接受。我国规定与(m)项的主要差异在于“实际联系”原则对选择法院范围的限制。由于《法院公约》的批准过程中同样面临此问题，因此对(m)项的态度可参照对《法院公约》的立场而定。“实际联系”原则在我国实践中存在诸多争议，但目前仍应予以坚持，原因在于：第一，对协议管辖的限制是意思自治原则的“应有之义”，它符合协议管辖价值的发展趋势，各国只是在制度的设计上有所不同；[②]第二，“实际联系”原则符合我国的现实选择，可以适当保护在合同谈判中处于弱势地位的当事人，促进国际民商事管辖权的合理分配，减少案件的国际转移；第三，《法院公约》尚允许通过“限制承认执行的声明”条款来维护本国或本地区的“实际联系”要求，我国学者也并未一概要求放弃，而多采谨慎态度，[③]此次在间接管辖权规则中也应慎重考虑；第四，“实际联系地”的认定在实践中不断优化，认定标准已确定为客观联系标准，且倾向于扩大解释，[④]给予当事人更多选择，一定程度上克服了该原则的弊端。因此，目前我国可继续坚持“实际联系”原则，但应结合具体案情综合考虑当事人所选择的法院地是否与案件有真实联系，而不只局限于立法所列举的地点。

---

① 参见杨育文：《〈承认与执行外国判决公约〉（草案）第5条第1款第1项评析——兼论中国惯常居所制度之建立》，载《大连海事大学学报（社会科学版）》2017年第6期。

② 参见袁发强、瞿佳琪：《论涉外协议管辖中的“实际联系地”——立法目的与效果的失衡》，载《国际法研究》2016年第5期。

③ 参见彭奕：《我国国际民事诉讼协议管辖的立法重构——以海牙〈选择法院协议公约〉为视角》，载黄进、肖永平、刘仁山主编：《中国国际私法与比较法年刊》第19卷，法律出版社2016年版；肖永平：《批准〈选择法院协议公约〉的利弊分析及我国的对策》，载《武大国际法评论》2017年第5期；刘仁山：《我国批准〈选择法院协议公约〉的问题与对策》，载《法学研究》2018年第4期。

④ 理解“与争议有实际联系”，应当综合考察当事人住所地、登记地、主要营业地或营业地、合同签订地、合同履行地、标的物所在地等诸多因素。参见最高人民法院民事审判第四庭《涉外商事海事审判实务问题解答（一）》第1点。

其三,基于争议与原审国联系的管辖权。在合同纠纷中,我国被告住所地或合同履行地法院行使的管辖权可以符合《判决公约》第5条第1款(a)项或(g)项。虽然(g)项还规定了"有目的和实质联系"标准,但是这一标准仅作为例外情形出现,且须被告承担较高的举证责任,因此整体并不影响合同履行地规则的适用。合同签订地和可供扣押财产所在地法院所作判决则不符合(g)项要求。涉外投资合同专属管辖权的规定,在我国吸引外资过程中,作为保护我国当事人利益的"安全阀"曾发挥重要作用。① 但这一规定不在《判决公约》专属管辖的范围之内,有时可能也无法满足(g)项的标准。基于我国经济发展和吸引投资影响力的提升,可考虑放弃对这3类涉外投资合同的专属管辖权。

(i)项涉及的对不动产物权担保的合同之债的间接管辖权无益于增强我国判决的流通性,还可能使我国承担更多承认与执行外国判决的义务。然而,对该项我国可以持接受态度。其原因在于:第一,(i)项的出发点是考虑到,在某些国家担保物权的实现需要通过单独的诉讼程序,因此它的适用前提是基于某些国家的不同做法,适用机会有限;第二,出于诉讼效率的考虑,当事人往往会在不动产所在地国请求实现担保物权的同时,请求法院就不足清偿合同债务的部分作出判决,此时不动产所在地国对合同纠纷行使管辖权是比较便利的,有利于节约当事人的诉讼成本;第三,(i)项一般是在不动产所在地国既非合同履行地国又非被告惯常居所地国时才予以适用。若不动产所在地国恰好是合同履行地国或被告惯常居所地国,此时可根据(g)项或(a)项承认其管辖权,而无须适用(i)项。基于此,考虑到(i)项的立法目的,从便利当事人诉讼的角度出发,我国应接受该项规定。即使我国接受这一规定,也不会承担过多承认与执行外国判决的义务。

在侵权纠纷中,(j)项限定了调整的损害类型,且仅承认直接造成损害或疏忽发生地行使的管辖权。然而,鉴于《判决公约》并不排除缔约方依国内法承认或执行外国判决,因此,我国可接受(j)项,从而借助公约机制实现部分判决的跨国流动。对于不符合(j)项所作的判决,则可由被请求国自行决定。

对于自然人因从事商业活动而引发的纠纷,虽然国内法没有明确对应的管辖权规则,但我国存在从事商业活动的个体工商户,个人经营的注册登记地与自然人商业活动所在地通常是一致的。鉴于其设置的背景在于日益频繁的边境贸易,且在谈判过程中各国并无太大争议,我国可考虑这一管辖依据。

---

① 参见何其生:《比较法视野下的国际民事诉讼》,高等教育出版社2015年版,第127页。

当法人的分支机构等有关机构因从事活动产生纠纷时，虽然我国在代表机构住所地法院行使管辖权时，并不要求争议源于这一机构的商业活动，但双边司法协助条约的有关规定意味着我国认可分支机构或代表机构所在地法院行使管辖权的前提是，争议因分支机构或代表机构的商业活动而产生。① 而且在实践中，法官也以该代表机构与原告存在业务往来为由确定管辖权。② 因此，这意味着我国实践与(d)项并无实际冲突，故可以接受该项规定。

在不动产纠纷中，我国对不动产物权和与不动产有关的房屋租赁合同纠纷行使的管辖权可依据《判决公约》第6条、第5条第1款(h)项或第5条第3款得到承认。农村土地承包经营合同、建设工程施工合同以及政策性房屋买卖合同纠纷由于较特殊，关涉社会公共利益，因此应坚持专属管辖。事实上，在这些合同纠纷中，合同履行地往往与不动产所在地是重合的，一般可依据(g)项得到承认。因此，我国可接受与不动产纠纷有关的间接管辖权规则。

在反诉的纠纷中，虽然我国对于反诉的成立条件比(l)项要求略严一些，但没有明显冲突。鉴于(l)项还限制了强制反诉的情形，因此对我国来说是可以接受的。

综上所述，我国直接管辖权的规则和实践与《判决公约》间接管辖权规则大体具有协调性，主要差异体现在合同纠纷的管辖权和专属管辖权。此外，我国尚未规定信托纠纷的管辖权规则。对此，可根据我国国情和立法现状，修改和完善国内法的相应规则。

(二)我国关于《判决公约》间接管辖权规则的对策

在总体接受《判决公约》间接管辖权规则的基础上，我国可对管辖权规则作必要的修改和完善，以便最大限度地发挥公约对我国判决流通的促进作用，避免公约可能带来的不利影响。

1. 完善合同纠纷的管辖权规则

与合同履行地相比，合同签订地和可供扣押财产所在地的管辖依据显然缺乏合理性，无法保障与被告存在实质合理的联系。而且，这两项均是1999年《民商事管辖权与判决承认公约(草案)》所禁止的管辖依据，③这意味着在世界范围内依据这

---

① 参见《中华人民共和国和意大利共和国关于民事司法协助的条约》第22条第2款和《中华人民共和国和秘鲁共和国关于民事和商事司法协助的条约》第25条第2款。

② 参见“健达国际有限公司与宁波市鄞州启盛服装辅料有限公司买卖合同纠纷管辖权异议上诉案”，浙江省高级人民法院(2016)浙民辖终166号民事裁定书。

③ See Preliminary Draft Convention on Jurisdiction and Foreign Judgments in Civil and Commercial Matters, Preliminary Document No. 11 of August 2000, Art. 18(2).

两项标准行使的管辖权基本都被认为是过度的,因此建设我国放弃这两项管辖标准。

关于消费合同和雇佣合同这两类特殊合同纠纷,2010 年我国出台的《涉外民事关系法律适用法》对消费合同和雇佣合同的法律适用问题已作出特别规定。这意味着我国开始重视这两类合同的特殊性,这对我国在管辖权方面对消费合同和雇佣合同采取与一般合同纠纷不一样的管辖依据奠定了良好的立法基础。[①] 在《判决公约》通过之际,我国可参考有关公约成熟的立法经验,设置对消费者和雇员的保护性管辖权规则。对此,在消费合同纠纷中,我国应在司法解释的基础上,进一步限制管辖协议的效力,并将经营者对消费者起诉的地点限制在消费者的惯常居所地。对于雇佣合同纠纷,可结合我国实践做法,在立法上否定管辖协议的效力,同时将雇主起诉雇员的地点限制在雇员的惯常居所地或惯常工作地。

2. 放弃三类涉外投资合同的专属管辖权

出于快速发展经济的需要,从维护我国及有关当事人利益的角度出发,在我国履行的三类投资合同长期作为专属管辖事项,但从《判决公约》的规定及各国的通常立法来看,这几乎无先例可循。[②] 而且,这三类特殊的涉外投资合同与我国国家利益或公共秩序关系并不十分密切,[③]当事人也可通过仲裁协议排除专属管辖。最重要的是,对这三类合同的专属管辖可能已不符合我国涉外经济和法律发展的实际需要。[④] 事实上,由于专属管辖条款已规定前提条件,即合同是在中国境内履行的,因此,我国放弃对这三类合同实行专属管辖或许不会有太大损失,合同履行地法院所作判决仍可根据《判决公约》得以流通。[⑤] 我国可考虑放弃对这三类涉外投资合同的专属管辖权,而将其作为一般合同纠纷处理。

3. 增设信托纠纷的管辖权规则

虽然关于信托纠纷的间接管辖权规则目前对我国来说意义不大,我国可以声明排除,但随着信托行业的不断发展与完善,必然会出现越来越多的涉外信托纠纷,例

---

① 参见沈涓:《再论海牙〈民商事管辖权和外国判决的承认与执行公约〉草案及中国的考量》,载《国际法研究》2016 年第 6 期。

② 参见刘力主编:《中国涉外民事诉讼立法研究:管辖权与司法协助》,中国政法大学出版社 2016 年版,第 42 页。

③ 参见陶立峰、高永富:《我国三类特殊涉外经济合同纠纷专属管辖条款之重构》,载《国际商务研究》2013 年第 4 期。

④ 参见何其生:《比较法视野下的国际民事诉讼》,高等教育出版社 2015 年版,第 127 页。

⑤ 参见刘力主编:《中国涉外民事诉讼立法研究:管辖权与司法协助》,中国政法大学出版社 2016 年版,第 42 页。

如,《民法典》已认可自然人设立的遗嘱信托。为促进我国的国际信托业务正常有序发展,加强有关涉外信托管辖权方面的立法刻不容缓。① 在完善信托纠纷的管辖权时,应结合我国信托业发展的现状,尽可能增设更多的管辖依据,以扩大信托纠纷与我国的管辖权联系。对此,可在海牙公约和其他国家国内立法经验的基础上,参考我国学者草拟的《中华人民共和国国际私法示范法》第25条的规定,赋予信托管理地、信托财产所在地、信托准据法所属国、受托人的住所地、惯常居所地以及营业所所在地法院以管辖权。

五、结语

作为《判决公约》的核心内容,间接管辖权规则在尊重各国司法主权的基础上求同存异,同时内含鼓励承认原则,有助于促进判决自由流通。通过对《判决公约》间接管辖权规则与我国管辖权规则和实践的分析,我国可以:(1)总体接受《判决公约》第5条和第6条,这对我国判决的跨国流通是有利的;(2)放弃基于合同签订地、可供扣押财产所在地的管辖权,增设对消费者和雇员的保护性管辖权规则;(3)放弃在我国履行的三类涉外投资合同纠纷的专属管辖权;(4)对信托纠纷的管辖权进行立法。

作为国际司法制度的“规则改变者”,《判决公约》对于增强司法互信、促进经贸发展意义重大。该公约的通过,是我国以多边主义为立场,积极参与国际民商事规则制定的重要成果。从长远利益来看,批准该公约有利于促进我国判决的跨国流通,促进我国判决承认与执行制度和涉外管辖权制度的完善,进而促进“一带一路”倡议和人类命运共同体理念的实现。对此,积极考虑批准加入《判决公约》的问题,做好我国相关规则与公约规则的衔接,有助于推动相互尊重、公平正义、合作共赢的新型国际关系的发展,为国际民商事法治建设作出新贡献。

---

① 参见李广辉:《〈民商事管辖权及外国判决公约〉(草案)研究》,中国政法大学2006年博士学位论文,第58页。

《布鲁塞尔条例Ⅰ(重订本)》保险合同协议管辖的实践*

张 扬**

《布鲁塞尔条例Ⅰ(重订本)》第15、16条就保险合同的协议管辖给予了特别关注,通过有限的意思自治维护保险合同双方当事人的权益,保护成员的公共秩序。根据我国现有法律规定,涉外保险合同的协议管辖适用《民事诉讼法》第35条的规定,将保险合同视同一般合同对待,并无特别规定。但涉外保险合同承保的风险无国界,具有保险主体多方性、当事人间信息不对称以及合同行为与侵权行为并列等特殊性,这都要求对于涉外保险合同的协议管辖给予一定的限制,具体体现在:协议管辖对第三人的效力不同;协议选择法院地的范围,因订立管辖权协议的时间及主体和承保风险的不同而有所不同。

2012年欧盟《关于民商事管辖权及判决的承认与执行的第1215/2012号条例(重订本)》(以下简称《布鲁塞尔条例Ⅰ(重订本)》)是欧盟法律一体化进程中的重要成果,其中第15条专门规定了保险案件的协议管辖。我国民事诉讼法自1982年承认涉外商事案件的协议管辖以来,①直到2017年《民事诉讼法》及相关司法解释虽然肯定了涉外保险合同的协议管辖制度,但未能充分体现涉外保险合同的特殊性,仍存在法院选择协议的主体规定模糊、可选择法院的范围模糊、法院选择协议的效力不明确等问题。保险合同是保险人与投保人间就风险转移达成的协议,在国际民事诉讼领域可以适用协议管辖。但涉外保险合同相较于一般合同而言,具有主体

* 本文系2020年度江苏高校哲学社会科学研究一般项目(2020SJA0671)和南京工业职业技术大学2019年度校级哲学社会科学引进人才科研项目(2019SKYJ09)阶段研究成果。

** 南京工业职业技术大学副教授(校聘),法学博士。

① 参见赵祥云:《关于我国涉外民事诉讼程序中的司法协议管辖和诉讼保全问题》,载《法学评论》1984年第2期。

多方性、合同双方当事人间信息不对称、合同行为与侵权行为并列等特殊性,适用协议管辖制度需要对意思自治加以限制,实现国际私法追求的实质正义。

一、涉外保险合同协议管辖与第三人

依照保险法律关系主体的作用不同,可以将保险法律关系的当事人分为两类:第一类是保险合同当事人,即投保人和保险人。他们直接订立保险合同,依照保险合同享受权利承担义务,是与保险合同的订立有直接关系的人。第二类是涉外保险合同协议管辖的第三人,主要是指不同于投保人和保险人的被保险人、保险受益人以及共同保险中的未直接签订保险协议的共同保险人。他们并不直接订立保险合同,但却与保险合同有经济利益关系,依据保险合同享有独立请求权。他们是否不受涉外保险合同协议管辖的约束?

(一)涉外保险合同的协议管辖与被保险人

《布鲁塞尔条例Ⅰ(重订本)》第15条遵循《布鲁塞尔公约》第12条的立法精神,允许投保人、被保险人或受益人在第三节规定以外的法院提起诉讼。《布鲁塞尔条例Ⅰ(重订本)》第25条是关于协议管辖的一般性规定,该条内容同样适用于保险合同纠纷。综上,不同于投保人且非保险合同签订者的被保险人可以依照保险合同的协议管辖条款向有管辖权的法院提起诉讼。

依照我国《保险法》的规定,被保险人是指其财产或者人身受保险合同保障,享有保险金请求权的人。被保险人可以为投保人,也可以为非投保人的第三人。如果被保险人为投保人,显然其受保险合同协议管辖的约束。那么,非投保人的被保险人是否受保险合同协议管辖的约束呢?最高人民法院《关于适用〈中华人民共和国保险法〉若干问题的解释(四)》(法释〔2018〕13号)第1条肯定了保险标的转让时受让人依法享有向保险人主张被保险人权利的实体权利。但是,我国《民事诉讼法》及其相关司法解释未明确独立于投保人的被保险人是否受保险合同协议管辖的约束。实体权利的实现以程序性权利为重要保障,笔者认为,在我国独立于投保人的被保险人应受涉外保险合同协议管辖的约束,具体分析如下。

首先,涉外保险合同可以理解为投保人和保险人就被保险人利益订立的合同。依照合同相对性例外的理论,投保人和保险人为了被保险人利益而订立的保险合同以及与之相关的管辖权协议对被保险人是有效的。因为,尽管管辖权协议表现为投保人与保险人订立,但之所以用到该管辖权协议必然是因为发生保险纠纷,包括保险合同订立时的投保人与保险人的纠纷和保险合同履行过程中的被保险人与保险人间的保险纠纷。在实践中,保险合同纠纷仅仅表现为保险合同订立时的纠纷是极少的,更多的还是保险合同履行过程中的纠纷。因此,在一定程度上也可以理解为管辖权协议订立时,投保人即授权被保险人享有管辖权协议约定的权利和履行管辖权协议约定的义务,而且保险人对此明确知晓。

其次,如果被保险人依照涉外保险合同协议管辖约定的管辖地起诉保险人,①不会改变法院管辖地,不影响保险人的可预见性。国际私法学者阿德里安·布里格斯(Adrian Briggs)认为,当依据管辖权协议提起诉讼的当事人双方不同于管辖权协议的双方时,最重要的问题就是该当事人是否试图通过管辖权协议改变管辖地。② 显然,保险合同的被保险人依照投保人和保险人约定的管辖权协议提起诉讼,或者保险人依照其与投保人签订的管辖权协议起诉被保险人时,任何一方都不是为了改变争议解决的管辖地。

最后,欧洲法院的实践表明,保险合同的管辖权协议约束不同于投保人的被保险人。③ 其给出的主要理由为:第一,保险合同是为保障被保险人的利益而订立的,基于保险合同而产生的管辖权协议也是为了保障被保险人的利益。尽管在保险合同的管辖权协议签署时,独立被保险人并未参与协议管辖的谈判,也未作为协议管辖的主体而签订协议,但这些都不足以改变保险合同的目的是保障被保险人的利益。第二,保险人在签署管辖权协议时,已经清楚明确地同意管辖权协议的扩展适用。一般情况下,在争议发生前,投保人并不会告诉被保险人其已经基于被保险人利益与保险人签署了协议管辖条款。第三,《布鲁塞尔公约》第12条(《布鲁塞尔条例Ⅰ(重订本)》第15条第2款)允许投保人、被保险人或受益人在第三节规定以外的法院提起诉讼。因此,基于被保险人利益依照《布鲁塞尔公约》第17条(《布鲁塞尔条例Ⅰ(重订本)》第25条)签署的管辖权协议可以适用于与投保人不同的并且非合同签订者的被保险人。

(二)涉外保险合同的协议管辖与共同保险人

共同保险是保险管理的一项技术手段,理论上是由两名或两名以上的保险人对

---

① 在我国目前的法律法规和司法环境下,保险人因为保险合同的订立和履行而起诉投保人和被保险人的案例尚不存在。

② See Adrian Briggs, *Agreements on Jurisdiction and Choice of Law*, Oxford University Press, 2008, p. 270.

③ See Gerling Konzern Speziale Kreditversicherung A. G. v. Amministrazione del Tesoro dello Stato, Case 201/82.

同一保险标的、同一保险责任、同一保险期限和同一保险金额共同承保。[①] 在实践中,共同保险人对于投保人和/或被保险人并非承担连带责任。实际上,每个共同承保人仅就自己份额内的风险承担责任。《布鲁塞尔条例Ⅰ(重订本)》没有关于共同保险的明确解释,亦未说明共同保险人是否受投保人与保险人签署的保险合同协议管辖的约束。《布鲁塞尔条例Ⅰ(重订本)》第11条第1款c项仅适用于当事人采用共同保险的承保方式,并确定了首席承保人的情形。[②] 依照第11条第1款c项的规定类推得出,在有首席保险人的共同保险下,各共同保险人受首席保险人与投保人协议管辖的约束。

在我国保险实践中,共同保险人对于投保人和/或被保险人并非承担连带责任,而是在各自的承保份额内承担保险责任。在保险实践中,共同保险的运作过程中往往有一名首席保险人。根据各共同保险人之间的约定以及各共同保险人与投保人和/或被保险人的约定,首席保险人一般代表全体共同保险人与投保人和/或被保险人协商保险承保条件,负责制作保单,负责保险事故的理赔处理,甚至代表全体承保人参加相关诉讼程序等。首席承保人实际上是根据各共同保险人对其的委托处理保险人与投保人和/或被保险人间的法律关系,这自然也包括保险合同协议管辖的约定。如果共同保险人不受首席保险人与投保人签订的保险合同管辖权协议的约束,对于投保人和被保险人来说,保险纠纷的诉讼管辖地不可预测。同一保险事故可能要到多个法院地起诉,经济成本高,不利于保护投保人和/或被保险人的权益。因此,共同保险人应受首席保险人与投保人和/或被保险人签订的管辖权协议的约束。

(三)涉外保险合同协议管辖与保险受益人

《布鲁塞尔条例Ⅰ(重订本)》关于第三人受益人是否受保险合同协议管辖约束

---

① 2002年中国保险监督管理委员会《关于大型商业保险和统括保单业务有关问题的通知》(保监发〔2002〕16号)给予共同保险的解释是:"共保是共同保险的简称,是指两个或两个以上的保险公司及其分支机构(不包括同一保险公司的不同分支机构)使用同一保险合同,对同一保险标的、同一保险责任、同一保险期限和同一保险金额进行的保险。参与共保的保险公司称为共保承保人。共保按保险标的是否在共保承保人经营区域内划分为同地共保和异地共保。同地共保是指保险标的在共保承保人经营区域内的共保;异地共保是指保险标的在共保承保人经营区域外的共保。"这与欧洲经济共同体理事会第78/473号《关于共同保险的法律、法规和管制措施的指令》(Council Directive of 30 May 1978 on the coordination of laws, regulations and administrative provisions relating to Community co-insurance, 78/473/EEC,以下简称《欧洲经济共同体第78/473号指令》)第2条共同保险的解释本质相同。

② See Ulrich Magus & Peter Mankowski eds., *European Commentaries on Private International Law Commentary* (*Brussels I bis*, *Volume I*), Köln, Ottoschmidt Verlag, 2016, p.416.

没有明确规定。但是,有评论认为:当被告第三人受到《布鲁塞尔条例Ⅰ(重订本)》规定以外的其他管辖权约束时,该管辖权协议对其将产生不利影响。因此,第三人受益人为被告时不受管辖权协议的约束。① 另外,欧洲法院判例②表明:依照《布鲁塞尔公约》第12条第3款③确定的协议管辖权不能强制适用于受益人,除非该管辖权目的是保护经济上的弱者。因为管辖权条款的排他性将会强制受益人在保险人的住所地提起诉讼,剥夺了受益人在事故发生地或者原告住所地提起诉讼的机会。再者,管辖权协议将会使保险人在其住所地对受益人提起诉讼。管辖权协议约束受益人这种理解的结果是接受对保险人有益的协商确定的管辖协议,而忽略保护经济上处于弱势一方的利益。弱势一方一般希望在其住所地提起诉讼或者应诉。因此,如果第三人受益人、投保人和保险人在保险合同签订时,在同一成员国有住所,或者投保人和保险受益人的住所地在成员国以外的第三国,保险人住所地在成员国的,那么,投保人与保险人的管辖权协议适用于第三人受益人。④ 如果该保险受益人与投保人或保险人住所地不同,且未明确表示接受该管辖权条款的,依据《布鲁塞尔公约》第12条第3款的规定,拟定的管辖权协议不能约束保险合同项下的保险受益人。综上所述,"布鲁塞尔体系"认为,第三人保险受益人不受对其不利的投保人与保险人签订的管辖权协议的约束。⑤ 这对判例法国家是可行的,并不适用于采用成文法的我国。因为对是否有利的判断,主观意识太强。

---

① See Ulrich Magus & Peter Mankowski eds., *European Commentaries on Private International Law Commentary* (*Brussels I bis*, *Volume I*), Köln, Ottoschmidt Verlag, 2016, p. 432.

② See Case C 112/03, Soc Financiere et Industrielle de Peloux v. Soc AXA Belgium, [2005] ECR I-3707.

③ 该内容基本类似《布鲁塞尔条例Ⅰ(重订本)》第15条第3款。

④ See Ulrich Magus & Peter Mankowski eds., *European Commentaries on Private International Law Commentary* (*Brussels I bis*, *Volume I*), Köln, Ottoschmidt Verlag, 2016, p. 433.

⑤ 本文仅指:(1)《布鲁塞尔公约》,即1968 Brussels Convention on Jurisdiction and the Enforcement of Judgments in Civil and Commercial Matters;(2)《布鲁塞尔条例Ⅰ》,即Council Regulation (EC) No 44/2001 of 22 December 2000 on Jurisdiction and the Recognition and Enforcement of Judgments in Civil and Commercial Matters;(3)《布鲁塞尔条例Ⅰ(重订本)》,即Regulation(EU) No 1215/2012 on the European Parliament and the Council of 12 December 2012 on Jurisdiction and the Recognition and Enforcement of Judgments in Civil and Commercial Matters (recast)。

根据我国法律的规定,保险受益人可以为投保人、被保险人,也可以为第三人。① 如果保险受益人为投保人或被保险人,那么当然受管辖权协议的约束。如果保险受益人为第三人,是否受协议管辖的约束需进一步探讨。

首先,根据合同的相对性原理,只有合同的当事人才能从合同中获得相应的权利,也只有合同的当事人才应受到合同的约束。② 涉外保险合同的管辖权协议是投保人和保险人就保险纠纷管辖权达成一致的结果。保险受益人不同于投保人、被保险人和保险人。保险合同对保险受益人来说,可以理解为保险受益人设定权利的约定,属于利他合同。但是,投保人与保险人订立的保险合同管辖权协议对保险受益人来说是一项约束,③而非权利。根据合同法原理,未经第三人同意,合同可以为第三人设定权利却不能为第三人设定义务。保险受益人不是投保人,也不是保险人,只是管辖权协议合同关系的第三人,不能未经其同意而直接将保险人与投保人间订立的管辖权协议适用于保险受益人。

其次,从保护弱者的角度讲,除明确同意外,保险受益人不宜受保险合同协议管辖的约束。理想状态下,意思自治的双方当事人应当是权利义务地位平等的,在现实复杂的国际国内环境下,意思自治双方当事人权利义务失衡的现象多有发生。因此,实践中意思自治更多是强势一方当事人的意志表现,而非弱势一方当事人的意志表现。④ 在多数情况下,涉外保险合同的协议管辖是由处于强势地位的保险人与处于相对弱势的投保人之间约定保险合同纠纷管辖权的协议。保险受益人同投保人一样,可以理解为保险关系的弱者一方。如果保险受益人受保险合同协议管辖的约束,那么,其就需要受到投保人与保险人之间约定的协议管辖地的约束,如投保人住所地、保险人住所地等。对于受益人来说,这很可能是不便利的,不能有效保障其权益。

---

① 根据我国《保险法》第 18 条的规定,我国保险受益人的概念只存在于人身保险合同中。但是,在实践中,无论常规的企业财产保险、工程保险、产品责任保险,还是贷款保证保险等财产保险均已突破《保险法》的规定,广泛采用受益人的概念。我国大陆学者李玉泉、王绪瑾以及我国台湾地区学者施文森等认为,保险受益人不仅存在于人身保险,也存在于财产保险中。参见李玉泉:《保险法》(第 2 版),法律出版社 2006 年版,第 123 ~ 124 页;王绪瑾:《保险学》(第 3 版),经济管理出版社 2004 年版,第 66 页;施文森:《保险法总论》,台北,三民书局股份有限公司 1990 年版,第 25 页。本文从我国保险实践经验出发,认为保险受益人是由被保险人或者投保人指定的享有保险金请求权的人,在财产保险与人身保险两个领域内均可适用保险受益人的概念。

② See Adrian Briggs, *Agreements on Jurisdiction and Choice of Law*, Oxford University Press, 2008, p. 265.

③ See Adrian Briggs, *Civil Jurisdiction and Judgments* (6th *ed.*), Informa Law, 2015, p. 132.

④ See Symeon C. Symeonides, *The Hague Principles on Choice of Law for International Contracts: Some Preliminary Comments*, The American Journal of Comparative Law 61, 2013, p. 885.

我国作为成文法国家,现阶段法院受理的涉外保险纠纷案例有限,法官很难评判案件对保险受益人有利与否。从合同法的基本原理和弱者保护角度出发,第三人受益人不宜受投保人和保险人间保险合同协议管辖的约束,除非第三人受益人明确表示同意。

二、涉外保险合同协议管辖与订约时间

协议管辖,又称约定管辖、合意管辖,是意思自治在程序法上的体现,指双方当事人出于方便考虑,在不违背内国专属管辖的前提下,以协商一致的方式选择管辖法院。[①] 一般而言,协议管辖的形成不受时间限制,但协议管辖的订约时间会影响管辖权协议的效力和可选择法院的范围。

(一)涉外保险合同协议管辖订约时间与排他性

根据《布鲁塞尔条例Ⅰ(重订本)》第15条的规定,保险争议发生后订立的管辖权协议具有排他性。即使保险争议发生后签订的管辖权协议对于投保人是不利的,也是有效的。因为,投保人非常清楚一旦签订管辖权协议他们将面临的管辖权风险。在签订管辖权协议时,投保人会非常谨慎。[②] 我国《民事诉讼法》第34条对于合同协议管辖的时间没有限制,但是协议管辖的订约时间是否影响管辖权协议的排他性?

目前,我国关于管辖权协议排他性的认定,无论是《民事诉讼法》立法条文的文义解释,还是最高人民法院司法解释,都仅针对国内协议管辖,并未触及涉外协议管辖权。最高人民法院《关于印发〈第二次全国涉外商事海事审判工作会议纪要〉的通知》明确规定:协议明确约定为非排他性,对案件有管辖权的其他法院才可以行使管辖权。[③] 在司法实践中,如果协议未明确约定为非排他性(Non-exclusive),则多认定为具有排他性(Exclusive)。然而,相较于其他协议管辖的基础合同而言,涉外保险合同是转移风险的合同,而且转移的风险是将来可能发生的。在保险争议发生后,保险当事人双方的利益之争已经体现,作为保险当事人的双方都会充分考虑约

---

① 参见刘力主编:《中国涉外民事诉讼立法研究:管辖权与司法协助》,中国政法大学出版社2016年版,第99页。

② See Ulrich Magus & Peter Mankowski eds., *European Commentaries on Private International Law Commentary* (*Brussels I bis*, *Volume I*), Ottoschmidt Verlag, 2016, p.431.

③ 《第二次全国涉外商事海事审判工作会议纪要》(法发〔2005〕26号)第12条规定:"涉外商事纠纷案件的当事人协议约定外国法院对其争议享有非排他性管辖权时,可以认定该协议并没有排除其他国家有管辖权法院的管辖权。如果一方当事人向我国法院提起诉讼,我国法院依照《中华人民共和国民事诉讼法》的有关规定对案件享有管辖权的,可以受理。"

定管辖地可能影响的法律适用、诉讼费和律师费、取证和举证责任的承担、诉讼资源的节约以及判决的承认与执行等各项因素。在衡量各项要素后,保险当事人双方才可能达成一致意见。因此,在保险事故发生后,一旦保险当事人双方达成管辖权协议,一定是其综合考虑实体和程序要素后的真实意思表示,即使投保人、被保险人和保险受益人处于经济弱势地位,也不可能在其不同意协议管辖地的情况下而强迫其签署管辖权协议。这在一定程度上可以理解为投保人、被保险人和保险受益人等自愿放弃了弱者保护原则的适用。因此,基于弱者保护原则和意思自治原则的衡平,就保险争议发生后订立的管辖权协议系当事人双方的真实意思表示,应具有排他性。

但是,如果在保险争议发生前订立管辖权协议,一方面,保险当事人尤其是投保人可能并不清楚管辖权协议的后果;另一方面,即使清楚管辖权协议的后果,也可能因为保险事故的或然发生而抱着侥幸心理,以促成保险商务合作为首选而在一定程度上放弃管辖权协议中的相关权利。鉴于保险当事人双方经常存在经济地位不对等、保险专业知识不对等等特殊情形,有必要在管辖权的确定方面给予投保人、被保险人和保险受益人以特别保护,①以便实现保险当事人真实的意思自治。笔者建议,就保险争议发生前订立的管辖权协议加以限制,明确除非管辖权协议约定为排他性的,否则不具有排他性。一方面,这有利于保护保险合同弱势一方当事人的利益;另一方面,当前我国保险行业正处于发展阶段,无论是我国保险当事人对于国际保险市场的了解,还是涉外保险争议的司法处理水平,均有待提高。保险争议发生前订立的管辖权协议,不具有排他性,除非明确约定为排他性的。这既有利于维护我国保险当事人的保险利益,也有利于我国司法主权的维护。

综上所述,基于对当事人意思自治的尊重、弱者保护的需要和我国司法主权的保护,可以规定,在保险争议发生后签订的管辖权协议具有排他性;在保险争议发生前订立的管辖权协议,不具有排他性,除非约定为排他性。

(二)涉外保险合同的订约时间与实际联系

《布鲁塞尔条例Ⅰ(重订本)》第15条第1款规定保险争议发生后订立的管辖权协议具有排他性。该条规定对保险争议的管辖地没有明确要求。即使保险争议发生后签订的管辖权协议对于投保人是不利的,也是有效的。我国《民事诉讼法》第

① 《布鲁塞尔条例Ⅰ(重订本)》序言第18条基于弱方当事人利益,授予其比一般规则更有利的管辖权特别规则来保护消费者纠纷、雇佣纠纷和保险纠纷中的弱方当事人,例如,《布鲁塞尔条例Ⅰ(重订本)》第15条第2款允许保单持有人、被保险人和保险受益人在第三节规定以外的法院提起诉讼。

34条对于合同协议管辖的时间没有限制,但对协议管辖地的要求是"与争议有实际联系"。之所以限制实际联系,其目的可能是限制当事人的任意选择权,实现真实意思自治,从而保护当事人正当权益;[①]也可能是方便审理、取证、法律适用,节约诉讼资源以及有利于判决的承认与执行。[②] 但是,相较于其他管辖权协议而言,涉外保险合同的管辖权协议主体双方地位经常表现为明显不对等。因此,需要在尊重意思自治的同时给予弱势一方特别保护。

涉外保险合同纠纷的协议管辖在争议发生前或争议发生后签订,一定程度上直接表明了管辖权协议是否为投保人、被保险人和保险人的真实意思表示。如果在保险争议发生后签订,保险当事人双方的利益之争已经体现,作为保险当事人的双方都会充分考虑约定管辖地可能影响的法律适用、诉讼费和律师费、取证和举证责任的承担、诉讼资源的节约以及判决的承认与执行等各项因素。在衡量各项因素后,投保人才会非常审慎地签署管辖权协议。[③] 即使投保人、被保险人和保险受益人处于经济弱势地位,也不可能在其不同意协议管辖地的情况下而被迫签署管辖权协议。因此,就保险争议发生后订立的管辖权协议,系双方当事人真实意思表示,可以不以实际联系为要件。保险争议发生后达成的管辖权协议,选择法院地不以实际联系为要件,理论上可能造成法院审理不便、当事人取证困难等诉讼资源浪费的后果。但是,排除协议管辖的当事人会充分考虑这些因素外,最高人民法院《关于适用〈中华人民共和国民事诉讼法〉的解释》(以下简称《民诉法解释》)第530条规定的不方便法院原则为节约我国司法资源、维护司法主权提供了保障。

综上所述,基于意思自治理论和保险的特殊性,保险争议发生后订立的涉外保险合同管辖权协议对于协议管辖地可不加限制,不以实际联系为要件。关于保险争议发生前订立的管辖权协议与实际联系问题将在下文进行阐述,即涉外保险合同协议管辖的可选择法院范围。

三、涉外保险合同协议管辖与可选择法院的范围

协议管辖的实际联系原则一定程度上限制了合同当事人的意思自治。保险争议发生前,涉外保险双方达成的协议管辖是否受实际联系的制约有待进一步分析,

---

① 例如,法国、德国要求被选择法院与争议具有实际和直接的联系,以便保护案件审理的确定性和稳定,从而保护当事人的正当权益。参见杜新丽:《国际司法实务中的法律问题》,中信出版社2005年版,第53页。

② 参见刘力:《我国国际民事诉讼协议管辖中的"实际联系"辨析》,载《法律适用》2008年第12期。

③ See Ulrich Magus & Peter Mankowski eds., *European Commentaries on Private International Law Commentary* (*Brussels I bis*, *Volume I*), Köln, Ottoschmidt Verlag, 2016, p. 431.

以下针对大型商业保险和非大型商业保险分别进行论述。

(一)涉外大型商业保险的协议管辖地

《布鲁塞尔条例Ⅰ(重订本)》第15条第5款对于承保特殊风险与大型风险的保险合同的协议管辖地无任何限制。其原因主要在于,特殊风险和大型风险的投保人并非经济上的弱者,也具有较强的谈判能力,无须给予特别保护。①《布鲁塞尔条例Ⅰ(重订本)》中的特殊风险与大型风险主要包括:(1)为商业目的运营的与航空器、船舶、近海设施或公共设施等相关的一切风险和利益,包括但不限于设备设施本身的风险、设备设施运营过程中引起的货物损失风险以及除旅客身体损害和行李灭失或损坏外的其他任何责任风险;(2)除前述风险以外的《保险和再保险行业开业与经营的偿付能力监管Ⅱ》中所涉及的所有大型风险。②

我国的大型商业保险与《布鲁塞尔条例Ⅰ(重订本)》中规定的承保特殊风险与大型风险的保险合同不完全相同,③但二者在协议管辖方面的要求原理相同。虽然充分尊重涉外大型商业保险合同当事人的协议管辖权,对被选择法院地不加限制,一定时期内可能会减少我国法院受理的涉外保险合同纠纷案件。如果我们以开放的心态,放开协议管辖地的限制,投保人、被保险人、投保人和保险人会各自衡量利弊得失,选择最便利、最高效、最公平的法院诉讼解决纠纷。随着我国投保人、被保险人、保险受益人和保险人涉外保险理论知识和实践经验的积累,我国法院审理此类案件会相对便利许多,相对高效许多,相对公正许多。从整体上看,涉外大型商业保险合同协议管辖地不以实际联系为限,有利于当事人选择中立、公正的法院管辖,便于真正实现当事人意思自治。

(二)涉外非大型商业保险合同的协议管辖地

涉外非大型商业保险合同的保险当事人双方地位常常不对等,保险操作要求并没有大型商业保险合同那么复杂。为有效保障处于弱势一方的投保人、被保险人和保险受益人的利益,关于涉外非大型商业保险合同的协议管辖需要在意思自治的基

---

① See Tradigrain SA v. SIAT SpA and others, [2002] 2 Lloyd's Rep. 553, para. 4.

② 关于特殊风险与大型风险的规定,《布鲁塞尔条例Ⅰ(重订本)》与《布鲁塞尔条例Ⅰ》保持一致,只是根据法律环境的变化规范大型风险的指令在《布鲁塞尔条例Ⅰ》中指《欧共体73/239号指令》及其修订(包括《欧共体88/357号指令》、《欧共体90/618号指令》及将来可能发生的修订),而在《布鲁塞尔条例Ⅰ(重订本)》中指欧盟《保险和再保险行业开业与经营的偿付能力监管Ⅱ》。但是,在1968年的《布鲁塞尔公约》中并没有特殊风险与大型风险的规定。因为在当时的社会经济环境下,特殊风险与大型风险的承保尚未成为趋势。

③ 2002年中国保险监督管理委员会《关于大型商业保险和统括保单业务有关问题的通知》(保监发〔2002〕16号)第1条对于大型商业保险有明确规定。

础上给予一定的限制。我国《民事诉讼法》第35条主张的实际联系原则是有必要的。①

1. 涉外非大型商业保险合同协议管辖施加实际联系要求的必要性

从根本上讲,协议管辖的主要作用在于:第一,在多个法定管辖地间约定一个法院地管辖。第二,在法定管辖地外约定一个法院地管辖。根据我国《民事诉讼法》第35条的规定,协议管辖约定的法院必须是与争议有实际联系的法院。关于这一点,我国学术界存在不同的观点。有学者认为,协议管辖要求实际联系不利于保证选择法院的公正性和中立性,有违意思自治原则,没有必要甚至可以取消实际联系。"订立契约以进行国际贸易的法律主体,不论是自然人或法人,通常属于不同国籍的国家。这些法律主体通常倾向于维护其各自本国的司法制度的威望,而对于对方的司法制度未免抱有不信任感。要求选择与争议有实际联系的法院管辖就是排除选择中立法院的可能性,其结果可能是双方当事人因此不能达成国际贸易的契约,而对国际经济往来的发展不利。"②"我国民事诉讼法可以删除实际联系要求,以尊重合同自由原则。如果当事人选择与案件无实际联系的外国法院而排除了我国法院,只要案件不属于我国法院专属管辖,就可以执行法院选择协议。"③然而,也有学者认为,我国没有必要取消实际联系原则。"一方面,该原则建立在习惯国际法基础之上,能够被国际社会普遍接受,因此,该原则所作出的判决也能够被其他国家承认和执行;另一方面,该原则有利于当事人纠纷的解决,节约诉讼成本。如果不遵循实际

① 关于《民事诉讼法》第35条的实际联系地的确定,多数学者都对5个连结点方法采取批评的态度。但奇怪的是,并没有哪些学者明确支持5个连结点方法。之所以产生实际联系是否限于5个连结点的问题,更多可能因为第35条规定中的"等"字的不同理解。在笔者看来,可能多数学者对于该法条的语言表述产生误解。从字面意思理解"等"字有两种解释:第一,表示列举未完。第二,表示列举后煞尾。两种文义解释的不同直接影响着可选择法院的范围。从汉语言文学常识来讲,表示列举未完时,"等"字不可省略;表示列举后煞尾时"等"字可以省略,其后会跟数词。因此,从文义解释角度来讲,第35条的原意就是协议选择的法院地可以是该条列举以外的其他地方,只要其与争议有实际联系。对于实际联系地5个连结点方法的批评意见,参见袁发强、瞿佳琪:《论协议管辖中的"实际联系地"——立法目的与效果的失衡》,载《国际法研究》2016年第5期;刘晓红、周祺:《协议管辖制度中的实际联系原则与不方便法院原则——兼及我国协议管辖制度之检视》,载《法学》2014年第12期;吴永辉:《论新〈民诉法〉第34条对涉外协议管辖的法律适用》,载《法律科学(西北政法大学学报)》2016年第5期;王福华:《协议管辖制度的进步与局限》,载《法律科学(西北政法大学学报)》2012年第6期;李浩:《民事诉讼管辖制度的新发展——对管辖修订的评析与研究》,载《法学家》2012年第4期;杜焕芳:《涉外民事诉讼协议管辖条款之检视——兼评最高人民法院(2009)民三终字第4号裁定书》,载《法学论坛》2014年第4期。

② 李浩培:《国际民事程序法概论》,法律出版社1996年版,第64页。

③ 王吉文:《涉外协议管辖中的"实际联系原则"评述》,载黄进、肖永平、刘仁山主编:《中国国际私法与比较法年刊》第13卷,北京大学出版社2010年版。

联系原则,就会纵容和鼓励当事人挑选法院。当事人故意到一个与纠纷无关的国家法院去提起诉讼,其目的肯定不会是为了寻求一个适当的判决,而往往是为了拖延时间。"①"现在就协议管辖中的实际联系下个应该摒弃的结论为时过早。"②

我国的立法和司法实践一直以来观点较统一,比较青睐实际联系原则。1991 年《民事诉讼法》关于协议管辖坚持内外有别原则。其中,第 244 条规定了涉外保险合同的协议管辖,并且要求管辖地与争议有实际联系为要件。2007 年《民事诉讼法》仍然保持了与 1991 年《民事诉讼法》一致的涉外保险合同协议管辖规定。然而,这一时期的司法实践却对实际联系的标准加以严格限制,2009 年"德力西案"③和 2011 年"衍六案"④就是很好的证明。2012 年《民事诉讼法》第 34 条统一了国内和涉外合同案件的协议管辖规则,依然坚持实际联系原则,但是协议管辖地受 5 种特别连结点的限制。随后,2005 年《民诉法解释》给予补充规定,第 531 条规定扩展了实际联系地的选择范围。现行《民事诉讼法》第 35 条和 2022 年《民诉法解释》第 529 条分别维持了 2012 年《民事诉讼法》第 34 条和 2015 年《民诉法解释》第 531 条的规定,坚持涉外合同协议管辖适用实际联系规则。"国泰世华商业银行股份有限公司与高某保证合同纠纷上诉案"⑤有一定的代表性。

涉外保险合同以商业为目的,需要保证其纠纷处理的公正性与中立性,但实践中涉外保险合同管辖权的商定过程中当事人双方对选择法院的水平和公正性并不十分清楚,其法院选择更多是一种商务行为的结果,可能是当事人双方协商下的一种妥协结果,更多受心理因素的影响。山德拉·科瑞姆(Xandra Kramer)和厄力斯·西米利(Erlis Themeli)指出:进行法院选择所要考虑的因素中"法官和法院的水平""结果的公正性""腐败""结果的可预测性"排名前四。⑥ 综合分析法院选择的经验数据,沃吉纳(Vogenauer)得出结论:当事人的判断严重受到"熟悉度"、"中立

① 杜涛:《中国批准〈海牙法院选择协议公约〉的法律问题及对策》,载《武汉大学学报(哲学社会科学版)》2016 年第 4 期。

② 刘力:《中国涉外民事诉讼立法研究》,中国政法大学出版社 2016 年版,第 112 ~ 121 页。

③ 参见(2011)民提字第 312 号。

④ 参见(2011)沪高民四(海)终字第 112 号。

⑤ 参见(2016)沪民辖终 99 号。

⑥ See Xandra Kramer & Erlis Themeli, *The Party Autonomy Paradigm: European and Global Developments on Choice of Forum*, in Vesna Lazić & Steven Stuij (ed.), Brussels Ibis Regulation. Changes and Challenges of the Renewed Procedural Scheme, The Hague/Heidelberg, Asser Press/Springer, 2017, p. 37.

性”和“主观意识”的影响。① 实际上,在法院选择因素上重点考虑法院水平似乎是不太可能的。事实因素比法律因素更能影响甚至控制当事人的选择。鉴于此,为了保证保险合同纠纷处理的恰当性,建议在尊重意思自治的前提下,对其进行一定的限制。换言之,为在一定程度上保证结果的公正性,协议管辖地必须与争议有实际联系。总体来讲,允许涉外保险合同的当事人选择管辖法院是程序公正的体现,而限制选择的法院必须与争议有实际联系则是程序效率的体现。

2. 涉外非大型商业保险合同协议管辖中实际联系原则的适用

非大型商业保险的投保人、被保险人或受益人一般为经济上的弱者、保险知识的欠缺者,在适用协议管辖制度时,需要对其加以特别保护,否则可能以意思自治之名损害弱者权益。自 1992 年我国涉外合同协议管辖规定和适用实际联系原则以来,协议管辖中实际联系原则的适用呈现“宽松——严苛——宽松”的变化趋势。现行《民事诉讼法》及其解释列举的涉外合同协议管辖实际联系地包括:原告住所地、被告住所地、合同履行地、合同签订地、标的物所在地及侵权行为地。以下将结合非大型涉外商业保险合同的特性及诉讼管辖的特性就涉外保险合同纠纷中存在实际联系的具体管辖地进行论证。

(1)投保人住所地、被保险人住所地

投保人住所地、被保险人住所地是涉外保险合同的基本要素,在保险合同订立前即是明确的,可以满足诉讼双方所要求的可预见性。尽管可能对保险人来说并不便利,但保险的基本特征就是损失补偿,保障投保人、被保险人的利益。以投保人住所地、被保险人住所地为协议管辖地,符合涉外保险合同弱者利益保护的要求。

尽管投保人住所地、被保险人住所地可能与原告住所地或被告住所地重合,但是很可能由保险人住所地法院管辖。涉外非大型商业保险的保险当事人双方存在明显的经济上的强弱之分,需要给予弱势一方即投保人、被保险人以特别保护。因此,涉外保险合同的协议管辖地宜采用投保人住所地或被保险人住所地,而不宜采用原告住所地或被告住所地。

(2)保险事故发生时保险标的物所在地

我国保险合同纠纷法定管辖权的连结点之一即保险标的物所在地,也就是保险事故发生时的保险标的物所在地。需要进一步明确的是,如果同一保险合同既承保

---

① See Stefan Vogenauer, *Regulatory Competition Through Choice of Contract law and Choice of Forum in Europe: Theory and Evidence*, in Eidenmüller H. ed., Regulatory Competition in Contract Law and Dispute Resolution. Verlag C. H. Beck and Hart Publishing, 2013, p. 256 - 263.

动产又承保不动产,则该保险合同中协议管辖约定中的保险事故发生时的保险标的物所在地是指不动产所在地。承保区域是保险合同的基本要素。无论财产保险合同,还是人身保险合同,保险事故发生地是否在承保区域是判定保险责任是否成立的前提。而且保险人一般在承保区域内都有保险服务机构,以便及时进行保险事故的查勘与理赔。因此,保险事故发生时的保险标的物所在地无论对于投保人、被保险人,还是对于保险人都是可以预测的。以保险事故发生时保险标的物所在地为涉外保险合同纠纷协议管辖的连结点,不仅可以满足可预测性,还可以满足保险双方的便利性要求。

(3)责任保险的损害事件发生地

侵权责任是责任保险产生与适用的逻辑前提。涉外责任保险纠纷表面上看是合同纠纷,实际上更多是保险人和被保险人关于损害责任是否成立及其法律后果存在争议。涉外责任保险纠纷如果由损害事件发生地法院审理,有利于保障损害赔偿责任认定与保险合同责任认定的统一,有利于责任保险受害人的利益保护,便于法院收集证据和查明案情。以责任保险的损害事件发生地为管辖权依据,不仅满足管辖权要求的确定性和可执行性,还与一般侵权行为的准据法保持一致,有利于实体与程序的协调发展。因此,以责任保险的损害事件发生地作为涉外保险合同协议管辖的连结点具有可行性。

(4)涉外保险合同的合同履行地

合同履行地,不仅是实体法上的概念,也是程序法上的概念。实体法上的履行地规则是为了促进合同的履行,指导当事人正确履行债务,防范履行风险,减少纠纷的发生。而程序法上则尽量要求管辖权确定、简单,履行地点的单一化是确定管辖权的前提。因此,在程序法上主要根据合同的实体性质判断,由特征性履行义务一方的债务履行地为合同履行地。特征履行理论源于萨维尼关于债的本质的著名国际私法学说。就保险合同特征履行方的辨认,不能仅仅依照是否是支付金钱一方来判别,或者因为保险双方当事人的义务都表现为金钱给付而直接否定特征性履行理论的适用。[①] 相反,保险人作为风险的承担者,更能体现保险合同的本质,为保险合同的特征性履行方。基于特征履行理论,保险合同的合同履行地实为保险人债务履行地。

---

① 关于特征性履行理论是否可以适用于诸如保险合同、保证合同等相互支付金钱的合同,我国学者早有相关论述。参见宋晓:《特征履行理论:举废之间》,载黄进、肖永平、刘仁山主编:《中国国际私法与比较法年刊》第11卷,北京大学出版社2008年版。

2015年《民诉法解释》第18条第2款①就合同履行地予以明确,明显减少了合同履行地的认定争议。以保险人为被告的涉外保险合同纠纷,其基本诉求是要求保险人赔偿给付保险金。就表象而言,似乎是争议标的为给付货币,但实质是要求保险人履行保险责任,给付货币只是一种保险赔偿的转换方式。因此,关于涉外保险合同履行地的认定只能适用"其他标的,履行义务一方所在地为合同履行地",即保险人所在地为合同履行地。这里的保险人所在地一般是指其住所地,而非临时所在的某个地方。如果保险当事人协议选择合同履行地法院行使管辖权,无异于由保险人住所地法院行使管辖权。在这类案件中,且不说保险人是否处于强势地位,但其绝不会处于弱势地位,无须给予特别保护,否则,显然不利于公正和效率等民事诉讼基本价值的实现。因此,就涉外保险合同纠纷而言,不宜将合同履行地作为协议管辖的连结点。

四、结语

意思自治是合同法的基石,涉外保险合同的协议管辖制度是意思自治在国际民事诉讼程序法上的体现。涉外大型商业保险合同当事人在协议确定管辖法院上享有充分的自由是意思自治的体现。然而,意思自治要求当事人双方经济、法律地位平等,除大型商业保险合同外,其他保险合同的双方一方面经济地位差异较大,另一方面保险人保险知识专业、保险经验丰富、经济实力强,而作为投保人或被保险人缺乏专业保险知识、保险经验有限、经济实力弱。从公平正义的角度出发,需要对于投保人和被保险人等弱方当事人给予特别保护。就涉外保险合同协议管辖的主体进行明确、区分管辖权协议的订立时间与适用对象而设定不同的协议管辖法院选择范围是在尊重意思自治的前提下实现的弱者保护。弱者保护与当事人意思自治之间存在内在矛盾,②但从另一角度讲,弱者保护与意思自治限制是一个问题的两面。通过限制意思自治给予弱方当事人以特别保护,是追求实质正义的体现。可以说,就涉外保险合同而言,允许涉外保险合同的当事人选择管辖法院是程序公正的体现,而限制选择的法院则是程序效率的体现,是国际私法追求实质正义的体现。

① 2020年及2022年修正的《民诉法解释》第18条第2款均沿用2015年《民诉法解释》第18条第2款关于合同履行地的规定。

② See Peter Nyph, *Autonomy in International Contracts*, Clarendon Press, 1999, p. 139.

德国法上违反排他性协议管辖的损害赔偿问题研究*

王　磊**

全球化所导致的相互依赖、利益交互,人权与法治原则至上的召唤,司法服务功能治理化、市场化、全球化等客观现实与理念所绘制的景观构成德国国际民事诉讼协议管辖规则体系历史赓续与现实变革的砥柱。国际民事诉讼协议管辖定性从诉讼契约(诉讼行为)的程序性到实体性的转变,是德国联邦最高法院支持违反排他性协议管辖产生实体法后果的前提。在实体法转向的背景下,借助目的解释、利益或价值衡量等法律技术的运用,可填补德国国际民事诉讼法协议管辖规则体系在协议管辖违反行为规制问题上的法律漏洞。德国国际民事诉讼法上违反国际民事协议管辖损害赔偿规则的司法确立,既回应了学界的争鸣,又展现时代和国家对法律的需求。因此,本文从现实实践与学理审视两个视角,尝试剖析德国国际民事诉讼法上违反排他性协议管辖损害赔偿规则适用的构件、可能导致的影响、发展所面临的困境。

基于法系传统与管辖规则设计所追求的法律价值与理念的差异,德国《民事诉讼法》(Zivilprozeßordnung,ZPO)通常运用第 261 条第 3 款未决诉讼规则①、第 328 条预期承认规则,或严格适用禁诉令,国际民事诉讼中的法院挑选和重复诉讼行为,

---

* 本文系 2021 年度安徽高校人文社科研究重点项目“《意大利民法典》规则体系完善的历史经验研究”(SK2021A0395)阶段性成果,感谢阜阳师范大学法学院法律应用研究中心资助。

** 阜阳师范大学法学院讲师、法学博士。

① 因为未决诉讼原则与不方便法院原则在规制重复诉讼与冲突诉讼问题上所适用的标准与所追求的法律价值存在显著差异:未决诉讼原则依据时间先后的客观标准确定适当法院,追求法律的秩序和确定性价值;不方便法院原则依据法官自由裁量权衡影响程序正义的一般因素以确定适当法院,追求法律的正义价值。

而与普通法系国家适用不方便法院原则、禁诉令规则等微调机制有所不同。对于排他性选择德国法院的协议管辖,在布鲁塞尔管辖权规则体系与2005年海牙《选择法院协议公约》之外,此排他性协议管辖一方当事人违反该排他性协议管辖在德国以外的非被选择法院诉讼,德国法院通常会基于前述规则驳回或中止诉讼,而不是基于意思自治原则和程序正义因素考虑赋予排他性协议选择德国法院管辖以优先性,进而支持该排他性协议管辖的非违约方损害赔偿请求权。但是,除了恒定的法律原则与法律制度,还会产生新的法律制度与原则,以适应变化的社会关系。[①] 缘于英国法上违反排他性管辖权协议损害赔偿规则[②]和2012年《关于民商事管辖权及判决的承认与执行的第1215/2012号条例(重订本)》(以下简称《布鲁塞尔条例Ⅰ(重订本)》)所确立的协议管辖规则对未决诉讼规则的例外性规定[③]的可能影响,德国联邦最高法院在2019年10月17日判决(Ⅲ ZR 42/19)[④]中确认了排他性协议选择德国法院管辖的非违约方在德国法院向该协议的违约方主张违约损害赔偿的权利。根据德国《民事诉讼法》,此种违反排他性协议管辖损害赔偿规则在司法裁判中的确立,不仅是对德国学界和法院在该问题上长期争鸣的最新回应,也是德国联邦最高法院在排他性协议管辖性质论和效果论上认识的突破与深化,更是自由主义和意思自治原则在德国民事诉讼协议管辖规则体系中的回归和提升。

为此,本文通过对德国联邦最高法院2019年10月17日判决之分析,旨在梳理出德国《民事诉讼法》上违反排他性协议管辖损害赔偿规则适用的构成要件,阐释违反排他性协议管辖损害赔偿规则所产生的影响,并分析该损害赔偿规则实施与发展将面临的主要困境。

一、损害赔偿规则的确立

该案在德国联邦最高法院诉讼的当事人,原告是住所在美国的甲公司,被告是住所在德国的乙公司,2003年两公司签订一份对等网络协议。根据该协议,双分相互要求在所谓的节点上接收对方的数据流量,利用他们的网络将其传输给网络客户,并且在网络节点上提供必要的传输容量。协议约定适用德国法,由德国波恩法院管辖。2016年,甲公司尝试免费增加传输容量失败,便以乙公司未在2个对等点

---

① 参见[德]卡尔·拉伦茨:《德国民法通论》(上册),王晓晔等译,法律出版社2013年版,第7页。

② 参见王磊:《论英国法上违反管辖权协议之损害赔偿规则》,载黄进、肖永平、刘仁山主编:《中国国际私法与比较法年刊》第19卷,法律出版社2017年版。

③ See Regulation (EU) No 1215/2012 of the European Parliament and of the Council on Jurisdiction and the Recognition and Enforcement of Judgments (Recast), Article 25 and Recital 19, 20.

④ See Bundesgerichtshof [BGH] Oct. 17, 2019, Ⅲ ZR 42/19.

增量致使两网互联拥挤为由，在美国弗吉尼亚地区法院起诉，请求增容。该法院基于对等网络协议约定的排他性协议管辖条款，认定德国波恩为争议解决的适当审判地，驳回原告诉请。但基于美国民事诉讼费用规则，乙公司未能追回其在美国法院近20万美元的诉讼花费。随后，甲公司在德国波恩法院提起相同诉讼，乙公司提起反诉，要求甲公司赔偿其在美国的诉讼费用。德国波恩法院拒绝甲公司诉请，但同意乙公司反诉请求。甲公司上诉，德国科隆上诉法院驳回乙公司反诉请求。但后诉至德国联邦最高法院时，该法院推翻了科隆上诉法院的判决，裁定乙公司有权追回其在美国法院诉讼所花费的诉讼费用。

二、损害赔偿规则适用的构成要件

针对德国民事诉讼法复杂、体系化且具有层次的协议管辖规则体系，德国联邦最高法院认为，从实体性和程序性的观点来看，当事人通过选择法院和选择法律条款，意在实现法律纠纷解决的可预见性，通过指定管辖地避免法院挑选及费用高昂的管辖权争议。赋予受损害方补偿其费用之权利，有助于上述目标之实现。

（一）协议管辖的有效性

对于排他性选择德国法院管辖的协议管辖，其形式有效的准据法有《布鲁塞尔条例Ⅰ（重订本）》第25条与《选择法院协议公约》第3条；[①]对于非国际民事诉讼案件，排他性选择德国法院管辖的协议管辖的形式有效性必须满足ZPO第38条规定。对于跨国排他性协议管辖的实质有效性，依据《布鲁塞尔条例Ⅰ（重订本）》第25条与《选择法院协议公约》第5条的规定，适用于被选择法院地法，包括其冲突规范。[②]对于非国际民事诉讼案件，排他性选择德国法院管辖的协议管辖的实质有效性必须适用德国《民事诉讼法》第40条。[③] 其中，如果涉及针对德国消费者格式合同中的协议管辖，尚需受已纳入德国《民法典》的《一般交易条件规制法》以及该法纳入德

---

① See Trevor Hartley & Masato Dogauchi, *Explanatory Report on the* 2005 *Hague Choice of Court Agreements Convention*, Hague Conference of Private International Law, para. 13,110－115.

② 关于《布鲁塞尔条例Ⅰ（重订本）》第25条，See EP Final Report, 7; Council document 9474/11AD7Rev1［16 June 2011］,10；关于2005年《选择法院协议公约》第6条，See Trevor Hartley & Masato Dogauchi, *Explanatory Report on the* 2005 *Hague Choice of Court Agreements Convention*, Hague Conference of Private International Law, para. 125.

③ 德国《民事诉讼法》第40条规定："协议管辖不涉及特定法律关系所发生的争端，涉及非财产请求权、法律规定具有专属管辖权、违反德国公共政策等，是无效的。"

国《民法典》前判例法的制约。①

(二)协议管辖的准据法——德国法

德国联邦最高法院认为,该案对等网络协议所约定的排他性协议管辖及其解释应当适用德国法。原因在于:(1)当事人已在协议中约定德国法为准据法;(2)当事人选择德国为争议解决管辖地,也意味着德国法是他们所选择适用的准据法。德国联邦最高院之所以如此认定,一是因为德国民事诉讼法对德国法院的国际管辖权与裁判权进行了精细划分,裁判权受到国际法和特别法律规定的限制,在上述限制不存在的情形下,国家应在合理的国际任务分配意义上考虑到其他国家的存在,通过宣布德国法院有国际管辖权以实现裁判权;二是因为如果没有例外情况,德国法院国际管辖权的确定必须适用关于地域管辖理由的规定,以审视其是否存在审判籍,若存在审判籍,其国际管辖权则被间接证明存在;②三是因为对于国际管辖权的确定,“德国法院总是适用德国诉讼法,即使双方当事人都是外国人或按照国际私法应当在案件中依据外国实体法裁判”。③ 基于上述理由,加之德国民事诉讼法对协议管辖的传统诉讼契约定性,即对排他性协议管辖的违反,只能产生在诉讼程序效果的义务与责任。④ 因此,违反德国法院排他性管辖的协议管辖的准据法应当是德国法。

(三)协议管辖所赋予管辖权的排他性

《布鲁塞尔条例Ⅰ(重订本)》与《选择法院协议公约》均秉持协议管辖的排他性推定,除非当事人对此协议管辖具有相反的约定,或者是依据该协议管辖的法律适用法具有无效或失效情形。在不涉及上述公约的国际民事案件中,德国法通常也认定协议管辖所确定法院管辖权的排他性。⑤ 而对于有效的排他性选择德国法院管辖的协议,德国法往往在诉讼效力上区分协议管辖的赋予性与排

---

① 参见[美]阿瑟·冯迈伦:《国际私法中的司法管辖权之比较研究》,李晶译,法律出版社 2015 年版,第 188 页。

② 参见[德]奥特马·尧厄尼希:《德国民事诉讼法》(第 27 版),周翠译,法律出版社 2003 年版,第 30~31 页。

③ 同上书,第 33 页。

④ See Jonas Steinle & Evan Vasiliades, *The Enforcement of Jurisdiction Agreements under the Brussels I Regulation: Reconsidering the Principle of Party Autonomy*, Journal of Private International Law 6, 2010, p. 576.

⑤ 参见[德]奥特马·尧厄尼希:《德国民事诉讼法》(第 27 版),周翠译,法律出版社 2003 年版,第 59 页。

除性。[①] 赋予性效力，是指法律承认当事人通过约定将已发生或未发生之争议赋予某个特定法院以管辖权，此赋予性效力成为法院行使管辖的管辖依据；排除性效力，是指法律承认当事人在通过协议赋予某个特定法院以排他性管辖权的同时，排除其所选择法院以外的其他所有法院行使管辖权。德国联邦最高法院认为，依据德国法，排他性选择德国法院管辖的协议管辖，不但是一种诉讼契约，而且会对当事人施加实体法上的义务，即当事人负担不能在被选择法院以外的法院进行诉讼的义务。如果一方当事人违反此义务，就赋予非违约当事人以实体法上的诉由，有权要求损害赔偿。德国联邦最高法院甚至认为，没有明文规定的排他性，也没有当事人商定的排他性，但是在管辖协议的程序性效力方面，不在措辞中表达排他性也是正常的。[②] 例如，甲公司与乙公司双方在合同第 14 条第 3 款第 2 句中所商定的管辖权和法律适用条款使用了"shall"一词，而该词在法律文本中通常具有"无条件的命令"之含义，也能推定协议管辖的排他性效力。[③]

(四)协议管辖违约方的义务违反与过错行为

德国联邦最高法院认为，有效排他性协议管辖对任何一方当事人施加不得在非被选择法院以外的法院进行诉讼的义务，违反此义务，不仅产生诉讼法上的责任，而且会对当事人施加实体法上的义务，即排他性协议管辖的非违约方请求违约方进行损害赔偿。但此损害赔偿的实施，须借助于德国《民法典》债法归责体系。依据德国《民法典》第 280 条第 1 段，甲公司违反排他性选择德国法院管辖协议，在美国法院起诉，满足"债务人侵害由债务关系产生之义务的，债权人可以请求赔偿因此发生的损害"[④]义务违反要件。依据德国《民法典》债法归责体系，义务的违反成立，则推定债务人有过错。因此，债务人甲公司须自证其义务违反行为不存在过错。甲公司抗辩，其美国代理律师认为，向乙公司要求额外网络增量将不适用 2003 年对等网络协议，并合理地相信与美国有关的争议将适用美国法。但是，德国联邦最高法院认为，甲公司与乙公司之间除 2003 年对等网络协议外，不存在任何其他法律关系，任何关

---

① 对排他性管辖权协议的双重效力(effect)，不同国家和地区在使用措辞上可能存在差异：美国法称为任意性(permissive)和强制性(mandatory)；英国法称为可让渡性(transitive)和不可让渡性(intransitive)；德国法、《布鲁塞尔条例Ⅰ(重订本)》以及 2005 年海牙《选择法院协议公约》均称为赋予性和排除性等，See Alex Mills, *Party Autonomy in Private International Law*, Cambridge, Cambridge University Press, 2018, p. 113 – 149.

② Bundesgerichtshof [BGH] Oct. 17, 2019, Ⅲ ZR 42/19, para. 39.

③ Bundesgerichtshof [BGH] Oct. 17, 2019, Ⅲ ZR 42/19, para. 38.

④ 参见杜景林、卢谌：《德国民法典评注》，法律出版社 2011 年版，第 110 页。

于额外网络增量的要求只能按2003年对等网络协议进行,在这一点上看不到对甲公司“不明显”的任何理由,甲公司应当因其律师行为之过错,承担推定过错责任。[①]

(五)非违约方所受损害与违约方过错行为之间的因果性

德国《民法典》没有界定损害的概念,通说认为,损害是任何非自愿的物质或非物质损失,[②]即被害人因该特定损害事故所损害之利益。[③] 依据德国《民法典》第280条规定,义务违反行为与损害之间须构成责任成立上的因果关系。依据德国《民法典》违约损害的全部赔偿原则,违约方必须赔偿他以可归责方式所造成的全部损害。基于德国联邦最高法院对违反协议管辖所引起私法上的法律效果与甲公司在美国法院诉讼的行为构成违反排他性德国法院协议管辖的故意的认定,乙公司在美国法院诉讼产生的近20万美元的诉讼费用与甲公司在美国法院诉讼的过错行为之间存在因果关系。因此,甲公司应该赔偿乙公司相应的诉讼费用损失。

通过对德国联邦最高法院2019年10月17日判决的分析,可归纳出德国法上违反排他性协议管辖损害赔偿规则的主要构成要件,包括此排他性协议管辖有效性确定的法律适用、德国法院管辖权的排他性,以及基于德国《民法典》违约损害赔偿规则认定违约方的义务违反行为、因义务违反行为所造成的损害、该损害与上述义务违反行为之间存在的因果关系、违约方主观上的过错等。这些构成要件勾连程序法与实体法、国际法与国内法,呈现双向互动趋势。

三、损害赔偿规则的影响

德国联邦最高法院通过2019年10月17日的判决所确立的违反排他性协议管辖损害赔偿规则,有利于德国法院阻遏涉外民事诉讼中的法院挑选行为,消弭德国学界和法院在协议管辖性质论与是否允许违反排他性协议管辖的损害赔偿救济问题上的长期争论,丰富德国民事诉讼法上规制违反排他性协议管辖的救济措施类型,扩大有关违反排他性协议管辖损害赔偿规则在不同法系中的区域适用范围,在一定程度上促进国际社会在协议管辖性质以及是否允许违反排他性协议管辖损害赔偿救济问题认识上的趋同,以致未来立法上协调的可能性。

(一)阻遏法院挑选,彰显法的确定性价值

所谓法院挑选,是指精明的当事人通常在对其最有利而对其对手最不利的法院

---

① Bundesgerichtshof [BGH] Oct. 17, 2019, Ⅲ ZR 42/19, para. 54 (1).

② 参见[德]迪尔克·罗歇尔德斯:《德国债法总论》(第7版),沈小军、张金海译,中国人民大学出版社2014年版,第318页。

③ 参见曾世雄:《损害赔偿法原理》,中国政法大学出版社2001年版,第119页。

起诉讼。[①] 实施法院挑选的当事人有很大可能从中获得实体法的适用、有关程序与举证责任、社会因素、审判方便等诸多优势,[②]这显然会给另一方当事人带来法律上的不利益。为了有效避免法院挑选,当事人通过缔结排他性协议管辖,意在增加争议解决的确定性和可预测性,提高争议解决的效率。[③] 德国民事诉讼法赋予排他性管辖权协议以赋予性和排除性效力,意在阻止法院挑选行为,实现排他性管辖权协议缔约双方所追求的价值目标。德国联邦最高法院 2019 年 10 月 17 日的判决承认乙公司有权请求甲公司补偿在美国法院诉讼所造成的诉讼费用损失,秉承了德国作为大陆法系国家对法的确定性价值的追求,伸张了排他性协议管辖对于争议解决的确定性和可预测性价值。[④]

(二)消弭法院与学界在管辖权协议定性上的分歧

对于违反排他性协议管辖的行为,是否赋予非违约方以损害赔偿救济,在很大程度上取决于对排他性协议管辖的定性。而就其有效性与效果性的本质来看,不同国家对其定性的分布,犹如以程序性一端为起点,以契约性一端为终点所构成的谱系,在程序性与契约性之间的区域构成诉讼契约性的范围。[⑤] 不同国家关于管辖权协议定性的法哲学,只是程序论与合同论及其区间某个界点的选择,以及在私法自治下的个人利益、国家管辖权规则背后的国家利益与国家平等原则和国际礼让原则下的国际交往利益之间的平衡。违反排他性协议管辖救济规则设计的国别与区域差异性折射出利益的多样、博弈、妥协与融合。[⑥] 而 ZPO 在排他性协议管辖定性问题上的抉择也难逃宿命。事实上,德国学界与法院对排他性管辖权协议定性问题的争鸣在历时性与共在性的场景中从未停止过。

---

① See Daniel S. Tan, *Damages for Breach of Forum Selection Clauses, Principled Remedies, and Control of International Litigation*, Texas International Law Journal 40, 2005, p. 638.

② 参见何其生:《比较法视野下的国际民事诉讼》,高等教育出版社 2015 年版,第 141 ~ 142 页;See Andrew S. Bell, *Forum Shopping and Venue in Transnational Litigation*, Oxford University Press, 2003, p. 24 – 25。

③ See Trevor C. Hartley, *International Commercial Litigation, Text, Cases and Materials on Private International Law (3rd ed.)*, Cambridge University Press, 2020, p. 198.

④ 参见[美]约翰 · 亨利 · 梅利曼:《大陆法系》(第 2 版),顾培东、禄正平译,法律出版社 2004 年版,第 49 页。

⑤ See Sachs, Stephen, *The Forum Selection Defense*, Duke Journal of Constitutional Law & Public Policy 10, 2014, p. 5 – 6; Scott Dodson, *Atlantic Marine and the Future of Party Preference*, Hastings Law Journal 6, 2015, p. 683 – 684.

⑥ 参见张嘉军:《民事诉讼契约研究》,四川大学 2006 年博士学位论文,第 27 ~ 28 页。

1. 合同论

合同论者认为,排他性协议管辖是当事人于争议发生前或发生后对有关争议商定在何地进行诉讼的协议,是双方当事人的真实合意。部分德国法院认为,诉前缔结的管辖权协议是一种合同,当事人可以此合同来处理何地为适当法院,进而提起诉讼的程序权利。① 合同论者认为,国际民事诉讼管辖权只是关涉案件在国际社会不同国家法院的分配,排他性协议管辖是国际诉讼管辖权在不同国家法院分配的手段之一,很大程度上只关涉当事人的私人利益,很少关联传统大陆法管辖权理念下的公共秩序和利益,而即使牵涉公共秩序与利益,也可通过相关法律规则与政策加以排除。在合同论下,排他性协议管辖可赋予当事人实体法上的权利与义务,并依BGB相关规定处理协议的可执行性问题。例如,1968年德国联邦法院推翻稍早的协议管辖程序性判例,认为管辖权协议与仲裁协议类似,通常为商事合同众多条款之一,是实体合同而非诉讼程序行为;如果为一种诉前授权,那无论如何都不算是一种诉讼程序行为。德国联邦最高法院认为,排他性协议管辖在法律效果方面是程序性的,但作为其有效性的条件是实体性的。②

也有德国学者认为,排他性协议管辖应为视为一种只能在被指定的法院诉讼的承诺,不能遵守此承诺,即被视为违约。③ 此协议不仅是当事人对有管辖权法院的一种授权,还约束当事人对此协议的遵守。④ 此协议赋予每一当事人"不在国外法院被诉之权利"。因此,如果不实际履行此类协议,因违反这种可执行性的契约承诺所造成的损失,通常会引起损害赔偿诉讼请求权的产生。⑤

总之,依据合同论,对于违反排他性协议管辖之行为,因为此协议包含实体法上的权利与义务,因此非违约方享有相应的损害赔偿请求权。

---

① See Matthias Weller, *Optional Choice of Court Agreements*, in Mary Keyes (ed.), *Optional Choice of Court Agreements in Private International Law*, Springer, 2019, p. 218; BGH 30 May 1983, NJW 1983, 2772, 2773; BGH 17 May 1972, BGHZ 59, 23, 27; BGH 22 September 1971, BGHZ 57, 72, 75; BGH 29 February 1968, BGHZ 49, 384, 385 – 387.

② BGH 29 February 1968, BGHZ 49, 384, 385 – 387; See Otto Kahn – Freund, *Jurisdiction Agreements: Some Reflections*, International and Comparative Law Quarterly 26, 1977, p. 830 – 831.

③ See D. Jasper, *Forum Shopping in England und Deutschland*, Duncker & Humboldt, 1990, p. 126.

④ See Jonas Steinle & Evan Vasiliades, *The Enforcement of Jurisdiction Agreements under the Brussels I Regulation: Reconsidering the Principle of Party Autonomy*, Journal of Private International Law 6, 2010, p. 577.

⑤ See L. Merrett, *The Enforcement of Jurisdiction Agreements within the Brussels Regime*, International and Comparative Law Quarterly 55, 2006, p. 319.

2. 程序契约论

程序契约论强调协议管辖的程序性后果,尤其是排他性协议管辖正向的赋予性和反向的排除性。有效的排他性协议管辖一般同时具有赋予性与排除性双重效果。① 德国联邦法院早期判决和部分德国学者秉持排他性协议管辖诉讼程序论的观点。1968 年以前,德国法院认为,就诉讼程序的目的而言,当事人接受德国法院管辖是一种诉讼程序行为。因此,只能受作为法院地法的德国法约束,无论其主合同的准据法是什么,也无论其在德国是被赋予管辖权的法院或被排除管辖权的法院。② 在被广泛引用的 1939 年 2 月 16 日判决中,德国联邦法院认为,应当依德国法来裁定当事人是否接受荷兰法院管辖权。如果接受,须将此种接受解释为排他性的。③ 部分德国学者基于上述德国联邦法院对于协议管辖程序性的司法理念,认为协议管辖仅仅为发生程序效果的诉讼契约,不包含实体权利与义务。④ 排他性协议管辖,作为诉讼契约,其法律效果仅意味着,此协议依据其所具有的积极或消极效力可将某些法院从当事人可资利用的适当法院中增添或排除。⑤ 依据程序契约论,对于违反排他性协议管辖之行为,因为不存在从此协议中所衍生的实体义务,因此不能获得损害赔偿救济。该案在德国科隆地区法院审判时,该法院就认为协议管辖仅有程序效力,即它只能确认某个法院的管辖权和/或排除原本适当法院的管辖权,并不意味着有限制在被选择法院以外的法院诉讼的约束力。⑥

3. 诉讼契约的实体法转向

德国联邦最高法院认为,协议管辖是双方当事人关于程序问题的合意,不仅产生程序性效力,也产生实体效力。一方违反此合意,除程序性救济措施外,也赋予对方当事人实体损害赔偿请求权。从德国联邦最高法院依据德国《民法典》第 280 条第 1 款确认美国公司存在违反协议管辖的违约行为看,事实上其已实现对协议管辖性质的实体法转向。基于排他性协议管辖性质的诉讼契约论,违反协议管辖只能产

---

① See Peter Nygh, *Autonomy in International Contracts*, Clarendon Press, 1999, p. 15.

② Juristische Wochenschrift (1936) 3185.

③ Reichsgericht in Zivilsachen, Vol. 149, p. 254.

④ P. Mankowski, Isteinevertragliche Absicherung von Gerichtstandsvereinbarungenmöglich? [2009] Praxis des internationalen Privat-und Verfahrensrechts 23, p. 26; I Naumann, Englische anti-suit injunctionszur Durchsetzbarkeit von Schiedsvereinbarungen, Tübingen, Mohr Siebeck, 2008, p. 96.

⑤ R Bork, s38 Zivilprozessordnung (ZPO) [Code of Civil Procedure (22nd ed)], Tübingen, Mohr Siebeck, n, 2003, para 47; L. C. Ho, *Anti-suit Injunctions in Cross-border Insolvency: A Restatement*, International and Comparative Law Quarterly 5, 2003, p. 708.

⑥ OLG Köln-Urteil vom 26. 02. 2019 – 3 U 159/17.

生程序法上的法律后果。在大陆法系国家,基于诉讼程序法的基本原理,违反诉讼程序法上的义务一般不会产生实体法上的损害赔偿请求权,而须借助其他诉讼强制措施加以救济。[①] 德国联邦最高法院特别强调,协议管辖所涵括的实体法义务,即仅在被选择法院诉讼的实体义务,违反这一次要义务也会产生损害赔偿请求权,但是,排他性管辖权协议是否包含实体义务以及由此衍生的损害赔偿请求权,是一个解释问题。由此可见,德国联邦最高法院在排他性管辖权协议性质论争议中选择了实体法立场,因为其对排他性协议管辖的定性与法律效果解释,是关于程序问题的协议,但具有实体法上的效力,此举能够消弭法院与学界在管辖权协议定性上的争论。[②]

(三)丰富了德国法院规制法院挑选行为的手段

德国法院在规制法院挑选行为时,所采用的法律手段通常是:有条约,依条约;无条约,依内国法;但依条约时,不得违背德国公共秩序和国家安全等。依据《布鲁塞尔条例Ⅰ(重订本)》[③]第31条的规定,在不违背第26条应诉管辖规则,第3节、第4节、第5节特殊事项管辖规则及本条第1款专属管辖优先原则的前提下,排他性协议管辖规则构成未决诉讼规则的例外,旨在强化协议管辖的排他性效力,避免未决诉讼规则的滥用。[④] 为促进欧盟内部市场统一,增进成员相互信任以及判决在欧盟成员间的自由流动,欧盟法院通过"加瑟案"、[⑤]"特纳案"[⑥]以及"欧乌苏案"[⑦]先后禁止不方便法院原则和禁诉令在欧盟成员国之间的适用。《选择法院协议公约》第3条赋予了排他性协议管辖以排他效力,第5条赋予被选择法院排他性管辖权;第6条对缔约国非被选择法院施加中止或驳回一项排他性协议管辖所适用诉讼之义务;第5条第2款明确排除不方便法院原则的适用;第7条规定公约不调整临时保护措施,意味着临时保护措施适用内国法,即被选择法院能否发布禁诉令以限制非被选择法院管辖权的合法性问题,由缔约国内国法来判断。在某种意义上,公约并不限

---

① 对于国际民事诉讼管辖权积极冲突,通常采取的解决措施有平行诉讼规则、既判力规则、未决规则、合并诉讼规则、诉讼中止规则、不方便法院原则以及禁诉令等。

② See Karsten Schmidt, *Schuldrecht und Zivilprozessrecht*: *Schadensersatz wegen Verletzung einer Gerichtsstandsvereinbarung*, Juristische Schulung 363, 2020, p. 365.

③ [2012] OJL351/1(Recast Regulation).

④ 《布鲁塞尔条例Ⅰ(重订本)》立法说明(Recital)第22段。

⑤ Erich Gasser GmbH v. MISAT, 2003 ECR I-14693.

⑥ Gregory Paul Turner v. FelixFareed Ismail Grovit, Harada Ltd and Change point SA, 2004 ECR I-03565.

⑦ Andrew Owusu v. N. B. Jackson, 2005 ECR I-1383.

制禁诉令在国际平行诉讼中的适用。[①] 在非国际条约规则适用的情况下,ZPO 对国际民事诉讼平行诉讼的规制通常采用未决诉讼规则与判决预期承认规则,而对禁诉令严格限制适用,对不方便法院原则禁止适用。因此,德国学者沙克感叹:"在欧洲,法院挑选盛行至极,而我们必须容忍。"[②]德国联邦最高法院通过利益衡量以续造违反排他性协议管辖损害赔偿规则,是否对法院挑选行为不能再忍?无论其背后目的如何,无论其初创规则多么简略,但其客观上的确丰富了规制法院挑选行为的法律手段。

(四)进一步扩大了损害赔偿规则的法域适用范围

目前,违反排他性协议管辖损害赔偿规则已在不少法域中得以确立,渐成"星火燎原"之势,甚至在尚未确立该规则的法域,相关学者也主张纳入。此损害赔偿规则滥觞于英国,基于欧盟法院对不方便法院原则与禁诉令的限制,英国法院通过"佐勒案""多诺休案""阿卡尔案""星光运输公司案"等案件确立该损害赔偿规则。[③] 美国部分法院通过"欧姆龙医疗保健公司案""美国实验有限公司案"等案件支持了违反排他性协议管辖损害赔偿救济的主张,[④]但在美国联邦范围内,还未得到统一确立,原因在于美国法院通常将协议管辖可执行性的基础建立在诉讼法与合同法的结合之上,而不是诉讼法或合同法二择一。[⑤] 澳大利亚法院在"英赛特有限公司案"和"澳大利亚联邦银行案"中承认了违反排他性协议管辖损害赔偿救济的可能性。[⑥]新加坡学者认为,在普通法国家协议管辖执行的契约基础可以自证适用违反协议管辖损害赔偿救济的合理性。[⑦] 加拿大学者认为,固然在加拿大违反协议管辖行为的

① See Ronald A. Brand & Paul Herrup, *The 2005 Hague Convention on Choice of Court Agreements: Commentary and Documents*, Cambridge University Press, 2008, p.96.

② See Haimo Schack, *Germany*, in J. J. Fawacett eds., Declining Jurisdiction in Private International Law, Clarendon press, 1995, p.205.

③ Union Discount Co. Ltd v. Zoller, [2002] 1 WLR 1517; Donohue v. Armco Inc., [2002] 1 All ER 749; A/S D/S Svenborg D/S of 1912 A/S v. Akar, [2003] E. W. H. C. 797 (Q. B. 2004); Starlight Shipping Co v. Allianz Marine & Others, [2014] EWCA Civ 1010.

④ Omron Healthcare Inc. v. MacLaren Exports Ltd., 28 F.3d 600, 604 (7th Cir. 1994); Laboratory Corp. of America Inc. v. Upstate Testing Laboratory Inc., 967 F. Supp. 295 (ND Ⅲ 1997).

⑤ See Peter Hay, *Forum Selection Clauses-Procedural Tools or Contractual Obligations? Conceptualization and Remedies in American and German Law*, Emory International Law Review 35, 2021, p.12.

⑥ Incitec Ltd v. Alkimos Shipping Corp., [2004] FCA 698; Commonwealth Bank of Australia v. White (No.2 of 2004), [2004] VSC 268.

⑦ See Yeo Tiong Min, *The Contractual Basis of the Enforcement of Excusive and Non-excusive Choice of Court Agreements*, Singapore Academy of Law Journal 17, 2005, p.320.

受害方能在多大程度上获得损害赔偿是不确定的,但是赋予该受害方损害赔偿请求权具有正当性。[①] 作为大陆法系国家,西班牙最高法院2009年在"崇光美国公司案"[②]中支持了对违反排他性协议管辖损害赔偿救济的可适用性。[③] 作为大陆法系的典型代表,德国联邦最高法院对违反排他性协议管辖损害赔偿请求权的支持,进一步扩大了有关违反排他性协议管辖损害赔偿规则的法域适用范围,也意味着两大法系在违反排他性协议管辖损害赔偿问题上出现了一定程度的趋同。

四、损害赔偿规则适用的困境

德国法上违反排他性协议管辖损害赔偿规则虽有上述功能和优势,但在未来的实施中将会遭遇如下主要难题:损害赔偿范围与数额如何确定、是否构成对国际礼让的违背、与国际私法条约管辖权规则体系的兼容性问题等。而如何理解和解决这些难题,对于德国法上违反排他性协议管辖损害赔偿规则体系的完善意义重大。

(一)损害赔偿的计算

依据违反排他性协议管辖损害赔偿规则,基于排他性协议管辖的双重性效力,一方当事人违约到非被选择法院诉讼,给非违约方所造成之损失,非违约方有权在被选择法院诉讼以寻求对该损失的补偿。对被选择法院来说,该损害赔偿范围与赔偿金额的计算是个令人非常头疼的问题,因为该问题不仅涉及本国的实体法和诉讼法、他国的实体法和诉讼法,还关涉本国实体法与外国实体法的比较,[④]更遑论违约方在他国或第三国诉讼情形或诉讼阶段的多样性。[⑤]

就德国法上违反排他性协议损害赔偿而言,在实体法上损害赔偿范围和赔偿数额采用完全赔偿原则,否认责任范围与责任原因的关联,否定可预见性与过错程度的联系。[⑥] 依据完全赔偿原则,对基于损害事实与因果关系的损害均应予以赔偿,因

---

① See Richard Frinpong Oppong & Shannon Katheleen Clark Gibbs, *Damages for Breach and Interpretation of Jurisdiction Agreements in Common Law Canada*, The Canadian Bar Review 95, 2017, p. 388.

② Sogo USA Inc v. Angel Jesus, STS (Sala de lo Civil, Sección 1ª), 12 January 2009, Repertorio de Jurisprudencia 2009/544.

③ See S Alvarez Gonzalez, *The Spanish Tribunal Supremo Grants Damages for Breach of a Choice of Court Agreement*, IPRax 29, 2009, p. 529 – 533.

④ See Daniel Tan, *Damages for Breach of Forum Selection Clauses, Principled Remedies, and Control of International Civil Litigation*, Texas International Law Journal 40, 2005, p. 653.

⑤ See Koji Takahashi, *Damages for Breach of a Choice-of-Court Agreement: Remaining Issues*, in Andrea Bonomi & Paul Volken eds., Yearbook of Private International Law (2009), European Law Publishers, 2009, p. 84 – 86.

⑥ 参见韩世远:《合同法总论》(第3版),法律出版社2011年版,第630页。

果关系[①]以外的要件均非必要。其损害确定的依据为“差额说”，根据现在的利益状态与损害事件可能不存在时利益状态的比较，若差额为负，则存在损害。此种损害赔偿请求权的规范依据为德国《民法典》第 249 条第 1 款（恢复原状原则）及第 252 条（所失利益）。因违约行为所致损害，德国法奉行债权人利益中心主义，旨在为债权人提供最充分保护。基于完全赔偿原则，切断责任原因与责任后果之间的关联，单纯以因果关系决定赔偿范围的大小，在损害赔偿计算方法上以主观计算方法为原则，对于存在相当因果关系之损害，只要债权人对具体情事举证成立，所有损害悉予赔偿。[②] 基于德国联邦最高法院对排他性协议管辖定性及赋予的实体法效力，违反排他性协议管辖损害赔偿范围的确定与金额的计算须同时遵循德国民事实体法与民事诉讼法规范的约束。

固然德国联邦最高法院给予排他性协议管辖以实体法上的效力，但其并不否认排他性协议管辖是关于程序的实体契约，因此，违反此排他性协议管辖损害赔偿计算必然同时受民事诉讼法相关规则，尤其是有关诉讼费用分担规则的限制。该案中 ZPO 与美国民事诉讼法诉讼费用分担规则的差异对于排他性协议管辖的非违约方来说，影响甚大。依据美国民事诉讼中的分担规则，律师费和诉讼费用等由诉请者自担。尽管该案件在美国法院终遭驳回，乙公司抗辩费用须由其自担。[③] 但是，依据 ZPO 第 91 条，败诉的当事人应当负担诉讼费用，尤其是应当偿付对方当事人为达到伸张权利或防卫权利的目的而支出的必要费用，即败诉者应负担对方的诉讼费用。基于上述规则及 ZPO 对法院职权的划分，德国联邦最高法院将该案发回德国科隆地区法院，由后者裁定具体诉讼费用。

在该案中，违反排他性协议损害赔偿的计算并不困难，因为依据 ZPO 第 328 条的规定，美国法院依据美国诉讼费用规则未对双方当事人费用偿还请求作出裁定，只涉及程序问题，未涉及合同法过错的规定。[④] 没有人反对独立地主张排他性协议管辖所涵括的程序性权利与实体性权利。[⑤] 对于符合损害赔偿其他要件的实体请求

---

① 参见[德]迪尔克·罗歇尔德斯：《德国债法总论》（第 7 版），沈小军、张金海译，中国人民大学出版社 2014 年版，第 322 ~ 333 页。

② 参见韩世远：《违约损害赔偿研究》，法律出版社 1999 年版，第 423 页。

③ See Tanya J. Monestier, *Damages for Breach of a Forum Selection Clause*, American Business Law Journal 58, 2021, p. 18; Peter Hay, *Forum Selection Clauses-Procedural Tools or Contractual Obligations? Conceptualization and Remedies in American and German Law*, Emory International Law Review 35, 2021. p. 8.

④ Bundesgerichtshof [BGH] Oct. 17, 2019, Ⅲ ZR 42/19, para. 19.

⑤ Vgl. Senat, Urteil vom 18. April 2013 – Ⅲ ZR 156/12, BGHZ 197,147 Rn. mwn.

权,作为被选择法院,德国法院无须裁决在非被选择的外国法院所获判决与假若在被选择法院诉讼可获判决的差异。但是,若违约方在非被选择法院的诉讼已开始但尚未终结,那么作为被选择法院的德国法院该如何应对?基于本国诉讼法规定,德国法院不仅必须判定被选择法院假设的判决结果,而且必须推断出在非被选择法院可能的判决结果,并在此基础上裁定两种假设判决结果的差额。这一操作过程会因被选择法院和非被选择法院在民事程序规则、证据规则、公共政策、冲突法规则及法律文化等方面的差异而变得烦琐、费时。①

(二)损害赔偿的限制——减损义务

基于诚信原则,德国《民法典》第254条与有过失规则使被害人负担损害减损义务:在没有尽到损害减轻义务时,被害人对如果尽了此义务本应避免的损害部分不得要求损害赔偿义务人予以赔偿。② 鉴于德国联邦最高法院对于违反排他性协议管辖的实体法效果的认定,其损害赔偿救济必然受德国民法减损义务规则的规制。减损义务,可作为在不同情形下违约方对违反排他性协议管辖损害赔偿请求权的抗辩依据。③ 抗辩是否成功取决于下列具体情形:(1)若守约方应当在另一法院申请禁诉令,以限制违约方在非被选择法院提诉,并因此可能节省的诉讼开支与避免不利的实体判决。这种观点具有实现可能性,如果被排除管辖法院所属国不接受协议管辖对该国法院管辖的排除,而当事人向被选择法院德国法院提交了申请,德国法院可签发禁令,限制违约方在非被选择法院起诉。(2)如果非被选择法院依职权受理案件,该协议守约方应当到非被选择法院进行管辖权抗辩,因为守约方所提供管辖抗辩证据有可能被非选择法院接受,进而驳回诉讼或拒绝管辖。为此,守约方诉讼费用应当得到赔偿。(3)如果非被选择法院已对案件实体受理,指望守约方进行抗辩显然是不明智。即使守约方选择抗辩,也不应被认为放弃了主张损害赔偿的权利。④ (4)守约方应当在非被选择法院主张有关违反排他性协议损害赔偿。但守约方在非被选择法院主张损害赔偿也存在一定风险:非被选择法院准许损害赔偿救济

① See Daniel Tan, *Damages for Breach of Forum Selection Clauses, Principled Remedies, and Control of International Civil Litigation*, Texas International Law Journal 40, 2005, p. 653 - 654.

② 参见韩世远:《违约损害赔偿研究》,法律出版社1999年版,第382~383页。

③ See Koji Takahashi, *Damages for Breach of a Choice-of-Court Agreement: Remaining Issues*, in Andrea Bonomi & Paul Volken eds., Yearbook of Private International Law (2009), European Law Publishers, 2009, p. 86 - 87.

④ See Adrian Briggs, *Agreements on Jurisdiction and Choice of Law*, New York, Oxford University Press, 2008, para. 8.26.

的可能性经常是不可预测的;即使被选择法院准许部分损害赔偿请求,在承认判决既判效力的他国法院进行救济的可能性也会被排除。总之,减损义务规则的适用需要遵循"谁主张,谁举证"的证明原则。

(三)国际礼让

德国法上违反排他性协议管辖损害赔偿规则之适用是否违背国际礼让原则?国际礼让是基于国家主权平等原则所衍生出来的法律原则,在经济全球化的背景下,国家间法律交往应该遵循国际礼让原则。丹尼尔·唐(Daniel Tan)认为,不加限制的损害赔偿权利将严重伤害司法礼让。因为当法院裁定原告在被选择法院原本丧失或原本获得的名义损失赔偿时,基于预期利益的损失赔偿将在法律效果上剥夺原告在非被选择法院所获得对其有利的整个判决,①因为这必然要求非违约方处在原告好像没有违约的状态。这种损害赔偿判决实际上否定了外国法院判决的效力,间接干涉了外国法院的诉讼过程。② 德国法院给予守约方的损害赔偿救济同样会造成对国际礼让的破坏,但程度上有所减轻。(1)对被选择法院来说,仅限于排他性选择德国法院的情形,不包括选择外国法院的情形。此排他性协议管辖赋予德国法院以排他性管辖权,同时排除其他法院的管辖权。一方当事人违反此排他性协议管辖在外国法院诉讼,即使外国法院受理案件,并作出部分或整体判决,依据 ZPO 第 328 条第 1 款第 1 项间接管辖权规则,此判决在德国难以获得承认,这显然不违背国际礼让原则。(2)外国判决的既判力依照外国法律进行,其效力由 ZPO 第 328 条第 1 款第 3 项来规定。外国判决不得与已作出或被承认在先的外国判决相矛盾。此判决所依之诉讼程序不得与先系属之诉讼程序有矛盾。若矛盾判决,也不会被承认。③(3)被选择法院的原告可获得在被选择法院诉讼的诉由,即违反排他性协议管辖损害赔偿请求权。基于德国《民法典》第 249 条全面赔偿原则以及赔偿范围只受因果关系调整原则,德国法院必然会对外国法院判决进行审视,以查明守约方在外国诉讼的抗辩费用以及判决中的权利与义务分担等,这在法律效果上间接构成对外国诉讼过程的干涉。(4)该案特殊之处在于美国法院作为非被选择法院,基于管辖协议驳回甲公司诉讼请求,但是给乙公司造成较大诉讼费用损失。甲公司在德国提起实

① 此处指非被选择法院的原告,即被选择法院的被告。

② See Daniel Tan, *Damages for Breach of Forum Selection Clauses, Principled Remedies, and Control of International Civil Litigation*, Texas International Law Journal 40, 2005, p. 656.

③ See Wolfgang Wurmnest, *Recognition and Enforcement of U. S. Money Judgments in Germany*, Berkeley Journal of International Law 23, 2005, p. 175 – 200.

体诉讼,乙公司针对诉讼费用损失提起反诉。德国法院对案件的审理与判决,不构成重复诉讼与矛盾判决。

综上,违反排他性协议管辖损害赔偿规则会造成对国际礼让原则的损害,但从私法自治与契约信守原则来看,赋予当事人违约损害赔偿救济是这两种原则在民事诉讼程序领域扩张的时代回应,但运用此规则须谦抑谨慎,不可滥用。

(四)与国际私法条约体系的兼容性

在欧盟法域内,基于德国国际私法的欧盟化,[①]在欧盟国际私法相互信任和条例规则直接优先效力的要求下,德国作为布鲁塞尔管辖权规则体系的成员国,违反排他性协议管辖损害赔偿救济是否与布鲁塞尔管辖权规则体系所包含的基本原则与精神相容?作为《关于民商事管辖权和判决承认的卢加诺公约》(以下简称《卢加诺公约》)的成员,此种损害赔偿救济作为惩治"鱼雷诉讼"或先发制人诉讼的救济手段之一,能否被欧盟法院所接受?欧盟以独立国际法主体加入《选择法院协议公约》,意味着德国同样受这个以排他性协议管辖为规制内容的全球性条约的约束。基于条约义务的承担,在条约没有允许保留的前提下,违反排他性协议管辖损害赔偿救济能否与公约兼容?未来欧盟加入2019年《承认与执行外国民商事判决公约》(以下简称《海牙判决公约》)[②]时,此种损害赔偿救济又能否与该公约兼容?上述问题的探讨对于德国法上违反排他性协议管辖损害规则的适用与完善至关重要。

1.《布鲁塞尔条例Ⅰ(重订本)》

德国法上违反排他性协议管辖损害赔偿救济是否会再重蹈英国法院的覆辙?[③]鉴于欧盟法院强制性地和僵化地固守系属优先规则优先于排他性协议管辖规则及其导致的"鱼雷诉讼"和诉讼拖延,《布鲁塞尔条例Ⅰ(重订本)》调整了系属优先规则与排他性协议管辖规则之间的次序,赋予排他性协议管辖中的被选择法院以优先权,确立了"逆系属优先"规则。固然此种规则一定程度上缓和"鱼雷诉讼",但是同样会导致新"鱼雷诉讼",这给违反排他性协议管辖损害赔偿救济的产生与发展留下一定的空间。基于《布鲁塞尔条例Ⅰ(重订本)》第31条第2款规定保护范围的非全

---

① See Jürgen Basedow, *The Communitarization of the Conflict of Laws under the Treaty of Amsterdam*, Common Market Law Review 37, 2000, p. 687 – 708.

② See Convention on the Recognition and Enforcement of Foreign Judgments in Civil and Commercial Matters Concluded 2 July 2019, https://assets. hcch. net/docs/806e290e – bbd8 – 413d – b15e – 8e3e1bf1496d. pdf.

③ 参见王磊:《论英国法违反管辖权协议损害赔偿规则与布鲁塞尔管辖权规则体系的兼容性问题》,载梁慧星主编:《民商法论丛》第65卷,法律出版社2017年版。

面性,“加瑟案”情形会依然重现。《布鲁塞尔条例Ⅰ(重订本)》第31条第2款规制的对象不包含对非对称性协议管辖,因此为违反排他性协议管辖损害赔偿救济继续使用提供支持,而且此违约损害赔偿救济规则能够弥补该条例对排他性协议管辖规制的缺陷。[①] 但是,布鲁塞尔管辖权规则体系承载《欧洲联盟运行条约》第81条所规定的使命:确保成员国适用的冲突法和管辖权规则的一致性;消除妨碍民事诉讼程序正常运行的障碍;实现欧盟域内成员国家间的相互信任与民事判决的自由流动;促进欧盟内部市场的统一和深化。显然,以追求个人自由和利益为核心的违反排他性协议管辖损害赔偿规则,这种私法救济手段可能会扭曲欧盟多边性和宪法性私法秩序的体系效力。欧盟法院必有阻遏之心,唯缺良机。

2.《卢加诺公约》

《卢加诺公约》是《布鲁塞尔条例Ⅰ》的翻版,与后者的根本区别在于欧盟法院的判决对《卢加诺公约》成员仅具说服性效力。在《卢加诺公约》规则体系下,对于排他性协议管辖案件,“加瑟案”所强化的诉讼系属优先规则依然适用,“鱼雷诉讼”等法院挑选行为难以避免,诉讼延迟与诉讼费用损失难以救济时常发生。德国法院难道只能让守约方吞下“苦果”?德国法院化危为机,适时确立违反排他性协议管辖损害赔偿规则,给守约方挽回在外国法院抗辩诉讼所花费诉讼费用与开支的机会,在某种程度上会增加德国在国际民事诉讼管辖市场中的竞争力,同时也不会违反欧盟法院在“特纳案”对禁诉令限制的要求,因为此种损害赔偿规则与禁诉令有所不同。

3.《选择法院协议公约》

面对日益多层化、多边化和“多速化”的区域和国际法律秩序体系,尤其是德国作为布鲁塞尔管辖权规则体系和《选择法院协议公约》的缔约方,对于违反排他性协议管辖损害赔偿规则,在涉及上述国际条约的案件时,在分析该损害赔偿规则与布鲁塞尔管辖权规则体系可能兼容之后,尚需进一步探讨其与《选择法院协议公约》的兼容性。唯有如此,方能保证未来德国法院使用此损害赔偿规则在这两个国际条约内的合法性。基于如下理由,本文认为,该损害赔偿规则与《选择法院协议公约》具有兼容性:

(1)《选择法院协议公约》与布鲁塞尔管辖权规则体系在设计排他性协议管辖规则时所立基的根本原则存在差异:前者立足于有条件的或有限的相互信任原则;而后者立基于优先性的或充分的相互信任原则。

(2)根本原则的差异决定着规则设计的不同。《选择法院协议公约》确定了被

---

① See Mukarrum Ahmed, *The Nature and Enforcement of Choice of Court Agreements: a Comparative Study*, Hart Publishing, 2017, p. 223.

选择法院的排他性管辖权,但是没有纳入诉讼系属优先规则;而布鲁塞尔管辖权规则体系虽确定被选择法院的优先管辖权,但这仅是其诉讼系属优先规则的例外。

(3)在根本原则与基本规则差异的基础上,《选择法院协议公约》第7条规定,公约不影响成员使用临时救济措施,违反排他性协议管辖损害赔偿救济是否属于临时救济措施?其实,该公约在制定过程中和通过后所发布的官方解释报告中没有提及该损害赔偿救济措施。争论最多的,非禁诉令制度莫属。其中,英国代表、美国代表、澳大利亚代表、奥地利代表等均主张,用于执行排他性协议管辖的禁诉令与《选择法院协议公约》是兼容的。公约官方解释报告对临时救济措施给出如下申明:“所有这些措施旨在用于支持选择法院协议,以使其更具法律上之效力,因此有助于公约目的之实现。但是,它们仍处于公约范围之外。”[①]如果法院所发布临时措施(如禁令),后来变成永久性的,依公约在其他缔约方具可执行性。[②] 从官方解释报告说明中可以推断出,永久性禁令可在本公约下使用。基于当然解释,举重以明轻,违反排他性协议管辖损害赔偿规则也可以在该公约下适用。

(4)违反排他性协议管辖损害赔偿判决是否为《选择法院协议公约》第11条损害赔偿规定所排除的损害赔偿类型?第11条第1款所排除损害赔偿类型为惩罚性损害赔偿,[③]而不是与之相反的补偿性损害赔偿,后者旨在弥补诉者所遭受的实际损失。[④] 第11条第2款允许被请求承认或执行法院应考虑原审法院判给的赔偿是否及在何种程度上弥补了与诉讼相关的费用,即允许后者在实际损失原则基础上适当扩大补偿实际损失的范围。[⑤]

4.2019年《海牙判决公约》

基于2019年《海牙判决公约》与《选择法院协议公约》相互补充与完善之关系,[⑥]

① See Trevor Hartley & Masato Dogauchi, *Explanatory Report on the* 2005 *Hague Choice of Court Agreements Convention*, Hague Conference of Private International Law, para. 160.

② See Trevor Hartley & Masato Dogauchi, *Explanatory Report on the* 2005 *Hague Choice of Court Agreements Convention*, Hague Conference of Private International Law, para. 162.

③ 但受本公约第17条第2款b项的保险合同和再保险合同例外的制约。

④ See Trevor Hartley & Masato Dogauchi, *Explanatory Report on the* 2005 *Hague Choice of Court Agreements Convention*, Hague Conference of Private International Law, para. 204.

⑤ See Ronald A. Brand & Paul Herrup, *The* 2005 *Hague Convention on Choice of Court Agreements: Commentary and Documents*, Cambridge University Press, 2008, p. 129.

⑥ See Francisco Garcimartín & Geneviève Saumier, *Explanatory Report on the Convention of* 2 *July* 2019 *on the Recognition and Enforcement of Foreign Judgments in Civil or Commercial Matters* (hereinafter abbreviated as Garcimartín-Saumier Report), https://assets.hcch.net/docs/a1b0b0fc-95b1-4544-935b-b842534a120f.pdf. para. 20.

对有关违反排他性协议损害赔偿规则及其损害赔偿判决在《海牙判决公约》下的兼容性与可执行性问题认识必须立足于"一个整体"视角。

首先,从《海牙判决公约》的排除事项范围来看,主要包括4类:没有争议的排除事项(第2条第1款a~e项);为其他公约所覆盖或已高度专业化的领域(第2条第1款f~h项);无法达成一致的事项(第2条第1款k、l、m、p项);关涉国家行为的事项(第2条第1款n、o、q项)等。[①] 违反排他性协议损害赔偿之诉由明显不属于排除事项范围。其次,从该公约第5条第1款所规定的13个可接受管辖权依据看,m项下的协议管辖必须是非排他性的,以与《选择法院协议公约》所确定的排他性协议管辖区分,从而避免两个公约的重叠。但是《海牙判决公约》解释报告认为,非排他性协议管辖具有多种形式,其中包括非对称协议管辖(或称混合性协议管辖),[②]此种协议管辖对于其中一方当事人是排他性的,而对另一方当事人是非排他性的。[③] 在《选择法院协议公约》背景下,此种非对称性协议管辖不具有排他性,[④]因而属于《海牙判决公约》规制范围。[⑤] 如果在不适用布鲁塞尔管辖权规则体系和《选择法院协议公约》情况下,德国法院认为,非对称协议管辖赋予德国法院以排他性管辖权,受此协议排他性约束的一方当事人如果违约在他国法院诉讼,德国法院为救济另一方当事人在他国法院应诉或抗辩所造成的诉讼费用损失,所作损害赔偿判决是可在《海牙判决公约》下得以承认与执行的。再次,依据《海牙判决公约》第7条第1款d项的规定,如果初始法院的诉讼程序违反了协议管辖,而依据该协议,案涉争议将会由初始法院以外的法院裁决,那么初始法院所作的判决将会被拒绝承认与执行。如果该协议管辖有效地排除初始法院的管辖权,且其包括排他性协议管辖和非排他性协议管辖,《海牙判决公约》第7条第1款d项可以适用,当然其前提必须是经过该公约第5条管辖权依据规则的过滤。[⑥] 最后,鉴于《海牙判决公约》第10条以《选择法院协议公约》第11条为模板,其与后者是否兼容,与前述分析基本相同,不再赘述。通过上述分析,我们可以判断违反排他性协议管辖损害赔偿规则与《海牙判决公约》也具

---

① See Peter Arnt Nielsen, *The Hague* 2019 *Judgments Convention-from Failure to Success*? , Journal of Private International Law 16, 2020, p. 212 – 213.

② See Mary Keyes & Brooke Adele Marshall, *Jurisdiction Agreements*: *Exclusive*, *Optional and Asymmetrical*, Journal of Private International Law 11, 2015, p. 345 – 378.

③ Garcimartín-Saumier Report, para. 217.

④ See Trevor Hartley & Masato Dogauchi, *Explanatory Report on the* 2005 *Hague Choice of Court Agreements Convention*, Hague Conference of Private International Law, para. 32, 106, 249.

⑤ Garcimartín-Saumier Report, para. 217.

⑥ Garcimartín-Saumier Report, para. 267, 269.

有兼容性。

(五)对违反仲裁协议救济的延展

基于有效的仲裁协议与排他性协议管辖的相似性,有学者认为,德国联邦最高法院所确立的违反排他性协议管辖损害赔偿规则可以延展到对违反仲裁协议的救济。① 其潜在的推断根据在于,在国际民事法律关系中仲裁协议负载与协议管辖相同之目的——通过国际仲裁协议,当事人使他们之间的争端更具可预测性,创造法的确定性以及排除法院挑选行为。如果从1958年《承认及执行外国仲裁裁决公约》(以下简称《纽约公约》)、仲裁协议的法律效力与当前有关国家法院及某些仲裁机构有关违反仲裁协议损害赔偿救济的法律实践来看,德国联邦最高法院对违反仲裁协议损害赔偿规则的适用具有较大的可能性。有效的国际仲裁协议对各方当事人均产生重要的法律效力:仲裁协议的积极效力与消极效力。② 仲裁协议的积极效力,是指当事人依据仲裁协议善意参与仲裁争议的义务;仲裁协议的消极效力,是指"对于一方有义务通过仲裁积极解决的几乎所有争议,其负有不可对这些事项提起诉讼的同等的消极义务"。③

1. 对于仲裁协议的积极效力,《纽约公约》第2条第1款要求,缔约方应当承认当事人以书面协定承允将一切或任何争议提交仲裁的协议,对于违反此仲裁协议的救济是该公约第2条第3款要求法院应当让当事人诉诸仲裁,通常为中止或驳回诉讼;对仲裁协议的消极效力,基于《纽约公约》第2条第1款和第3款赋予仲裁协议以强制性的义务,如果一方当事人将受制于仲裁协议的争议提交法院诉讼,构成对仲裁协议消极效力的违反,此违约行为赋予对方当事人适当救济之权利,包括诉请中止或撤销程序、施加违约责任和禁令等救济措施。④ ZPO第1032条第1款⑤对仲裁协议积极效力违反的救济措施是法院必须以不予受理之理由驳回诉讼,对于仲裁协议消极效力违反的救济是赋予仲裁协议守约方以异议权。对违反仲裁协议在外

---

① See Matthias Schlingmann, *Damages for Breach of Choice-of-court Agreement*, Accessed October 10, 2021, https://www.ibanet.org/Article/NewDetail.aspx? ArticleUid = FB8E1003 - 3E01 - 4D76 - A8FF - 3C506F231AC4.

② 参见[美]加里・B.博恩:《国际仲裁:法律与实践》,白麟等译,商务印书馆2015年版,第79~80页。

③ 同上书,第84页。

④ 同上书,第84~85页。

⑤ "就仲裁协议的标的向法院提起诉讼,如被告在争议实体予以聆讯之前提出异议,则法院以不应受理之理由驳回起诉,除非法院认定仲裁协议是自始无效,后确认无效或无法履行的。"转引自《德国民事诉讼法》,丁启明译,厦门大学出版社2016年版,第227页。

国法院所获判决，依据 ZPO 第 1061 条第 2 款会因违反公共政策予以拒绝承认和执行。

2. 对一方当事人违反双方所缔结有效的国际仲裁协议，德国民事诉讼法并没有规定其他的救济措施，如禁诉令或金钱损害赔偿等。欧盟法院已通过“西部油轮公司案”[①]限制禁诉令作为违反仲裁协议的救济措施。对于违反仲裁协议的违约损害赔偿救济，在《布鲁塞尔条例Ⅰ（重订本）》背景下，欧盟法院目前尚未作出限制违约损害赔偿规则的判决。但在欧洲以及其他地区已有法院或法律赋予有效仲裁协议的守约方以损害赔偿救济，如英国[②]、美国[③]、西班牙[④]、瑞士[⑤]等。基于《纽约公约》、《布鲁塞尔条例Ⅰ（重订本）》和 ZPO 并未禁止违反有效仲裁协议损害赔偿救济，因此德国法上违反仲裁协议损害赔偿救济具有理论上的可能性和现实的可行性。

假如违反排他性协议管辖损害赔偿规则能够扩张适用违反有效仲裁协议的救济，那么对于违反仲裁协议损害赔偿救济规则，除借鉴违反排他性协议管辖损害赔偿救济规则外，尚需对下列问题进一步思考：德国联邦最高法院是否会赋予有效仲裁协议以实体法效力；对于违反有效仲裁协议损害赔偿诉求，因为诉讼费用补偿原则是 ZPO 所专有的一项原则，仲裁庭和法院到底谁有适格裁判权等。[⑥]

（六）诉讼时效问题

依据德国《民法典》相关规定，请求他人作为或不作为的权利，受诉讼时效约束。基于德国联邦最高法院赋予排他性协议管辖的实体法效力，违反排他性协议管辖损害赔偿请求权，作为一种违约损害赔偿请求权，必然受德国《民法典》诉讼时效法的调整。违反排他性协议管辖损害赔偿请求权，作为私法请求权，受 3 年普通诉讼时效的约束。3 年普通诉讼时效期间，以未规定其他的时效开始为限，起算于请求权的成立以及债权人知悉或应当知悉设定请求权的事由等。就守约方而言，违反协议管辖损害赔偿请求权诉讼时效起算点从何时开始计算，对其利益之救济影响甚巨，即

---

① Allianz S. P. A. v. West Tankers Inc., Case C-185/07, February 10, 2009 (ECJ).

② Mantovani v. Carapelli S. P. A., [1980] 1 Lloyd's Law Rep. 375.

③ Balll v. Versar, Inc., 2006WL 2568057 (S. D. Ind. 2006).

④ See Decision of the Spanish Federal Supreme Court (First Chamber) of 12 January 2009 (case 6/2009) (not published) and Commentary by A. L. ORTIZ and S. PÉREZ, *Does the breach of an arbitration agreement give rise to damages in Spain?*, http://arbitration.practicallaw.com/9-387-4928.

⑤ See Decision of the Republic and Canton of Geneva Judiciary, Court of First Instance, of 2 May 2005 (C/1043/2005-15SP), *ASA Bulletin* 23, 2005, p. 746-747.

⑥ See Max Oemha & Carlotta Jung-Arras, *Damages for Breach of Jurisdiction Agreements under German Law*, https://globallitigationnews.bakermckenzie.com/2019/12/19/.

诉讼时效起算点究竟是违约方在非被选择法院提起诉讼之日,抑或是违约方在非被选择法院诉讼终了之日。如果为前者,明显对守约方不利,因为非被选择法院诉讼冗长或诉讼迟延,有可能严重挤压守约方在德国法院诉讼的时效期间,甚至导致诉讼时效的消灭,阻遏其损失的实体救济。如果是后者,明显对守约方有利,因为以被选择法院诉讼终结作为诉讼时效的起算点,留给在德国法院诉讼以实现诉讼费用和律师费用救济的诉讼期间就宽裕些,可能避免诉讼时效届满的风险。当然,守约方也可在非被选择法院诉讼抗辩期间,在被选择德国法院诉讼以诉请在非被选择法院已产生的诉讼费用损失,但是这会给德国法院带来损失计算难题。就国际民事诉讼而言,3 年普通诉讼时效期间本来就不算宽裕,如果德国法院推定以违约方在非被选择法院提起诉讼之日作为起算点,那么意味着守约方可能错过德国诉讼时效。因此,对德国法院来说,如何确定违反排他性协议管辖损害赔偿请求权诉讼时效的起算点,需要在法定范围内基于价值和利益权衡作出抉择。

五、结论

国际民事诉讼协议管辖作为跨国分配国际民事诉讼司法管辖权和调整国际民事诉讼国家间管辖权冲突的一种原则和手段,其本身深嵌主权在个人自由主义和私权保护的法理念下对个人的尊重与让渡。作为意思自治扩张的产物,国际民事诉讼协议管辖的确认与法律上的规制始终充满私法约束与公法制约的内在张力。在这种内在的张力和国际民事诉讼管辖市场利益驱动下,德国法上实现协议管辖的实体法转向,在司法上确立了违反排他性协议管辖损害赔偿规则。此种损害赔偿规则有利于强化契约的神圣性,提升国际民事争议解决的可预测性和确定性,阻遏法院挑选行为,在保护本国公民利益的同时提高本国市场与民事纠纷解决机制在国际社会中的吸引力。德国法对排他性民事诉讼协议管辖的柔性化和实体化处理,使其更加契合时代、国家和个人的需求,彰显出法律变革的主动性。

比较法研究

大湾区时代区际司法文书送达的模式转型与制度优化*

张淑钿**

受涉港澳特别行政区案件参照涉外案件审理的思路影响,我国内地与港澳特别行政区构建了以法院为单一送达主体,以委托送达为单一送达途径,以积极司法协助为单一司法协助方式的文书送达制度,仍未能从根本上解决区际文书"送达难"问题。司法实务中,粤港澳大湾区法院探索文书送达的多样化发展,确认委托送达模式的非唯一性和非优先性,尽可能在域内完成送达,并尝试引入当事人送达途径,一定程度上缓解了"送达难"问题。多样化的司法文书送达模式并不违反区际文书送达的法律适用规范,不会必然构成对区际判决流通的障碍,是对区际司法协助安排中委托送达的有益补充,区际司法文书送达途径从单一化向多样化的转型探索具有理论依据和实践可行性。未来,为推进粤港澳大湾区的融合发展,应进一步探索建立以法院为主、当事人为辅的多元送达主体,委托送达和替代性送达并存的多途径送达方式,积极司法协助和消极司法协助双轨并进的区际文书送达制度。

为解决我国内地与港澳特别行政区区际民商事司法文书送达问题,1999 年 3 月 29 日内地与香港特别行政区签署了《关于内地与香港特别行政区法院相互委托送达民商事司法文书的安排》(以下简称《内港送达安排》),2001 年 9 月 15 日内地与澳门特别行政区签署《关于内地与澳门特别行政区法院就民商事案件相互委托送达司法文书和调取证据的安排》(以下简称《内澳送达安排》),由此构建了内地与港澳特别行政区司法文书送达协助制度,并得以顺利实施。根据统计,内地与香港特别

* 本文为深圳市哲学社会科学 2020 年度规划课题项目"粤港澳大湾区商事纠纷解决机制的合作创新"(项目编号:SZ2020B023)的阶段性成果。

** 深圳大学法学院副教授,法学博士。

行政区相互委托送达案件从1999年的359件到2020年的2382件,20年间增幅超过5倍,累计已达2.9万余件。[①] 截至2021年年底,澳门特别行政区终审法院共收到内地法院的委托书1722件,澳门特别行政区向内地转移送达澳门特别行政区法院的委托书673件。[②] 但即便如此,内地与港澳特别行政区区际司法文书"送达难"问题依旧是"长期困扰人民法院涉港澳民商事审判工作的一大问题"。[③] 随着粤港澳大湾区(以下简称大湾区)建设推进,内地与港澳特别行政区民商事交流进一步深入,对跨境民商事争议进一步高效解决提出了新的需求与期盼,"送达难"问题亟待进一步化解。2019年最高人民法院《关于深化人民法院司法体制综合配套改革的意见》第7条指出:"完善与港澳特区民商事司法协助体系";2019年2月国务院印发《粤港澳大湾区发展规划纲要》,明确提出"加强粤港澳司法协助";2020年1月内地与澳门特别行政区修正《内澳送达安排》;2021年内地与香港特别行政区开始就《内港送达安排》的修改完善进行磋商。[④] 大湾区时代,如何提高区际司法文书送达的效率再次成为关注焦点。为此,本文将检视我国区际司法文书送达制度的不足与问题,探求区际司法文书送达模式转型的可行性,并对制度优化提出建议。

一、区际司法文书送达制度的形成进路

"从传统的观点来看,一国民事送达的行为属性往往取决于其所选择的民事诉讼模式。由于各国民事诉讼模式构筑在不同的法律传统和价值取向之上,决定了各国民事送达行为属性也有着截然不同的界定。"[⑤]通常而言,大陆法系国家采用职权主义民事诉讼模式,送达由法院依职权完成。英美法系国家实行当事人主义民事诉讼模式,送达由当事人或其律师完成。[⑥] 在我国内地,即使民事诉讼的理论研究和立法模式有从职权主义从当事人主义转向的趋势,但是这一变化对于送达制度影响甚

---

① 参见《最高法发布内地与香港民商事司法协助实践报告》,载《人民法院报》2021年1月23日,第2版。

② 参见澳门特别行政区终审法院:《澳门特别行政区法院司法年度年报(2020—2021)》,载澳门特别行政区法院官网,https://www. court. gov. mo/ebook/2020 - 2021/index. html#2020 - 2021/page/80 - 81,2022年10月3日访问。

③ 参见任雪峰:《关于涉港澳民商事案件司法文书送达问题若干规定〉的理解与适用》,载《人民司法(应用)》2009年第7期。

④ 参见《最高法发布内地与香港民商事司法协助实践报告》,载《人民法院报》2021年1月23日,第2版。

⑤ 参见廖永安:《在理想与现实之间:对我国民事送达制度改革的再思考》,载《中国法学》2010年第4期。

⑥ 参见何其生:《比较法视野下的国际民事诉讼》,高等教育出版社2015年版,第204页;徐宏:《国际民事司法协助》,武汉大学出版社1996年版,第135~137页。

微。学界关于民事送达的共识仍然认为，其是“法院按照法定程序和方式将诉讼文书送交当事人或者其他诉讼参与人的行为”。① 在立法方面，从 1982 年《民事诉讼法（试行）》到 2021 年《民事诉讼法》，法律虽历经多次修正，但以法院为送达主体的国内送达立法体例基本没有变化。实践中，法院“送达难”问题仍然是一个需要“借司法改革攻坚破障”的司法难题。可以说，法院送达模式一直是我国国内送达制度立法和司法实践的主要模式。

当民事送达跨越国境进行时，采用法院送达模式的国家认为，由于送达是法院行使职权的体现，其在国际法层面上所体现的就是一国家的司法主权。② 因此，涉外送达作为法院的司法行为，需要外国法院给予司法协助，未经一国同意，另一国法院不得进行送达。但当事人送达模式的国家却认为，涉外送达是私人事务，需由当事人自行完成，并不一定需要外国法院进行司法协助。因此，在未取得另一国同意时，当采取当事人送达模式国家的送达主体向采取法院送达模式国家的受送达人送达文书时，该送达行为往往被认为是对受送达人所在国司法主权的侵犯。在我国，学界的主要共识是，国际民事诉讼中的送达“是指一国司法机关依据有关国家的国内立法或国际条约的规定将诉讼和非诉讼文书送交给居住在国外的诉讼当事人或其他诉讼参与人的行为”。③ 虽然司法实务中，法院也曾采用过委托原告代理律师或国外华侨团体送达等多种创新做法。④ 但是，法院送达模式仍然是我国涉外司法文书送达的主要模式。

我国《宪法》第 31 条和港澳特别行政区基本法明确回归后的香港特别行政区、澳门特别行政区是我国不可分离的部分，回归后，我国内地与港澳特别行政区司法文书送达属于区际文书送达性质。尽管区际送达有着与国内送达和国际送达不同的特性，但受涉港澳特别行政区案件参照涉外案件审理的民事裁判思路影响，《内港送达安排》和《内澳送达安排》采纳了以法院为主体的送达模式，呈现出区际司法文书送达制度的单一化特点：(1)送达主体单一，只确定法院为区际文书送达的主体；(2)送达途径单一，只建立了委托送达区际司法协助路径；(3)司法协助形式单一，

---

① 参见江伟主编：《民事诉讼法》，中国人民大学出版社 2013 年版，第 250 页；田平安：《民事诉讼法》，中国人民大学出版社 2013 年版，第 177 页；李浩：《民事诉讼法学》，法律出版社 2014 年版，第 336 页。

② 何其生：《我国域外送达机制的困境与选择》，载《法学研究》2005 年第 2 期。

③ 韩德培主编：《国际私法》，高等教育出版社、北京大学出版社 2014 年版，第 512 页；丁伟主编：《国际私法学》，上海人民出版社、北京大学出版社 2013 年版，第 482 页；肖永平主编：《国际私法原理》，法律出版社 2003 年版，第 392 页。

④ 参见吕国强：《试论涉外民事诉讼文书送达》，载《上海社会科学院学术季刊》1990 年第 2 期。

只建立了积极司法协助的形式,明确各法域法院对于对方法域法院提出的委托送达司法协助请求,均由受委托方法院代为送达法律文书。

二、区际司法文书送达路径的改革探索

(一)区际司法协助安排下的“送达难”问题

两项送达安排的签订推进了区际文书送达难题的改善,但仍未能全面彻底解决区际司法文书“送达难”问题,原因与安排采用单一化法院送达程序密切相关。以《内港送达安排》为例,存在以下四个问题:第一,程序烦琐。该安排建立了内地各高级人民法院和香港特别行政区高等法院之间的委托送达途径。受理案件的内地基层人民法院或中级人民法院须向相关高级人民法院申请转递,再由高级人民法院委托香港高等法院送达,送达证明书依原路径回溯进行,层层转递的送达流程降低了委托送达的效率。第二,时间冗长。该安排第 4 条规定,受委托方接到委托书后最迟不得超过自收到委托书之日起 2 个月完成送达。但这一条款并未涵盖送达转递时间。根据最高人民法院《关于涉港澳民商事案件司法文书送达问题若干规定》(以下简称《涉港澳送达规定》),内地上下级法院之间转递司法文书的时间各分别为 7 个工作日,送达回证由原路径回溯。第三,文书准备工作负荷增加。受案法院须另行准备转递函和委托书,无形中增加了有关法院和法官的工作负担,影响了其采用司法协助路径的积极性。第四,受送达人地址查询与确认存在困难。该安排要求委托方提供受送达人的“姓名或者名称详细地址”,送达地址不正确或不详成为影响文书送达成功的重要原因。

上述因素影响了安排途径的采用效果。数据显示,1999 年到 2016 年我国内地法院与香港特别行政区法院成功送达司法文书的平均比率分别为 49.6% 及 37.4%。[①] 大湾区中,2016 年广东法院办理涉香港特别行政区司法文书送达案件 835 件,占全国涉香港特别行政区文书送达案件的 42%,即便如此,一般涉香港特别行政区案件都会预留 6 个月以上的送达程序。[②] 显然,安排构建的委托送达途径未能根本解决区际司法文书“送达难”的问题。

(二)从单一化送达途径向多样化送达途径的探索

面对送达难问题,基于《内港送达安排》第 1 条规定“可以”相互委托送达、《内

---

① 参见龙剑云:《送达文书安排在两地实施情况检视与完善》,载《内地与香港特别行政区民商事司法协助二十周年回顾与展望专题研讨会会议材料》2017 年 4 月 23 日,第 80 页。

② 参见屈伸:《广东法院涉港司法协助工作情况介绍》,载《内地与香港特别行政区民商事司法协助二十周年回顾与展望专题研讨会会议材料》2017 年 4 月 23 日,第 76 ~ 77 页。

澳送达安排》第1条规定安排适用于“相互委托送达”事项，借助上述安排没有明确限定委托送达司法协助途径为区际文书送达的唯一途径这一制度空间，粤港澳大湾区的内地法院开始探索区际文书送达的多样化途径。

一方面，《内港送达安排》和《内澳送达安排》有关委托送达途径不被认为是唯一且具有优先性的送达途径。在一起涉港澳特别行政区案件中，[①]法院直接对被告在深圳设立的“三来一补”企业进行送达，法院认为，《内港送达安排》并没有规定所有涉港民商事司法文书都必须依照该安排送达，只是表明要通过香港特别行政区高等法院送达的，可以按照安排的规定办理，因此法院可以根据案件的具体情况选择有效的送达方式。随后，最高人民法院在《涉港澳送达规定》第6条确认，法院“可以”按照《内港送达安排》送达，可以同时采取多种送达方式。根据上述规定，对于住所地在港澳特别行政区的受送达人，原本应该采用委托送达方式的，但是因为该受送达人与内地存在某种实质性联系，法院基于此种联系可以在内地对该受送达人完成送达事项，并不需要根据安排进行送达，从而将区际送达转为内地域内送达，提高送达效率。

另一方面，在涉港澳特别行政区民商事案件送达中尝试推行当事人送达模式。2008年试行并于2010年修订的深圳市中级人民法院《关于民事诉讼文书送达的指导意见》第56条规定，向住所地在港澳特别行政区的受送达人送达诉讼文书的，“可由当事人委托中国法律服务(香港)有限公司或中国法律服务(澳门)有限公司送达”。[②] 2016年，广东深圳前海合作区人民法院出台《关于涉外、涉港澳台民商事案件司法文书送达的若干规定》，创新设立了涉香港特别行政区案件当事人及其律师转交送达方式。[③] 2018年广州市南沙区人民法院出台《关于开展委托当事人(或委托律师)送达工作的实施细则》，规定在绝大部分民商事审判和执行案件中，当事人及其委托律师参加诉讼的，可以适用申请委托送达人送达制度。[④] 在内地现行民事诉讼法采纳法院送达模式下，大湾区内地法院委托第三人或者当事人送达的做法，显然是一种“擦边球”做法。但不可否认，司法实务中，当事人越来越多地参与到区

① 参见(2004)粤高法民三终字第152号判决书。

② 《关于〈民事诉讼文书送达的指导意见〉的说明》，载深圳市中级人民法院官网，http://ssfw.szcourt.gov.cn/frontend/susongyindao/column/60/information/282，最后访问日期：2017年2月10日。

③ 参见《前海法院：建立更加公正高效便捷的诉讼机制》，载搜狐网2017年2月13日，https://www.sohu.com/a/126153085_487447。

④ 参见《南沙法院完成全市收件委托当事人送达法律文书案件》，载新浪网，http://k.sina.com.cn/article_1700715830_655edd36020009snl.html，最后访问日期：2019年7月20日。

际文书送达事务中,送达不完全是法院的职权行为。

综上,在区际送达安排未能完全解决"送达难"的情况下,大湾区内地法院对区际文书送达模式的转型探索表明,区际送达安排确定的委托送达路径并非唯一的也非优先的送达途径,多种送达方式的灵活适用以及当事人逐渐参与文书送达事务,有助于提高司法文书送达的效率,进一步解决"送达难"问题。

三、考虑及回应

毫无疑问,从技术性和事务性的角度,大湾区内地法院对区际文书送达制度的创新与探索有助于提高区际文书送达效率,但也随之引发多种争议。

考虑之一是,区际文书送达制度创新是否违反内地民事诉讼法有关由法院负责送达的规定。对此,应考虑到区际文书送达与内地文书送达制度的不同。我国内地文书送达属于法院解决内地民商事案件的程序问题,在法律适用上,必须遵守内地民事诉讼法的规定。区际文书送达是内地法院审理涉我国港澳台地区民商事案件时,因受送达人居住在我国港澳台地区所面临的区际送达程序问题,在法律适用上,以适用被请求地法律为原则,以适用请求地法律为例外,并不完全受内地民事诉讼法律的规范与制约。执行司法协助请求应依被请求国家/地区法律的程序进行,而不管请求地法律中关于程序问题的规定如何……但适用被请求国家/地区法律并不是绝对的,根据请求机关的请求,被请求机关也可采用其请求的特殊方式或适用请求地的某些诉讼程序规则。① 以中国内地与香港特别行政区文书送达为例,香港特别行政区法律认为,文书送达属于"私人"的性质,允许由原告或其代理人采用面交送达、向被告人律师送达、根据合同规定方式送达和替代送达等多种送达方式。② 因此,当内地法院对位于香港特别行政区的当事人进行文书送达时,根据被请求地的香港特别行政区法律,其并不反对内地法院采用原告或代理人送达方式。反之,当香港特别行政区委托内地进行送达时,如果其请求采用当事人送达或其他送达途径,而这些送达途径并不违反内地法律的公共秩序时,内地法院也可以允许采用这些特殊送达方式。大湾区区际文书送达在法律适用上存在可以适用被请求地法以及特殊情况下适用请求地法送达的双重选择,具有比境内文书送达更为灵活和宽广的制度空间,可以构建比境内送达更为多样化的送达方式。但现行的送达安排将区际送达途径限制为法院委托送达一种途径,排斥了当事人送达以及其他替代送达途径的采用,不仅未能充分利用区际送达的制度优势,相反还限制了区际送达途径的

① 参见黄进主编:《区际司法协助的理论与实践》,武汉大学出版社 1994 年版,第 16 ~ 17 页。
② 参见《香港法例》第 4 章《高等法院规则》第 11 号命令第 5 条。

多样发展。

考虑之二是，区际司法文书多样化送达途径是否可能影响区际判决的承认和执行。是否给被告适当的通知并对其答辩的权利给予足够的保护，是判决能否得到承认与执行的条件之一。然而，在我国现行区际判决承认和执行安排中，当事人参与文书的送达并不必然会影响判决的承认和执行。2008 年 7 月 3 日《关于内地与香港特别行政区法院相互认可和执行当事人协议管辖的民商事案件判决的安排》第 9 条第 4 款规定："根据原审法院地的法律，未曾出庭的败诉一方当事人未经合法传唤或者虽经合法传唤但未获依法律规定的答辩时间。但原审法院根据其法律或有关规定公告送达的，不属于上述情形。"2019 年最高人民法院、香港特别行政区政府《关于内地与香港特别行政区法院相互认可和执行民商事案件判决的安排》（尚未生效）第 12 条第 1 款第 2 项规定："依据原审法院地法律，被申请人未经合法传唤，或者虽经合法传唤但未获得合理的陈述、辩论机会的。"2010 年 2 月 13 日通过的《内地与澳门特别行政区关于相互认可和执行民商事判决的安排》（以下简称《内澳判决安排》）第 11 条第 4 项规定："根据判决作出地的法律规定，败诉的当事人未得到合法传唤，或者无诉讼行为能力人未依法得到代理。"就此而言，如果当事人送达是原审法院地法律规定的合法送达方式，并不会影响到该法域法院判决在其他法域的承认与执行。[①] 与此同时，根据程序依法院地法规则，一法域法院只需要根据本地立法的规定进行送达，即使其他法域法院否认此种送达方式的效力，也不会必然影响到本法域法院诉讼程序的继续进行。

考虑之三是，区际司法文书多样化送达途径是否可能置区际安排"于可用可不用，可有可无的尴尬境地"。[②] 回应这一质疑，必须深刻理解港澳特别行政区基本法的相关规定。首先，在安排之外另行增加送达途径并不违反港澳特别行政区基本法的规定。《香港特别行政区基本法》第 95 条和《澳门特别行政区基本法》第 93 条规定港澳特别行政区"可"与全国其他地区开展司法协助，并不代表安排途径是我国区际司法协助的唯一路径，相反，安排途径是可供选择和采用的途径之一。其次，安排没有赋予自身强制性或排他性性质。《内港送达安排》第 1 条规定，"可以"相互委

---

① 即使是在外国法院未经我国同意对我国当事人进行邮寄送达的情况下，尽管我国法院认为，这是侵犯我国司法主权的行为而不认可邮寄送达的效力，但在判决承认和执行的司法实践中，法院有时考虑到我国当事人的利益，也会对邮寄送达视而不见，如"我国公民王某某申请承认美国法院离婚判决案"。参见何其生：《域外送达制度研究》，北京大学出版社 2006 年版，第 222 页。

② 参见张宪初：《数点雨声风约住——香港回归以来与内地民商事司法协助进展回顾与检讨》，载《人大法律评论》2011 年第 2 期。

托送达;《内澳送达安排》第 1 条规定,安排适用于"相互委托送达"事项,两项安排构建的是在需要通过法院委托司法协助途径进行送达时的相关制度安排,安排本身并不排斥法院采用其他的送达方式,也没有规定委托送达是唯一途径。最后,在当前各法域实施各项安排的司法实践中,也并不反对双边安排之外其他路径与制度的适用。例如,《内港判决安排》排除婚姻家庭事宜判决的承认,但香港特别行政区法院直接适用香港特别行政区《婚姻诉讼条例》承认了内地婚姻判决。[①] 又如,《内澳判决安排》生效实施后到 2013 年 3 月,澳门特别行政区法院共承认了 19 个内地判决,其中有 10 个判决是仅适用澳门特别行政区民事诉讼法。[②] 因此,区际司法文书多样化送达途径转型探索既不违反港澳特别行政区基本法的规定,也不存在损害安排效力的问题,相反是对当前区际文书送达安排途径的有益补充。

回到送达模式本身的功能和价值上,送达模式的根本意义在于充分实现送达行为的功能。一方面,区际送达行为与法院诉讼程序的顺利开展息息相关。区际送达标志法院诉讼程序开始,影响法院管辖权的行使;送达是推动法院各诉讼程序开展的链接,有效衔接起诉、受理、答辩、判决、上诉各个诉讼环节,并为下一个环节的顺利实施提供可能;送达也是法院诉讼程序的结束标志,法院将终审判决文书送达给当事人,司法诉讼程序就此结束。"职权主义诉讼模式下,尽管因送达行为产生的法律效果各有不同,但无论在立法者,还是司法者看来,送达最重要的功能无疑是保障法院主导的诉讼层层递进以至完成。"[③]以法院为主体的区际送达模式有助于保障法院诉讼程序的顺利开展。另一方面,区际送达也关系当事人诉讼权利和实体权利的保障和实现。区际送达的顺利进行,保障了原告诉权和被告的答辩权利,保障了当事人平等参与诉讼的权利;区际送达的高效进行,有助于提高纠纷解决的效率,避免了正义的迟到;区际送达的有效进行,使"与程序有利害关系或者可能因该结果而蒙受不利影响的人,都有权参加该程序并得到提出有利于自己的主张和证据以及反驳对方提出之主张和证据的机会",[④]从而实现程序正义。可见,送

① 参见张淑钿:《双边安排缺失下香港承认内地婚姻判决的新动向及应对》,载《人民司法(应用)》2015 年第 15 期。

② 参见莫世健:《澳门基本法第 93 条的解读——兼谈〈内地与澳门关于相互认可和执行民商事判决的安排〉的法律地位》,载《政法论坛》2013 年第 5 期。

③ 参见廖永安:《在理想与现实之间:对我国民事送达制度改革的再思考》,载《中国法学》2010 年第 4 期。

④ [日]谷口安平:《程序的正义与诉讼(增补本)》,王亚新、刘荣军译,中国政法大学出版社 2002 年版,第 11 页。

达与当事人的权益保障息息相关。就此而言,大湾区法院探索采用多样化文书送达途径,尝试允许当事人参与区际文书送达,对于实现送达功能和价值不无裨益。

综上,区际文书送达不仅关涉程序的顺利进展,也关系当事人实体权利和诉讼权利的保障,大湾区法院对区际文书送达多样化途径的转型探索,符合港澳特别行政区基本法和区际司法协助安排的规定,也不违反区际送达的程序规则,更不会必然影响区际判决的流通。

四、区际文书送达模式改革与优化建议

面对大湾区融合发展对跨境民商事争议解决进一步高效解决的需求与期盼,大湾区区际文书送达制度,需要解决仅由法院承担区际司法文书送达职责但法院难以高效完成全部送达事务的“送达难”问题,可以在立足现行区际送达安排的基础上,通过制度优化,拓展送达主体、送达途径和司法协助方式。

(一)送达主体多元化:建立以法院为主,当事人为辅的多元主体送达制度

尽管香港特别行政区实行当事人送达模式,但是在内地和澳门特别行政区法院送达模式没有得到完全改变之前,在区际文书送达司法协助方面彻底放弃法院送达模式并不可行。因此,从尊重法域司法权的角度出发,应根据当前各法域对当事人送达模式的不同接受情况,区分不同法域,逐步建立以法院送达为主、当事人送达为辅的区际送达多元主体制度。就我国内地与香港特别行政区而言,基于内地当事人送达方式仍处于司法实践探索阶段,建立当事人送达模式的主要障碍是如何突破内地法律的规定。制度的远景是随着内地送达制度从法院送达为当事人送达后,可以在两地间建立广泛的当事人送达制度。但当前更现实的处理方法是回避两地送达法律冲突,软化中国内地与香港特别行政区区际送达程序性冲突规范,借助香港特别行政区当事人送达模式化解内地法院面临的送达难问题。可在保持《内港送达安排》第6条“送达文书,应当依照受委托方所在地法律规定的程序进行”的规定外,明确“委托方请求按照特殊方式执行委托事项的,如果受委托方法院认为不违反本辖区公共利益的,可以按照其特殊方式送达”条款,由此,当内地法院向香港特别行政区当事人送达时,可以根据受委托方所在地的香港特别行政区法律规定采用当事人送达途径进行;当香港特别行政区法院向内地当事人送达时,应允许按照委托方请求的当事人送达进行。就内地与澳门特别行政区而言,鉴于当前内地与澳门特别行政区均采用法院送达模式,可考虑通过区分案件类型或者区分文书类型探索当事人作为辅助主体承担送达事务。区分案件类型指对于特定类型的案件例如合同案件,应允许当事人在合同中约定由合同当事人送达的条款。在纠纷发生后,经向法院申

请并审查同意,可以根据合同约定由当事人承担送达责任。① 对于其他非合同案件或者没有约定的案件,原则上应由法院承担送达责任,但如果当事人申请参与送达的,经法院审查同意后可以允许当事人进行送达。区分文书类型指对于开庭传票以及诉讼资料等涉及案件实体纠纷审理的通知性司法文书和材料应当允许由当事人送达,对于法院判决或裁定等司法文书应当由法院送达。②

(二)送达方式多样化:建立委托送达和替代性送达并存的多途径送达方式

安排确立的委托送达方式虽有不完善之处,但其有助于建立法域间司法协助的实体联系途径,促进法域互信。“在官方正式制度业已存在的情况下,因为其适用上的不便而轻易弃之不用,必然损及规则的权威性,也会损及对双边协商至关重要的互信。当官方途径运行不畅时,优先选项应当是及时对其不足进行完善更新。”③因此,对于现有安排的委托送达途径,重点应在于改进委托送达程序,以提高文书送达的效率。具体应做到以下几个方面:(1)简化送达程序。建立内地受案法院与港澳特别行政区法院“点对点”的直接对接模式,减少委托送达的工作流程和审查环节,提高效率。(2)建立统一的区际文书电子送达和查询平台。从 2016 年 1 月起,内地首个涵盖四级人民法院的区际司法协助案件管理平台系统已正式上线。④ 2020 年修正的《内澳送达安排》采用了司法协助网络平台电子转递方式。未来应充分利用信息技术,建立统一的区际文书电子送达和查询平台,将所有送达文书电子档案化,通过网络平台转递送达,减少人工递送环节的时间。同时应在平台上建立委托送达

① 2016 年最高人民法院《关于进一步推进案件繁简分流优化司法资源配置的若干意见》(法发〔2016〕21 号)第 3 条“完善送达程序与送达方式”中提出,“当事人在纠纷发生之前约定送达地址的,人民法院可以将该地址作为送达诉讼文书的确认地址”,在一定程度上承认了当事人约定送达条款的有效性,但是仅限于对送达地址的约定,未扩及送达主体问题。

② 对于如何区分文书类型,我国学界有不同意见。有学者认为,民商事案件中的传票、诉状等通知性文书,如果被送达人地址明确又能接受的,可以邮寄送达,或者委托律师或诉讼代理人送达,至于民商事案件中的判决、仲裁裁决等文书,仍应通过法院协助送达为宜。参见黄进主编:《区际司法协助的理论与实务》,武汉大学出版社 1994 年版,第 47 页。也有学者认为,由当事人作为送达主体的案件范围应当有一定的限制,如离婚判决这类的民事判决书最好不能由当事人送达。参见何其生:《域外送达制度研究》,北京大学出版社 2006 年版,第 326 页。我国立法中,也有区分文书类型采取不同送达方式的尝试。例如,2012 年修正的《民事诉讼法》第 87 条第 1 款规定:“仅受送达人同意,人民法院可以采用传真、电子邮件等能够确认其收悉的方式送达诉讼文书,但判决书、裁定书、调解书除外。”

③ 参见刘想树、江保国:《略论两岸暨港澳民事司法合作的路径优化与资源整合》,载中华司法研究会编:《中华司法的历史、现状与未来——首届中华司法研究高峰论坛文集》,人民法院出版社 2016 年版,第 1187 页。

④ 参见颜茂昆:《内地与香港民商事司法协助二十周年回顾与展望》,载《内地与香港特别行政区民商事司法协助二十周年回顾与展望专题研讨会会议材料》2017 年 4 月 23 日,第 5 页。

案件的查询编号制度，允许委托法院在统一平台上查询送达的情况，允许委托法院和受委托法院直接沟通，以跟进送达进程。(3)借助取证安排，增加查找受送达人地址的司法协助。实践中，送达地址不正确或不详，或者无此受送达人已经成为区际文书送达未能成功的主要原因。当前内地与香港特别行政区、内地与澳门特别行政区均签订了区际取证司法协助制度，应将委托查找或核实受送达人地址列入可以委托取证范围，借助取证安排，提高对受送达人地址的查找与核实，以提高委托送达的效率。

另外，在委托送达司法协助途径之外，应考虑接纳各法域域内法中广泛采用的其他送达途径为替代性送达途径。(1)允许电子送达方式。2012 年修正的内地《民事诉讼法》第 87 条正式确立普通程序中电子送达与传统送达方式具有同等效力。最高人民法院《关于涉港澳民商事案件司法文书送达问题若干规定》第 8 条规定了我国内地法院进行区际送达时可以采用“传真、电子邮件等能够确认收悉的其他适当方式”。香港特别行政区立法虽尚未对电子送达作出规定，但已有案例显示法官会在特殊条件下允许电子邮件送达方式。① 澳门特别行政区法律接受电子送达方式。因此，区际送达探索采用电子送达方式有助于缩短区际送达的时间、减低送达的成本，对于解决送达难的问题非常重要。(2)建立第三方送达平台，允许法院或当事人委托第三方送达。可参考当前内地将外国法查明事项交由第三方法律查明平台进行的成功经验，在总结内地法院委托邮政公司和中国法律服务(香港)公司、中国法律服务(澳门)公司建立法院专递的成功经验上，大湾区可考虑建立法院之外的第三方送达平台，将送达事务社会化，由第三方根据法院或者当事人委托完成委托送达事项。

(三)司法协助双轨制：建立区际文书送达积极司法协助和消极司法协助的双轨制司法协助制度

积极司法协助指被请求方代请求方进行送达的行为，目前我国安排或协议采用的委托送达途径即为积极司法协助。消极司法协助是指被请求方允许和同意请求方到其境内执行一定的司法行为。消极司法协助虽尚未在中国内地与香港特别行政区司法协助中被采纳，但已经在我国内地与澳门特别行政区的司法协助中有所突破。早在 2006 年内地与澳门特别行政区送达安排磋商中，最初的澳门特别行政区的文本中就曾提出司法文书直接送达的问题，即委托方的司法人员可在受托方司法

① 参见张宪初：《香港司法文书送达和对〈内地与香港送达安排〉的检讨》，载《澳门法学》2016 年第 3 期。

人员的陪同下,在对方境内直接进行送达,但考虑到内地省市较多,如果都到澳门特别行政区直接送达,将增加澳门特别行政区的负担,所以没有采用。[①] 虽然最终《内澳送达安排》在送达领域没有采纳文书送达消极司法协助,但是在同一安排中规定的取证司法协助中,却采纳了消极司法协助。该安排第 20 条规定:"受委托方法院在执行委托调取证据时,根据委托方法院的请求,可以允许委托方法院派司法人员出席。必要时,经受托方允许,委托方法院的司法人员可以向证人、鉴定人发问。"可见,在区际文书送达中,消极司法协助并非完全不具有可行性。

大湾区区际文书送达可探索构建文书送达消极司法协助,在征得各法域同意的情况下,允许受案法院直接跨境进行送达。就此而言,理想的状况是建立一揽子的文书送达消极司法协助,即各法域均同意对方司法机关在本法域内跨境直接送达。就内地而言,可要求内地受案法院在向所在地区高级人民法院申请并获得同意的情况下,直接进行跨境送达,但送达情况应该通报对方法域司法机关。但在制度建立初期,可以在大湾区先行尝试我国内地法院与香港特别行政区法院文书送达消极司法协助的个案路径,待经验丰富和制度成熟后,再推广至整个区际送达领域。

---

① 参见邵文虹、于晓白:《内地与澳门特别行政区法院就民商事案件司法文书送达与调取证据的安排》,载《人民司法》2001 年第 12 期。

被承认之外国判决的既判力客观范围比较研究

张丝路*

外国判决被我国法院承认后,应以我国法律决定其既判力客观范围。同时,也应允许原告或被告举证证明判决国法律,并依据判决国法律适当扩张或者限缩被承认的外国判决在我国的效力。基于我国现行立法的规定,参照通过比较法分析得出的普遍趋势,可以认为,被承认之外国判决的既判力客观范围应包含以下两个方面:其一,不能允许外国判决的当事人在我国法院针对同一争议事实,提出未在判决国法院提出的其他诉讼请求,除非判决国法律禁止当事人提出多项诉讼请求。其二,外国判决主文之必要基础,可以具有既判力;而前述必要基础包含的法律认定或事实认定,必须经过当事人的充分攻防,且与后诉争议之法律认定或事实认定具有一致性时,才能产生既判力。

从理论的维度,对于外国判决,国际私法学科以承认与执行前述判决的条件为研究焦点;①而对于既判力的客观范围,国内民事诉讼法学科则主要试图从理论上构建我国法院判决既判力的客观范围。② 因此,被承认之外国判决(以下简称外国判决)的既判力客观范围应如何划定,尚有待理论考察。从立法的层面,《民事诉讼法》并未对外国判决的效力作出规定,而最高人民法院《关于适用〈中华人民共和国

* 西北政法大学国际法学院讲师,法学博士,博士后,最高人民法院第五批实践锻炼学者。

① 本文不涉及承认与执行外国判决的条件,关于此问题,参见沈红雨:《外国民商事判决承认和执行若干疑难问题研究》,载《法律适用》2018 年第 5 期。关于未被承认之外国判决的效力,参见李庆明:《论域外民事判决作为我国民事诉讼中的证据》,载《国际法研究》2017 年第 5 期。

② 关于既判力的客观范围,参见张卫平:《民事诉讼法》,法律出版社 2019 年版,第 444 ~ 450 页。

民事诉讼法〉的解释》(以下简称《民诉法司法解释》)第 531 条第 2 款①也仅通过禁止重复诉讼的规定,间接地规定了外国判决既判力的客观范围。该款规定与《民诉法司法解释》第 247 条②有关禁止重复诉讼的规定并不一致。此乃有意为之,抑或可以通过法律解释的方式求得一致的结果,需要从理论上予以明确。同时,《民诉法司法解释》第 93 条第 1 款第 5 项③关于生效判决既判力客观范围扩张的规定,应如何适用于外国判决,也需要在理论上加以阐释。

据此,本文试图通过比较海牙国际私法会议 2019 年通过的《承认与执行外国民商事判决公约》(以下简称《海牙判决公约》)、欧盟议会及理事会 2012 年 12 月 12 日《关于民商事管辖权及判决的承认与执行的第 1215/2012 号条例(重订本)》(以下简称《布鲁塞尔条例Ⅰ(重订本)》)、美国法学会《第四次对外关系法重述》、英国判例法与我国法律有关外国判决既判力客观范围的规定,以期阐明外国判决在我国法院所应具有之既判力的客观范围。

一、决定外国判决效力的准据法

既判力是判决效力的一种。由于外国判决非由承认国法院作出,因而,在具体讨论外国判决既判力的客观范围之前,需要首先明确应依据哪国法律决定外国判决的效力。

(一)外国判决效力准据法的理论考察

有三种不同的方式决定外国判决的效力:其一,依据承认国法律决定外国判决的效力;其二,依据判决国法律决定外国判决的效力;其三,由承认国为外国判决设定专门的效力规则。

对第一种方式的理论提炼是“同等说”。按照这一理论,应同等对待外国判决与承认国法院作出的判决。④ 从避免浪费司法资源的角度,“同等说”较为可取。依据承认国法律决定外国判决的效力使承认国法院不需要查明外国法律,减少了司法资源的浪费,加快了承认外国判决程序的进行速度。然而,在判决国法律与承认国法

---

① 《民诉法司法解释》第 531 条第 2 款规定:“外国法院判决、裁定已经被人民法院承认,当事人就同一争议向人民法院起诉的,人民法院不予受理。”

② 《民诉法司法解释》第 247 条规定:“当事人就已经提起诉讼的事项在诉讼过程中或者裁判生效后再次起诉,同时符合下列条件的,构成重复起诉:(一)后诉与前诉的当事人相同;(二)后诉与前诉的诉讼标的相同;(三)后诉与前诉的诉讼请求相同,或者后诉的诉讼请求实质上否定前诉裁判结果。当事人重复起诉的,裁定不予受理;已经受理的,裁定驳回起诉,但法律、司法解释另有规定的除外。”

③ 《民诉法司法解释》第 93 条规定:“下列事实,当事人无须举证证明……(五)已为人民法院发生法律效力的裁判所确认的事实。……第五项至第七项规定的事实,当事人有相反证据足以推翻的除外。”

④ 参见陈启垂:《承认外国判决的效力及程序》,载《月旦法学杂志》2014 年第 12 期。

律针对判决效力之规定不同的情况下，采用“同等说”决定外国判决的效力，必然有损于胜诉方的合理期待。不管是原告胜诉，还是被告胜诉，在诉讼期间，原告及被告仅能依据判决国诉讼程序合理期待判决所具有的效力。因而，依据承认国法律决定外国判决的效力，是以嗣后发生的事实决定外国判决的效力，这有损于判决胜诉方的合理期待。

第二种方式在理论上被概括为“效力延伸说”。依此说，外国判决在承认国不能拥有比在判决国更大的效力范围，或者更多的效力种类。① 如果采用“效力延伸说”，则不管在哪一国，外国判决都能获得相同的效力，这是该说最大的优点。同时，该说也能够有效地保护被告的合法权益。如果由承认国法律决定外国判决的效力，考虑到各国诉讼规则的差异，或使被告受到外国判决不具有的效力的约束，这将损害被告的合法权益。然而，“效力延伸说”最大的问题在于：当判决国法律与承认国法律针对判决效力的规定不同时，可能有损于承认国的司法主权。

体现第三种方式的观点认为，应根据诉讼程序的差异、准据法、管辖权基础、当事人的合理期待、承认国的司法主权等考量因素，确定外国判决的效力。② 然而，从理论上讲，或是由承认国法院在承认国管辖范围内给予外国判决效力，或是由承认国法院通过特定程序将外国判决转化为承认国法院作出的判决，进而使外国判决具有与承认国法院作出的判决相同的效力，并不存在第三种方式得以成立的效力状态。

由于“效力延伸说”更契合承认外国判决的理论出发点，即认可外国判决的效力。因此，也有学者提出“陌生效力排除说”以及“累积说”，以图调和“同等说”和“效力延伸说”之间的矛盾。“陌生效力排除说”认为，承认起到过滤器的作用，排除承认国法律不认可的判决效力，该说事实上只认可承认国法律和判决国法律均认可的判决效力。“累积说”认为，应以“效力延伸说”作为外国判决效力的出发点，而以“同等说”作为外国判决效力的上限。③

（二）外国判决效力准据法的比较法观察

尽管《海牙判决公约》最终文本没有就被承认的缔约方判决之效力作出规定，但

---

① 参见陈启垂：《承认外国判决的效力及程序》，载《月旦法学杂志》2014 年第 12 期。

② See Arthur T. von Mehren & Donald T. Trautman, *Recognition of Foreign Adjudications: A Survey and Suggested Approach*, Harvard Law Review 81, 1968, p. 1677 – 1682.

③ 参见陈启垂：《承认外国判决的效力及程序》，载《月旦法学杂志》2014 年第 12 期。

2017年2月《公约草案》第9条[①]却有针对该问题的规定。前述规定同样基于"效力延伸说"。但该条还指出,对于被承认的缔约方判决具有而承认方法律未规定的救济(relief),《公约草案》第9条要求承认国法院调整前述救济,以便最大限度实现效力的一致性,但需要以该救济在判决国之效力为上限。根据《海牙判决公约》解释报告,审议公约的第三次特别委员会(Special Commission)会议删除前述规定,主要是因为2005年《选择法院协议公约》并无前述规定。同时,一些代表也表达针对《公约草案》第9条实际效果的担忧,特别是在判决国法律规定的效力非常广泛的情况下。在此基础上,《海牙判决公约》解释报告明确指出,公约并没有要求按照承认方法律赋予被承认的缔约方判决以效力,只是针对效力问题未规定而已,进而需要根据公约自身之目的作统一解释。[②]

《布鲁塞尔条例Ⅰ(重订本)》没有就被承认的欧盟成员国判决之效力作出规定。欧盟法院通过两个案例,从正反两个方面,明确了如何决定被承认的欧盟成员国判决之效力。一方面,欧盟法院指出,由于1968年《关于民商事案件管辖权及判决的承认与执行公约》(以下简称《布鲁塞尔公约》)[③]之目标是尽可能促进判决的自由流通,基于此,承认应当意味着按照判决国法律,给予判决权威与效力;[④]另一方面,欧盟法院还认为,将判决国法律未规定的效力,或者承认国法院作出的判决并不具备的效力赋予被承认的欧盟成员国判决,并没有适当的理由。[⑤]

从英国判例法实践来看,英国法院通常依据英国法律决定外国判决的效力,除非当事人能举证证明判决国针对判决效力的规定与英国有关判决效力的规则存在

---

① 2017年2月《公约草案》第9条(同等效果):"根据本公约承认或执行的判决应与判决国作出的判决具有同样效力。如果前述判决所规定的救济是被请求国法律所不能提供的,则该救济应尽可能被调整,使其效力应相当于但不超过判决国法律所规定的效力。"(A judgment recognised or enforceable under this Convention shall be given the same effect it has in the State of origin. If the judgment provides for relief that is not available under the law of the requested State, that relief shall, to the extent possible, be adapted to relief with effects equivalent to, but not going beyond, its effects under the law of the State of origin.)

② Francisco Garcimartín & Geneviève Saumier, *Explanatory Report on the Convention of* 2 *July* 2019 *on the Recognition and Enforcement of Foreign Judgments in Civil or Commercial Matters*, Hague Conference on Private International Law, 2020, para. 115.

③ 由于《布鲁塞尔条例Ⅰ(重订本)》序言34明确指出:"应保持本条例与《布鲁塞尔公约》《关于民商事管辖权及判决的承认与执行的第44/2001号条例》的延续性,过渡条款即为此目的。保持连续性的需求同样适用于欧盟法院就《布鲁塞尔公约》《关于民商事管辖权及判决的承认与执行的第44/2001号条例》所作之解释。"故而,欧盟法院通过判决对《布鲁塞尔公约》《关于民商事管辖权及判决的承认与执行的第44/2001号条例》的解释,同样可以适用于《布鲁塞尔条例Ⅰ(重订本)》的相同条款。

④ Horst Ludwig Martin Hoffmann v. Adelheid Krieg, Case 145/86, para. 10.

⑤ Meletis Apostolides v. David Charles Orams and Linda Elizabeth Orams, Case 420/07, para. 66.

差异。[①] 美国法院的做法与英国法院的做法相同。根据《第四次对外关系法重述》,在美国法院,外国判决的效力应以判决国法律规定之效力为上限。[②] 需要说明的是,如果当事人不能提供判决国关于判决效力之规定的充足信息,则美国法院推定外国判决的效力与法院自身判决的效力是一致的。[③]

《民事诉讼法》以及《民诉法司法解释》都没有对外国判决的效力作出明确规定。然而,在我国与其他国家签署的双边民商事司法协助条约中,都采用"同等说",按照被请求国法律给予外国判决效力。比如,2018 年生效的《中华人民共和国和埃塞俄比亚联邦民主共和国关于民事和商事司法协助的条约》第 27 条承认和执行的效力就规定:"被承认和执行的裁决在被请求方境内应当与被请求方法院作出的裁决具有相同的效力。"

综上,基于我国目前签订的双边民商事司法协助条约的规定,应以我国法律决定外国判决的效力。同时,也应允许原告或被告举证证明判决国法律,并依据判决国法律适当扩张或者限缩外国判决在我国的效力。一方面,尽管我国《民事诉讼法》以及《民事诉讼法司法解释》都没有明确规定外国判决效力的准据法,但已经签署的双边民商事司法协助条约通常依据承认国法律决定外国判决的效力,从体系一致性的角度,以我国法律决定外国判决的效力应是基本的立场;另一方面,由于民商事判决涉及原告和被告的民事权益,并且考虑到各国诉讼规则的差异,应允许原告或者被告举证证明判决国法律,以便保证胜诉方的合理期待并保护被告的合法权益。同时,在个案中依据判决国法律决定外国判决的效力,而不是将这种方式设定为决定外国判决效力的一般规则,也不会严重损害我国的司法主权。

二、外国判决既判力拘束的裁决事项

确定外国判决既判力客观范围的准据法后,则可以进一步考察外国判决既判力的客观范围。根据大陆法系判决理论,判决的既判力涉及三个问题,既判力的客观范围、主观范围以及时间范围。[④] 就本文涉及的既判力客观范围而言,需要考察以下两方面的问题:

第一,判决既判力拘束的裁决事项。大陆法系民事诉讼立法通常将判决既判力

---

① Sirko Harder, *The Effects of Recognized Foreign Judgments in Civil and Commercial Matters*, International and Comparative Law Quarterly 62, 2013, p. 443 - 445.

② 《第四次对外关系法重述》§ 487, Comment d.

③ 《第四次对外关系法重述》§ 487, Reporters' Notes, 4.

④ 关于既判力的主观范围与时间范围,参见翁晓斌:《我国民事判决既判力的范围研究》,载《现代法学》2004 年第 6 期。

拘束的裁决事项限于判决主文中的裁决事项,而将判决理由中包含的裁决事项排除在外。而判决主文中的裁决事项,通常等同于诉讼标的。① 我国民事诉讼法学界通行的观点认为,诉讼标的是双方当事人争议的要求法院裁判的实体法律关系。② 这一观点体现了大陆法系旧诉讼标的理论,即将诉讼标的等同于实体法中的法律关系,特别是实体法中的请求权。③ 旧诉讼标的理论因无法妥善解决请求权竞合问题,而逐渐被新诉讼标的理论所取代。新诉讼标的理论使诉讼标的脱离了实体法请求权的束缚,而根据诉讼请求,确定诉讼标的之概念。新诉讼标的理论通说采用"二分支说",由诉讼请求与请求所基于之事实④共同决定诉讼标的。⑤

第二,判决理由中裁决事项具有既判力的条件。如果判决理由中包含的裁决事项不具有既判力,而可以被重新争议,则可能发生后诉判决与前诉判决矛盾之情况。因此,赋予判决理由中裁决事项以既判力,可以减少后诉对前诉构成实质性重复争议的现象,有利于避免冲突、矛盾之裁判结论的出现,诉讼之纠纷解决功能的外延将会扩大、内涵将会强化。因此,大陆法系判决理论通过特定方式,如争点效,赋予判决理由中对诉讼中重要争点所作判断以确定力,⑥进而扩张既判力拘束的裁决事项范围。

(一)外国判决既判力拘束之裁决事项的比较法考察

1.《海牙判决公约》关于既判力拘束之裁决事项的规定

《海牙判决公约》解释报告认为,需要根据公约自身之目的统一解释被承认之缔约方判决的效力。基于此,《海牙判决公约》解释报告就被承认之缔约方判决的既判力给出指导意见。《海牙判决公约》解释报告指出,《海牙判决公约》所要求的承认缔约方判决之义务意味着同一诉讼(claim)或同一诉因(cause of action)不能在其他缔约方被重复起诉。因此,如果被承认之缔约方判决已经裁决诉讼中主张的权利或

---

① 参见丁宝同:《论争点效之比较法源流与本土归化》,载《比较法研究》2016年第3期。

② 参见严仁群:《既判力客观范围之新进展》,载《中外法学》2017年第2期。

③ 参见姜世明:《民事诉讼法基础论》,台北,元照出版有限公司2015年版,第91页。

④ 而对于请求所基于之事实又有"权利发生事实说"以及"生活事实说"之不同。前者是指为充分已被明示或依陈述内容所得被特定主张权利之法律要件所必须之事实;后者是指从生活原因事实出发,即其事实乃指统一之生活事实。同时,如果依据社会交易见解以自然之观察而得被同一者,也可被视为同一事实。参见姜世明:《民事诉讼法基础论》,台北,元照出版有限公司2015年版,第92~93页。

⑤ 参见姜世明:《民事诉讼法基础论》,台北,元照出版有限公司2015年版,第92~93页。

⑥ 丁宝同:《论争点效之比较法源流与本土归化》,载《比较法研究》2016年第3期。

义务,则前述权利或义务不应在承认国法院再行争议。[①]

需要说明的是,《海牙判决公约》本身并没有使用诉因这一措辞。然而,针对《海牙判决公约》第7条第1款第6项,[②]公约解释报告指出,使用同一主题(subject matter),而非《选择法院协议公约》第9条第7项使用的同一诉因,原因在于不同缔约方有不同诉因,使用诉因的措辞会限制《海牙判决公约》的范围。而判断是否为同一主题的关键因素是冲突判决的核心争点(issues)或本质争点是不是相同的。[③]

由于诉讼中主张的权利或义务当然需要特定的事实基础与法律依据。同时,诉讼中主张而请求法院裁决的权利或义务显然是判决的核心争点。不难看出,《海牙判决公约》解释报告的立场更接近于新诉讼标的理论,通过诉讼请求与请求所基于的事实决定依据公约而被承认的缔约方判决既判力拘束的裁决事项。

2.《布鲁塞尔条例Ⅰ(重订本)》关于既判力拘束之裁决事项的规定

如果按照欧盟法院的认定,被承认的欧盟成员国判决既判力拘束的裁决事项应由判决国法律决定。然而,欧盟法院却通过个案实际背离前述认定,而逐步构建起欧盟法律下的既判力规则。[④]

在一则涉及《布鲁塞尔公约》第31条[⑤]关于执行缔约方判决的案件中,欧盟法院认为,如果缔约方判决可以根据公约第31条在其他缔约方被执行,公约条文阻止胜诉方在缔约方针对败诉方就该判决的同一主题重新起诉。[⑥]同一主题之概念,源于

---

① Francisco Garcimartín & Geneviève Saumier, *Explanatory Report on the Convention of 2 July 2019 on the Recognition and Enforcement of Foreign Judgments in Civil or Commercial Matters*, Hague Conference on Private International Law, 2020, para. 115.

② 《海牙判决公约》第7条第1款规定:"在下列情形下,可以承认和执行可以被拒绝……(f)该判决与较早前第三国就相同当事人间就相同主题所作出的判决相冲突,且该较早判决满足在被请求国得到承认所必需的条件。"

③ Francisco Garcimartín & Geneviève Saumier, *Explanatory Report on the Convention of 2 July 2019 on the Recognition and Enforcement of Foreign Judgments in Civil or Commercial Matters*, Hague, Hague Conference on Private International Law, 2020, para. 272.

④ Elisa Torralba-Mendiola & Elena Rodríguez-Pineau, *Two'S Company, Three'S a Crowd: Jurisdiction, Recognition and Res Judicata in the European Union*, Journal of Private International Law 10, 2014, p. 424 – 425.

⑤ 《布鲁塞尔公约》第31条第1款规定:"成员国可被执行的判决,如判决利益相关方申请且被其他成员国宣布可以被执行,则应在其他成员国被执行。"

⑥ Jozef de Wolf v. Harry Cox BV, Case 42/76, para. 10 and para. 11.

欧盟法院针对调整平行诉讼的《布鲁塞尔公约》第21条①所作之判决。② 而根据欧盟法院后续判决针对主题这一概念的解释,所谓主题应等同于诉讼目标,或者说诉讼之目的。③

由于欧盟法院是从平行诉讼的规定衍生出同一主题的概念,因此,当事人在平行诉讼中提出的诉讼请求并不是判断诉讼目标的核心标准。而不同诉讼之间如有相同的诉讼目标,则应有基于同一案件事实而产生的类似或一致的法律争议。如果将这一标准放置在判决承认与执行领域,则可以认为,《布鲁塞尔条例Ⅰ(重订本)》不是以诉讼请求,而是以不同诉讼请求所基于的案件事实和法律争议的一致性,认定被承认的欧盟成员国判决既判力拘束的裁决事项。

3. 英国判例法和《第四次对外关系法重述》有关既判力拘束之裁决事项的规定

按照英国判例法,外国判决的胜诉方可以选择在已经进行的英国诉讼程序中,申请承认外国判决,以请求诉因禁反言(Cause of Action Estoppel)或争点禁反言(Issue Estoppel)。④ 同时,1982年英国《民事管辖权和判决法》(Civil Jurisdiction and Judgments Act)第34条明确规定,⑤胜诉方针对相同当事人或其利害关系人,不能针对外国判决所基于的诉因再行起诉,但该判决在英国不能被承认或执行的除外。

诉因是英美法系的一个特别概念,布莱克法律词典将之界定为,一组关键的事实,导致一个或多个诉讼的基础。⑥ 英国上诉法院将诉因界定为一个事实的情况使某人有权在法院向另一人取得救济。⑦ 英国上议院在"印度船公司案"(Republic of

---

① 《布鲁塞尔公约》第21条第1款规定:"在相同当事人之间涉及相同诉因的诉讼如在不同成员国提起,除最先受理的法院外,其他法院应停止诉讼程序以待最先受理的法院确定其管辖权。"

② Gubisch Maschinenfabrik KG v. Giulio Palumbo, Case 144/86, para. 14.

③ Gantner Electronic GmbH v. Basch Exploitatie Maatschappij BV, Case 111/01, para. 25. 需要说明的是,在该案中,欧盟法院参照"塔特拉货主诉马切伊拉塔伊号船东案"(Owners of the Cargo Lately Laden on Board the Ship "Tatry" v. Owners of the Ship "Maciej Rataj")判决第41段,认定主题之概念。然而,在"塔特拉货主诉马切伊拉塔伊号船东案"中,欧盟法院第41段实际解决的是前诉与后诉是否具有相同的目标(Same Object)。而同样在"塔特拉货主诉马切伊拉塔伊号船东案"中,欧盟法院将诉讼之目标(Object of the Action)等同于诉讼之目的(End the Action Has)。因此,同一主题,根据欧盟法院的理解,应等同于诉讼之目的。

④ Paul Torremans ed., *Cheshire, North & Fawcett on Private International Law*, Oxford University Press, 2017, p. 1086.

⑤ 1982年《民事管辖权和判决法案》第34条规定:"当事人不能就同一诉因在英格兰和威尔士或者北爱尔兰提起针对相同当事人或其利害关系人的诉讼,如果当事人作为胜诉方在联合王国的其他法院或者外国法院取得判决,除非该判决在英格兰和威尔士或者北爱尔兰不可被执行或不能被承认。"

⑥ Bryan Garner eds., *Black's Law Dictionary*, Miami, Thomson Reuters, 2009, p. 251.

⑦ Letang v. Cooper, [1965] 1 Q. B. 232, 243.

India v. India Steamship Co. Ltd.)中考察如何适用诉因禁反言。英国上议院认为,在英国和印度进行的两个不同诉讼程序中涉及的受损货物是依据规范承托双方各自权利义务的货物运输合同而进行的。同时,两个诉讼程序涉及同一导致货损的事件。因此,没有必要区分两种不同的违约,因为原告所援用的形成其在两个不同诉讼程序中分别请求违约的事实基础是一致的,而该事实基础就是原告在印度法院所提出的承运人过失。① 据此,无论从概念层面,还是从司法实践来看,诉因禁反言都不允许当事人针对同一争议事实,在判决国法院和英国法院提出不同的诉讼请求。

根据《第四次对外关系法重述》,经过公正审判,且互相抗辩后获得之最后、终局且可执行的判决国法院判决,在当事人以及诉讼一致时,可以产生诉讼排除效果(claim preclusion),②即一方当事人在前诉法院提起诉讼,并已获得针对主体(on the merits)且可被承认的判决,则不能在后诉法院针对同一当事人提起同一诉讼。③《第四次对外关系法重述》进一步指出,应通过交易标准界定诉讼,包括原告针对被告提出救济的全部权利,这些权利与诉讼所源于的特定交易或者一系列关联交易相关。④ 而根据《第二次判决重述》,美国目前诉讼法的趋势是:将诉讼视为事实上的概念,并使其与交易相关联,而不考虑原告可用之实体法理论的数量或者源于这些实体法理论之救济的不同形式,也不考虑可能被侵犯的实体权利之数量以及支持前述理论或权利所需证据之不同形式。⑤

可以看出,英美法系并没有使用大陆法系所采用的诉讼标的之概念。然而,不管是诉因禁反言抑或诉讼排除效果,都体现出一致的趋势,不能允许原告或被告通过滥用诉讼程序的方式,要求承认国法院重新审理基于同一争议事实产生的不同诉讼请求,或者给予救济。

(二)《民诉法司法解释》第531条第2款的理解与适用

《民诉法司法解释》第531条第2款规定的"同一争议"有两种解释路径。其一,考虑到《民诉法司法解释》第531条第2款的目的是避免重复诉讼,可以依据《民诉法司法解释》第247条的规定解释同一争议。也就是说,在当事人一致的前提下,将同一争议解释为诉讼标的与诉讼请求一致,或者诉讼标的一致,而后诉的诉讼请求

---

① Republic of India v. India Steamship Co. Ltd., [1993] A.C. 410, 420-421.

② 《第四次对外关系法重述》§487, Comment b.

③ 《第四次对外关系法重述》§487, Comment a.

④ 《第四次对外关系法重述》§487, Reporters' Notes, 2.

⑤ 《第二次判决重述》§24, Comment a.

实质上否定前诉裁判结果。其二,按照新诉讼标的理论将同一争议,理解为基于同一争议事实所产生的所有诉讼请求。笔者认为,应按第二种路径解释,原因在于以下四个方面:

第一,就各国的普遍做法而言,基于同一事实产生的所有诉讼请求权应在一个诉讼程序中被一并提出。从普遍趋势来看,现已不再从实体法律关系中当事人具有之请求权的角度理解既判力拘束之裁决事项,而是从诉争法律关系的角度,或者说从诉讼程序中当事人提出的诉讼请求权的角度理解既判力拘束之裁决事项。原因在于,一方面,任何诉讼都应有终点。故而,为使生效判决所裁决的法律关系不再变动,即确保判决的终局性,不应针对同一争议事实再行审理。另一方面,诉讼当事人不应就同一争议事实而被多次审理,这是滥用诉讼程序的表现。

第二,为避免司法资源的浪费,应当将同一争议理解为基于同一争议事实所产生的所有诉讼请求。当外国法院已经审查当事人之间争议的法律关系以及该法律关系所依赖的事实,且该判决已被我国法院承认时,考虑到当事人以及证据可能发生在我国法院管辖领域之外,为避免域外取证或者域外送达对司法资源的浪费,我国法院没有必要再次审查当事人之间争议的法律关系以及该法律关系所依赖的事实。

第三,为保证胜诉方合理期待并保护被告合法权益,也应将同一争议理解为基于同一争议事实所产生的所有诉讼请求。一方面,在外国判决已被我国法院承认的前提下,如果原告胜诉,为维护法律关系的稳定性,保证胜诉方的合理期待,不应允许被告重新提起诉讼;而如果被告胜诉,为防止原告滥用诉讼程序使被告因同一争议事实受到多次审理,也不应允许原告重新起诉。另一方面,为保证胜诉方的合理期待并保护被告的合法权益,应确保终局判决的有效性。据此,判断诉讼标的应脱离实体法律关系,而从程序的角度入手。因此,即便当事人可能存在实体法中的多项请求权,但如果争议都是围绕着同一争议事实而发生,则不应当允许当事人根据不同的实体法请求权在我国法院提起新的诉讼。

第四,为尊重判决国的司法主权,也应当将同一争议理解为基于同一争议事实所产生的所有诉讼请求。如果我国法院重新审理原告或者被告针对同一争议事实提出的不同诉讼请求,则必然需要对外国判决进行实体审查。故而,为尊重判决国主权,我国法院也不应审理外国判决当事人针对同一争议事实提出的其他诉讼请求。

然而,由于各国诉讼规则的差异,在请求权竞合或者请求权并存时,原告在一些国家并不一定能够对不同的请求权进行选择或者同时提起。因而，当原告具有我国国籍时，为维护其合法的诉权，如其能证明在我国法院能够提起的诉讼请求为判决国程序规则所禁止，且我国法院对于被告具有管辖权，我国法院可以考虑受理该案。

三、外国判决理由中裁决事项产生既判力的条件

基于《民诉法司法解释》第93条第1款第5项，我国法院所作裁判既判力的拘束范围，并不仅限于判决主文所裁决的事项，或者说诉讼标的。考虑到本文所研究的外国判决，不管是从判决国法院的角度，抑或我国法院的角度，都应当是发生法律效力的裁判。因此，本部分试图通过比较的方式，考察外国判决理由中裁决事项产生既判力的条件。需要说明的是，本文考察前述问题，仅以相同当事人①之间的判决为限；至于在不同当事人之间，生效判决理由中裁决事项产生的效力，不属于本文讨论的范围。②

（一）外国判决理由中裁决事项产生既判力条件的比较法分析

1.《海牙判决公约》关于判决理由中裁决事项产生既判力之条件的规定

无论是《海牙判决公约》，还是解释报告都没有规定或者说明判决理由中裁决事项，是否可以产生既判力，以及产生既判力的条件。就理论层面而言，拒绝承认冲突判决与既判力扩张至判决理由中裁决事项有密切关系。针对《海牙判决公约》第7条第1款第5项冲突（Inconsistent）的措辞，③公约解释报告指出，两份判决冲突意味着，执行一份判决可能全部或者部分地违反另一份判决。④ 特别需要说明的是，提交给海牙国际私法会议第22届外交大会以供审议的《海牙判决公约》的公约解释报告草案关于冲突的理解是，当作为同一争点之基础的法律认定或者事实认定是相互排斥时，两份判决应被认为是冲突的。⑤ 最终出台的解释报告没有说明为何改变有关

---

① 关于如何认定相同当事人，或者说既判力的主观范围，参见张卫平：《既判力相对性原则：根据、例外与制度化》，载《法学研究》2015年第1期。

② 关于此问题，参见王亚新、陈晓彤：《前诉裁判对后诉的影响——〈民诉法解释〉第93条和第247条解析》，载《华东政法大学学报》2015年第6期。

③ 《海牙判决公约》第7条第1款规定："在下列情形下，可以拒绝承认或执行：……（e）该判决与被请求国就相同当事人间争议作出的判决相冲突。"

④ Francisco Garcimartín & Geneviève Saumier, *Explanatory Report on the Convention of* 2 *July* 2019 *on the Recognition and Enforcement of Foreign Judgments in Civil or Commercial Matters*, Hague Conference on Private International Law, 2020, para. 271.

⑤ Francisco Garcimartín & Geneviève Saumier, *Judgments Convention: Revised Draft Explanatory Report*, Hague Conference on Private International Law, 2018, para. 301.

冲突的解释。由于解释报告草案有关冲突的解释显然要比最终解释报告关于冲突的解释更精确,因此,适用解释报告草案有关冲突的解释有助于《海牙判决公约》的统一适用。

尽管《海牙判决公约》解释报告明确指出,公约并没有要求按照承认方法律赋予被承认的缔约方判决效力,但解释报告讨论生效判决既判力时,引用了《法院选择协议公约》解释报告针对该公约第10条先决问题的评论。[①] 该评论指出,《法院选择协议公约》并没有要求承认国法院认可或执行争点禁反言或类似效果,但承认国法院可以根据承认国法律赋予针对先决问题的缔约方判决前述效力。[②] 因此,在《海牙判决公约》下,承认国法律对于被承认的缔约方判决的效力,并非没有适用的空间。

据此,在《海牙判决公约》未规定的前提下,依据公约而被承认之缔约方判决的既判力是否可以扩张至判决理由中的裁决事项,应取决于承认国法律的规定;而就条件来说,为求得公约适用之最大限度的统一,可以采纳解释报告草案关于冲突的解释,以作为前诉与后诉相同争议问题之基础的法律认定或者事实认定作为判决理由中裁决事项产生既判力的条件。

2.《布鲁塞尔条例Ⅰ》关于判决理由中裁决事项产生既判力之条件的规定

在一起针对欧盟理事会2000年12月22日《关于民商事管辖权及判决的承认与执行的第44/2001号条例》(以下简称《布鲁塞尔条例Ⅰ》)第32条[③]的判决中,欧盟法院更进一步阐明欧盟法律下既判力的概念。欧盟法院在该案中指出,欧盟法律下既判力(*Res Judicata*)之概念不仅仅涉及判决的主文,而且涉及判决理由,即为判决主文提供必要的基础且与主文不可分割之部分。[④] 至于如何理解"为判决主文提供必要的基础且与主文不可分割之部分",欧盟法院没有进一步解释。这显然遗留了解释空间,并且需要根据个案情况,分别判断。

需要指出的是,欧盟法院认为,由于该案判决是根据欧盟法律下共同的管辖权

---

① Francisco Garcimartín & Geneviève Saumier, *Explanatory Report on the Convention of* 2 *July* 2019 *on the Recognition and Enforcement of Foreign Judgments in Civil or Commercial Matters*, Hague Conference on Private International Law, 2020, para. 115.

② Trevor Hartley & Masato Dogauchi, *Explanatory Report of Convention of* 30 *June* 2005 *on Choice of Court Agreements*, Hague Conference on Private International Law, 2005, para. 195.

③ 《布鲁塞尔条例Ⅰ》第32条规定:"为本条例之目的,判决意味着成员国法院或法庭所作之任何判决,不考虑其称谓为何,包括执行命令、命令、决定或令状,以及由书记员作出的有关费用或开支的决定。"

④ Gothaer Allgemeine Versicherung AG and Others v. Samskip GmbH, Case 456/11, para. 40.

规则——《布鲁塞尔条例Ⅰ》作出的,考虑到欧盟成员国适用欧盟法律之判决应得到互相信赖,因此,判断根据欧盟法律作出之判决的效力,需要适用其自身的特别体系,即欧盟法律下既判力的概念。① 显然,欧盟法院试图根据判决所依据法律的不同,区分依据成员国法律所作之判决与根据欧盟法律所作之判决,对于前者仍以判决国法律决定其效力,而后者则需要适用欧盟法院通过判决创立的欧盟既判力规则。

3. 英国判例法和《第四次对外关系法重述》关于判决理由中裁决事项产生既判力之条件的规定

外国判决在英国判例法下能够产生争点禁反言效果。争点禁反言阻止判决国法院裁决的必要事实基础或者法律依据,在英国法院被重新争诉。② 根据英国上议院的判例,外国判决产生争点禁反言效果需要满足3个条件:其一,判决国法院具有管辖权,判决必须是最后与终局的,且判决必须是针对主体的;其二,当事人或者利害关系人应是相同的;其三,争点必须相同。③ 针对主体的判决应被理解为:确定特定事实不再争议或已被证实的决定,说明了适用于争议事实的相关法律原则,以及表达了适用前述法律原则于相关事实之效果的结论。④ 在"蔡司案"(Carl Zeiss Stiftung v. Rayner & Keeler Ltd.)中,里德大法官(Lord Reid)特别强调,赋予外国判决争点禁反言效果需要特别谨慎。⑤ 基于前述谨慎性要求,外国判决如欲产生争点禁反言效果,还需满足一个条件,外国判决有关争点之决定对于外国判决所作之裁决而言应是必要的。⑥

根据美国《第四次对外关系法重述》,如果针对法律或事实的争点已被判决国法院审理并被最后、终局且可执行的判决裁断,且针对争点的裁断对判决而言是必要的,则可以产生争点排除效果(Issue Preclusion)。⑦ 争点排除效果或称为附随禁反言(Collateral Estoppel)是指,在相同当事人之间提起的后诉中,经过前诉抗辩而对争

① Gothaer Allgemeine Versicherung AG and Others v. Samskip GmbH, Case 456/11, para. 42.

② Lawrence Collins eds., *Dicey, Morris & Collins on the Conflict of Laws*, Sweet & Maxwell, 2012, p. 679.

③ Ibid., p. 680.

④ The Sennar (No 2) [1985] 1 WLR 490, 499.

⑤ Carl Zeiss Stiftung v. Rayner & Keeler Ltd., [1967] 1 A. C. 853, 919.

⑥ Lawrence Collins eds., *Dicey, Morris & Collins on the Conflict of Laws*, London, Sweet & Maxwell, 2012, p. 680.

⑦ 美国《第四次对外关系法重述》 § 487, Comment c。

点的裁断可被认为是终局的,即便后诉与前诉不同。[①]除需要前诉争点被审理并被生效地判决裁断外,判断是否产生争点禁反言效果有两个关键判断因素:一是前诉争点和后诉争点相同;二是争点对判决的裁断是必要的。

显然,无论是争点禁反言、争点排除效果,还是附随禁反言,从判断标准来看是一致的,且这些效果本质上也是为了明确裁判理由中裁决事项是否可以产生既判力,以及产生既判力的条件。依据上述标准,本文讨论的外国判决可以产生既判力,因该判决是已被承认国法院承认,且终局的裁判;而就条件而言,则必须满足前诉争点与后诉争点一致性以及争点对外国判决的裁断是必要的这两项要求。

(二)《民诉法司法解释》第 93 条第 1 款第 5 项的理解与适用

从普遍趋势看,判决理由中的裁决事项,也应具有既判力。在此基础上,以《民诉法司法解释》第 93 条第 1 款第 5 项为实证基础,可以有以下两个结论:

第一,外国判决理由中能产生既判力的裁决事项,应以判决主文之必要基础为限。判决的终局性与禁止滥用诉讼程序的基本考量,决定了判决既判力所及的裁决事项。也就是说,生效判决裁断的请求权以及请求权基础,除非存在特殊情况,比如出现新的事实或新的证据,不应再次被审理。基于此,判决主文应是既判力拘束之裁决事项的应然选择,而诉讼请求所基于的事实认定和法律认定,则必然成为既判力拘束之裁决事项扩张的必要限度。需要指出的是,如何区分判决主文与判决理由,以及判决理由中哪些裁决事项构成判决主文的必要基础,需要根据判决国法律认定。因而,从权利义务一致性的角度,应由援用既判力扩张的当事人举证证明,其所援用的具有拘束力的裁决事项是判决主文之必要基础。

第二,外国判决理由中裁决事项产生既判力之条件,应以保障被告合法权益与败诉方正当诉权为基本考量。为保证被告的正当程序权,只有经过原被告充分攻防的事实认定或者法律认定,才能对后诉中相同的事实问题或法律问题具有拘束力。与之相对,为保证败诉方合法的诉权,即便经过充分攻防的事实认定或法律认定,如果与后诉争议之问题不具有关联性,也应当允许败诉方重新起诉。因此,对于外国判决而言,应当允许当事人举证证明外国判决理由中的裁断事项,未经过充分的法庭辩论,或者前述裁断事项与后诉争议的事实问题或法律问题之间不具有一致性,以否定外国判决理由中裁决事项能够产生既判力。

四、结语

本文基于比较法的立场,围绕外国判决既判力的客观范围,阐释了《民诉法司法

① 美国《第四次对外关系法重述》 § 487, Comment a。

解释》第531条第2款和第93条第1款第5项应如何理解与适用。构建完整的关于外国判决效力,特别是外国判决既判力客观方面的规则具有两方面的意义。其一,有助于统筹推进国内法治和涉外法治。关于外国判决既判力的规则不仅涉及国内民事诉讼规则,也涉及国际私法规则。完善有关规定,不仅能够助推国内民事诉讼规则的完善,也能够健全国际私法规则体系,对于统筹推进国内法治和涉外法治具有重要意义。其二,有助于构建可预期的法治化营商环境。判决既判力是诉讼终局性的体现,在国际民商事法律争议中,通过一次诉讼定分止争,高效解决争议,是当事人的合理预期。而实现该预期有赖于针对外国判决在我国的效力,设立明确的规则,为当事人提供可预期的诉讼规则,帮助当事人提前预判外国判决在我国的既判力范围。同时,完整且明确的外国判决既判力客观范围,也能够降低国际民事诉讼的成本,使当事人不必在我国就外国判决已经裁断的事项再起争议。凡此种种,皆有助于构建可预期的法治化营商环境。

互惠在外国法院判决承认和执行立法中的功能和利益衡量*

王雅菡**

外国民商事判决的承认和执行解决的是不同国家私人间的纠纷,但在其立法背后仍未摆脱国家主权利益的影响。一国在立法中对互惠进行规定,主要目的是对本国司法主权的保护,从而希望互惠能够起到激励和防御的功能。互惠在有关外国法院判决承认和执行的立法中经历了从发展到弱化的趋势,部分原因也是受到互惠立法功能的影响,以及对国家利益和私人利益的考量。从我国目前的利益需求来看,我国《民事诉讼法》涉外编的规定有待进一步全面,以便具备废除互惠的条件,保留立法中互惠的规定能在一定程度上激励其他国家与我国合作的意愿。对此,我国应进一步完善《民事诉讼法》涉外编中有关外国法院判决承认和执行的规定,并积极加入国际民商事判决承认和执行的国际条约。

一、问题的提出

在承认和执行外国民商事判决的各项条件中,互惠是一个较具争议的话题。自1994年"五味晃申请承认、执行外国法院判决案"①(以下简称"五味晃案")以来,在我国学者的研究中,对互惠适用的评价和改进建议占据多数,但对立法中确立和废除互惠的利益分析相对较少,同时也有学者建议我国立法中可以取消互惠。② 这样

* 本文系国家社会科学基金青年项目"国际投资仲裁涉及中国的裁决执行问题研究"(项目编号21CFX087)阶段性成果。

** 河南大学法学院讲师,法学博士。

① 参见《中华人民共和国最高人民法院公报》1996年第1期(总第45期)。在该案中,我国法院以与日本之间不存在互惠关系为由拒绝承认和执行日本法院作出的判决。

② 参见连俊雅:《互惠原则在中国执行外国法院判决中的适用研究——兼论中国废除互惠原则的可能性》,载《石河子大学学报(哲学社会科学版)》2018年第1期。

的建议从理论上讲并无不妥,国家间的互惠关系似乎更多的是政治问题而非法律问题,将其作为私人纠纷解决的条件则背离了国际民事诉讼的应有价值。但在同样以互惠为条件的国家中,对互惠的评价也是褒贬不一。虽然近年来有些国家在立法中逐渐废除了互惠的规定,但也有一些国家在立法中引入了互惠的条件,其背后都有不同的利益考量。因此,对于互惠的是非曲直不能一概而论,而应结合一国的利益需求进行综合分析。

2021 年修正的《民事诉讼法》第 289 条确立了我国承认和执行外国法院判决中的互惠要求,但该条仅对互惠进行了原则性的规定,我国司法实践中采用了严格的事实互惠。[①] 但实践中的严格认定标准并不能成为立法中废除互惠的理由,从互惠立法所具有的激励和防御功能上来看,互惠在我国立法中仍具有一定的价值。本文以互惠在立法中的确立、发展和转变为切入点,从国内立法规定中互惠所具有的激励和防御功能来分析互惠在立法中转变的成因,以及国家利益和私人利益对一国立法中互惠要求的影响,进而从互惠功能和利益衡量的角度来论证我国《民事诉讼法》涉外编中互惠的改进。

二、互惠在外国判决承认和执行立法中的发展和转变

(一)互惠在立法中的确立和扩张

1. 互惠在民事程序立法中的引入

将互惠作为民事程序立法中承认和执行外国法院判决的条件可追溯至 19 世纪的欧洲大陆国家。1838 年荷兰《民事诉讼法典》规定禁止执行外国法院的判决。申请人必须在荷兰法院提起新的诉讼,但原判决作出国与荷兰之间有互惠除外。[②] 1896 年,互惠在奥地利《民事诉讼法典》中确立,其第 79 条规定,如果能够通过国际条约或政府的声明获得互惠,那么外国判决就可以在奥地利得到执行。[③] 德国在 1877 年德国《民事诉讼法典》第 328 条也确立了外国判决执行中的互惠要求,并被认为是最为重要的一条规定,根据该规定,在外国判决的执行条件方面,如果外国法

---

① 事实互惠,是指以外国法院是否存在承认和执行内国法院判决的客观事实为依据,如果存在这样的事实就表明内国与判决作出国之间有互惠关系,反之则不存在互惠关系。在我国法院的司法实践中,如果作出判决的外国法院没有承认和执行过我国法院的判决,通常会被认为与我国之间不存在互惠关系。

② See Kurt H. Nadelmann, *Non-Recognition of American Money Judgments Abroad and What to Do About It*, Iowa Law Review 42, 1956 - 1957, p. 244.

③ See Ernest G. Lorenzen, *The Enforcement of American Judgments Abroad*, Yale Law Journal, Vol. 29, No. 3, 1920, p. 284.

院比德国法院要求得更多,那么两国之间就没有互惠。[①] 此外,在欧洲大陆地区,罗马尼亚、瑞士大多数州、丹麦、瑞典等国家也在其民事程序立法中确立了互惠的条件。[②]

2. 互惠立法的扩张

欧洲大陆国家立法中的互惠也影响了其他国家。互惠在国内立法中的确立不再局限于欧洲大陆国家,而逐渐扩张至美洲、非洲、亚洲国家。在非洲地区,埃及规定互惠是执行外国判决的条件之一。[③] 在美洲地区,根据1884年墨西哥《民事诉讼法典》,互惠被作为执行外国判决的指导性原则。[④] 在秘鲁,对外国判决的执行要经过实质审查,除非有条约来保证互惠的存在。[⑤] 在巴西,除非原判决作出国承认互惠,或者是得到了巴西政府的认同,那么可以根据案件的情况来执行外国判决,否则外国判决不能在巴西得以执行。在阿根廷,法院也保留了互惠,并在1878年通过立法确认互惠作为执行外国判决的必要条件。[⑥]

在亚洲,日本在明治维新之后,于1890年颁布的第一部日本《民事诉讼法典》就追随了1877年德国《民事诉讼法典》的模式。[⑦] 其中第200条第4款规定了承认和执行外国判决的互惠保证,根据该条的规定,如果外国法院对日本法院判决的承认采用相等的条件或相对宽松的条件,那么就满足互惠的保证。[⑧] 进入20世纪后,其他亚洲国家也纷纷在立法中确立了互惠的要求。

(二)互惠在立法中的废除

互惠在19世纪大陆法系国家立法中出现了确立和扩大的趋势,进入20世纪后,一些欧洲大陆国家在立法改革中又逐渐取消了互惠的规定。

在2004年生效的比利时《国际私法典》中,比利时放弃了承认和执行外国法院

---

① See H. C. Gutteridge, *Reciprocity in Regard to Foreign Judgments*, Yearbook of International Law 13, 1932, p. 58 - 59.

② See Kurt H. Nadelmann, *Non-Recognition of American Money Judgments Abroad and What to Do About It*, Iowa Law Review 42, 1956 - 1957, p. 244 - 245.

③ See Ernest G. Lorenzen, *The Enforcement of American Judgments Abroad*, Yale Law Journal 29, 1920, p. 288.

④ Hilton v. Guyot, 159 U. S. 113, 218 (1895).

⑤ Hilton v. Guyot, 159 U. S. 113, 227 (1895).

⑥ Hilton v. Guyot, 159 U. S. 113, 227 (1895).

⑦ See Takao Sawaki, *Recognition and Enforcement of Foreign Judgments in Japan*, The International Lawyer 23, 1989, p. 29.

⑧ Ibid., p. 34.

判决中的互惠条件。[①] 2005 年发布实施的保加利亚《国际私法典》废除了外国判决执行中的互惠要求,但对于外国法院作出的破产宣告判决,债务人的法定所在地是判决作出国时仍要求互惠。[②] 2007 年北马其顿《国际私法》废除了承认外国判决中的互惠要求。[③] 波兰在其最近的法律改革中,也取消了外国判决承认和执行法律制度中的互惠原则。[④] 此前在瑞士占据普遍地位的互惠原则随着 1987 年《关于国际私法的联邦法》的通过,以及《民商事管辖及判决执行的公约》(以下简称《卢加诺公约》)的批准而被废除。[⑤] 但《关于国际私法的联邦法》第 166 条第 1 款 c 项有例外规定,涉及债务人的外国破产判决仍要求互惠,即宣告作出的国家给予互惠。[⑥] 美洲国家中,巴西和委内瑞拉也废除了互惠的规定。[⑦]

(三)互惠在立法中的再次引入

对于互惠在立法中呈现的弱化趋势,有学者认为,互惠的大势已去,因而不需要对这一要求有过多的关注。[⑧] 但与此同时,也有国家在立法的修订中引入了互惠的规定,如越南和乌克兰。

越南最初在外国判决的承认和执行问题上依据的是 1993 年越南《关于承认和执行外国判决的法令》,根据该法的规定,只有与越南之间有双边司法协助条约国家

---

① 参见杜涛:《国际私法的现代化进程——中外国际私法改革比较研究》,上海人民出版社 2007 年版,第 176 页。

② Rossitsa Voutcheva et al. , *Republic of Bulgaria*, in Louis Garb & Lew Julian eds. , Enforcement of Foreign Judgements, Netherlands: Kluwer Law International BV, 2015, p. 5.

③ Ana Dangova Hug, *Republic of Macedonia*, in Louis Garb & Lew Julian eds. , Enforcement of Foreign Judgments, Netherlands: Kluwer Law International BV, 2016, p. 6.

④ See Béligh Elbalti, *Reciprocity and the Recognition and Enforcement of Foreign Judgments: A Lot of Bark but not Much Bite*, Journal of Private International Law 13, 2017, p. 187 – 188; Michal Gruca, *Poland*, in Louis Garb & Lew Julian eds. , Enforcement of Foreign Judgments, Netherlands: Kluwer Law International BV, 2017, p. 5.

⑤ Matthew Reiter & Lorenz Naef, *Switzerland*, in Louis Garb & Lew Julian eds. , Enforcement of Foreign Judgments, Netherlands: Kluwer Law International BV, 2016, p. 13.

⑥ 陈卫佐:《瑞士国际私法法典研究》,法律出版社 1998 年版,第 312 页。

⑦ See Jacob Dolinger et al. , *Brazil*, in Bea Verschraegen et al. , eds. , International Encyclopedia of Private International Law, Netherlands: Kluwer Law International BV, 2017, p. 321; Angel Gabriel Viso, *Venezuela*, in Louis Garb & Lew Julian, eds. , Enforcement of Foreign Judgments, Netherlands: Kluwer Law International BV, 2015, p. 5.

⑧ See Béligh Elbalti, *Reciprocity and the Recognition and Enforcement of Foreign Judgments: A Lot of Bark but not Much Bite*, Journal of Private International Law 13, 2017, p. 201 – 209.

的判决,可以依据条约规定的程序进行承认和执行。① 在2004年通过的越南《民事诉讼法典》中,第342条第3款增加了互惠的规定,在与越南没有相关国际条约的情况下,外国判决的承认和执行能够以互惠作为依据。越南学者认为,对于互惠的要求在一定程度上也反映出立法者的预期,需要提供一种可预测的和明确的法律基础,为在越南从事商业交易的商人增加信心。②

与越南情况相似,在2004年之前,外国判决在乌克兰的承认只能依据相关的国际条约。2004年颁布的乌克兰《民事诉讼法典》引入互惠的规定,根据该法第390条的规定,在没有国际条约的情况下,外国法院的判决也可以根据互惠在乌克兰得到承认和执行。③

总体而言,从19世纪至20世纪,互惠在外国判决承认和执行立法中出现了"确立——扩张——弱化"的趋势,但由于目前大多数国家仍保留了互惠的规定,所以互惠的地位仍未发生根本性的改变。

三、互惠在立法中的功能

(一)互惠的激励功能

在立法中规定互惠,一方面,可以促使外国法院尊重本国法院判决;另一方面,多数国家在立法中规定互惠也会激励其他国家在立法或成文法中要求互惠。对此,本文主要通过以下3个事件进行论证。

1. 法国对实质审查原则的摒弃

直至18世纪60年代,法国在外国判决的执行方面一直采用的是实质审查原则(*revision au fond*),在这一时期,其他欧洲国家在有关外国判决执行方面要求互惠也与法国法院当时所采用的实质审查原则有关。④ 1964年以前,法国法院的实质审查主要包括法律和事实两个方面,并要求外国法院的判决符合法国规定的执行条件。⑤ 针对一项在西班牙法院请求执行法国法院的判决中,西班牙最高法院曾指出,"法国的审判程序

---

① Ngoc Bich Du, *Cross-Border Recognition and Enforcement of Foreign Judgments in Vietnam*, Journal of Private International Law 4, 2008, p.482.

② Ngoc Bich Du, *Cross-Border Recognition and Enforcement of Foreign Judgments in Vietnam*, Journal of Private International Law 4, 2008, p.479-480.

③ Interlegal, *Recognition and Enforcement of Foreign Court Judgments & Arbitration Awards in Ukraine*, Accessed January 9, 2018, http://interlegal.com.ua/en/publications/recognition-and-enforcement-of-foreign-court-judgments-arbitration-awards-in-ukraine/.

④ See James C. Regan, *The Enforcement of Foreign Judgments in France under the Nouveau Code de Procedure Civile*, Boston College International and Comparative Law Review 4, 1981, p.160-161.

⑤ 参见李旺:《国际民事诉讼法》(第2版),清华大学出版社2011年版,第141页。

是有悖于外国判决的承认的"。对此,西班牙法院适用互惠拒绝执行法国法院的判决。[①]

其他国家对互惠的要求也促使法国法院限制实质审查原则的适用。1963 年 1 月,法国最高法院在一项涉及人身关系的裁定中指出,根据对判决进行实质审查的原则,法国法院的判决会被立法规定中要求互惠的德国所拒绝。[②] 紧接着在 1964 年 1 月的"蒙策尔案"中,请求承认和执行的是美国纽约法院作出的判决,在该案中法国最高法院摒弃了对外国判决在实体问题上的审查。[③]

法国从 1963 年在司法审判中采用的宽泛政策更有利于外国判决的承认和执行。虽然部分原因是法国学者一直以来对实质审查的批判,但从另一角度可以认为是受到德国《民事诉讼法典》中关于互惠要求的影响。因为根据德国法律的规定,法国法院的判决会被德国法院所拒绝。[④] 德国立法中的互惠规定对法国法院所产生的影响,可以被认为是立法中规定互惠所产生的激励功能,从而促进外国法院尊重内国法院的判决。[⑤]

2. 美国对州立法的修改

除法国外,德国的互惠立法还促使美国加利福尼亚州(以下简称加州)对外国判决承认和执行的立法进行修订。1906 年洛杉矶发生大地震,并给北加州地区带来了巨大的财产损失。包括多数商人在内的私人群体希望从他们所参保的德国保险公司中获得赔偿,在大地震之后他们纷纷向德国保险公司提出索赔。在多数案件中,德国的承保人拒绝赔偿,他们提出,保险合同明确规定承保人对于地震带来的损害不负有义务。而投保人则辩称,争议中的损害实际上是由大火造成的,属于相应政策的承保范围内。[⑥]

---

① See James C. Regan, *The Enforcement of Foreign Judgments in France under the Nouveau Code de Procedure Civile*, Boston College International and Comparative Law Review 4, 1981, p. 160.

② Kurt H. Nadelmann, *French Courts Recognize Foreign Money-Judgments: One Down and More to Go*, The American Journal of Comparative Law 13, 1964, p. 75.

③ Kurt H. Nadelmann, *French Courts Recognize Foreign Money-Judgments: One Down and More to Go*, The American Journal of Comparative Law 13, 1964, p. 75 – 76. Munzer v. Munzer-Jacoby, Cour de Cass., Ch. Civ. (lst Sect.), Jan. 7, 1964, [1964] Bull. des Arrets de la Cour de Cass., Chambres Civiles, I. No. 15, p. 11.

④ See Arthur T. von Mehren & Donald T. Trautman, *Recognition of Foreign Adjudications: A Survey and a Suggested Approach*, Harvard Law Review 18, 1968, p. 1661 – 1662.

⑤ See William G. Southard, *Comment: The Reciprocity Rule and Enforcement of Foreign Judgments*, Columbia Journal of Transnational Law 16, 1977, p. 345 – 346.

⑥ See John F. Coyle, *Rethinking Judgments Reciprocity*, North Carolina Law Review 92, 2014, p. 1132 – 1134.

美国加州法院最终以支持投保人的方式对此类争议作出了裁定。但当这些投保人到德国申请对美国加州法院判决的执行时,却发现德国法中的互惠要求阻碍了他们的请求。其中较具代表性的是1907年的一项裁定,德国皇家法院(German Imperial Court)认为,由于加州法院和德国之间并没有互惠的保证,德国法院不能执行加州法院针对1906年洛杉矶地震中有关当事人损害赔偿作出的缺席判决。德国法院认为加州当时所实行的法律规定赋予了加州法院比德国法院更多的审查权。[①]

在德国法院的这项裁定之后,一个名为"投保人保护联盟"(Policyholders' Protective League)的机构宣称他们将游说政府对加州法律中有关外国判决的立法进行修改。这一机构成立于1906年,代表的是洛杉矶商人协会、美国商会和贸易委员会成员的利益,他们派出代表去请求立法机关修改加州关于外国判决效力的民事程序法。而他们的游说也富有成效。1907年3月,加州立法机关一致通过立法对加州外国判决执行的相关法律规定放宽标准。一名议员还解释道:"这一措施的目的在于帮助保险的索赔人。"[②]

在美国加州立法修改之后,德国皇家法院在1909年的裁定中仍不予执行加州法院的判决,德国皇家法院指出,即使是修改后的立法仍无法满足德国法中的互惠要求,加州法院仍可能不予执行德国法院的判决。[③] 而加州修改的立法直到1974年才被废止,法律修改委员会在评论中也指出,"1907年对这一立法修改的出发点是由于德国法中的互惠,从而使加州法院的判决能够满足德国法律中互惠保证的要求,并在德国法院得到执行"。[④] 当年立法的修改虽然已经失去了它的历史意义,但也说明一国立法中的互惠规定在一定条件下能够激励另一个国家或地区对其立法的修改。

3. 英国《外国判决(互惠执行)法》

互惠立法的激励功能还体现在影响其他国家对承认和执行外国法院判决规则的制定,欧洲大陆法系国家中的互惠立法也曾对普通法系的英国产生了影响。在英

① See Wolfgang Wurmnest, *Recognition and Enforcement of U. S. Money Judgments in Germany*, Berkeley Journal of International Law 23, 2005, p. 186.

② Foreign Judgments Are Given Recognition, S. F. Call, Mar. 5, 1907, at 2. Cited in John F. Coyle, *Rethinking Judgments Reciprocity*, North Carolina Law Review 92, 2014, p. 1133 – 1134.

③ See Ernest G. Lorenzen, *The Enforcement of American Judgments Abroad*, Yale Law Journal 29, 1920, p. 202.

④ Law Revision Commission Comments, § 1915. Repealed by Stats. 1974, c. 211, p. 409, § 6.

国颁布 1933 年《外国判决(互惠执行)法》[The Foreign Judgments (Reciprocal Enforcement) Act 1933]之前,根据普通法的规则,对于具有确定性效力的外国判决,原判决债权人可以在英国法院提起新的诉讼。但在当时的欧洲大陆国家看来,英国的普通法程序无法使其判决获得确定性的效力。此外,英国缺乏成文法的规定,而欧洲大陆国家大多在立法中规定了互惠作为执行外国法院判决的前提条件,从而导致大多数英国法院的判决在欧洲大陆国家无法得到执行。①

为此英国议会于 1933 年通过了《外国判决(互惠执行)法》,其目的在于保证英国法院判决在外国得到承认和执行,并采用了与其他欧洲大陆国家许可程序(*exequatur*)相似的承认和执行程序。据此,在英国高等法院进行登记的外国判决就与登记地法院作出的判决一样具有相同的效力。②《外国判决(互惠执行)法》虽然只适用于给予英国法院判决"实质互惠待遇"的国家,但原判决债务人仍可以选择普通法程序的方式,从而在互惠的要求上具有了选择权。③ 由此可见,英国制定有关互惠规定的成文法,也是其他国家互惠立法推动和激励的结果。

(二)互惠的防御功能

立法中互惠的防御功能表现为"先发制人",如果被请求国法院的判决将来可能无法在判决作出国获得承认和执行,那么被请求国单方给予他国的便利可能无法得到对方的回应,因此也很难形成相互的优惠和便利。对此被请求国则可以两国间缺乏互惠为由拒绝承认和执行该外国判决,从而防止自己先给予的优惠得不到对方的回报。此外,基于功能理论(functional theory)的分析,互惠被认为是两个或多个个体之间偶然的相互利益交换,因而在一定程度上具有偶然性。④ 因此,在无法确定对方是否能够对本国的互惠作出回应之前,在立法中以互惠的要求作为一个可自由裁量的条款,或许能在不同的情况下来进行相应的变通。互惠的这种防御性功能在以下两个例子中有所体现。

---

① See William S. Dodge, *Breaking the Public Law Taboo*, Harvard International Law Journal, Vol. 43, 2002, p. 194.

② Ibid.

③ See Susan L. Stevens, *Commanding International Judicial Respect: Reciprocity and the Recognition and Enforcement of Foreign Judgments*, Hastings International and Comparative Law Review 26, 2002 - 2003, p. 123 - 124.

④ See Alvin W. Goulder, *The Norm of Reciprocity: A Preliminary Statement*, American Sociological Review 25, 1960, p. 164.

1. 1945年法国《民法典》修订草案

在法国,由于民法典的老化、新法的大量颁布以及一些判例的重要贡献,立法机关开始倾向于对民法典进行重新修订。1945年,法国设立委员会开始对1804年法国《民法典》进行修订。① 根据草案中第107条的规定,“对于不会执行法国法院判决的国家所作出的判决,在法国也不能得到执行许可。并根据本法第3条的规定来确认是否存在互惠”。② 根据第3条,一个国家是否与法国存在互惠,以司法部部长和外交部部长联合发布在官方公报的名单为主,通过向最高行政法庭上诉进行保留。③

在研讨会中,冲突法专家尼波耶(Niboyet)教授认为,这种解决方法是一种创新。在他看来,“互惠可以作为一种被政府所掌握的武器,从而使法国的判决能够在国外得到尊重。法国已将这一原则适用于外国人地位方面,外国人权利的行使都是根据互惠。并且互惠也是一种被外国国家广为采用的制度,互惠的存在通过行政行为的方式来声明”。④ 朱利奥主席(Julliot de la Morandière)认为,“从国际法的角度来看,这种方法可以被认为是一种报复手段,显然,这样的后果是由当事人来承担,但政府必须作为一个审判者,对于那些可能会拒绝我们的外国国家,明智地去拒绝对他们判决的认可。但这种制度会有一些不便。在声明缺乏互惠时,要由政府来给法院以明示”。⑤ 委员会成员之间还就美国和法国之间判决的执行问题进行了讨论,并将互惠的要求保留在修订的草案中。朱利奥主席对第107条的修订总结道:“互惠是一种武器,从而允许我们保护我们的国民,并以此去谈判。例如,有大量的美国判决等待法国进行执行,政府可以以互惠作为和美国谈判的条件。”⑥

虽然该委员会的最终目的未能实现,但是委员会的出版物却具有重要的参考价值,法国有些法律在起草时也会参考这些资料。⑦ 但从该委员会的讨论中可以看出,

---

① 参见[法]雅克·盖斯旦、吉勒·古博:《法国民法总论》,陈鹏、张丽娟、石佳友等译,法律出版社2004年版,第114页。

② See Kurt H. Nadelmann, *Reprisals Against American Judgments?*, Harvard Law Review 65, 1952, p. 1184. 第107条在最终的草案中为第105条。

③ See Kurt H. Nadelmann, *Reprisals Against American Judgments?*, Harvard Law Review 65, 1952, p. 1185.

④ Ibid., p. 1185 – 1186.

⑤ Ibid.

⑥ Ibid., p. 1187.

⑦ 参见[法]雅克·盖斯旦、吉勒·古博:《法国民法总论》,陈鹏、张丽娟、石佳友等译,法律出版社2004年版,第114页。

互惠在立法中的规定可以作为一种看似合理的依据,在这一条件未能满足时而产生消极的对等,因此,它所具有的功能是防御性的。将互惠作为谈判的筹码,可以保障本国法院的判决在国外得到尊重和执行。

2. 美国法学会《外国判决承认和执行建议案》

一国的立法者或许会出现这样的担忧,如果本国立法中对外国法院判决的态度较为宽松,那么符合相关要求的外国判决将能够轻易地在本国法院得到执行,但如果对方国家对外国判决承认和执行的条件较为严格,将来本国的判决在该国得不到承认该怎么办?美国似乎就遇到过这样的问题。

有学者指出,无论原告是美国人还是外国人,美国的联邦法院都愿意承认和执行外国法院的金钱判决,但是很多大陆法系国家的法院却不会给予美国法院判决同样的待遇。① 因此,美国对外国法院判决的承认和执行一直持一种慷慨的态度,但是外国法院似乎并未对此作出积极的回应。造成这种现象的一个主要原因是,美国对外国判决的承认和执行机制主要依据的是不同州的法律和普通法原则,因而缺乏统一性。在外国法院看来,美国各州个案的机制(state-by-state system)根本就不能视为一种外国判决的承认和执行机制。对于有着统一和明确判决承认和执行机制的国家而言,美国目前的机制很难去激励外国法院给予美国法院判决相互的执行。②

对此,美国法学会从1998年开始计划起草外国判决承认和执行的联邦立法,即《外国判决承认和执行建议案》(Proposed Foreign Judgments Recognition Act),从而使美国对外国判决的承认和执行程序更为明确,并以此来替代各州个案的机制。③ 在起草过程中,美国法学会最初也考虑是否将互惠作为承认和执行外国法院判决的要求之一,即在美国法院承认和执行类似的外国判决前,是否要求该外国法院也基于互惠承认和执行美国法院的判决。④

---

① See Barbara Kulzer, *Some Aspects of Enforceability of Foreign Judgments: A Comparative Summary*, Buffalo Law Review 16, 1966, p. 85.

② See Susan L. Stevens, *Commanding International Judicial Respect: Reciprocity and the Recognition and Enforcement of Foreign Judgments*, Hastings International and Comparative Law Review 26, 2002 – 2003, p. 115.

③ See Robert L. McFarland, *Federalism, Finality, and Foreign Judgments: Examining the ALI Judgments Project's Proposed Federal Foreign Judgments Statute*, New England Law Review 45, 2010 – 2011, p. 84.

④ See Susan L. Stevens, *Commanding International Judicial Respect: Reciprocity and the Recognition and Enforcement of Foreign Judgments*, Hastings International and Comparative Law Review 26, 2002 – 2003, p. 116.

美国法学会在《外国判决承认和执行建议案》第一稿中提出了3种可供选择的版本。版本一遵循的是普通法方法,即完全不采用互惠。版本二和版本三则是在两种不同形式的互惠中选择其中一个,即互惠版本A和互惠版本B。互惠版本A的规定是:"如果反对一方通过明确的和具有说服力的证据证明在类似情况下,美国法院的判决在该外国法院无法得到承认或执行,那么请求承认或执行的外国判决也不应在美国法院得到承认或执行。"①互惠版本B则进行了一种列举式程序的规定:"国务卿针对以下事项持续更新和发布:(1)承认和执行美国法院判决的国家名单;(2)拒绝承认和执行美国法院判决的国家名单。对于名单(1)中的国家,只需符合小节(a)和小节(b)中的抗辩,根据本法可予以承认和执行;对于名单(2)中的国家,美国法院对其判决不予承认或执行。"②

互惠版本A所发挥的就是一种防御性的功能,即在担心本国法院无法得到外国法院判决承认和执行的情况下,先发制人,从而拒绝承认和执行该国的判决。在这种情况下,互惠更多地体现的是对国家利益的保护,其强调的是国家之间相互利益的等价交换。在互惠版本B中,对于名单(2)中的国家已经不再是一种防御的性质,而更倾向于对等的报复。而在各国的立法实践中,很少有国家在有关互惠的条件中明确不存在互惠所产生的报复结果。此外,美国在立法中加入互惠的规定,一定程度体现了互惠的激励功能,互惠的支持者认为,从长远的角度来看,在美国法中引入互惠要求将会迫使其他国家对他们的方式进行重新思考,并最终促进国家间判决的承认和执行。③

(三)互惠激励和防御功能的评析

综上分析,一方面,从积极的方面来看,互惠能够成为促进国际关系的激励因素,即外国法院尊重内国法院的判决,以及立法者制定相关规则从而给外国法院的判决以域外的效力。另一方面,立法中的互惠还包含防御的目的,在内国法院的判决将来很可能在外国法院得不到承认或执行时,以立法中互惠的要求得不到满足为由,从而拒绝承认和执行该外国法院的判决。防御功能体现了一种较狭隘的

---

① International Jurisdiction and Judgments Projects, American Law Institute Council Draft No. 1, at Summary (Nov. 20, 2001).

② International Jurisdiction and Judgments Projects, American Law Institute Council Draft No. 1, at Summary (Nov. 20, 2001).

③ Richard W. Hulbert, *Some Thoughts on Judgments, Reciprocity, and the Seeming Paradox of International Commercial Arbitration*, University of Pennsylvania Journal of International Law 29, 2007-2008, p. 645.

心理,是过于强调国家司法主权和保护国家利益的一种表现。因此,德国在立法中的互惠也经常受到该国学者的批判。在这些德国学者看来,互惠的保证对于判决的内在属性没有任何的关联,而只是对私人当事人的惩罚,甚至是对原判决法院的惩罚。① 而在司法实践中适用互惠产生的消极报复结果,往往也是在互惠无法满足时产生的消极对等。立法者对互惠进行规定的目的可能是出于对本国司法主权的保护,或者是单纯出于对本国当事人财产和利益的保护。因此,有学者指出,互惠仍未摆脱其法律属地主义的弊端。②

尽管在立法中规定互惠会出现以上弊端,但不可否认的是在19世纪互惠确实成为一种立法趋势,并且在美国普通法国家的司法审判中也有所体现。这种立法趋势的发展以及对其他国家立法所产生的影响,一方面,可归因于传统国际法思想中的绝对主权观念仍对立法者产生着影响;另一方面,则是出于国内一些利益相关者需求的推动,这些因素在一定程度上可视为互惠立法激励功能的体现。此外,国家的在国际合作层面对国家利益的考虑也会成为一国在相关法律规定中加入互惠的考量因素。

四、互惠立法的国家利益考量和私人利益影响

(一)国家利益考量:互惠为依据的利益交换

1.互惠缺失导致的条约谈判失败

在国际条约的谈判和磋商中,互惠作为国家之间寻求同等待遇以及实现共同利益而进行协商的一种工具,对于国际条约的构建也至关重要。在2005年海牙《选择法院协议公约》缔结之前,最初是美国向海牙国际私法会议建议起草关于全球性《民商事管辖权及承认外国判决公约》,但是在公约的起草和谈判过程中,由于进展逐渐背离美国最初的目标,以及多方利益的难以协调,最终导致该公约起草工作以失败告终。③ 对此,美国学者认为,美国的失利主要在于两个方面:一是其他国家对美国的扩张管辖权和惩罚性赔偿有很多顾虑,二是美国在谈判方面缺乏强有力的筹码。④ 对于第二个原因,在很多发达国家的诉讼当事人看来,他们的

---

① See Dieter Martiny, *Recognition and Enforcement of Foreign Money Judgments in the Federal Republic of Germany*, The American Journal of Comparative Law 35, 1987, p.749.

② 参见齐湘泉:《论法院判决、仲裁裁决域外承认与执行中的互惠原则》,载韩德培、余先予、黄进主编:《中国国际私法与比较法年刊》第3卷,法律出版社2001年版。

③ 参见肖永平、朱磊主编:《批准〈选择法院协议公约〉之考量》,法律出版社2017年版,第14~23页。

④ Matthew H. Adler & Michele Crimaldi Zarychta, *The Hague Convention on Choice of Court Agreements: The United States Joins the Judgment Enforcement Band*, Northwestern Journal of International Law & Business 27, 2006, p.6-7.

判决在美国执行并没有什么实质性的困难,因此,这些国家的政府也相信他们比美国更具有实质性的谈判筹码,但如果美国也对这些国家要求互惠,情况或许会有所不同。①

美国没有缔结任何有关外国判决承认和执行的国际条约,尽管美国单方面地对外国判决的承认和执行采取非常慷慨的态度,但美国法院的判决通常会受到其他国家的抵触,因此,美国有强烈的意愿去推动外国判决承认和执行领域国际规则的构建,但欧洲国家对此类公约的构建则并没有如此迫切的需求。② 因为欧盟和欧洲自由贸易联盟协会的成员在管辖权和判决的承认和执行方面,都可依据《关于民商事管辖权和承认与执行公约》(以下简称《布鲁塞尔公约》)③和《卢加诺公约》的规定。

在美国学者看来,在欧盟法院的指导下,《布鲁塞尔公约》为成员之间提供了判决相互承认的基础,而《卢加诺公约》又将一些国家带入了互惠的安全港。④ 在缺乏此类条约的情况下,美国的当事人可能无法跨越欧洲国家在互惠要求方面所带来的判决承认和执行的障碍。而这些欧盟和欧洲自由贸易协会国家法院作出的判决在没有条约和互惠要求的情况下,也能够在美国得到承认和执行。因此,上述国家以及其他外国国家,与美国缔结判决承认和执行公约的动机之一就是以广泛执行美国的判决作为交换,从而对美国的过度管辖权进行限制。⑤

2. 以互惠实现利益平衡

在海牙公约进行谈判的过程中,美国法学会也启动了国际管辖权和判决项目,起草联邦法律并用于实施海牙公约。⑥ 但是在公约谈判进展曲折的情况下,美国法学会在起草《外国判决承认和执行建议案》时,又重新考虑是否加入互惠的问题。美

---

① Sean D. Murphy, *Negotiation of Convention on Jurisdiction and Enforcement of Judgments*, American Journal of Comparative Law 95, 2002, p. 420.

② See Linda Silberman, *Comparative Jurisdiction in the International Context*: *Will the Proposed Hague Judgments Convention be Stalled*, DePaul Law Review 52, 2002, p. 321.

③ 《布鲁塞尔公约》后被2001年欧盟理事会《关于民商事管辖权及判决的承认与执行的第44/2001号条例》(《布鲁塞尔条例Ⅰ》)所取代。

④ Brandon B. Danford, *The Enforcement of Foreign Money Judgments in the United States and Europe*: *How Can We Achieve a Comprehensive Treaty*, Review of Litigation 23, 2004, p. 414.

⑤ See Linda Silberman, *Comparative Jurisdiction in the International Context*: *Will the Proposed Hague Judgments Convention be Stalled*, DePaul Law Review 52, 2002, p. 322.

⑥ See Franklin O. Ballard, *Turnabout is Fair Play*: *Why a Reciprocity Requirement Should be Included in the America Law Institute's Proposed Federal Statute*, Houston Journal of International Law 28, 2006, p. 215.

国学者也意识到,美国法院在司法实践中对外国判决执行的慷慨态度,使其他国家很少有动机与美国缔结判决的承认和执行条约。

对此,有学者认为,美国可以在统一立法中通过要求互惠,促使其他国家在与美国缔结国际判决承认条约时,能够与美国进行更为有效的谈判。① 虽然美国在条约谈判中想要获得的利益是增加美国判决在外国法院获得承认的概率,但是就那些已经从美国受益的国家而言,他们的重点便是缩小美国过度管辖权依据的范围。② 从这种情况来看,美国很明显处于条约谈判和磋商的下风。因此,在《外国判决承认和执行建议案》中引入互惠的要求有助于扭转这种劣势。③

鉴于美国和英国之间双边条约缔结的失败以及在海牙公约中的谈判进展,美国部分学者对互惠的观点也有所转变。有学者认为,虽然互惠的立法是一种司法保护的主要表现,并被国际法律界所厌恶,但在公约的谈判中,这或许是使这种谈判的动机达到平衡的状态的唯一方法。④ 还有学者指出,互惠可以为美国提供一种有效的谈判武器,将这一策略用于条约的缔结中,作为一种对等价交换的回报,从而使相关国家法院的判决在美国也能得到确定性的效力。⑤

(二)私人利益影响:国内利益群体的推动

虽然以上事件从一定程度上说明,在立法中规定互惠确实会对有些国家的立法和司法实践产生一定程度的影响。但在一国立法中是否保留互惠,还可归因于国内私人利益群体需求的推动。

1. 国内利益集团

利益集团的利益表达途径主要为直接向参与政治决策的政治家进行游说,为公

---

① See Franklin O. Ballard, *Turnabout is Fair Play: Why a Reciprocity Requirement Should be Included in the America Law Institute's Proposed Federal Statute*, Houston Journal of International Law 28, 2006, p. 233 - 234.

② See Linda J. Silberman & Andreas F. Lowenfeld, *A Different Challenge for the ALI: Herein of Foreign Country Judgments, an International Treaty, and an American Statute*, Indiana Law Journal 75, 2000, p. 639.

③ See Franklin O. Ballard, *Turnabout is Fair Play: Why a Reciprocity Requirement Should be Included in the America Law Institute's Proposed Federal Statute*, Houston Journal of International Law 28, 2006, p. 234.

④ See Matthew H. Adler, *If We Build It, Will They Come-The Need for a Multilateral Convention on the Recognition and Enforcement of Civil Monetary Judgments*, Law & Policy in International Business 26, 1994, p. 109 - 110.

⑤ See Willis L. M. Reese, *The Status in This Country of Judgments Rendered Abroad*, Columbia Law Review 50, 1950, p. 793.

共政策人员提供材料和信息,并在公共机关中寻找利益代言人。[①] 因此,在有的国家,利益集团是能够通过间接途径参与和影响立法的,并表达他们的利益诉求。一个利益集团只能去游说立法机关,但是他们不能正式地参与到立法程序中。[②]

在1906年洛杉矶地震事件中,美国加州法律的修改是在当时的加州商业集团代表的游说下实施的。在投保人保护联盟所代表的加州投保人看来,如果加州的法律能够作出相应的修改,他们将能获得一大笔的补偿。[③] 由此可见,利益集团可以促使一个国家或州对其立法的修改,或制定相关的法令去迎合外国法律中互惠的要求。

2. 外国判决中的债权人利益

外国判决中的债权人(judgment creditors),通常情况下是外国判决中的原告,是获得胜诉的一方。就这一利益群体而言,在原判决作出国即原告所在国,如果该判决由于被请求国的互惠要求而无法得到承认和执行,这一群体会成为直接受害者,在经济上将会遭受损失。在这种情况下,如果他们对本国判决在有互惠要求的国家无法执行深感无力,并且认为这对他们的经济利益而言会是一个严重的威胁,他们就会联合起来去游说自己的国家来改变本国有关的立法政策。

从外国判决债权人的角度来看,被请求国的互惠要求是否会对自身的经济利益构成严重威胁,通常取决于判决涉及金额的大小,以及需要到被请求国申请执行发生的频率。如果这些判决债权人要经常性地去某一国家法院申请执行数额相当大的本国判决,那他们一定会倾尽全力地去游说政府作出改变。但如果这一群体需要执行的判决都是涉及金钱数额较小的,而且很少会去某一国申请执行,那他们也不愿意去耗费时间和精力去做这种游说的工作。

因此,促进一国去回应另一国的互惠立法的因素之一是看外国判决中债权人的动机是否足够。一个国家是否要追随其他国家的互惠要求,要看其本国当事人的利益需求是否强烈。如果两国的诉讼往来以及所涉及的经济利益不足以达到推进立法修改的程度,当事人或许可以寻求其他的可替代方法,如通过仲裁或直接在被告的国家进行起诉。如果两国在民商事往来频繁的情况下,可以直接通过政府渠道缔结双边条约。因此,是否在立法中进行有关互惠的规定,或者是签订互惠条约的规

---

① 参见杨炼:《立法过程中的利益衡量研究》,法律出版社2010年版,第128页。

② See Alan Schwartz & Robert E. Scott, *Political Economy of Private Legislatures*, University of Pennsylvania Law Review 143, 1995, p. 610.

③ John F. Coyle, *Rethinking Judgments Reciprocity*, North Carolina Law Review 92, 2014, p. 1134.

定，一定程度上取决于本国当事人的利益需求。

3. 外国判决中的债务人利益

外国判决中的债务人（judgment debtors），通常是外国判决中败诉的一方。这类群体通常不希望判决在被请求国得到承认和执行，从而逃避责任或减少自己的赔偿。假设美国的原告在美国法院起诉德国被告并胜诉，而德国被告可供执行的财产在德国，如果德国修改国内的法律从而使美国的判决能够更轻易地得到执行，这些债务人群体的经济利益则会遭受损失，当这种利益损失能够形成一定规模或数量可观时，则可能会对国内相关法律的修改造成阻力。在这种情况下，德国更倾向在其本国立法中保留互惠，并以此为由拒绝美国法院的判决。例如，在上述的洛杉矶地震事件中，由于美国加州的投保人损失过于巨大，如果加州法院的判决能够在德国法院得以执行，那么德国的承保人也将会遭受巨大的经济损失，德国法院很可能是出于这种顾虑，以加州的法律规定无法满足互惠保证为由来拒绝执行加州法院的判决。

在德国皇家法院判决之后，很多德国学者认为，出于对主权维护的考量从而忽视外国法院判决的约束力是一种严厉的措施，而最终惩罚的只是当事人。互惠的要求甚至会在今后伤害德国公民的利益。① 尽管面临学者的批评，德国立法者仍然保留了立法中的互惠要求。

五、互惠在我国立法中的存废和改进

目前在我国立法中废除互惠的条件还不具备。主要原因在于两个方面：一是基于互惠拒绝承认和执行外国判决对我国带来的利益影响尚未达到足以修改立法的程度，二是我国立法中废除互惠的外部条件尚未形成。

（一）互惠废除的国内动因不足

我国学者对是否在我国立法中取消互惠的规定也有不同观点。有学者认为，鉴于国际上一些国家已经在立法中放弃将互惠作为承认和执行外国判决的条件，以及《选择法院协议公约》也没有互惠的要求，我国可以考虑在立法中放弃互惠。在激励别国法院尊重我国法院判决的同时，也可以预防外国法院拒绝我国法院判决或给予我国当事人不平等的待遇，而这些因素也是立法者在立法中加入互惠的考量因素。

虽然从长远的角度来看，取消立法中的互惠能够促进我国在外国判决承认和执行方面的国际合作，但正如我国学者所言，立法机关对于主权观念的侧重使我国在

---

① See Wolfgang Wurmnest, *Recognition and Enforcement of U. S. Money Judgments in Germany*, Berkeley Journal of International Law 23, 2005, p. 187.

短期内还难以取消互惠的规定。或许只有在互惠的适用对我国的利益影响达到较大的程度时,才会促进立法的改变。

根据本文掌握的我国承认和执行外国法院判决的情况来看,截至 2022 年 8 月,我国拒绝承认和执行的外国法院判决共 29 例,①其中 14 例是以不存在互惠关系为由。而已知的外国法院承认和执行我国法院判决的有 20 例。② 由此看来,外国法院对我国判决的承认和执行似乎并不受我国互惠适用的影响。此外,即使是在我国法院基于互惠对外国判决采取消极防范态度的情况下,我国法院的判决仍得到一些要求互惠国家法院的承认或执行,如韩国、德国、以色列。而多数普通法系国家是在不要求互惠的情况下承认或执行的我国法院判决。

由此看来,在我国采用严格事实互惠的情况下,多数国家仍选择合作的策略。在这种情况下,我国立法中所要求的互惠尚未对我国的利益造成实质和明显的影响,所以还不足以推动立法的修改。并且,针对外国法院对我国当事人作出的高额惩罚性赔偿判决,立法中互惠的要求也被个别法院作为拒绝的理由。③ 但从长远利益的发展来看,如果我国一直固守背弃的策略显然不是一种理性选择。④ 并且还可能会触发其他国家以同样的方式对我国选择背弃,从而导致判决互不承认和执行的僵局。

对此,我国可在《民事诉讼法》进一步明确互惠的认定标准。一方面,我国可参照日本、韩国的法律互惠标准,⑤在立法中进一步规定,"当承认和执行外国法院判决取决于互惠关系时,根据判决作出国法律的规定,在同等情形下中华人民共和国人民法院作出的判决可以得到判决作出国法院的承认和执行"。另一方面,还可在

---

① 涉及国家有日本(2 例)、德国(2 例)、法国(2 例)、韩国(4 例)、意大利(3 例)、白俄罗斯、英国、澳大利亚、美国(亚利桑那州、特拉华州、宾夕法尼亚州)、乌兹别克斯坦(2 例)、新加坡、俄罗斯、马来西亚、乍得、以色列、新西兰、缅甸、阿联酋。

② 其中韩国(2 例)、德国和以色列是以存在互惠的保证或有互惠的可能承认和执行的我国法院判决,荷兰是以《民事诉讼法》的规定承认和执行的我国法院判决。其余 14 例是根据普通法规则审查后承认或执行的我国法院的判决。依据普通法程序承认我国判决的国家是:美国(7 例)、新加坡、英国、澳大利亚(3 例)、加拿大、新西兰、英属维尔京群岛。

③ 例如,2017 年 4 月 20 日,江西省南昌市中级人民法院受理的一起美国当事人请求承认和执行美国宾夕法尼亚州第一司法区费城县中级法院判决的裁定[江西省南昌市中级人民法院(2016)赣 01 民初 354 号民事裁定书],在该案中,美国法院针对江西一家烟花公司制作的烟花爆炸造成美国原告人身损害作出将近 7000 万元的赔偿,南昌市中级人民法院以中美不存在互惠关系为由拒绝承认和执行该判决。

④ 参见何其生、张霞光:《承认与执行外国法院判决的博弈分析》,载《武大国际法评论》2017 年第 1 期。

⑤ 参见王雅菡:《外国法院判决承认与执行中互惠的认定标准》,载《武大国际法评论》2019 年第 4 期。

规定法律互惠的同时兼采推定互惠。2019年最高人民法院发布了《关于人民法院进一步为"一带一路"建设提供司法服务和保障的意见》(以下简称2019年《"一带一路"建设意见》),其中第24条提出,"采取推定互惠的司法态度,以点带面不断推动国际商事法庭判决的相互承认与执行"。[①] 相较于事实互惠,推定互惠的认定标准相对宽松,在被请求国法院没有拒绝过我国法院判决的情况下,更容易建立起互惠关系。

(二)互惠废除的立法条件有待成熟

除了内部动因之外,我国立法中目前对外国判决承认和执行条件的设置也不够完善。首先,我国并未制定专门针对外国法院判决承认和执行的较为系统的法律规范。对于外国判决承认和执行的审查条件,我国《民事诉讼法》以及2022年最高人民法院《关于适用〈中华人民共和国民事诉讼法〉的解释》(以下简称《民事诉讼法解释》)中都未对具体的条件进行列举式的规定,并且对于拒绝承认和执行的理由也未进行明确。

其次,我国现有的法律规定过于宽泛,在司法实践中缺乏可操作性。具体表现为:第一,我国《民事诉讼法》对外国民商事判决的承认和执行制度仅作了原则性规定,采取何种审查模式其实并不明确;第二,《民事诉讼法》对间接管辖权问题也未作出明确的规定;第三,在正当程序要件审查方面,近年来修正的《民事诉讼法》和《民事诉讼法解释》也未进行明确的规定。[②] 在我国法律法规中对外国判决承认和执行条件尚未完善的情况下,立法中取消互惠的时机尚不成熟。

(三)互惠废除的外部条件有待具备

我国目前所面临的不成熟的外部环境也不适宜取消互惠的立法规定,这种外部条件主要表现为多边条约的缺乏。我国虽于2017年9月12日签署了《选择法院协议公约》,但该公约尚未在我国获得批准。

2017年6月8日,中国与东盟国家就区域内国际司法协助等问题在《南宁声明》中达成了八项共识。该声明意味着中国和东盟国家之间在民商事判决的承认和执行领域形成了"推定互惠"的共识。虽然这一共识一定程度上可以促进中国和东盟国家之间判决的相互承认和执行,但《南宁声明》不是国际条约,其对各国也没有法

① 最高人民法院《关于人民法院进一步为"一带一路"建设提供司法服务和保障的意见》(法发〔2019〕29号)。

② 参见沈红雨:《外国民商事判决承认和执行若干疑难问题研究》,载《法律适用》2018年第5期;刘力:《"一带一路"国家间法院判决承认与执行的理据与规则》,载《法律适用》2018年第5期。

律拘束力。并且在亚洲范围内并未出现互惠立法取消的趋势,多数亚洲国家的立法中都保留了互惠的规定。在这种情况下,立法机关也不会轻易取消互惠。

而随着2019年《判决公约》的通过,其与《选择法院协议公约》共同构建了国际民商事判决承认和执行的国际机制。我国在完善国内立法的同时,也应当积极推进国际公约的签署和批准工作,从而促进我国参与国际司法合作。在内外部条件成熟的情况下,我国立法中的互惠也会更多地发挥激励功能。

六、结论

从互惠在立法中的发展和变化趋势来看,一国在有关外国判决承认和执行的立法中规定互惠通常出于多方面因素的考虑。立法中的互惠具有激励和防御两个方面的功能。从立法者的角度来看,互惠激励功能一方面在于促进合作,另一方面则希望通过本国的立法对其他利益相关国家产生影响。而互惠的防御功能则体现为在内国法院的判决将来很可能在外国法院得不到承认或执行时,以立法中互惠的要求得不到满足为由拒绝承认和执行该外国法院的判决。

此外,出于国际合作中国家利益表达的需求,一国也会权衡是否在立法或司法实践中引入互惠。基于国家间互惠的合作,可以促使国际规则的制定。立法或判例法中的互惠要求在一定程度上也能够在国际条约的磋商和谈判中作为利益交换的筹码,并有利于本国的利益表达。而来自国内不同利益群体需求的推动也会成为互惠立法的影响因素。但是这种利益的需求只有在到达足够的程度和规模之后才会对一国立法中的互惠规定产生影响。

就我国而言,目前除日本以互惠为由拒绝承认和执行我国法院判决外,其他多数国家和地区承认和执行我国法院判决并不受互惠的影响,互惠给我国私人利益带来的影响似乎还未达到一定的程度,所以尚未对我国立法机关在取消或改进互惠立法规定方面带来迫切的需求。此外,我国法律法规中对外国判决承认和执行的审查条件也缺乏系统和明确的规定,取消互惠的立法条件并不成熟,加之我国尚未在多边范围内形成稳定的国际条约,我国取消互惠立法规定的外部条件也有待更加充分。因此,互惠在我国立法中尚具有一定的价值,在国际条约的构建上或许能够促进其他国家与我国合作的意愿。而与此同时,我国司法机关目前已开始积极推动实践中互惠的适用,相信在未来立法完善和司法改进的同时,互惠能够成为我国促进国际合作的依据。

我国国际民商事司法公信力：指标构建与实证评估*

张芯萍**

各国的国际民商事司法公信力产生于当事人与各国国际民商事司法系统的互动过程中,是当事人对一国国际民商事司法系统的信赖、认可和选择。在经济动机的驱动下,当事人在选择法院的过程中,往往从效率、成本、质量以及判决的可执行性方面对各国国际民商事司法系统进行评价、衡量与选择。实证检验发现我国国际民商事司法系统已经能够在成本和效率方面吸引当事人的认可和信赖。但是,我国国际民商事司法公信力仍然存在不足。

近年来,各国在法律领域的竞争与博弈日趋激烈,如何在频发的法律战和诉讼战中维护国家主权、安全和发展利益已成为广泛关切。对此,习近平总书记明确指出,要加快涉外法治工作战略布局,协调推进国内治理和国际治理,更好维护国家主权、安全、发展利益。① 其中,优化我国的涉外司法②体系是构建我国涉外法治体系的关键环节。

目前,国内外学界就"国际民商事诉讼是一个竞争市场"的观点已经趋向一致,

* 本文系国家社会科学基金一般项目"'一带一路'倡议下中国视角的国际投资规则创新研究"(项目编号:18BFX214)和吉林大学国家发展与安全(生物安全)专项研究课题"生物安全的国际法治建设:挑战与应对"(课题编号:2020JDGFAZ002)的研究成果。

** 吉林大学国家发展与安全研究院博士研究生。

① 习近平:《坚定不移走中国特色社会主义法治道路 为全面建设社会主义现代化国家提供有力法治保障》,载《求是》2021 年第 5 期。

② 我国一般将涉及我国的且含有域外因素的民商事司法事务称为"涉外民商事司法",这主要是从我国的视角进行审视,若从世界与国际的视角来审视,各国含有域外因素的民商事司法事务就是不同国家之间的国际性事务,也可称其为"国际民商事司法"。故二者是同一事务的不同审视角度,本文统一适用:我国的国际民商事司法。

普遍认为,各国法院在处理国际民商事纠纷时,不仅伸张正义,还充当服务提供者,相互竞争。[①] 依据供给——需求理论,各国的国际民商事司法系统都是其向国际民商事诉讼市场所提供的公共产品。英国脱欧加剧了国际民商事诉讼市场的竞争,为国际民商事诉讼竞争提供了新的发展契机。[②] 自2016年起,何其生教授、刘敬东教授、肖永平教授等学者先后提出了"大国司法"理念,同样指出司法制度会影响一国司法的国际竞争力和影响力,并主张我国国际民商事司法制度的发展与完善应呼应我国经济实力和国际地位的提升。我国对司法实务研究的聚焦点相对分散,缺少对我国国际民商事纠纷解决全过程的问题提炼与系统研究。未反映出当前我国国际司法实践中的一般性问题,更重要的是,没有围绕国际民商事司法公信力这一更加实质、宏观和深层的视角、语境和问题进行研究。对此,本文拟通过提炼设计国际民商事司法公信力的评估指标,据此展开实证研究,以剖析我国国际民商事司法公信力的优势与不足。

一、何为"国际民商事司法公信力"

晚近以来,跨国经济贸易的逐年增加,不仅促进了全球经济发展,亦推动了跨国纠纷大量产生。这些跨国纠纷不仅其本身就裹挟着较大的经济利益,还为法律服务市场提供了发展契机。在国际社会中,各国政府都无法控制每个人,因此国际诉讼当事人和财产具有物理上的流动性(Phisical Mobility)。这种流动性为当事人选择法律提供了机会,使其在客观上创造了自己的法律市场。通过法律选择条款和法院选择条款,合同缔约方拥有广泛的选择机会来决定其争端将在何处以及将如何解决,并可通过决定在何处建立有关执行的联系来影响法律选择条款的执行。[③] 因此,国际民商事诉讼中的当事人和其他潜在的当事人在客观上成为需求方。供给方为各国政府,各国的国际民商事司法系统是各国政府向当事人所提供的公共产品。正是供需双方之间的互动作用促进了国际民商事诉讼市场的最终形成和发展。

---

① See H. Kötz, *The Jurisdiction of Choice: England and Wales or Germany?*, European Review of Private Law 18, 2010, p. 94 – 108; Alexandre Biard, *International Commercial Courts in France: Innovation without Revolution?*, Erasmus Law Review 12, 2019, p. 24 – 25; 刘敬东:《大国司法:中国国际民事诉讼制度之重构》,载《法学》2016年第7期;何其生:《大国司法理念与中国国际民事诉讼制度的发展》,载《中国社会科学》2017年第5期;肖永平:《提升中国司法的国际公信力:共建"一带一路"的抓手》,载《武大国际法评论》2017年第1期。

② See Xandra Kramer & John Sorab, *International Business Courts in Europe and Beyond: A Global Competition for Justice?*, Erasmus Law Review 12, 2019, p. 1 – 9.

③ See Sir William Blair, *The New Litigation Landscape: International Commercial Courts and Procedural Innovations*, International Journal of Procedural Law 9, 2019, p. 212 – 234.

一方面,各供给方竞相参与监管竞争,采取各种措施以提升本国司法系统在国际民商事诉讼市场中的国际竞争力。首先,如果一国在国际民商事诉讼方面具有更强大的竞争力,其可以占据获取更多经济利益的机会。例如,可借此增加税收,还可产生诸如律师服务、酒店服务等多个部门的经济附加值和连锁效益。① 其次,各国参与竞争还有利于反向推动国内司法结构的进一步完善和升级,提升本国司法机关的司法审判能力。最后,强大的国际司法竞争力还有利于提升该国的国际地位和国际影响力。

另一方面,面对多国所提供的多种公共产品,当事人会在各国的国际民商事司法系统中,反复衡量比较并选择出最符合其目的的司法系统来解决纠纷,各国的国际民商事司法系统也会在此过程中根据当事人的偏好,持续地进行自我调整与完善,以吸引更多当事人的选择。② 而当事人挑选国际民商事司法系统的过程,是一个心理过程,影响其最终作出决定的因素包括有意识的偏好和无意识的偏见。前者诸如司法机关独立行使职权、司法公正、司法效率等法律客观因素,反映了诉讼当事人的需求和目标;后者诸如文化等非法律因素,反映了当事人无意识时的各种偏见。③ 毋庸置疑,非法律因素会影响和干预当事人的选择,但是这种因素难以控制和测量,故不是本文的研究重点,本文的研究视野主要集中于当事人的法律偏好。当事人的最终选择结果亦会影响各国之间的国际司法竞争。

而在当事人选择国际民商事司法系统阶段,客观上存在信息不对称的情况以及当事人之间议价能力的强弱之分。这种客观上的不确定性决定了当事人在选择起诉法院时,需要根据其所能够获得的一定信息来预测、判断和比较各国的国际民商事司法系统。在这种情况下,由各国曾经的司法行为所形成的国际民商事司法公信力就是其主要的预测和判断依据。由此可见,国际民商事司法公信力并不是一个属性概念,不是一国国际民商事司法系统所内在的和本身所固有的特性,而是域内外当事人与该国国际民商事司法系统在互动过程中所产生的,是对该国国际民商事司法系统自身的司法行为特点的一种反映。④ 在此,需注意到国际民商事司法公信力

---

① See Erik Peetermans & Philippe Lambrecht, *The Brussels International Business Court: Initial Overview and Analysis*, Erasmus Law Review 12, 2019, p.42 – 55.

② See Erin A. O'Hara & Larry E. Ribstein, *The Law Market*, Oxford University Press, 2009.

③ See Erlis Themeli, *The Great Race of Courts: Civil Justice System Competition in the European Union* (Ph. D. diss., the Erasmus University Rotterdam, 2018), p.278 – 286.

④ 此处对国际民商事司法公信力相关性质的解释,参考了王学东在国际政治领域对"国家声誉"的阐释思路。参见王学东:《国家声誉与国际制度》,载《现代国际关系》2003 年第 7 期。

与国内司法公信力之间的联系和区别。司法公信力涉及多个学科领域,故而可从多个具体学科语境对其开展研究,[①]一国的国际民商事司法公信力属于一国司法公信力所包含的内容。究其本质而言,国际民商事司法公信力与国内的司法公信力都是关系型概念,不同之处在于形成两者的司法场域和互动主体不同。国内司法公信力产生于完全封闭的国内司法场域,是国内司法机关与国内受众之间就司法信用和信任的动态平衡;[②]而国际民商事司法公信力产生于更开放的面向国际社会的国际司法场域,是一国整体的国际民商事司法系统与域内外当事人之间的互动平衡。

综上所述,国际民商事司法公信力的具体内涵是指,在国际民商事诉讼市场中,在当事人与各国国际民商事司法系统的持续互动过程中,当事人等行为体对其中一国国际民商事司法系统的信赖、认可与选择。

二、国际民商事司法公信力之评估指标

评价一国国际民商事司法公信力的标准应当包括效率、成本、质量以及判决的可执行性等评估指标。对此,主要有两方面考量。首先,国际民商事司法是一种高度专业化、职业化的活动,所以评估指标需要体现出专业性,即在法理上的逻辑性。以上指标内含了司法主体、司法制度和司法行为。司法主体和司法制度首先构成了国际民商事司法系统,这是产生国际民商事司法公信力的主观基础和客观基础,司法行为是行为体与该司法系统互动产生的国际民商事司法公信力的结果。这种逻辑体现出了我国国际民商事司法活动的基本规律和特点。[③] 其次,波斯纳指出司法程序的运转是因私主体(Private Individual)对经济利益的追逐而驱动的。[④] 于当事人而言,国际民商事诉讼仍然处于利益博弈阶段,是商业活动的继续,其本质上仍然是当事人维护及获取财产利益的一种投资方式。[⑤] 因此,从当事人的需求来谈,出于经济性考量,无论是单独的某一方当事人进行选择,还是双方当事人合意选择,都更加倾向于选择效率高、成本低、质量好、判决可执行的民商事司法系统。

---

① 参见关玫:《司法公信力初论——概念、类型与特征》,载《法制与社会发展》2005年第4期。

② 参见胡铭:《司法公信力的理性解释与建构》,载《中国社会科学》2015年第4期。

③ 参见孙笑侠:《用什么来评估司法:司法评估"法理要素"简论暨问卷调查数据展示》,载《中国法律评论》2019年第4期。本文在此处设置的专业性评估逻辑,主要参考借鉴了孙笑侠老师在此文中的实证研究结论。

④ 参见[美]理查德·A.波斯纳:《法律的经济分析》(下册),蒋兆康译,中国大百科全书出版社2012年版,第764页。

⑤ See Richard Fentiman, *Theory and Practice in International Commercial Litigation*, International Journal of Procedural Law 2, 2012, p. 242.

（一）效率

效率直接关系国际民商事诉讼当事人的经济需求和心理需求，这是因为国际民商事诉讼的当事人一般为追求利益最大化的域内外企业，且国际民商事诉讼在客观上地域跨度大、诉讼周期长。所以高效率不仅有利于为当事人节约诉讼成本，还有利于帮助企业维系整个业务周期的运行。① 一旦争端发生，便会在一定程度上破坏企业的业务运行，企业需投入一定的时间和经济成本寻求权益救济和争议解决，其业务周期会暂时受到一定程度的影响甚至被搁置。若一国的民商事司法系统能够高效地解决纠纷，便能帮助企业迅速恢复至争端产生之前的业务运转，有利于其及时优化内部的资源配置。② 此外，当前高度发达的信息获取技术也进一步提高了当事人对司法效率的心理预期，致其无法接受过分拖延的司法系统。

目前国际上已有的实证调研结果也已证实当事人更偏好于司法效率高的司法系统。2016 年，埃利斯·塞梅利（Erlis Themeli）就国际律师③对欧盟地区的法院选择偏好进行了实证调研，整个调研过程分 3 次进行，共计 529 名国际律师接受了调查，330 人完成了整个调查过程。结果显示，争端解决速度是律师选择法院的主要衡量因素之一。3 次调查过程中，认为争端解决速度是其主要衡量因素的律师在同时期接受调查的总人数中占比分别为 8.2%（同时期所有衡量因素中排第 4 位），11.0%（同时期所有衡量因素中排第 2 位），12.4%（同时期所有衡量因素中排第 2 位）。

综上，效率是指法院通过投入一定的司法资源，获得最大化的判决案件数量，同时判决结果还应具有公正性。④ 具体包括纠纷解决时长和案件审结率，前者直观反映了纠纷解决速度，后者体现了一国司法系统对案件的承载强度，均有利于当事人衡量该国法院能否及时审判。

（二）成本

获得更多的财产利益是当事人选择投资国际民商事诉讼的终极目标，当事人在

---

① *Country-specific Recommendations in the Areas of Justice, Consumers and Equality Policy (Factsheet)*, European Commission (8 July 2021), https://ec.europa.eu/newsroom/just/items/69338/en.

② See Sir Geoffrey Vos, *A View from the Business and Property Courts in London*, Erasmus Law Review 12, 2019, p.10 – 14.

③ Erlis Themeli, *The Great Race of Courts: Civil Justice System Competition in the European Union* (Ph. D. diss., the Erasmus University Rotterdam, 2018), p.269 – 309. 塞梅利的实证调研显示在律师和当事人之间，律师占据更加主导的地位，诉讼法院的选择在实际上由律师决定。

④ 参见刘练军：《司法效率的性质》，载《浙江社会科学》2011 年第 11 期。

作出法院选择之前,会对各国司法系统的胜算和诉讼成本进行反复权衡。① 因此,当事人所需投入的诉讼成本可用以衡量一国司法系统是否对当事人具有吸引力以及具有多大吸引力。具体包括,当事人选择一国司法系统解决纠纷时所需的诉讼费、平均律师费用以及执行费用等。其中,诉讼费是当事人不可避免的一项诉讼成本,无论是否胜诉,该成本都将产生。并且若被告提出管辖权异议且异议成立,于原告而言,该成本就是净损失。此外,国际民商事诉讼的复杂性和专业性远高于国内诉讼,当事人对律师的依赖性显著更强,故律师费用亦是一主要成本。另外,假设当事人在着手诉讼时是理性的,原告在最大化其净预期收益时,还会考虑到胜诉后的执行费用分担。

普遍而言,在一国法院的花费越高,该法院对当事人的吸引力就越小。若所有法院都适用同样的多边冲突规则,原告就会选择使其成本最小化的法院。② 但值得注意的是,在一些情况下,较少的成本并不必然更加吸引当事人。实践中,对于经济实力明显更强的大企业而言,诉讼成本高昂并不会致其放弃更加高效、公平和透明的高质量司法系统,因为后者可能具有更高的预期风险收益。但对于中小企业和个人而言,过于高昂的诉讼成本却会加重其经济压力进而限制其选择。若当事人可选择的所有国家的诉讼成本都过于高昂,当事人甚至可能完全放弃通过司法程序解决纠纷的意愿,转而选择其他纠纷解决方式。因为即使中小企业和个人等当事人胜诉,其最终的经济收益也并不显著,甚至还会增加因时间耽误、业务运行周期受阻等而产生的隐性损失,故而高成本的司法系统很难吸引其信赖、认可和选择。

实证调查结果也显示,成本过高是国际律师对某国司法系统评价较低的一个原因。凭借法律确定性高、采用英语审判等国际优势,英国的国际商事法庭一直占据着国际民商事诉讼市场的主要地位。但由于其诉讼费和律师费用极其高昂,极大地增加了当事人的成本负担。所以在塞梅利的实证调查中,英格兰和威尔士也(招致)了受访者的较低评价。在目前的国际竞争中,荷兰等国家在讨论构建国际商事法庭的时候,也曾将更低的诉讼成本设置为本国的国际竞争优势。③

---

① See Richard Fentiman, *Theory and Practice in International Commercial Litigation*, International Journal of Procedural Law 2, 2012, p. 239.

② 参见[澳]迈克尔·J. 温考普、玛丽·凯斯:《冲突法中的政策与实用主义》,阎愚译,北京师范大学出版社2012年版,第117~119页。

③ See Eddy Bauw, *Commercial Litigation in Europe in Transformation: The Case of the Netherlands Commercial Court*, Erasmus Law Review 12, 2019, p. 15-18.

(三)质量

在充满不确定性的国际民商事诉讼中,当事人需要能提供高质量的司法系统来有效估量其预期收益,减少因信息不对称和议价能力强弱之分所造成的诉讼风险。诸多实证调研证实,质量是当事人选择国际民商事司法系统时的主要衡量因素。2014年,英国国际法和比较法研究所就开展了一项相关的实证调研,①探讨了影响伦敦成为高价值国际诉讼的流行管辖区的主要因素。其中,法官裁判和法院系统的质量正是一主要原因。2016年,塞梅利的实证调研也再次证实,司法质量是律师选择法院的主要影响因素。具体而言,司法质量又包括司法机关独立行使职权、司法公开、司法便民以及司法公正。其中,司法机关独立行使职权是产生良好司法质量的前提。司法公开和司法便民为当事人了解、评价司法质量提供了途径,司法公正则是最终目的。

1. 司法机关独立行使职权

在国际民商事诉讼中,司法机关能否独立行使职权会直接影响当事人对一国司法程序和判决结果的信任,也会影响其他域外法院的信赖和选择。而其他域外法院对一国司法机关独立行使职权的不信任会直接影响该国判决的域外流通,从而也会间接影响当事人对该国司法系统的信赖和选择。

具体可体现在管辖权确立环节和判决承认与执行环节。在管辖权确立环节,若双方当事人依据不方便法院管辖原则就某法院是否为更适当的管辖法院产生争议,该法院所在国司法机关能否独立行使职权性是一个重要的判断依据。在"史瓦辛格诉布兰维尔案"中,被告曾主张尼加拉瓜法院是更适合管辖该案的法庭,但是加拿大法院依据尼加拉瓜司法系统不能独立行使职权而驳回了被告的主张。② 可见,司法机关独立行使职权是用以判断一国司法文明程度的主要依据。实践中已有的相关评估体系也普遍对司法机关独立行使职权进行了考察。比如,在世界银行的企业和公共道德指数中,司法效力和法律效力指数就对司法机关独立行使职权进行了考察。

2. 司法公开

国际司法场域的开放性决定了信息不对称是当事人在国际民商事诉讼中的客

---

① See Alexandre Biard, *International Commercial Courts in France: Innovation without Revolution?*, Erasmus Law Review 12, 2019, p. 26 – 30.

② See Garcia-Bolivar & O. E, *Lack of Judicial Independence and Its Impact on Transnational and International Litigation*, Law and Business Review of the Americas 18, 2012, p. 34 – 35.

观困难,且这种困难会因语言不同和法域跨度大而被明显放大,成为制约当事人决策博弈的关键因素。故凡与审判活动有关且不违反法律规定的信息均应进行公开,从而可为当事人了解一国司法系统、跟踪司法信息提供途径,有利于其及时对司法裁判结果进行预测,进而依据投资需求评估诉讼风险。同时,这还有利于保障程序公正,形成透明的司法环境,有效监督司法腐败的产生。

从实践来看,司法公开也受到了诸多关注。由于诉讼过程过于耗时和昂贵,欧洲和联合国契约组织的一些总法律顾问就曾向英国的高级法官提出披露相关诉讼文件的建议。① 此外,维护当事人以及其他潜在当事人对法院信任的一个前提条件就是其能够知晓和理解法院的行为和职能,因此丹麦政府也曾将司法透明度列为2013~2018年的重点领域发展目标,力求通过革新沟通手段和实现法庭语言现代化来不断提升公众对其法院的认可。② 新加坡亚洲诉讼研究院的数据显示,2015年在中东和北非起草的英文合同中,52%都选择了伦敦国际商事法院。但是到2016年底,选择伦敦国际商事法院的比例下降到了24%,相应地,选择迪拜国际商事法院的比例则上升至42%。导致迪拜国际商事法院在短期内吸引大量国际民商事纠纷的原因有多方面,原因之一就是该国重视起司法公开,并通过法律文件对司法公开进行了规定,以营造透明的司法环境。③

3. 司法便民

作为国际民商事诉讼市场中的公共产品,在市场竞争中,一国国际民商事司法系统的便民程度会影响当事人的用户体验和评价。首先如前所述,国际民商事诉讼往往地域跨度大、诉讼周期长,因此简单、便利、人性化的司法系统更符合国际诉讼当事人的消费需求。其次,提高当事人和公众对司法过程的参与度,是增强其"矫正正义"获得感的重要内容。④ 最后,新冠肺炎疫情进一步加剧了国际民商事诉讼当事人的起诉、参诉难度,这也使国际诉讼中的当事人对司法便民的需求更加紧迫。

具言之,可从法院自动化水平、程序的简易程度等方面进行评估。近年来,荷兰

---

① See Sir Geoffrey Vos, *A View from the Business and Property Courts in London*, Erasmus Law Review 12, 2019, p. 12.

② 载 https://www.domstol.dk/media/1634/a-closer-look-at-the-courts-of-denmark.pdf,最后访问日期:2021年7月20日。

③ See Marta Requejo Isidro, *International Commercial Courts in the Litigation Market*, International Journal of Procedural Law 9, 2019, p. 4-49.

④ 参见刘峥:《2019年司法改革专题报告》,载江必新主编:《中国法治实施报告(2019)》,人民法院出版社2020年版,第419页。

等诸多国家将迅速发展的信息技术应用至案件管理和诉讼流程之中,并且仍然在通过智能合同等技术不断推动司法现代化改革。这些举措皆有助于当事人提升效率、降低成本、拓宽获取信息途径、及时了解司法进程,可不断提升当事人对一国司法的用户体验和认可度。另外,正是法律领域的技术发展避免了司法活动因新冠肺炎疫情停摆。疫情发生后,传统的面对面听证、审判被迅速调整为远程或混合听证、审判。英国法律服务报告也证实,在商业和财产法院中,85% 的企业因此未曾受到疫情影响,[①]英国的法律服务市场得以稳定。

此外,较之于大企业,中小企业和个人囿于资金和规模,在国际民商事诉讼中的参诉能力和议价能力往往有所限制,故其在博弈过程中更易受程序简易程度的影响。德国等新的欧洲商业法庭就普遍通过改革程序法或提供多种纠纷解决方式,如小额诉讼,来多方面降低中小企业和个人选择该国起诉的门槛,以广泛吸引国际上中小企业及个人的选择和认可。

4. 司法公正

司法的基本职能是解决纠纷,公正裁判以定分止争是司法的本质要求。[②] 所以,司法公正也是国际民商事司法的价值目标。并且,不同于国内司法仅面向国内受众,国际民商事司法系统能否长期、持续性地提供正确的、可预测的裁判结果还将影响域外当事人等其他域外受众的信赖与评价。

国际民商事诉讼作为当事人国际投资的继续,司法结果公正与否直接关系着当事人的预期收益。若结果不公正,当事人不仅无法获得预期收益,其前期已经投入的诉讼费和律师费用也会完全沉没为净损失。若当事人继续提起上诉或者启动再审,还会进一步增加成本投入。故只有在保障可得到公正裁判结果的前提下,当事人对效率、成本、可执行性的评估才是具有意义的。进而,当事人的决策选择和利益博弈本身才是有价值的。欧洲的实证调查也已直观地显示出,能够提供正确的司法结果是当事人对其所选择的国际民商事司法系统的基本期望和需求。2008 年牛津欧洲法与比较法研究中心对 200 余家企业的调查显示,公正的司法结果是其选择法院时的主要考量因素。[③]

---

① *Legal Excellence Internationally Renowned*: *UK Legal Services 2020*, City UK (November 19, 2020), https://www.thecityuk.com.

② 参见王晨:《司法公正的内涵及其实现路径选择》,载《中国法学》2013 年第 3 期。

③ 该实证调研结果无法直接获得,参见 Erlis Themeli, *The Great Race of Courts*: *Civil Justice System Competition in the European Union* (Ph. D. diss., the Erasmus University Rotterdam, 2018), p. 299。

在国际民商事诉讼中,法官要得到最终的裁判结果,需要先后作出关于管辖权问题和法律适用的司法决定。其中,确立管辖权是法律适用的前提,法律适用会在实质上影响裁判结果。所以要保证国际民商事裁判结果是正确的,就需要保证作出该裁判结果所依赖的两个前提本身是合理的或正确的。具体而言,法官需要将客观的事件准确归类至适当的法律领域之中,进而适用正确的管辖权规则、冲突法规则和实体规则。① 一方面,需依赖国际民商事诉讼的程序规则;另一方面,还要依赖法律论证的各种规则以及论述形式,②从而为当事人提供了可衡量与判断的范围。所以,可以通过法官确立管辖权以及法律适用过程的规范性和正确性来衡量司法公正。

(四)判决的可执行性

判决能否在最终得到承认与执行,是影响当事人选择一国国际民商事司法系统的重要因素。因为一国法院作出的判决在原则上只具有属地效力,作为例外,如果要使该判决在域外国家发生效力,就必须得到域外国家的承认或者执行许可。③ 所以,只有判决得到了承认与执行,胜诉方的权利救济才能真正得以实现,否则即使赢得诉讼,其判决也只是一纸空文。④

因此,如果一国法院的判决在其他国家得到承认与执行的可能性更大,该国将更能获得当事人的选择与信赖,在国际民商事诉讼市场中,也就更具有竞争优势。⑤ 目前,欧盟、英国、新加坡等诸多国家和地区已经意识到判决承认与执行是吸引当事人信赖、认可与选择的重要因素。正是由于英国脱欧之后,其法院作出的判决无法继续在欧盟获得自动承认与执行,故而欧盟其他国家和英国都对此作出了积极响应以提升本国司法竞争力。一方面,诸多欧洲国家普遍认为此有利于欧洲国际民商事诉讼市场份额的重新分配,是发展本国国际民商事司法系统的契机;另一方面,英国也在积极争取通过《卢加诺公约》与欧盟维系判决的区域流通。目前,判决的可执行

---

① 参见肖永平:《国际私法原理》(第2版),法律出版社2007年版,第14页。

② 参见王夏昊:《司法公正概念的反思和重构——以法律论证理论为基础》,载《河南大学学报(社会科学版)》2018年第3期。

③ 参见杜涛:《互惠原则与外国法院判决的承认与执行》,载《环球法律评论》2007年第1期。

④ See Tatjana Evas, *Expedited Settlement of Commercial Disputes in the European Union*, http://www.europarl.europa.eu/thinktank.

⑤ Marta Requejo Isidro, *International Commercial Courts in the Litigation Market*, International Journal of Procedural Law 9, 2019, p. 32.

性也是新加坡所面临的真正挑战。① 英国司法部2015年的分析报告就已指出,如果新加坡法院的判决能够在域外得到广泛承认与执行,其将是英国商业法院的最直接竞争对手。② 实践中,新加坡也在积极采取多种措施以加强其判决的国际可执行性。一方面,新加坡在2016年积极签署并且批准了《海牙公约》;另一方面,其还进一步通过其他途径与没有签署或批准公约的国家寻求司法合作。比如,新加坡在2018年与我国签署了关于承认和执行商业案件中金钱判决的指导备忘录,也曾在2015年与迪拜就货币判决的相互执行签订了指导备忘录。

三、我国国际民商事司法公信力之现状

本部分通过评估相关法律框架、实践案例、司法改革发展趋势以及借助第三方评估结果来综合评价我国国际民商事司法公信力的现状。

(一)效率

目前,我国并未在《民事诉讼法》中规定法院审理国际民商事案件的审限。司法实践中,我国国际民商事案件的审结率较高,但平均审理周期仍然较长。总体而言,我国的司法效率还有一定的提升空间。

1. 审结率较高

从裁判文书网所公开的案件来看,审理国际民商事案件数量最多的法院集中于广东、福建等省,本文选取了广东省的广州市中级人民法院和深圳市前海法院以了解其审结率。2008~2018年,广州法院受理国际民商事案件共9051起,审结8674起,每年的收结比例大致均衡,2018年的一审审结率达到96.2%,二审审结率为94.2%,总体呈良性循环态势。③ 另根据深圳前海法院2021年所公开的上年度司法业务数据,2020年前海法院新收涉外案件704起,审结619起,审结率达到86.7%。由此可见,我国法院对涉外案件的承载能力较强。

2. 平均审理周期偏长

根据《2020年世界营商环境报告》(以下简称《营商环境报告》),审理周期可以细化为起诉至庭审前的等待时间、审判时间和判决执行时间。其中,我国法院的平

---

① See Man Yip, *The Singapore International Commercial Court: The Future of Litigation?*, Erasmus Law Review 12, 2019.

② Eva Lein et al., *Factors Influencing International Litigants' Decisions to Bring Commercial Claims to the London Based Courts*, https://www.gov.uk, Accessed May 10, 2021.

③ 涉外商事庭:《广州法院涉外民商事审判白皮书(2008-2018)暨2018年度"十大"商事典型案例》,载广州审判网,http://www.gzcourt.gov.cn/xwzx/bps/2019/04/16150106080.html。

均审理周期为496天,平均得分70.1分,在全球经济体中排第73名。① 全国平均效率高于东亚和太平洋地区的平均水平581.1天,但是与第一名新加坡相差甚远,新加坡的平均审理周期仅需120天。

拉低我国平均效率的主要部分在于判决执行时间偏长。我国上海市区法院的判决执行时间长达240天,不仅显著长于欧洲主要的国际商事法庭所在国,如德国(90天)、法国(100天)、荷兰(60天)、英国(62天)等国,也显著长于新加坡(40天)和澳大利亚(60天)等国。

另根据《营商环境报告》,我国法院的审判时间(210天)虽然长于在报告中排名靠前的国家,但是仍然短于欧洲的主要国家,如英国(345天)、德国(380天)、法国(325天)、荷兰(442天)。而我国起诉至庭审前的等待时间还有进一步提升效率的空间,《营商环境报告》显示我国的平均等待时间为35天,但是德国、英国、法国以及荷兰等欧洲国家都将此环节的时间限制在30天以内,新加坡则仅需6天。

目前,我国部分法院所公布的数据也反映出,我国国际民商事案件的审理周期偏长。2016~2018年,广州市中级人民法院审结的一审国际民商事案件平均审理周期为515天,二审案件平均审理周期为229天。另据其不完全统计,一审国际民商事案件从立案到开庭平均需耗时240天。② 广州市中级人民法院认为,影响其审理周期较长的主要原因在于对涉外被告送达难,这也是目前国际民商事司法的“瓶颈”所在。

(二)成本

我国的司法系统在目前的国际诉讼市场竞争中,已经具有明显的成本优势。根据《营商环境报告》显示,当事人选择我国司法系统解决纠纷的成本得分为83.1分,总成本占索赔价值的比重为16.2%,在所有经济体中排名19。

从《营商环境报告》来看,当事人在我国司法系统解决纠纷的总成本远低于其所处的东亚和太平洋地区的平均水平(47.2%)。与已设置国际商事法庭的国家相比,我国明显低于澳大利亚(23.2%)、阿联酋(21%)、新加坡(25.8%)、印度(31%)、荷兰(23.9%)等国,并且与德国(14.4%)、法国(17.4%)之间的差距也并不明显。但是与排名前三的冰岛(9%)、卢森堡(9.7%)、挪威(9.9%)还相差较大。

具言之,我国在律师费用和诉讼费方面相对更具优势,而在执行费用方面的优

---

① 本节和下一节有关世界银行营商环境报告的数据,资料源于世界银行官网:http://www.doingbusiness.org/en/doingbusiness。

② 涉外商事庭:《广州法院涉外民商事审判白皮书(2008-2018)暨2018年度“十大”商事典型案例》,载广州审判网,http://www.gzcourt.gov.cn/xwzx/bps/2019/04/16150106080.html。

势则并不突出。以我国上海市区法院为例,当事人在我国上海市区法院参与诉讼的总成本占索赔价值的百分比为15.1%,其中律师费用7.6%、诉讼费5%和执行费用2.5%。律师费用占索赔价值的比重普遍低于其他欧洲国家,更是远低于荷兰(13.7%)、澳大利亚(18.5%)、新加坡(20.9%)、印度(22%)等国。诉讼费占索赔价值的比重略高于法国(2.7%)、澳大利亚(4.5%)、新加坡(2.8%),但是仍然低于阿联酋(9.4%)、印度(8.5%)以及德国(5.4%)。而执行费用与其他国家之间的差距则并不十分明显,略高于德国(2.4%)、澳大利亚(0.2%)、阿联酋(1.6%)、新加坡(2.1%)、印度(0.5%)等国,略低于法国(4%)、荷兰(5.2%)等国。

(三)质量

1. 司法机关独立行使职权

近年来,我国已通过完善法律规定、深化司法改革、设置单独的专业性机构等途径建立起了较为全面的司法机关独立行使职权的保障体系。

(1)完善法律规定

我国从法院独立和法官独立两方面设置了有关司法机关独立行使职权的法律规定。针对法院独立行使职权,我国在《宪法》131条中予以了国家保障。《人民法院组织法》第4条以及《民事诉讼法》第40~46条又对法院的地位进行了静态细化和动态描述。[①] 针对法官独立行使审判权,我国在《法官法》和一些司法解释中进行了规定。历经2001年和2017年两次修改之后,我国在2019年又对《法官法》进行了全面修订,将前期的改革成果上升为了法律。[②] 具体而言,《法官法》第7条规定了法官裁判时不受任何内外部因素的干扰,此外,设置了有关法官选任、薪资固定、任期固定、职务豁免权以及法官惩戒等方面的制度,进一步为法官独立行使审判权提供了保障。

(2)深化司法改革

加强司法机关独立行使职权是近年来我国司法改革的发展趋势。2017年,党的十九大部署了有关司法体制综合配套改革的系列任务。从改革内容来看,有关司法机关独立行使职权的改革任务依然紧密围绕保障法院独立行使审判权和法官独立行使审判权进行。在法院独立行使审判权方面,我国从法院的职能定位、组织体系、

---

① 参见蒋惠岭:《"法院独立"和"法官独立"之辩——一个中式命题的终结》,载《法律科学(西北政法大学学报)》2015年第1期。

② 参见刘峥:《2019年司法改革专题报告》,载江必新主编:《中国法治实施报告(2019)》,人民法院出版社2020年版。

司法经费保障、审判方式等方面着手,进行了体系化的改革,有力推动了保障法院独立行使审判权的各项制度更加成熟。在法官行使审判权方面,我国也在不断推进司法责任制和法院人事制度改革。司法责任制改革不仅进一步保障了法官的审判权利,并且还通过完善法院庭长审判监督管理机制、法律统一适用机制等改革举措推进放权与监督相统一,在充分保障法官独立行使审判权的同时也对法官腐败进行了有效防范。另外我国还在本轮司法改革中,从法官遴选、培养、选任、管理、考核等方面进行了全面改革,系统性地完善了法官的职业保障制度。①

(3)设置单独的专业审判机构

单独的专业审判机构有利于保障司法质量,一方面提升审判的专业化水平,另一方面就在于有利于保障司法机关独立行使职权。在此方面,我国也采取了系列积极措施,不仅在全国成立了国际商事法庭,还在基层法院推动集中管辖国际民商事案件,对国际民商事审判进行集中管理和统一指导。从2018年起,我国先后成立了第一、二国际商事法庭、苏州国际商事法庭,以分层次、分范围地对国际商事案件进行专业审判。基层法院出于人员编制有限和案件数量分布不均等客观原因,往往无法单独设立国际民商事审判庭。对此,各地也适时地推进了基层法院集中管辖和集约审理,比如,越秀区人民法院和南沙区人民法院就负责集中管辖广州地区标的额在人民币2000万元以下的一审国际民商事案件。② 总之,我国在不断推动国际民商事案件的专业审判体系发展。

2. 司法公开

我国一直力求营造透明、可预期的法治化营商环境。一方面,我国《宪法》第130条规定就首先赋予了司法公开诉讼原则的地位;另一方面,司法公开也一直是我国近年来司法改革的重要内容,我国出台了一系列文件从裁判文书说理、公开平台建设、新闻媒体监督等方面细化了司法公开的要求,为全面深化司法公开提供了制度支撑。③

从实践来看,我国在公开内容和公开方式上都进行了大量突破和创新。一方面,我国在公开内容上已经突破了传统的审判信息,还囊括了审务信息、执行信息、

---

① 参见刘峥:《2020年司法改革专题报告》,载江必新主编:《中国法治实施报告(2021)》,人民法院出版社2021年版。

② 尚黎阳等:《为粤港澳大湾区建设提供有力司法服务》,载《南方日报》2020年6月4日,A11版。

③ 最高人民法院印发《关于推进司法公开三大平台建设的若干意见》的通知(法发〔2013〕13号);《最高人民法院印发〈关于司法公开的六项规定〉和〈关于人民法院接受新闻媒体舆论监督的若干规定〉的通知》(法发〔2019〕58号)。

司法数据和司法改革信息;另一方面,我国积极创新公开方式,在借助四大司法公开平台发布国际民商事司法信息的同时,还建设了涉外商事专项公开平台。相关数据亦表明我国建设的公开平台有力地推动了我国司法公开,目前中国裁判文书网公布的裁判文书已达1.095亿篇,中国庭审公开网累计直播突破了1000万场,已分别成为全球最大的裁判文书公开和政务视频直播网站。① 此外,我国各地法院还创新了多种公开途径来保障司法透明度,总体上可将其分为3种类型,分别是单方向的司法公开、双方向的联系以及媒体接触。单方向的司法公开是指上海、江苏等地法院通过发布国际民商事典型案例、审判指引、司法保障意见和白皮书等,②单方向地向国内外的所有公众公开法院的审判标准和工作情况。双方向的联系表现为广州创建了港澳特别行政区陪审员制度,③一方面,为港澳特别行政区居民了解内地司法提供了途径;另一方面,也为内地法院传递司法理念提供了平台,有利于促进法院与公众的良性互动。媒体接触是指我国法院积极召开涉外商事审判工作情况发布会,④此举不仅有利于回应公众的具体关切,也有利于减少因第三方媒介不实报道所产生的误会,从而增进公众对我国国际民商事司法系统的信赖和认可。

但是根据目前已公开的途径和内容来看,我国对国际民商事纠纷的数据公开尚处于初级阶段。所公开的数据集中于案件的统计数据,缺乏更为详细的分类数据,并且更新时间长,更新频率低,尚未形成制度化的常态公开模式。另外,国际民商事的司法公开还呈现出地区不均衡的问题,广东、福建、江苏、上海等国际民商事纠纷集中地区的公开程度及公开频率明显高于其他地区。综上,我国对国际民商事案件的司法公开已经在横向上搭建了制度和平台体系,但是在纵向上还缺乏公开深度,但有关司法公开的历年改革动态仍然呈现出了积极的发展趋势。

3. 司法便民

近年来,我国不仅出台了系列体现司法便民理念的政策文件和法律规定,⑤各地

---

① 参见刘峥:《2020年司法改革专题报告》,载江必新主编:《中国法治实施报告(2021)》,人民法院出版社2021年版。

② 时满鑫:《改革开放谱华章 奋楫扬帆再启航——近四年来全国涉外商事海事审判工作综述》,载《人民法院报》2018年11月8日,第4版。

③ 章程、王君:《南沙自贸区法院积极构建粤港澳司法衔接机制》,载《广州日报》2020年12月28日,A4版。

④ 陈坚:《无锡涉外审判助力"六稳""六保"》,载《江苏法制报》2020年8月7日,A5版。

⑤ 最高人民法院《关于人民法院进一步为"一带一路"建设提供司法服务和保障的若干意见》(法发〔2015〕29号)、最高人民法院《关于人民法院服务保障进一步扩大对外开放的指导意见》(法发〔2020〕37号)。

法院还在司法实践中积极探索创新了诸多便民新举措,形成了便民型司法模式,以增强中外当事人对我国司法系统的选择和信任。截至2021年1月,我国在《法治中国建设规划(2020—2025年)》中,已将强化涉外法律服务,维护当事人的正当权益明确列为目前阶段我国涉外法治工作的重点之一。①

首先,我国一直推动现代信息科技与司法改革深度融合。各地法院借助智慧法院的发展成果,不断推进国际诉讼电子化,已经探索出从诉讼辅导、立案、送达到调解、庭审、执行的全流程"互联网+"司法新模式。② 比如,深圳前海法院已转变的"移动互联网"+"移动智能终端"的新行为方式,③上海浦东自贸区构建的数字法庭等。这种便捷的互联网司法技术可以在一定程度上缓解送达难的问题,还方便了当事人及时、有效地获取相关司法信息,能够在一定程度上满足域内外当事人对效率、透明度的需求。实践中,对于跨区域案件,有86%的案件管辖法院已实现30分钟内响应。在新冠肺炎疫情期间,这种互联网司法技术也保障了法院工作的有序开展,截至2020年年底,全国法院已在线立案715.9万件,在线调解385.4万次,在线开庭85.6万场,电子送达2088.3万次。④

其次,我国还一直努力提升程序的简易程度。其一,我国从2020年起开展了民事诉讼程序繁简分流的改革试点工作。正在从小额诉讼程序的审理方式、裁判文书、审限,以及其与简易程序、普通程序的转换适用机制等方面进一步简化、完善小额诉讼程序,以充分发挥小额诉讼便民、高效和低成本的制度优势。目前,已有3468家法院支持系统自动简繁分流。⑤ 其二,我国还通过为域外当事人提供英语服务以客观降低其参与诉讼程序的难度,比如法院为域外当事人提供线下的双语司法服

---

① 张建:《2020年涉外、涉港澳台商事海事法治专题报告》,载江必新主编:《中国法治实施报告(2021)》,人民法院出版社2021年版。

② 《深圳前海法院涉外涉港澳台商事审判工作五年纪实》,载中国涉外商事审判网,http://ccmt.court.gov.cn/shangshi/unintercept/newsdetials.do?newsId=281,最后访问日期:2021年7月11日。

③ 《开放创新专业 服务保障开放型经济新体制建设》,载《人民法院报》2020年10月14日,第4版。

④ 刘峥:《2020年司法改革专题报告》,载江必新主编:《中国法治实施报告(2021)》,人民法院出版社2021年版。

⑤ 刘峥:《2019年司法改革专题报告》,载江必新主编:《中国法治实施报告(2019)》,人民法院出版社2020年版。

务、开设中英文门户网站、[1]推动国际民商事裁判文书中英双语公开等。[2] 其三，我国还积极建设了"一站式"纠纷解决和诉讼服务体系。[3] 该体系为域内外当事人提供仲裁、调解、小额诉讼等多元化机制，可满足大企业、中小企业、当事人等不同受众的不同需求。此外，该体系还提供了国际商事法庭、"一站式"诉讼服务中心等专业的审判和服务机构。总之，其推动了纠纷解决机制和诉讼服务手段的集约集成，极大地简化了相关诉讼程序，也极大程度地便利了当事人。从相关数据来看，最高人民法院推进建设该体系后，我国已有98%的法院建设了诉讼服务大厅、开通了诉讼服务网、建立了多元纠纷解决机制，95%的法院已实现了网上立案。[4]

4. 司法公正

本节将结合243起由我国法院审理的国际民商事案件，[5]了解我国法院在管辖权确立阶段和法律适用阶段的具体实践现状。此243起案件主要涉及买卖合同纠纷、民间借贷纠纷、金融借款合同纠纷、运输合同纠纷、承揽合同纠纷、委托合同纠纷等合同纠纷类型，涉及荷兰、加拿大、西班牙、意大利等国当事人。

(1)管辖权

我国在《民事诉讼法》第2章和第24章中规定了可适用于国际民商事案件的管辖规则，包括普通地域管辖、特别地域管辖、专属管辖以及协议管辖等，并且详明了各管辖规则中的管辖根据。此外，《民事诉讼法》第265条还规定了合同签订地、合同履行地、诉讼标的物所在地等管辖根据。在司法中，法官需要首先结合案件事实和法律规定，识别并确立具体案件中的管辖根据，进而还需排除是否存在豁免、拒绝裁判、有效的仲裁协议、排他性的管辖权协议等因素，最终确立对某具体案件的司法管辖权。[6] 但在确定管辖权过程中存在不规范、不准确现象。

---

① 苏州市中级人民法院：《审判白皮书：涉外商事审判工作报告》，载苏州市中级人民法院网，http://www.zjrmfy.suzhou.gov.cn/sysLogin/toFySy，2021年7月11日访问。

② 涉外商事庭：《广州法院涉外民商事审判白皮书(2008-2018)暨2018年度"十大"商事典型案例》，载广州审判网，http://www.gzcourt.gov.cn/xwzx/bps/2019/04/16150106080.html，2021年7月11日访问。

③ 《最高人民法院关于人民法院加强民事审判工作依法服务保障经济社会持续健康发展情况的报告》，载《人民法院报》2020年10月18日，第2版。

④ 刘峥：《2020年司法改革专题报告》，载江必新主编：《中国法治实施报告(2021)》，人民法院出版社2021年版。

⑤ 案件主要源于中国裁判文书网以及北大法宝，文章中的数据通过统计分析所得。

⑥ 参见肖永平：《国际私法原理》(第2版)，法律出版社2007年版，第358～379页。

(2)法律适用

我国《涉外民事关系法律适用法》及其司法解释对国际民商事诉讼中的法律适用问题进行了规定,法院需要适用我国的冲突法规则,识别出连接点并根据连接点选择实体规则。① 目前,在法律适用的司法实践中,我国法院在论证推理、连接点识别、适用冲突规则等方面呈现以下情况。

具体而言,在实践中,法院需先后进行4个环节的论证推理以找到某案件所适用的准据法。首先需识别案件性质,其次指明适用于案件的冲突规范,再次需结合案件事实,最后确立所适用的准据法。② 在本文所涉案例中,只有22%的案例完整论证了这4个步骤,与此相对,31%的案件则完全没有进行论证推理,另有37%的案例只完成了部分环节的论证推理,并未依照上述4个步骤进行完整论证。

我国法院在实践中所采用的连接点类型诸多,且连接点之间的搭配模式多元。法院在司法实践中采用最多的连接点为合同履行地(38%)、住所地(20%)、纠纷发生地(16%)、合同签订地(12%),此外还有国籍、标的所在地、拍卖财产的法院所在地等连接点。除31%的案件没有指明连接点以外,34%的案件中采用的是单一连接点,29%的案件采用了双重连接点,6%的案件采用了三个及以上的连接点。在采用多个连接点的案件类型里,一共涉及32种搭配模式。

在适用冲突法规则方面,亦存在适用法律不规范、不正确的司法现状。具体而言,有35%的案件适用法律正确,但高达44%的案件没有援引任何法律规定。另有21%的案件适用法律规定不正确,主要表现为援引了已失效的法律、《涉外民事关系法律适用法》中的原则性规定或者相关旧法。③

(四)判决的可执行性

司法实践中,我国判决在域外国家的承认与执行情况难以直接统计。但是由于承认与执行外国判决需存在可申请承认与执行的依据,因此,可通过审查我国与其他国家之间是否存在可以承认与执行我国判决的依据来间接判断我国判决的执行可能性。具体包括三种情况,分别是存在多边公约、包含判决承认与执行内容的双边司法互助协定和互惠关系。

---

① 参见肖永平:《国际私法原理》(第2版),法律出版社2007年版,第17页。

② 参见田洪鋆:《大数据视野下〈涉外民事关系法律适用法〉实施中存在的问题及解决措施》,载《社会科学辑刊》2018年第3期。

③ 比如,2007年最高人民法院《关于审理涉外民事或商事合同纠纷案件法律适用若干问题的规定》(已失效),原《合同法》第126条、原《民法通则》第146条等。

在多边公约方面，我国目前尚未在实际上加入有关判决承认与执行的多边公约，这就在很大程度上降低了我国判决获得域外国家广泛承认与执行的可能性。

在双边司法互助协定方面，我国先后与比利时等34个国家签订了规定有判决承认与执行的互助协定。但是在这34个国家中，有25个国家均为“一带一路”沿线国家。

在缺乏多边条约以及双边司法互助协定的情况下，还可依据存在互惠关系来承认与执行外国判决。但是，从我国认定互惠关系的司法实践来看，我国判决在域外国家的执行可能性也较低。一方面，各国有关互惠关系的认定标准有所不同，包括事实互惠、法律互惠和推定互惠等，这就会涉及不同认定标准之间的衔接问题，故而对各国的制度设计提出了更高的要求。然而我国《民事诉讼法》第288条只对互惠关系做了笼统的原则性规定，并没有详明互惠关系的认定标准，也没有规定与其他互惠标准之间的衔接与转化问题。我国司法实践将此细化为事实互惠标准，包括依据肯定性事实认定存在互惠关系和依据否定性事实认定不存在互惠关系。另一方面，在司法实践中，即使域外国家已经承认与执行过我国判决，我国也并不必然认定两国之间存在互惠关系。从20世纪90年代开始，韩、美、以色列等国法院都已承认与执行过我国判决，但是我国法院在审查这些国家的某些判决时，[①]并未依据这些肯定性事实认定其与我国存在互惠关系。

我国也在积极响应和促进判决承认与执行领域的国际司法合作。我国深度参与且签署了《选择法院协议公约》和《承认与执行外国民商事判决公约》，一旦我国批准这两个公约，我国所作出的协议选择法院判决以及其他符合公约适用范围的民商事判决，将具有广泛且稳定的国际可执行性，有利于增强国际民商事纠纷当事人对我国司法系统的信任。但是这并不必然意味着我国国际民商事司法系统能够快速、大量吸引域内外当事人的选择，这还受到我国司法效率和其他司法质量的影响。[②] 除国际公约之外，我国还在积极促进互惠关系方面的司法合作。在最高人民法院《关于人民法院为“一带一路”建设提供司法服务和保障的若干意见》和《南宁声明》中，我国已主张可先行给予对方国家当事人司法协助以及主张实行推定互惠标准。

---

① 沈阳市中级人民法院民事裁定书，(2015)沈中民四特字第2号；福州市中级人民法院民事裁定书，(2017)闽01协外认第4号；南昌市中级人民法院民事裁定书，(2016)赣01民初354号。

② 参见何其生：《中国加入〈海牙选择法院协议公约〉的规则差异与考量》，载《武汉大学学报(哲学社会科学版)》2016年第4期。

四、评价结果

从前述分析可知,在当事人与我国国际民商事司法系统互动的过程中,我国国际民商事司法系统已经能够在成本和效率方面吸引当事人的认可和信赖。司法机关独立行使职权、司法公开以及司法便民也已为质量提供了足够的外部保障,并且处于不断优化的良性发展趋势之中。但是,我国的国际民商事司法公信力仍然存在不足,司法公正和判决的可执行性是目前的两大短板。这所折射出的问题在于我国国际民商事司法系统的确定性不足,当事人在预测过程中缺乏可依赖的路径,无法通过"模拟审判"得到与法院判决相一致的情形。此问题并非只存在于国际民商事司法的某一环节之中,而是我国国际民商事司法系统的一个普遍性问题,贯穿于管辖权确立、纠纷解决、判决承认与执行的整个诉讼流程之中。

在管辖权确立环节,协议管辖是当事人协议分配管辖权的结果,合同性的法律选择和法院选择不仅能够提供确定性,而且能使当事人双方选择利于交易盈余最大化的法律。① 但是我国法院往往采取多种形式或忽视或规避当事人对管辖法院的协议选择,破坏了当事人协议管辖的确定性。主要体现为3种情形:其一为当事人起诉后,法院并不根据法律依据从协议管辖、专属管辖、普通管辖等方面论证其是否有管辖权而直接立案,并通过公告送达后,对涉外一方直接作出缺席判决。其二为当事人之间存在协议管辖,但是法院并未根据法律依据论证协议管辖是否有效,而是通过默示管辖事由的出现,取得对案件的管辖权。其三为当事人将案件诉讼至我国法院后,即使当事人之间存在有实际联系的协议管辖,法院也会通过论证其他符合现行管辖的管辖根据确立自己的管辖权。

在纠纷解决环节,司法程序和法律适用结果的确定性也无法得到有效的保障。一方面,法院在适用冲突法规则寻找准据法过程中司法操作不规范,无法保证法院操作的正确性,当事人进行"模拟审判"的预测前提就无法得到保障;另一方面,最终确立的准据法也存在明显的属地主义倾向,本文所涉及案例中就有98%的案件均适用了中国法律。

再者,在判决承认与执行环节,我国判决能否在域外得到承认与执行也难以预测,影响了当事人选择我国国际民商事司法系统的意愿。一方面,在于我国尚未加入全球性的判决承认与执行公约,同时双边协定具有地域局限性;另一方面,我国在建立互惠关系时仍需进一步优化。

---

① [澳]迈克尔·J.温考普、玛丽·凯斯:《冲突法中的政策与实用主义》,阎愚译,北京师范大学出版社2012年版,第27页。

利益博弈是当事人在国际民商事交往中的核心与最终目的,各方都希望以最小的风险获得更多的利益。当事人之间会通过挑选法院进行利益博弈,各国国际民商事司法系统的法律框架和司法程序等是当事人在诉讼环节进行博弈的平台和工具。当事人无法依据确定性的信息进行模拟博弈,意味着当事人无法对诉讼风险进行有效评估或者直接不具有可评估性。于当事人而言,当诉讼风险无法估量时,利益的可获得性也无法估量。这种不可预测性就会成为当事人完全回避我国国际民商事司法系统的决定性因素。

五、结语

目前各国在国际民商事诉讼市场里的激烈竞争,正是大国博弈在国际司法领域的角力,对国际民商事司法公信力的针对性研究是提升我国司法国际竞争力的有效途径。目前,我国国际民商事司法系统已具有一定的基础设施优势。但是在当事人与我国国际民商事司法系统互动的过程中,我国司法系统的确定性还较难吸引当事人的信赖、认可和选择,故而进一步增强我国国际民商事司法系统的确定性是优化我国涉外司法体系的方向之一。

仲裁法博士生论坛

论国际商事仲裁庭自主调查合同涉腐败问题的正当性

廖 挺*

与腐败行为关涉的国际商事仲裁程序面临多重挑战。尽管存在着法律与政策上的正当理由,但囿于缺乏法律基础和语焉不详的公共政策,仲裁庭能否自主调查涉腐问题是个待决之问。通过考察腐败事实的自主调查的合法性风险与合理性缺陷,厘清对腐败问题的自主调查是如何损害当事人意思自治与国际商事仲裁的自身优势等问题。为避免制造正当性问题,在国际商事仲裁中,仲裁庭针对腐败问题自主调查缺乏足够的法律基础,施展空间十分有限,并受到严格的限制,仲裁庭应审慎考虑提起调查。

一、问题的提出

2003 年《联合国反腐败公约》(United Nations Convention Against Corruption),其中列明了腐败的入罪情况。根据《联合国反腐败公约》第 15 条至第 25 条的规定,腐败罪行分为两类:一类是公共领域的腐败,一般是指公职人员或公共部门相关的腐败;另一类是发生在私领域的腐败,这类腐败更加微观,不仅包括贿赂,还有通过影响力直接或间接给予或许诺给予不正当好处等情形。这种交易可能是无形的,双方达成的合意可能不存在具体的物质载体。① 以"影响力交易"为例,由于《联合国反腐败公约》第 18 条的用语并不限于"公职人员",并较为概括地规定了获取"不正当好处"的情形,这为各国将《联合国反腐败公约》转化为国内法或直接于本国适用制

* 武汉大学国际法研究所博士研究生。

① 例如,许多国家法律允许"游说"行为,这类"游说"并不必然存在物质上好处,可能仅依靠私人关系。甚至在有的国家,为达成某些协议,其中产生的"疏通费"亦未被该国法律视为非法。See e. g., Andy Spalding, Facilitating Payments (De) mystified (Part Ⅱ), Accessed June 17, 2021, https://fcpablog.com/2012/06/13/facilitating-payments-demystified-part-ii.

造了困难和歧异。但这至少表明,根据《联合国反腐败公约》提供的语境,一般来说,腐败可以被认为是指直接或间接索取、提供、接受贿赂或任何不正当好处或预期利益,影响受贿人正确履行义务的行为。类型上,腐败存在公职部门或公职人员的内部腐败、“公—私”间的腐败以及“私—私”间的腐败3类。但正如前文所述,各国立法对腐败行为的定性不同,许多法域仅立法规制了前两类关涉公共领域的腐败。[①]

在国际商事仲裁中,腐败问题的提出,可能是关于公共事项的合同关系下的一项指控或抗辩,甚至只是仲裁庭基于某些迹象的一种合理怀疑。以典型的涉及“影响力交易”的合同纠纷为例,不难发现,关于腐败争议可能出现在以下情形中:(1)提供中介服务人员在为委托人取得政府公共项目合同或相关批准程序后发起仲裁程序,请求偿付报酬;(2)委托人提起仲裁程序,以向中介追回其在获得政府公共合同或相关批准前向其支付的款项;(3)授予政府公共合同的国家或实体作为申请人,声称由于合同是通过腐败交易获得的,因此合同不可执行或应予撤销,或者作为被申请人,认为它对委托人提出的违约指控不承担责任;(4)合同一方为了促成合同而贿赂另一合同相对方的代理人。上述典型的纠纷最有可能发生于在一国公共项目的招标或募集资金过程中,其中常见的诉因是双方或一方于代理合同等协议的缔结过程中存在腐败,或是为了腐败之目的而缔约,所缔结的合同本质上属于对东道国公职人员或对公职人员有影响力的人员的贿赂工具等。

但若国际商事仲裁中任何一方都没有提出指控或相关请求,则出现了腐败被仲裁庭“发现”的情形。案件某些迹象表明可能存在腐败,如明显与合同标的不相称的大额金钱给付等,但当事人并未提出相关指控或抗辩。一般来说,这存在两类解释:一是当事人可能清楚、明白相对方行为存在瑕疵,但默许腐败的发生或因为本人行为也存在类似瑕疵而回避,或不愿提出指控;二是当事人可能对违法、犯罪行为的整体情况缺乏了解或不掌握关键资料,据此无从提出合理请求或无法提供充足证据。[②]面对上述两种情况,仲裁员或需考虑怀疑合同可能受到腐败“污染”而主动提出腐败问题。

继之而来的问题是,仲裁员能否就腐败问题进行“自主调查”(*sua sponte* investigation)。所谓“*sua sponte*”,一般可以译作“自主的”、“主动的”或“自行

① 参见郭玉军、裴洋:《论国际商事仲裁中涉及贿赂的合同的仲裁》,载《法学评论》2005年第2期。

② See Vladimir Pavić, *Bribery and International Commercial Arbitration-The Role of Mandatory Rules and Public Policy*, Victoria University of Wellington Law Review 43, 2012, p. 661.

的”。[1] “investigation”一般可以译作“调查”。[2] “*sua sponte* investigation”则被认为是“自主调查”。这种调查被一些学者认为是仲裁庭的一项职权。一方面,这是仲裁庭固有的权力和职能,是符合当事人根本利益及自然正义的权力,本质是仲裁庭履行自由裁量权的体现;另一方面,该自主调查被认为是一种义务,即认为仲裁庭的这项职能来自其所在国国际公共政策和强制性法律的要求。当涉腐败问题被提出或发现时,仲裁庭能否调查取证并确定相关事实?目前来看,两类问题亟待回应:第一,是否存在这项权能,同时这种调查是否具备和/或多大程度上具备正当性?第二,支持或反对“自主调查”的理由是什么?一些支持“自主调查”的观点将把国际商事仲裁推向司法化,背离了仲裁的“契约自治”本质。为解决上述问题,确有必要对仲裁庭选择进行“自主调查”的合法性与合理性进行探析。

二、“自主调查”的法理基础

(一)“自主调查”与公共政策

1999 年欧洲委员会《反腐败刑法公约》(Criminal Law Convention on Corruption)序言中提及:“腐败威胁法治、民主和人权,破坏善政、公平和社会正义,扭曲竞争,阻碍经济发展,危及民主体制的稳定和社会的道德基础。”[3]显然,腐败直接对国家和社会公共利益制造了巨大威胁。这便带来了关于公共政策适用的问题。与国内公共政策(domestic public policy)在国内事务中的适用不同,国际公共政策(international public policy)往往仅指向国家在处理涉外事务中依旧适用的、关于正义或道德的最基本原则。有论者甚至提出,谴责腐败被定性为应适用的“文明国家”所承认的一般法律原则,即“跨国公共政策”(transnational public policy),或称为“真正的国际公共政策”(truly international public policy)。[4] 在国际商会第 1110 号案件中,仲裁员拉格伦(Lagergren)提出,涉及腐败的案件在任何法院都不可能得到支持,据此否定了自己的管辖权,并在裁决中首先否定了该案腐败问题的可仲裁性,并认

---

① *See Black's Law Dictionary* (9th *ed.*), *sua sponte*, *West*, 2009, p. 1560.

② Ibid., p. 902.

③ 1999 Criminal Law Convention on Corruption, preamble, ETS No. 173.

④ See Louis Kossuth, *Transnational (or Truly International) Public Policy and International Arbitration*, in Pieter Sanders ed., Comparative Arbitration Practice and Public Policy in Arbitration, Zuidpoolsingel, Kluwer Law International, 1987, p. 258 – 318.

为腐败是一种国际罪行,它有悖于道德和所有国家共有的一般原则。①

在国际投资争端解决中心(International Centre for Settlement of Investment Dispute,ICSID)裁决的"以色列金属技术有限公司诉乌兹别克斯坦共和国案"②中,腐败问题是由仲裁庭主动提出的,即仲裁员在各方没有争议的情况下主动采取行动。该案裁决认为,腐败是为国际公共政策所禁止的,如果争端一方声称存在腐败,或者仲裁员怀疑存在腐败,则仲裁员应该考虑调查该事实是否成立。此外,这种怀疑是在仲裁程序的哪个阶段产生的并不重要,即使在最后阶段也应进行调查。③

而在"莱曼达贸易有限公司诉非洲中东石油公司案"④中,仲裁庭对公共政策的适用采取了更扩张的解释。原告作为中介人通过私人关系为被告从卡塔尔政府获得了一项石油供应合同,据此原告依据准据法为英国法的服务合同提出了报酬支付请求。但根据卡塔尔法律,该类中介活动是非法的。英国法院认为,执行该项裁决将违反英格兰公共政策,即便是纯粹的国内公共政策,但是因为其与卡塔尔公共政策存在共享的价值,根据普通法冲突规则,违反合同履行地国和法院地国公共政策的仲裁裁决将不予执行。无疑,在国际商事仲裁中不论适用国际公共政策或是跨国公共政策是适当的,因为这可以保证不违反世界上大多数国家的公共政策,从而保障裁决的可执行性。⑤ 如果仲裁员忽视了主合同中存在的非正当性因素,裁决可能会因违反公共政策而不被承认,毕竟任何形式的腐败行为都不能在仲裁中得到鼓励或忽视。因此,由仲裁员根据公共政策调查腐败问题的看法似乎更有说服力,裁决被拒绝承认与执行的风险更小。

---

① ICC Case No. 1110 (1963), 10(3) Arb. Int'l 282. 但鉴于自裁管辖权理论(competence-competence doctrine)和可分性原则(separability doctrine)在国际商事仲裁中的实践和确认,关于涉腐败合同的可仲裁性问题得到了解决。See Final award in ICC case No. 6248 of 1990, YCA XIX (1994), at 124 et seq.

② Metal-Tech Ltd. v. Republic of Uzbekistan (ICSID Case No. ARB/10/3), Award (4 October 2013) paras. 420 – 422.

③ See Pablo Mori Bregante & Andrés Álvarez Calderón, *For Whom The Bell Tolls: Is The Red-Flags Standard's Application Enough To Prove Corruption In International Arbitration?*, Accessed June 23, 2021. http://arbitrationblog. kluwerarbitration. com/2020/09/23/for-whom-the-bell-tolls-is-the-red-flags-standards-application-enough-to-prove-corruption-in-internationalarbitration.

④ Lemenda Trading Co. Ltd. v. African Middle East Petroleum Co. Ltd. [1988] Q. B. 448.

⑤ See Louis Kossuth, *Transnational (or Truly International) Public Policy and International Arbitration*, in Pieter Sanders ed., Comparative Arbitration Practice and Public Policy in Arbitration, Zuidpoolsingel, Kluwer Law International, 1987, p. 258 – 318.

（二）"自主调查"与国际强制性规范

一般来说，国际强制性规范（international mandatory rules）是与立法国公共利益密切相关的实体性法律规则，①它比公共政策更具有适用确定性，其也通常被认为是当事人选择其合同适用法律时不得被排斥、限制或更改的，不容克减的规则。② 鉴于各国对腐败行为作出的法律评价可能不同，当事人选择的法律可能不禁止"私—私"交易中的代理协议等中介性协议，即便此类协议背后可能隐匿着影响力交易也同样如此，而合同履行地或仲裁地的强制性法律或公共政策规则却可能予以禁止。在面临腐败指控或是腐败抗辩时，仲裁庭应适用何种或哪一国法律中的"国际强制性规范"或"公共政策"？一般而言，除合同准据法外，可以从仲裁地法（*lex arbitri*）、合同履行地法（*lex locus solutionis*）、当事人主要营业地法或其他与当事人有密切联系的法域的强制性规范和公共政策出发，确定应予适用的实体法规则。此处，主要以仲裁地法路径与合同履行地法路径为例。

1. 仲裁地法

仲裁地（seat of arbitration）与国际商事仲裁的属地联系十分重要。仲裁地法被认为是确定准据法的可预测的、推定为中立的规则。③ 一般来说，在当事人没有明确选择法律的情况下，仲裁员可以适用仲裁地的法律。这里存在一种推论，当事人选择了仲裁地，暗含了适用该国法律的默示或期待。在实践中，仲裁协议和仲裁程序应当符合仲裁地法律的规定，同时仲裁地的司法机构有权对仲裁程序进行司法监督。如果腐败当事人或争议标的违反了仲裁地国强制性规范，法院可能认为仲裁庭就非法事项进行了裁决，对仲裁裁决效力产生怀疑，进而可能导致重审或善意当事人无法获得救济等情况。④

以外国强制性规范来说，如根据普通法冲突规则，当事人选择法律的效力通常不会因为法院地法下的非法性所推翻，因为法院地通常与受外国法律调整并据此履行的合同少有或几乎没有联系。但例外情况是外国规则构成法院地适用于合同的

---

① 参见刘仁山：《"直接适用的法"在我国的适用——兼评〈涉外民事关系法律适用法〉解释（一）第10条》，载《法商研究》2013年第3期。

② See Trevor C. Hartley, *Mandatory Rules in International Contracts: The Common Law Approach*, Recueil des Cours 266, 1997, p. 345.

③ See Gary B. Born, *International Commercial Arbitration*, Netherlands, Wolters Kluwer Law & Business 2009, p. 2140.

④ 参见金鑫：《论法国刑事规范对国际商事仲裁的影响》，载《青海社会科学》2018年第5期。

强制性规则。[①] 类比欧盟议会和理事会2008年6月7日《关于合同之债法律适用的第593/2008号条例》(以下简称《罗马条例Ⅰ》)第9(2)条规定的法院地国"优先适用的强制性规范"可以直接适用于国际民商事争议,[②]仲裁庭所考虑的仲裁地国国际强制性规范也应给予优先考虑。

2. 合同履行地法

仲裁庭可以考虑与争议联系最密切的国家的法律优先于当事人选择的法律。因此,仲裁庭也可能适用第三国的强制性规范和公共政策。如1987年瑞士《关于国际私法的联邦法》第19条第1款指出,如果出于考虑保护一方当事人"合法及显著的利益"(legitimate and manifestly preponderant interest)的需要,与该情形"密切联系的"外国强制性法律将优先于当事人选择的法律或其他适用的法律。[③]

何种外国法律构成"密切相关"的"外国强制性规范"?合同履行地法律经常被纳入考虑。在国际商会(International Chamber of Commerce,ICC)1994年裁决的第7047号案件中,仲裁庭认为,科威特国防部针对被申请人发布的禁止其在与国防部政府采购合同中使用中介机构的通知,由于是在谈判中提出的,而非主合同订立的要求,因而属于"合同的条件"而并不构成"外国强制性规范"。[④] 而根据《罗马条例Ⅰ》第9(3)条,其规定如果合同履行地并非准据法所属国,则该履行地国的国际性强制性规定使履行合同变得非法,法院可以自由裁量适用该强制性规定。[⑤] 在考虑到外国法律的性质和目的以及适用或不适用的后果的情况下,一国认为遵守这些规定可以维护其政治、社会或经济组织至关重要的利益,而可优先适用该项"外国强制性规范"。如果履行合同不违反准据法或法院地法强制性规定,但是违反合同履行地强制性法律,例如刑法或行政法,法院可能会拒绝要求当事人履行合同。

随着国际礼让的发展,一些国家确定准据法时会考虑第三国国际性强制性规范,特别是尽量避免因为违反友邦刑法或者行政法,而损害友邦公共秩序的行为。例如,在英国普通法下,当事人订立的合同是从事与英国友好国家法律所禁止的行为,

---

① See Gary B. Born, *International Commercial Arbitration*, Netherlands, Wolters Kluwer Law & Business 2009, p. 2140; *cf.* Block Bros Realty Ltd v. Mollard (1981) 122 DLR (3d) 323.

② Regulation (EC) No 593/2008 of the European Parliament and of the Council of 17 June 2008 on the Law Applicable to Contractual Obligations (Rome Ⅰ), OJL 177, 4.7.2008, p. 6-16(EN), Art. 9(2).

③ 1987 Switzerland's Federal Code on Private International Law, Art. 19(1).

④ ICC case No. 7047 (1994), [1996] Yearbook Com Arb XXI 79.

⑤ Regulation (EC) No 593/2008 of the European Parliament and of the Council of 17 June 2008 on the Law Applicable to Contractual Obligations (Rome Ⅰ), OJL 177, 4.7.2008, p. 6-16(EN), Art. 9(3).

如果该合同准据法为英国法，那么其在英国不会得到执行。如在“福斯特诉德里斯科尔（Foster v. Driscoll）案”中，由于当事人违反美国禁酒令，受英国法管辖的、向美国走私威士忌的合同将无法得到执行。因而，根据普通法，如果法律选择是非善意的或违反公共政策，则适用与争端关系最密切的法律——通常是合同履行地法律。

（三）法律问题的相关性与“越权裁决”风险的平衡

有学者认为，如果该问题与解决争端有关，就不构成“越权裁决”或“超裁”（*ultra petita*）。这是因为，从权能上看，仲裁庭享有提出事实和法律问题的自由裁量权。一方面，腐败在很大程度上与仲裁员作出适当裁决的能力有关。仲裁员有能力正确审查案件的情况，并得出有关非法性的结论。仲裁员需要确定情况和事实，以便就案件的性质得出结论。另一方面，仲裁员必须按照仲裁协议的约定履行义务，除非该协议与强制性规则或公共政策相悖。[①] 伦敦国际仲裁院2020年《仲裁规则》认同仲裁庭进行其认为必要或合适的调查，包括仲裁庭是否以及在多大程度上应主动查明相关问题，确定相关事实以及适用于仲裁协议、仲裁和当事人争议案情的法律或规则的权能。[②]

此外，从目前仲裁实践来看，已经形成了强有力的“支持仲裁的推定”（pro-arbitration presumption）。美国联邦最高法院在“三菱公司诉索勒·克莱斯勒－普利茅斯案”[③]中指出，关于可仲裁事项范围的任何疑问都应以有利于仲裁的方式解决。同样，瑞士联邦法庭认为，如果确定存在仲裁条款，就没有理由对该原因进行限制性解释，应当假定当事人希望仲裁庭具有包容的管辖权。[④] 一些法院采用了此种推定，即仲裁庭确实在其权限内行事。[⑤] 盖拉德（Gaillard）和萨维奇（Savage）认为，仅根据当事人没有提出的指控或论点作出决定，并不构成越权，当对当事人提交的材料的范围有疑问时，一般来说，将决定支持仲裁员的解释。[⑥]

最后，当仲裁员怀疑主合同可能受到腐败的影响时，其应选择进行调查并确定仲裁裁决所依赖的主合同的有效性。有学者认为，关于主合同无效的争议，即使由

---

① See Domitille Baizeau & Tessa Hayes, *The Arbitral Tribunal's Duty and Power to Address Corruption Sua Sponte*, in Andrea Menaker ed., International Arbitration and the Rule of Law: Contribution and Conformity, Netherlands, Kluwer Law International, 2017, p. 225.

② 2020 LCIA Arbitration Rules, Art. 22. 1(iii).

③ Mitsubishi v. Soler Chrysler-Plymouth, 473 U. S. 614, 629 (1985).

④ Swiss Federal Tribunal's Judgment of 19 December 2001 20(3) ASA Bulletin 493 (2002).

⑤ See e. g., Minmetals Germany GmbH v. Ferco Steel Ltd, [1999] 1 All ER (Comm) 315.

⑥ See Gaillard Emmanuel & Savage John eds., *Fouchard Gaillard Goldman on International Commercial Arbitration*, Netherlands, Kluwer Law International, 1999, p. 1631.

仲裁庭自行提出,也应当被认为属于当事人“提交仲裁的条款”,必然与公共政策相关,也与仲裁请求关联。① 更激进的支持者主张,仲裁庭主动发现腐败证据并作出相关的结论,是在严格和忠实地审查和确定当事人请求,并进行“补缺”,只要符合正当程序,仲裁员就有权、有义务调查腐败问题,并在各方当事人拒绝提供证据或提交论据的情况下,强制要求提供证据,继而在调查的基础上作出相关裁决。②

(四)仲裁庭有作出具备可执行性裁决的义务

仲裁裁决一经作出,可能面临仲裁地法院撤裁风险。因此,有论者提出仲裁庭的工作要旨是作出有约束力和可执行的裁决,对相关事实进行某种调查是必要的。据此,仲裁员作出可执行裁决的职责要求其对违反仲裁地的公共政策的行为给予更多的考虑。③ 在“苏莱曼尼案”(Soleimany v. Soleimany)中,虽然根据伊朗法律走私地毯的合同是非法的,违反了伊朗税收和出口管制等强制性法律,但根据作为准据法的犹太法,协议的非法目的不影响双方的权利,因此可以裁定执行合同。但英格兰法院拒绝予以执行并认为,该裁决明显违反了英格兰的国际公共政策,足以导致法院不予执行。④ 而巴黎上诉法院在“阿尔斯通公司申请撤销巴黎初审法院作出的执行国际商会仲裁院仲裁裁决案”中,虽然合同的履行不违反国际公共政策,但相关仲裁裁决的承认与执行将构成对腐败的鼓励,承认与执行该类裁决将违反国际公共政策,因此,撤销巴黎初审法院作出的承认与执行裁决的命令,并要求被申请人退还已付所有款项。⑤

(五)仲裁庭有“司法职能”和公共职责

基于仲裁的“司法权论”,⑥有学者强调,仲裁相当于私人间设立的“国家法院”,

---

① See Gary B. Born, *International Commercial Arbitration*, Netherlands, Wolters Kluwer Law & Business 2009, p. 2183.

② See Michael Hwang & Kevin Lim, *Corruption in Arbitration-Law and Reality*, Asian International Arbitration Journal 1 (8), 2012, p. 1; *cf.* Nigel Blackaby et al., *Redfern and Hunter on International Arbitration*(5th ed.), Oxford University Press, 2009, p. 2140.

③ See Pierre Mayer, *Effect of International Public Policy in International Arbitration*?, in Loukas A Mistelis & Julian DM. Lew eds., Pervasive Problems in International Arbitration, Kluwer Law International, 2006, p. 61.

④ Soleimany v. Soleimany [1999] QB 785.

⑤ Alstom Transport SA v. Alexander Brothers Ltd, 16/11182.

⑥ See Andrew Barraclough & Jeff Waincymer, *Mandatory Rules of Law in International Commercial Arbitration*, Melbourne Journal of International Law 6, 2005, p. 4.

并且仲裁对违反公共政策与强制性规则的问题作出裁决符合当事人的合理期待。[①] 其认为,仲裁庭不仅是当事人意思自治的工具化体现,还需要对一方或双方隐藏的腐败交易的可能性保持警惕,否则仲裁庭可能成为腐败行为的帮凶。[②] 且法院出于维护仲裁裁决的终局性的考虑,通常拒绝推翻仲裁庭的实体裁定。

仲裁庭必须保持警惕并检查仲裁一方或双方是否存在腐败交易的可能性,避免仲裁员因未能采取行动而受谴责。[③] 因此,如果仲裁员认为腐败活动已存在或正在发生,则其处于社会责任应进行适当调查。如果肩负司法职能或准司法职能的仲裁员怠于尽职,或仅考虑当事人的利益而完全忽视腐败或其他不法问题,仲裁就有可能成为藏匿和容忍腐败的安全场所。

三、仲裁庭"自主调查"的合法性审视

正当性是权利和权源合法性的核心。[④] 当选择调查合同涉腐败事项时,仲裁庭似乎选择了合乎正义的方式来履职。但问题是,是否有这样一类明确的权能以解决仲裁庭行为的正义性顾虑?现行法律体系,无论是国际法或是国内法,均未明确给予国际商事仲裁庭"自主调查"的权能。

(一)缺乏确定的法律基础

1.不充分的国际法基础

虽然,《联合国反腐败公约》等法律文件把打击腐败作为刑事规制,甚至已经成为国际强行法的一部分。国际强行法规范的效力高于国际法其他规范,认定一项规范为国际强行法,即暗含其具有高于其他规范的效力。[⑤] 问题是仲裁员是否受上述国际法规的约束?上述国际规则并不包括关于仲裁员自行调查腐败的明确规定。此外,几乎所有打击腐败的条约都缺乏国际执行机制,而是将执行程序留给各国立法者和法院。对大多数国家来说,上述所有条约都不是"自动执行"的,这导致每个国家都需要将公约的规定落实到国内法律中。[⑥] 把打击腐败这一重要任务留给每个

① See Vladimir Pavić, *Bribery and International Commercial Arbitration-The Role of Mandatory Rules and Public Policy*, Victoria University of Wellington Law Review 43, 2012, p. 668.

② See Catherine Kessedjian, *Transnational Public Policy*, in Albert Jan van den Berg, International Arbitration 2006: Back to Basics? Netherlands, Kluwer Law International, 2007, p. 863.

③ See Douglas Thomson, *Arbitrators and Corruption: Watchdogs or Bloodhounds?*, https://globalarbitrationreview.com/bribery-and-corruption/arbitrators-and-corruption-watchdogs-or-bloodhounds.

④ 参见孔明安、黄秋萍:《论合法性的正义基础及其可能性》,载《厦门大学学报(哲学社会科学版)》2018年第5期。

⑤ U. N. doc A/74/10.

⑥ 《联合国反腐败公约》还为各国提供了立法指南。

国家,可能导致各国反腐败规则的冲突,这使国际商事仲裁庭依职权自主处理合同涉腐败问题的国际合法性更加不确定。① 即使其所在国为相关条约的缔约方,充其量也仅证明了仲裁机构和仲裁庭的"反腐败"的法定和社会职责,无法证明"自主调查"职权是当然存在的。若仲裁庭在处理当事人涉腐败请求或抗辩时,通过适用国际条约等适当法律解决该问题,则此时"反腐败义务"的履行是仲裁庭尊重当事人意志、严格依程序规则解决纠纷、准确适用法律的结果而非原因。

2. 缺乏明确的国内法授权

首先,仲裁庭"自主调查"不同于一般意义上律师、检察官或法官调查取证权。后三者的权源明确,往往规定在一国程序法当中。② 尤其是检察官、法官的调查取证权有鲜明的公权力特征。而调查取证也仍然是以当事人为核心,调取直接的、客观的证据,以与案件事实建立因果关系。但仲裁庭"自主调查"缺乏原则和规则体系约束,特别是在针对腐败这类可能涉嫌犯罪的行为进行主动调查时,所调取的证据、查明的事实可能与合同争议无关。

其次,诸如禁止和打击腐败的规则通常被认为是国家的强制性法律,但与法官不同,仲裁员没有义务自动适用这些规定。虽然,有论者强调,在仲裁程序中,只有当仲裁庭发现有某种公共政策所谴责的特定的犯罪行为,并且根据所适用的法律而必须适用这种反映公共政策的规则时,才会出现从裁决类似案件的实践中所得知的保护公共政策的必要性。③ 一般来说,某一国家是否会在其国家立法中纳入允许仲裁员自主调查腐败的规则,完全取决于该国家立法。但国际商事仲裁的特殊性在于,其并不存在一个特定的"本座",仲裁员在选择适用法律上具有相当的自由裁量空间。各国立法对于"腐败"的定义分歧直接导致了法律分歧的产生。例如,包括荷兰在内的一些国家对1999年欧洲委员会《反腐败刑法公约》第12条提出了保留,并认为对公职人员或政治家的决定施加某些形式的影响,无论是否有金钱交易,都可能是合法的;只有当游说或试图施加影响的结果是为参与决策过程的公职人员提供

---

① *Cf.* Vladimir Pavić, *Bribery and International Commercial Arbitration-The Role of Mandatory Rules and Public Policy*, Victoria University of Wellington Law Review 43, 2012, p. 660. See also Phillip Landolt, "*Arbitrators" Initiatives to Obtain Factual and Legal Evidence*, Arbitration International 28(2), 2012, p. 175.

② 如《刑事诉讼法》第36条、第37条等。

③ See Gary B. Born, *International Commercial Arbitration*, Netherlands, Wolters Kluwer Law & Business 2009, p. 2183.

具体利益预期时,才是超越了适当的界限。①

例如,在 ICC 仲裁的一个案件中,被告法国公司(Omnlun de Traitement et de Valorisatlon)与原告英国希尔马顿公司(Hilmarton)之间签订了代理协议,并在阿尔及利亚履行。希尔马顿将代表委托人与阿尔及利亚政府谈判,为被告争取一项与阿尔及利亚政府缔结的给排水工程合同。合同约定受瑞士法律管辖,在瑞士进行仲裁。之后,双方因报酬支付产生了争议。阿尔及利亚的反腐败条例禁止政府采购中的中介行为,以预防任何对政府官员的贿赂或不良影响。然而,瑞士法对相关中介协议不作禁止,而是要求当事人对相关贿赂或施加个人影响的事实尽到举证责任。在这种情况下,仲裁员认为,该案没有直接证据表明贿赂行为的存在。且根据瑞士法律,影响力交易并不违法,但行贿是违法的。由于后者没有得到证实,仅适用瑞士法律并不能使合同无效。因此,仲裁员转而考察了阿尔及利亚法律的规定。为保证政府合同招标的公平性,并确保根据客观标准选择与政府签订合同的相对方,阿尔及利亚禁止了所有影响力交易。② 由于中介协议的存在,仲裁员得出结论认为:"阿尔及利亚法律规定了旨在打击腐败必须遵守的一般原则。这涉及国际公共政策,与基于瑞士公共政策的道德观念背道而驰。因此,该合同完全无效。"③然而,瑞士法院后来撤销了这一决定,并任命了另一名仲裁员,该仲裁员得出合同有效的结论。该仲裁员认为,这一活动"有意地"违反阿尔及利亚的法律,该法律禁止中介参与谈判以获得项目合同。从瑞士法的角度来看,这种行为并不违反瑞士法。仲裁员还认为,这一行为并没有证实任何贿赂或其他腐败活动。所提出的事实并不能证明希尔马顿公司存在行贿事实、进行游说或其他内幕交易,从而使阿尔及利亚的公职人员悖于其职责或参与利益交换。因此,双方之间的合同并不违反善良风俗(*contra bonos mores*)。④

上述案件说明,国内法的"真实冲突"让"腐败行为"的定性在国内法层面上存在较大的不确定性。这种不确定性,也增加了被调查的客体的不确定性。如在涉及投资者通过对肯尼亚前总统和其他高级官员行贿以获得机场免税经营合同的"世界

---

① See Colin Nicholls QC et al., *Corruption and Misuse of Public Office* (3rd ed.), United Kingdom, Oxford University Press, 2011, chap. 14.

② See 1978 Algeria Law No. 78 - 20, Art 9; see also International Law Association and International Commercial Arbitration Committee, *Interim Report on Public Policy as a Bar to Enforcement of International Arbitral Awards*, London Conference, 2000, p. 16.

③ Ibid., p. 214.

④ Ibid.

免税诉肯尼亚案”[①]中,仲裁庭提出,根据与腐败相关的国内法和国际法,应判定行贿和受贿行为违反了大多数国家的国际公共秩序,或者直接违反了“跨国公共秩序”。即便当事人辩称给予贿赂、收受好处属于肯尼亚的风俗习惯,但仲裁庭认为该风俗习惯并非肯尼亚公共政策的一部分,因此对此种抗辩予以忽视,并拒绝承认任何违反公共秩序的当地风俗。问题在于,如果当事人否定某项行为属于“腐败”,或者该行为仅仅涉及小额交易,或是符合当地商业习惯的日常礼节性来往,仲裁庭是否应当动辄适用严厉的国内强制性法律与国际法对主合同效力及当事人请求进行处置?事实上这是有争议的。如根据我国原国家工商行政管理局(现国家市场监督管理总局)《关于禁止商业贿赂行为的暂行规定》第8条规定,在商业活动中,企业可以按照商业惯例向交易相对方赠送小额广告礼品。[②] 因此,仲裁庭对合同涉腐败问题的“自主调查”应当保持谦抑性警觉,否则可能不必要地处置法律上无争议的事实,造成法律资源和人力、财力的浪费,并触发对实体正义与程序正义的威胁。

3. 软法规则无法保证法律确定性

有论者援引ICSID《仲裁规则》第41(2)条规定——仲裁庭可在仲裁的任何阶段主动考虑该争端或提交给它的任何附属请求是否属于核心的管辖范围和仲裁庭的权限,[③]并据此认为,ICSID《仲裁规则》明确授权仲裁法庭自行提出、调查和决定管辖权事项。[④] 又如2020年ICC《仲裁规则》第25条赋予仲裁庭在认定案件事实上享有的较大职权。[⑤] 部分学者甚至认为,2006年修正的联合国国际贸易法委员会《国际商事仲裁示范法》(以下简称《示范法》)中虽然没有直接规定仲裁庭“自主调查权”,但是其第24(3)条规定:“一方当事人向仲裁庭提供的一切陈述书、文件或其他资料应当送交对方当事人。仲裁庭在作出决定时可能依赖的任何专家报告或证据性文件也应当送交各方当事人。为了使当事人能够出席任何庭审和仲裁庭为检查目的而举行的任何会议,应充分提前向当事人发出通知。”[⑥]由此进行推论,学者认

① World Duty Free Company Limited v. The Republic of Kenya ICSID Case No. ARB/00/7, Award (October 4, 2006).

② 国家工商行政管理局令〔1996〕第60号。

③ ICSID Convention Arbitration Rules, Art. 41(2).

④ See Chang Seung Wha, *Inherent Power of the Arbitral Tribunal to Investigate Its Own Jurisdiction*, Journal of International Arbitration 29(2), 2012, p. 172.

⑤ 2020 ICC Arbitration Rules, Art. 25; *Cf.* see Vladimir Pavić, *Bribery and International Commercial Arbitration-The Role of Mandatory Rules and Public Policy*, Victoria University of Wellington Law Review 43, 2012, p. 661.

⑥ UNCITRAL Model Law, Art. 24(3).

为仲裁庭应有权在遵守各方当事人沟通要求的前提下,向各方当事人索取补充证据。根据这一规定,可以得出仲裁员存在基于其自身意愿的调查取证权能。①

然而,对上述仲裁规则的扩张解释存在一定问题。根据上述软法性文件的规定,仲裁庭有权确定自己的管辖权及其范围,这些类似条款只规定了在一方当事人提出异议时,仲裁庭有权对自己的管辖权作出裁决。根据这些规则,当仲裁庭打算主动审查涉腐败事实问题时,不能直接援引这一规定。② 因为,面对未呈现在当事人仲裁协议或条款中的腐败事实,同时也非当事人的仲裁请求或是抗辩的一部分,仲裁庭径自调查腐败事实缺乏明确的授权或义务规则基础。虽然,仲裁庭可以调取其认为需要的证据资料,但正如前文所述,此类材料的相关性存在很大不确定性。更重要的是,关于《示范法》第24(3)条之规定,仲裁员应起到协助双方当事人充分交换意见和材料的作用,这不可推导出仲裁员的调查权能。

此外,仲裁庭为认定案件事实,首先,应当依据当事人申请或仲裁协议确定哪些"事实"是相关的;其次,如果需要补充证据或者进行补充调查,也不等价于可"自主调查";最后,关于《示范法》隐含"自主调查"的推理可能存在谬误。正如贸易法委员会秘书处的解释所述:"作为旨在确保公平性、客观性和公正性的另一项条款,第24(3)条规定的立法目的不在于给予仲裁庭决定自身是否得自主调查的权限,而在于保证证据材料的公开和举证质证程序的公正,这是对当事人根本程序性权利的规范而非对仲裁庭的授权性规范。

(二)与国际商事仲裁的基本性质相抵触

仲裁庭的权力自于当事人的协议,其本质反映的是当事人将具体问题提交给这种私人裁决的意愿,因此,仲裁员不能突破当事人之约定任意行事。③ 如仲裁庭通过调查未提交仲裁的事项,进而将自己对该事项的意愿强加给当事人,则作出的裁决可能因越权裁决而被撤销④或拒绝承认和执行。

---

① UNCITRAL Model Law on International Commercial Arbitration (1985)(amendments as adopted in 2006)(hereinafter as UNCITRAL Model Law), Art. 24(3); *Cf.* see Chang Seung Wha, *Inherent Power of the Arbitral Tribunal to Investigate Its Own Jurisdiction*, Journal of International Arbitration 29(2), 2012, p. 172.

② See Colin Nicholls QC et al., *Corruption and Misuse of Public Office* (3rd ed.), Oxford University Press, 2011, chap. 14.

③ See Alan Redfern & Martin Hunter, *Redfern and Hunter on International Arbitration* (5th ed.), Oxford University Press, 2009, p. 124.

④ See Report of UNCITRAL on the Work of its Eighteenth Session, U. N. Doc. A/40/17 (1985) (as amended in 2006), Art. 34(2)(a)(iii).

诚然,有学者强调仲裁的"司法功能",认为仲裁是司法的私力补充。更进一步认为,仲裁对违反公共政策与强制性规则的问题作出裁决符合当事人的合理期待。①但这种推断存在3个误区。第一个误区,是将仲裁尤其是国际商事仲裁的表面特征内在化,即仲裁程序的进行与司法程序的确存在相似特征,且仲裁程序受到民事诉讼程序影响颇深,②在适用法律上也须受制于公共政策与强制性规则。但这并非仲裁的本质特性,而是"外观化"特征,不能用于佐证"仲裁具备司法功能"这一断语。第二个误区,在于将仲裁受到司法程序的审查与监督"迁移"为"仲裁具备司法功能"。很显然,这恰恰体现了仲裁性质与司法程序性质的不同,前者功能受到了后者约束,因此不可混为一谈。第三个误区,是自主调查往往与公权力存在联系。国际商事仲裁作为一种私主体间纠纷解决方式,在仲裁庭根据仲裁程序法和仲裁规则享有的调查取证权之外,另行赋予仲裁庭自主调查事实问题、提出法律问题的权力,实际上是将仲裁员推向"检察官"的角色,处理原本不属于仲裁员职权范畴内的问题。

更加危险的是对当事人意思自治原则的侵蚀。国际仲裁的一项基本原则是当事人意思自治。有学者强调,国际商业协议的当事人可以自由选择适用于该协议的法律或规则,③并且当事人享有以其认为合适的方式构建合同关系的自由。④ 认可当事人意思自治原则的一个重要原因是当事人通常非常重视尽可能控制自己的案件,并普遍担心陷入司法机制的风险。对于商人来说,国际商事仲裁是其日常所从事的沟通、影响和说服过程的延伸,是"以其他方式追求政策"。⑤

当事人主动获取事实证据和确定准据法时,意思自治不受限制。国际法委员会的一个报告中认为,仲裁员应将法律上的主动权留给当事人,但仲裁员有责任正确适用法律从而作出裁决。因此,如果缺乏足够的法律资源,仲裁员应在当事人提请

---

① See Vladimir Pavić, *Bribery and International Commercial Arbitration-The Role of Mandatory Rules and Public Policy*, Victoria University of Wellington Law Review 43, 2012, p.669.

② 参见康宁:《契约性与司法化——国际商事仲裁的生成逻辑及对"一带一路"建设的启示》,载《政法论坛》2019年第4期。

③ See C. Chatterjee, *The Reality of Party Autonomy Rule in International Arbitration*, Journal of International Arbitration 20(6), 2003, p.539-540.

④ See Abdulhay Sayed, *Corruption in International Trade and Commercial Arbitration*, Kluwer Law International, 2004, p.159.

⑤ See William Fox, *Adjudicating Bribery and Corruption Issues in International Commercial Arbitration*, Journal Energy & Natural Resources Law 27(3), 2009, p.498.

的争议范围内自行查询,并让当事人有机会对这些仲裁员的举措发表评论。[①] 这似乎并非指“自主调查”,且当事人没有提出相关请求和材料,仲裁员也无法自行决定在当事人争议范围外设定“自主调查”的空间,否则将违背仲裁协议,与当事人意思自治相抵触。

因此,仲裁员的主要职责是根据当事人的仲裁协议解决争端,而不是作为国际贸易中的公共机构。[②] 英格兰和威尔士上诉法院在“西区投资案”(Westacre Investments Inc. v. Jugoimport-SDPR Holding Co. Ltd.)中采取的立场是,必须将贿赂作为一个事实来指控,并且必须向仲裁庭提交足够的证据。仲裁庭指出,必须由被告提出存在腐败的事实主张。因此,如果被告“在陈述事实时不主张它,仲裁庭就没有必要进行调查。完全是当事人对事实的陈述决定了仲裁庭必须调查的方向”。[③] 显然,解决争议的架构由当事人决定。仲裁员有义务在当事人约定的范围内裁决争议。

(三)“越权裁决”的风险

在当事人未提出请求或主张相关事实的情况下,调查腐败问题可能导致仲裁员超越其权限,产生“越权裁决”,进而导致在大多数国家受到挑战或拒绝承认与执行。仲裁中的主要趋势是仅将那些超出当事人寻求救济范围的裁决视为“越权裁决”,而不是将超出当事人提交仲裁的事项范围的裁决视为“越权裁决”,[④]法院可能对此规定作严格的解释,不倾向于认定仲裁庭超越了其权限。[⑤] 但问题是,若当事人对涉腐败事项没有明确诉求,也不主张利益,那么仲裁庭提出相关法律问题是否必要?

虽然仲裁庭有提出新的法律问题的自由裁量权,但调查腐败事实与提出关于腐败的法律问题是两个不同的问题。原则上,仲裁庭提出新的法律问题的权能是基于仲裁协议、适用的仲裁法或适用的仲裁规则,这也受到了意思自治的限制。正如前

---

① See International Law Association and International Commercial Arbitration Committee, *Final Report-Ascertaining the Contents of the Applicable Law in International Commercial Arbitration*, Rio de Janeiro Conference, 2008, p. 19.

② See Antonio Crivellaro, *Arbitration Case Law on Bribery: Issues of Arbitrability, Contract Validity, Merits and Evidence*, in Andrew Berkeley & Kristine Karsten eds., Arbitration: Money Laundering, Corruption and Fraud, Dossiers of the ICC Institute of World Business Law 1, 2003, p. 118.

③ Westacre Investments Inc. v. Jugoimport-SDPR Holding Co. Ltd. [2000] QB 288.

④ See Angeliki Rousaki, *Corruption in International Commercial Arbitration*, Vindobona Journal of International Commercial Law & Arbitration 20, 2016, p. 38 – 41.

⑤ See Phillip Landolt, *Arbitrators' Initiatives to Obtain Factual and Legal Evidence*, Arbitration International 28(02), 2012, p. 175.

文所述,对腐败问题的自主调查在国内法中的明确规定并不常见,多数主要的仲裁规则都对这个问题语焉不详。无论如何,仲裁员的能力受到当事人仲裁协议的限制。除非当事人能证明某项新的法律问题被纳入仲裁协议的范围,否则仲裁员有可能超越仲裁协议的范围行事。

纵然有诸如"仲裁员是事实上和法律上的法官"等原则长期以来被巴西等国法院采纳,这些国家的法院认为,仲裁员可类比为法官,拥有调查事实和重新厘定法律关系并确定诉因的广泛权力。① 但这种观点容易引起的错误是:在处理与当事人请求无关的腐败问题时,仲裁员很可能因适用法律不当,提出当事人未提出的、新的法律问题,且不具备组稿的法律材料,从而导致"超裁"并违背当事人意思自治。即使仲裁庭调查得出,一方通过腐败获得合同,而另一方没有提出请求或抗辩来使合同无效,仲裁庭自主调查也没有任何意义,因为通过腐败获得的合同可能根据某一国国内法而无效,仲裁庭无权主动否认合同效力。此外,主合同事项的调查允许仲裁庭就主合同的有效性得出法律结论,要求其须符合当事人已经提出的请求并具有相关性,只有当非法行为与所提出的请求有关联时,仲裁员才不会超越其权限行事。②

(四)正当程序风险

仲裁员必须按照正当程序进行仲裁。仲裁法和仲裁规则通常要求仲裁员在进行仲裁时尊重程序公正性的基本规则。在这些被广泛接受的仲裁程序中,当事人有权就争议的重要事项发表意见。例如,伦敦国际仲裁院的规则规定,仲裁庭的"一般职责"之一是"在所有当事方之间公平和公正地行事,给予每一方合理的机会陈述其案情和处理对方当事人的案情"。③ 如果仲裁员在当事人的合理期待之外提出或援引了不在仲裁协议与仲裁请求中的事实或规则,当事人可能缺乏机会对其立场进行充分阐述,当事人的陈述权受到了挑战。例如,瑞士联邦法院认为,如果当事人没有机会对仲裁庭适用法律发表意见,则可以撤销裁决。④

---

① 2017 Brazil Arbitration Act (Law No. 9.307/96), Art. 18; see also Andre de Luizi Correia, *Issues of Corruption and Arbitration in Brazil*, Accessed December 28, 2021, https://globalarbitrationreview.com/review/the-arbitration-review-of-the-americas/2021/article/issues-of-corruption-and-arbitration-in-brazil.

② See Richard Kreindler, *Corruption in International Investment Arbitration: Jurisdiction and the Unclean Hands Doctrine*, in Kaj Hobér et al., eds, Between East and West: Essays in Honour of Ulf Franke, JurisNet, LLC, 2010, p. 310.

③ 2020 LCIA Arbitration Rules, Art. 14.1(i).

④ Swiss Federal Tribunal's Judgment of 19 December 2001 20(3) ASA Bulletin 493 (2002).

此外,当事人的平等性也受到了威胁。在涉及腐败证据证明标准时,不论采取"高度盖然性"标准或是"盖然性权衡"标准,①由于腐败本身的隐秘性,甚至不存在物质载体,例如,以服务或许诺为标的的腐败可能不存在任何材料记录,此时对当事人的证明责任在难度上可能存在失衡,进而引发仲裁庭可能存在偏袒等新的程序争议。② 若仲裁庭发现腐败事实并进行调查后,提出了新的争议焦点,而鉴于调查结果对其有利的一方无须忧虑,当事人的"优势平衡"已经被仲裁庭的"自主调查"给破坏了。③ 显然,由于腐败本身的特性,加之证明标准问题,仲裁的不确定性陡增,给正当程序价值的实现造成相当威胁。

四、仲裁庭"自主调查"的合理性

(一)形式合理性问题

1. 过度考虑裁决的可执行性问题

支持论者通常援引公共政策,用以说明裁决可执行性的重要性。虽然仲裁庭被认为有作出可执行裁决的义务,但同时仲裁庭也有正确适用法律、尊重仲裁协议作出裁决的义务。因此,裁决的可执行性问题可能被过度考虑。

第一,1958 年联合国《承认及执行外国仲裁裁决公约》(United Nations Convention on the Recognition and Enforcement of Foreign Arbitral Awards)没有定义"公共政策"。公共政策的概括性特征和不确定性,加之范畴的模糊,使其作用如同一匹"不受控的马"(unruly horse)。④ 事实上,很可能某类腐败在相关国家不属于公共政策范畴。比如,在某些国家法律中,在某一价值限额以下的金钱往来,在其法律中不具备可谴责性,既不违法,更非犯罪。此外,"作出可执行的裁决"虽然在仲裁地国等国的法律项下属于"公共政策",但是"执行一项仲裁裁决"也可能构成执行地国公共政策。⑤ 因而,在缺乏自主调查制度的情况下,仲裁庭按照当事人提出的请求进行严格裁决,而不对自己所怀疑的其他不相关事实进行调查,这不偏离当事人意思自治,也很难说存在较大被拒绝承认与执行的可能,因此无须过度担心裁决可能不被执行的风险。

---

① 参见毕玉谦:《试论民事诉讼证明上的盖然性规则》,载《法学评论》2000 年第 4 期。

② See Mirjan Damaška, *The Facts of Justice and State Authority*, Yale University Press, 1986, p. 135 - 136.

③ See Mirjan Damaška, *The Facts of Justice and State Authority*, Yale University Press, 1986, p. 111.

④ Richardson v. Mellish [1824] 2 Bing 229 at 252.

⑤ RBRG trading (UK) Limited v. Sinocore International Co. LTD. [2018] EWCA CIV 838.

第二,跨境争议的当事人在不同国家拥有资产时,事实上很难预测执行的地点。[①]德兰斯(Derains)倾向允许仲裁员只有在能够预见可能的执行地点的情况下才考虑执行问题。如果当事人在多个国家有资产可供执行裁决,而只有一个国家颁布了相关强制性规则,可执行性问题并不严重。[②] 可执行性问题本身很少会成为适用强制性规则的理由,因此对可执行性问题的担忧不太可能增加立法活动。

第三,仲裁庭没有积极促进裁决执行的动机。在仲裁员不采取任何超越仲裁协议的主动行动的情况下,其可能最有把握作出不易被推翻的裁决,这同样也有利于裁决的终局性的实现。如果仲裁员仅根据当事人提交的证据、当事人所陈述的法律论据以及当事人所依据的合同条款和法定规范作出裁决,则几乎不存在裁决被撤销的程序性危险。因此,从仲裁庭自利因素出发,没有必要节外生枝。

2. 发起"自主调查"的成本问题

当事人对仲裁的合理期待应当包括对仲裁成本的期望。[③] 当仲裁员考虑自主调查,发现新的事实证据与提出新的法律问题时,很可能导致仲裁的时间成本与金钱成本的上升。因此,按照当事人仲裁协议的范围进行仲裁的重要性更加突出。目前的仲裁程序几乎无一例外地以当事人的主动性为主。如果仲裁遵循这种通常的模式,仲裁庭的主动性通常是对当事人获取事实和确定准据法的自治之外的补充。仲裁庭的补充活动通常会增加费用。为了在必要的最低限度内侵犯当事人意思自治的愿望,仲裁员通常会要求当事人提供进一步的事实证据和法律依据,或就新的问题提供进一步的意见,这显然会导致各方的成本增加。除此之外,例如在国际商会仲裁中,仲裁机构通常会在设定仲裁员费用时考虑大量额外工作。如果仲裁庭委托第三方执行工作,如专家费用将由双方全额承担。[④] 这对当事人、仲裁庭和仲裁机构来说,均非合理的方案。

3. 仲裁庭"自主调查"的能力限制

即使仲裁庭具有打击和杜绝腐败的社会责任,但在现实中仲裁庭缺乏主动打击

---

① See Andrew Barraclough & Jeff Waincymer, *Mandatory Rules of Law in International Commercial Arbitration*, Melbourne Journal of International Law 6, 2005, p. 4.

② See Yves Derains, *Chroniques de Sentences Arbitrales*, Journal Du Droit International 105, 1978, p. 976.

③ See Phillip Landolt, *Arbitrators' Initiatives to Obtain Factual* and Legal Evidence, Arbitration International 28(02), 2012, p. 195.

④ Ibid., p. 202.

腐败的能力。仲裁员毕竟不是法官,也不是检察官,缺乏检察权或警察权(police power)。[①] 在国际商事仲裁中,证据材料主要依靠当事人提供。仲裁庭要求当事人或第三人强制提供证据的职权有限,即使调查取证的方法很多,仍可能受到相对方的抵制。[②] 如果行使该项权力引起争议当事人的"反感"和"抵触",反而会增大自主调查取证的难度,导致当事人不配合,甚至要求退出程序;而案外人亦可能缺乏积极性,或出于敏感利益,不予配合的可能性大。而且,在缺乏足够的法律规范的前提下,仲裁庭缺乏推定具有自主调查权限的基础,且个案因素多样,自主调查权能不具备可重复性,很难在实践中产生一致性判断标准。因此,仲裁员作为当事人利益之争的私人裁决员,进行调查和起诉罪犯既不是其职责,也缺乏足够的调查能力。

(二)实质合理性问题

仲裁员的行为关乎仲裁制度的价值实现。首先,如果仲裁因为仲裁庭选择"自主调查"相关事实导致效率延宕,其作为国际商事争端解决机制的优势可能不再突出。仲裁庭面临的困难还在于可能缺乏足够的证据和证据规则来支持这种调查的最后结果。其次,考虑到仲裁庭的取证能力有限,确定事实和确定适用法律将会面临障碍。仲裁庭应当选择一致的、稳妥的、可预测的方式处理效率问题。[③]

仲裁庭对腐败问题的"自主调查"还可能破坏了当事人的利益均衡和地位平等性。如由于取证的不完全,失败的一方可能指责仲裁庭不公平地偏袒了另一方。在破坏形式合理性基础上,还制造了一个多层次的公平与正义难题。这种对公平等实质正当性要素的破坏,不仅可能让仲裁庭声誉受损,还可能让实质正义无法实现。此外,仲裁员可能会发现自己处于两种截然不同的利益之间:应当成为公共政策所反映的正义的捍卫者,还是应当成为当事人意思自治的捍卫者。换言之,关于仲裁员是否可以"自主调查"的讨论,最终引发了仲裁员在尊重当事人意思自治和维护公共政策的责任之间的斗争。此外,反腐败公共政策和强制性规则很可能会抑制国际贸易,而国际商事仲裁员有责任守护国际商业秩序。从长期看,维护仲裁作为当事人中心的纠纷解决制度的长期利益应当优先于在个案中扩张自主权进行调查所体

① See Domitille Baizeau & Tessa Hayes, *The Arbitral Tribunal's Duty and Power to Address Corruption Sua Sponte*, in Andrea Menaker, International Arbitration and the Rule of Law: Contribution and Conformity, Kluwer Law International, 2017, p. 225.

② See Phillip Landolt, *Arbitrators' Initiatives to Obtain Factual and Legal Evidence*, Arbitration International 28(02), 2012, p. 202.

③ See Andrew Barraclough & Jeff Waincymer, *Mandatory Rules of Law in International Commercial Arbitration*, Melbourne Journal of International Law 6, 2005, p. 9.

现的短期利益。

五、结语

鉴于对打击腐败的法律和公共政策的尊重,仲裁自然不能成为腐败的容身之处。在实践中,仲裁庭审理涉及腐败的合同的管辖权已不存在障碍,但是否能够对合同中涉腐败问题发起一项调查,有赖于仲裁法和仲裁规则以及仲裁实践的推进,目前尚无定论。但仲裁不是为了解决腐败问题而构建的,实质上调查取证并处置违法犯罪活动的权力被国家法律限制在警察或检察机关。在仲裁程序中,当事人意志对法律问题和事实问题的提出具有决定性影响,仲裁庭径自选择调查恐将突破法律与仲裁协议的限制,其正当性会受到合法性和合理性的双重非难。合法性缺陷使仲裁庭就该事项的调查缺乏足够的法律基础,更是对当事人意思自治的突破,削弱了仲裁协议的根本性地位,产生了"越权裁决"和正当程序风险。合理性缺陷让自主调查与仲裁的基本价值相抵触,其必要性和适当性存在瑕疵。

综上所述,囿于腐败问题的敏感性、隐蔽性和国内立法上的分歧,仲裁员应在表面证据基础上,在合理限度内提出相关问题,且应避免采取过于主动的态度,避免仲裁陷入检察化僵局。扩大解释仲裁庭的职权将会导致当事人的不信任和怀疑,减损仲裁作为一项私人间纠纷解决机制的自身优势。

论涉外仲裁协议司法审查程序的演化*

毛　杰**

涉外仲裁协议司法审查以案件裁判正义为审查目标，审查程序则是司法审查公正的制度保障。我国涉外仲裁协议司法审查程序可分为审查主体与审查时限两大方面。在仲裁法修订的大背景下，审查权的机构归属方面，仲裁机构与人民法院共享审查权的现行模式向互补模式转变；司法审查的申请时限方面，部分审查申请时限缩短，可能对当事人的合法权益保障带来新的挑战。内部报核制度是我国涉外仲裁司法审查制度的重要部分，在保证审查标准公正的同时消耗大量司法资源，采取民主参与的制度改进方案，将进一步提高司法审查的制度效率，提升仲裁司法审查机制的正外部性。

一、涉外仲裁协议司法审查的审查主体

在涉外仲裁的语境下，要确定涉外仲裁协议的法定审查主体需要渐进解决两种机构、五级层次的归属问题。“两种机构归属”的问题，主要是在人民法院和仲裁机构之间，确定何者是涉外仲裁协议的司法审查主体。学界的主流观点认为，作为司法机关的人民法院应当是司法审查的唯一主体。① 但仲裁是否属于狭义的司法机制，学界存在不同观点，部分学者将仲裁视作为一种准司法机制，此种观点并无大

---

* 司法部国家法治与法学理论研究重点项目“论海牙‘判决项目’的最新发展——中国视角、立场与方案”（项目编号：18SFB1009）；西南政法大学成渝地区双城经济圈公共法律服务人才培养协同创新团队专项课题“成渝地区高新科技企业的域外法律风险及其防范研究”的阶段性成果。

** 西南政法大学国际法学院国际私法方向博士研究生。

① 参见张卫平：《现行仲裁执行司法监督制度结构的反思与调整——兼论仲裁裁决不予执行制度》，载《现代法学》2020 年第 1 期。

过。[①] 因此,仲裁机构虽不是司法审查主体,但其对涉外仲裁协议的效力审查不可或缺,亦可纳入广义的司法审查理论架构之中。

仲裁协议是协议当事人赋予特定仲裁机构受理并管理仲裁案件的基本文件,只有当仲裁协议存在且有效时,为仲裁协议赋权的特定仲裁机构才有介入案件的正当性和合法性。基于此,在涉外仲裁协议的效力状态获得确认之前,仲裁机构在逻辑上并无审查涉外仲裁协议效力的理据。但从立法设置看,仲裁机构依旧被赋予了较大的审查权限。[②] 此种审查权限源于仲裁机构的自裁管辖权。所谓自裁管辖权,即仲裁协议约定的仲裁机构有权对构成其受理和管理依据的仲裁协议之存在与效力进行审查,并作出决定。这种由仲裁机构对自身管辖依据的审查就是一种自我和自足的裁定。[③]

我国现行仲裁立法为防止仲裁机构的自裁管辖发展为独裁管辖,规定人民法院与仲裁机构分享涉外仲裁协议的效力审查权力。此种针对仲裁协议进行的审查分享规则就引发了涉外仲裁协议司法审查权的机构归属问题。它要解决的核心问题是,当一份涉外仲裁协议的司法审查通过国别管辖规则的过滤后,在我国具有司法审查权的前提下,究竟是由我国人民法院进行审查,还是由我国相关仲裁机构进行审查。[④] 就此而言,需要对涉外仲裁协议的审查主体在机构归属层面进行梳理,考察在我国涉外仲裁协议司法审查机制下,人民法院与仲裁机构之间是独享、共享,还是互补性的审查权行使模式。

(一)现行立法:共享模式

综观我国仲裁立法及司法解释,涉外仲裁协议直接审查情形下审查权的机构归属规则可概括如下:

第一,人民法院与仲裁机构具有平等的直接审查权。根据《仲裁法》的规定,当事人若质疑仲裁协议的效力状态,既可向法院申请裁定,也可以请求仲裁委员会作出决定。基于此,仲裁立法在仲裁协议直接审查权的机构归属上设定了一种中立、兼爱的态度。

---

① 部分学者认为,仲裁具有准司法性,仲裁程序具有司法活动的大部分特征,仲裁的推进需要遵循正当程序要求,仲裁员需要保持公正独立。参见石现明:《论商事仲裁的性质与仲裁员的权力义务》,载《政法论丛》2010 年第 5 期;张春良、旷菊:《论先予仲裁裁决的司法审查》,载《中国海商法研究》2019 年第 4 期。

② 参见《仲裁法》第 20 条。

③ 参见孙南申、胡荻:《国际商事仲裁的自裁管辖与司法审查之法律分析》,载《武大国际法评论》2017 年第 3 期。

④ 参见梅傲:《仲裁机构地域性困局究因》,载《河北法学》2020 年第 9 期。

第二，在直接审查权发生冲突的情形下，人民法院附条件地享有优先审查权。虽然立法赋予仲裁机构和人民法院平等的审查权，但《仲裁法》第20条第1款后半句仍然强调了法院优位的立场，即仲裁机构和人民法院就同一仲裁协议同时收到司法审查仲裁协议申请时，人民法院的司法审查权优先于仲裁机构。但这种法院优位规则受制于两个条件：一是当事人必须在仲裁庭首次开庭前对仲裁协议的效力提出异议，如果仲裁庭已经决定受理并开庭审理的，当事人再向人民法院提起审查请求就不能适用法院优位规则，否则有违仲裁诚信与禁反言之法理。① 二是当事人向人民法院提出仲裁协议司法审查请求的时间必须在仲裁机构作出关于仲裁协议的效力决定之前，否则人民法院将裁定不予受理。② 据此可见，人民法院在直接审查权的优位上也并不是绝对的，对于当事人而言必须确保"两先"才可能保留法院的优先裁定权，即仲裁庭首次开庭前的管辖异议及仲裁机构作出肯定性决定前的司法起诉。

简言之，我国现行仲裁法律框架下，仲裁机构与人民法院享有平等的审查权力，后者的司法审查权限在部分情形下优位于前者，可概括为共享型的司法审查模式。

（二）修订方向：互补模式

仲裁机构参与涉外仲裁协议司法审查的情形只存在于直接审查的情形下，因为其他间接审查情形下的主体，无论是仲裁保全、仲裁裁决司法监督，还是承认与执行外国仲裁裁决，业已明确为我国人民法院。我国立法在这些问题上将审查权独占地配置给人民法院，因此仲裁机构可以参与审查涉外仲裁协议只有直接审查情形。③

在《仲裁法》修订草案中，仲裁庭就仲裁协议是否成立及是否有效所作出的决定，不仅在形式上成为人民法院司法审查仲裁协议效力的前置程序和重要参考，更在实质上改变了人民法院与仲裁机构共享仲裁协议司法审查权的现行模式，人民法院对仲裁协议司法审查成为仲裁机构审查的补充和修正，修订草案中的审查权配置可称为互补模式。④ 由此可见，认可并尊重仲裁机构的自裁管辖权是我国《仲裁法》修订的方向，可视为我国优化国内制度与国际仲裁实践衔接的"投名状"。

在仲裁机构自裁管辖情形下的审查程序，主要有两步：第一步是仲裁机构对涉外

---

① 参见最高人民法院《关于适用〈中华人民共和国仲裁法〉若干问题的解释》第13条第1款规定。

② 参见最高人民法院《关于适用〈中华人民共和国仲裁法〉若干问题的解释》第13条第2款规定。

③ 参见《仲裁法》第20条、第26条，最高人民法院《关于适用〈中华人民共和国仲裁法〉若干问题的解释》第13条。

④ 《中华人民共和国仲裁法（修订）（征求意见稿）》第28条规定："当事人对仲裁协议的存在、效力、仲裁案件的管辖权有异议的，由仲裁庭作出决定。当事人未经前置规定程序直接向人民法院提出异议的，人民法院不予受理。"

仲裁协议表面存在的初步审查。在仲裁庭尚未组庭成立前,仲裁机构承担着对仲裁协议存在与效力的认定职责,并根据其有效与否作出是否受理的决定。[①] 如果仲裁机构认为仲裁协议有效,并作出受理决定,该决定并不是终局的,还需要相关仲裁庭组庭之后,在对案件进行相关审查的基础之上对仲裁协议的存在与效力作出最终的决定。仲裁实践中,仲裁机构基于对涉外仲裁协议的司法审查之后作出的大多数管辖权决定都是终局的,[②]仲裁庭通常会接受该决定,但如果当事人提出管辖异议,或仲裁庭认为确有必要再次审查涉外仲裁协议的,仲裁庭才会再次进行审查,即第一步审查。两次审查的事实基础和法律效力是不同的。仲裁机构的审查是基于程序进行的需要,且仅立足于对案件事实的表面审查,因此,其对涉外仲裁协议的审查是初步决定,仲裁庭才是最终和最权威的审查主体。仲裁庭对涉外仲裁协议的审查是立足对案件事实的审理之后的审查,因为涉外仲裁协议存在与否或有效与否,通常还会牵涉对案件事实的认定和法律规则的解释。例如,在合并仲裁仲裁,根据某些仲裁机构仲裁规则的规定,对于关联交易在满足其他特定条件下可由仲裁机构决定合并仲裁。因此,申请人如果就关联交易一并提起仲裁,仲裁庭就需要根据案件事实审查,乃至需要组织当事人就交易是否关联等合并仲裁的条件是否成立进行辩论之后,才能作出最终的决定。

二、涉外仲裁协议司法审查的申请时限

为确保法律关系的稳定,督促相关当事人及时行使权利,仲裁与诉讼一样存在着对司法审查限定的期间。同样地,因司法审查涉外仲裁协议的情形不同,其审查请求的时限也有所不同。在直接审查的情形下,针对申请时限并无明确的立法限定,但存在可推算的规则依据;在间接审查的情形下,申请时限则为间接审查所依附的相关程序的申请时限所吸收。

(一)直接审查的申请时限

直接审查的申请时限虽然没有规则明确、直接规定,但考虑直接审查的具体情形,也可间接地确定相关申请时限。人民法院对涉外仲裁协议的直接司法审查无外乎存在两种具体情形:第一类是人民法院收到一方当事人的诉讼请求,而另一方当事人以仲裁协议的存在提出管辖权异议;第二类是仲裁机构受到一方当事人的仲裁申请,而另一方当事人向人民法院提出仲裁协议效力确认之诉。以上两种情形下涉外仲裁协议的实际效力均涉及纠纷管辖权的确定,从而引发人民法院的直接司法审

---

① 参见薛源、程雁群:《论我国仲裁地法院制度的完善》,载《法学论坛》2018年第5期。

② 参见沈伟:《我国仲裁司法审查制度的规范分析——缘起、演进、机理和缺陷》,载《法学论坛》2019年第1期。

查。两种情形下,都有一个基本的预设,即当事人的申请时效应符合法律规定。我国现行仲裁时效与诉讼时效一致,因此,诉讼时效和仲裁时效就成为确定司法直接审查仲裁协议的申请时限的方式。[①] 换言之,在直接审查的第一种情形下,当事人必须在法定诉讼时效内向法院提起涉外诉讼。管辖权异议的提出同样存在时间限制,最迟于人民法院首次开庭前提出,否则当事人的沉默将被视为对仲裁协议的放弃,此后丧失申请人民法院审查仲裁协议效力的请求权。综上所述,当事人所具有的司法审查时限实际为两段期间构成:诉讼时效 + 首次开庭前的期间。

在直接审查的第二种情形下,双方当事人行使权利同样需要遵守严格的期间限定:就仲裁申请人提起仲裁而言,必须遵守仲裁时效,在法律没有特别规定的情况下,也就是必须遵守诉讼时效;就对方当事人提起司法审查的请求而言,则必须遵守异议提出的期间要求,即向人民法院提出仲裁协议的效力确认之诉必须赶在仲裁机构对仲裁协议效力作出决定之前,否则人民法院不予受理。[②] 因此,被申请人向法院提出直接司法审查的时限也包括两个时段:仲裁时效 + 仲裁机构作出决定前的期间。

此外,还需要补充说明的是,涉外案件的诉讼时效和仲裁时效作为实体问题,并不直接适用我国关于民事时效的相关实体规则,例如,国际货物买卖合同和技术转让合同的 4 年时效期间,其他合同的 1 年或 3 年的一般时效期间,而应根据我国《涉外民事关系法律适用法》之规定,适用相关案件实体问题的准据法。例如,在国际货物买卖合同中,相关诉讼时效就应是我国关于合同之债的冲突规范,即“意思自治优位于特征履行地或更密切联系地法”所确定的准据法来认定。

(二)间接审查的申请时限

1. 仲裁保全审查的申请时限

(1)仲裁中保全

根据保全对象,《仲裁法》中所规定的保全可以分为证据保全和财产保全。仲裁保全申请由当事人向仲裁委员会提出,再由仲裁委员会向相关人民法院提出申请。[③] 仲裁法虽然没有明确当事人提出证据或财产保全申请的具体时限,但相关条文中仲裁委员会均是两类仲裁中保全的主要参与主体,由此可知此类保全申请应当发生在仲裁机构接受当事人仲裁申请受理案件之后。此时,仲裁程序业已开始,因此,在时间划分上,《仲裁法》规定的证据或财产保全属于仲裁中的保全。

---

① 参见《仲裁法》第 74 条:“法律对仲裁时效没有规定的情形下,适用诉讼时效的规定。”

② 参见最高人民法院《关于适用〈中华人民共和国仲裁法〉若干问题的解释》第 13 条。

③ 参见《仲裁法》第 28 条、第 68 条。

(2)仲裁前保全

仲裁外保全的法定程序规定在《民事诉讼法》中,其中第84条规定了证据保全,第104条规定了财产保全。此类保全可以在诉讼或仲裁程序开始之前提出,因此也可成为仲裁前保全,仲裁前保全的请求对象是对案件有管辖权的人民法院,不再需要由仲裁委员会转交申请。申请时限方面,仲裁前保全的权利基础在于诉讼权益的保障,防止当事人的合法利益在诉讼或仲裁过程中遭受重大损害。简言之,仲裁保全审查请求权的有效行使以诉权的有效存在为前提,因此仲裁时效构成了仲裁前保全的申请时限,保全申请应当在仲裁时效期间内提出。

2. 撤销裁决审查的申请时限

由于仲裁采取的是一裁终局制,因此没有与诉讼相匹配的仲裁上诉期间,只有撤裁期间。《仲裁法》对撤裁期间的规定体现在该法第59条至第61条,提取其要点,可解析为如下方面。

(1)起算时点

《仲裁法》第59条对起算时点的规定是模糊的,它规定当事人如申请撤裁的,应当在"收到裁决书之日起"特定时限内提出。收到裁决书之日的确定应当考虑两个相关联但不同的概念:一是裁决书生效之日,二是裁决书事实上收到之日。裁决书生效之日是指裁决书作出之日。① 考虑到裁决书形成的规则与实践,裁决书作出之日是指裁决书上载明的日期,但该载明日期往往并非裁决书事实上作出的日期。根据仲裁规则的发展趋势看,仲裁庭在作出裁决之后往往需要走仲裁机构组织的内部核阅程序,没有通过内部核阅程序,裁决甚至不能作出。② 因此,仲裁庭作出裁决草案的时间点与仲裁裁决通过核阅的时间点可能存在时差。但这些差异并不具有法律意义,裁决书载明的裁决日期才是决定性的。③ 不论如何,仲裁裁决自作出之日起生效,裁决书生效之日并非就是当事人收到仲裁裁决书之日,后者应是当事人或有权代表签收裁决书之日。

(2)申撤时限

我国仲裁立法对于涉外仲裁裁决的撤销期限未作明确规定,因此应一体适用国

---

① 《仲裁法》第57条规定:"裁决书自作出之日起发生法律效力。"

② 如ICC仲裁规则即如此。

③ 在仲裁实践中,甚至还存在裁决日期倒签的情形。它通常发生在仲裁庭成员口头就仲裁裁决意见达成一致的时点与裁决书经仲裁秘书草拟并经仲裁庭成员签署的时点之间的时差下。只要不违背仲裁规则,裁决日期倒签并不是一个违背程序的问题,尽管它可能引发一些争议。

内仲裁裁决的撤裁时限规定,即撤裁申请应当在裁决书收到之日起6个月内提出。[①]此点与诉讼中针对生效裁决提起审判监督程序的时限一致,差别只是起算点不同。[②]规定6个月的撤裁时限,体现了立法的折中:一方面,要维护生效裁决的权威,避免时限太长让裁决确定的法律关系处于不定的状态;另一方面,也要给予当事人以适当救济的机会。

这里需要补充3点:第一,撤裁时限不同于时效,也没有时效的中止、中断规则。第二,涉外仲裁裁决的撤裁只有当事人申请的情形,因此其撤裁时限也是唯一的,不存在人民法院或仲裁庭主动撤裁的仲裁监督机制。民事诉讼中针对生效判决或裁定,采取"三位一体"的监督机制:当事人、人民法院和人民检察院。立法仅针对前者规定了6个月的时限,后两者没有撤裁时限的限制。[③] 本次《仲裁法》修订中,撤裁时限被大幅缩短,从6个月减少至3个月。[④] 第三,尽管撤裁具有严格的时限限定,但它还有一种功能替代性的法定举措,可以在事实上延长对裁决义务人的救济机会,这就是不予执行机制。依撤裁时限之规定,撤裁申请如果未在撤裁时效期限内提出,即便存在撤裁的充足依据,也将因程序时限而被禁止。但是,作为一种替代性的补救机制是,当事人如果错过6个月的撤裁时限,可以选择不履行仲裁裁决获得一种变相的补救。毫无疑问,一方当事人可在对方不履行仲裁裁决时提出执行申请,如此,错过撤裁时限的当事人即可在执行程序中提出不予执行的抗辩,由此达到间接撤销的目的。[⑤] 换言之,对于涉外仲裁裁决义务人而言,其对自身权利的救济有两次机会:第一次是撤裁时限内提出撤裁申请,第二次是在对方当事人申请执行仲裁裁决时提出不予执行抗辩。

(3)特殊问题

问题之一是,在仲裁庭补正情形中,申请时限的起算点如何确定。这决定于裁决补正的性质:如果裁决补正属于新裁决,撤裁申请时限自应从收到新裁决之日起起算;如果裁决补正不属于新裁决,而是原裁决之组成部分,则针对补正后的裁决之

---

① 《仲裁法》第59条。

② 民事诉讼中的审判监督之启动包括多种情形:(1)人民法院启动的审判监督程序,没有明确的时限;(2)当事人提起再审的时限,分为两种情形,从裁决生效之日起算,或者从在特定情形下自知道或应当知道之日起算。

③ 应指出的是,从规则层面看,《民事诉讼法》第281条第1款规定的不予执行仲裁裁决的4类情形被《仲裁法》第58条法定撤裁事由充分吸收,该条第2款即人民法院认定裁决违背公共利益的情形,则是人民法院的职权行为。

④ 参见《仲裁法(修订)(征求意见稿)》第77条。

⑤ 参见张春良、官隆清:《论涉外仲裁裁决的法外撤裁》,载《国际法研究》2021年第1期。

撤裁时限,仍应自收到原裁决之日起算。从法理而言,补正裁决不应视为新裁决:一方面,它是对原裁决的如实调整,不是对原裁决的变更或替换;另一方面,根据我国现行仲裁立法与规则,仲裁裁决自裁决作出之日生效,裁决生效之后仲裁庭已经失去对裁决进行实质性变更的依据和权利,换言之,即便仲裁庭作出错误的仲裁裁决,该裁决生效之后,仲裁庭及仲裁机构在现行规则框架下均无权对该错误进行补救,只有通过人民法院的撤销程序或通知重新仲裁程序进行补救。这是"一裁终局"的宗旨所在。对此,有的仲裁规则对裁决补正的性质予以了明确,规定仲裁庭补正在性质上属于"原裁决书的组成部分"。① 据此,针对补正裁决的撤销,也就是针对原裁决的撤销,申请撤销补正裁决的时限起点也就是撤销原裁决的时限起点,即收到原裁决之日。

问题之二是,在补充裁决情形中,撤裁时限应如何计算。补充裁决,是对仲裁庭漏裁事项进行的补救。仲裁庭漏裁,是指仲裁庭根本没有对当事人依仲裁协议或条款提交的部分事项进行任何考虑,也因此没有作出任何裁决。《仲裁法》对补充裁决未作任何规定,因此,该问题应留给仲裁机构通过仲裁规则,或者通过实践进行规制。从法理看,补充裁决的撤裁时限问题,也应从补充裁决的性质,特别是它与原裁决的关系的角度进行判定:如果补充裁决构成原裁决的组成部分,则撤裁时限应从收到原裁决书之日起算;如果补充裁决构成独立的裁决,则其撤裁时限应从收到补充裁决之日起算。有的仲裁规则,如《北京仲裁委员会仲裁规则》将补充裁决与补正裁决同等对待,均视为是原裁决的组成部分。② 从性质看,补充裁决是由于仲裁庭的在先过失引发的事后补救,且补充裁决涉及对实体内容的处理,如果因将其视为是原裁决的组成部分,而将撤裁时限起算点追溯至原裁决收到之日,则对于当事人而言是不公正的。因此,建立如下撤裁时限起算点似更为妥当:在补充裁决具有相对独立性的情形下,可分别计算原裁决与补充裁决的撤裁时限起算点;在补充裁决不具有独立性的情形下,原裁决与补充裁决的撤裁时限起算点应按补充裁决收到之日起算。

总之,对于补充裁决情形下,撤裁时限起算点大致有三种计算方式:或者追溯至原裁决收到之日;或者统一按照补充裁决收到之日;或者采取区分或附条件的区分规则。第一种计算方式对当事人不公平;第二种计算方式又延长了原裁决的 6 个月撤裁时限;比较而言,第三种方式较为稳妥,兼顾了对当事人的公平对待与当事人对

① 《北京仲裁委员会仲裁规则》第 53 条第 3 款。

② 《北京仲裁委员会仲裁规则》第 53 条第 3 款。

立法的稳定预期。

问题之三是,重新仲裁裁决情形下,撤裁时限应如何计算。重新仲裁是我国立法设计的,在人民法院司法审查仲裁裁决框架下给予仲裁庭或当事人重新进行仲裁的救济措施。重新仲裁的性质是第二次仲裁,因此,重新仲裁裁决在性质上也是第二次仲裁裁决。它不是对裁决的补正或补充,而是一个全新的仲裁裁决。据此,针对重新仲裁裁决的撤裁时限之起算点,就不应以第一次仲裁裁决书收到之日为准,而应采取重新起算规则,针对第二次、也就是重新仲裁裁决设定撤裁起算点及时限,即应自收到重新仲裁裁决之日起2个月。

3. 承认与执行审查的申请时限

涉外仲裁裁决的承认与执行事关当事人合法权益的实现,基于此,在涉及仲裁裁决执行中的涉外仲裁协议的间接审查的申请时限的确定上,应区分申请人与被申请人分别确定:对执行申请人而言,应以申请执行时效2年期间为准;对于不予执行申请人而言,则必须在收到执行通知之日起15天内提出包括基于涉外仲裁协议无效为依据的不予执行申请。

在司法实践中,关于执行外国仲裁裁决申请时效的起算存在一定的合理调整,特别是当某一外国仲裁裁决的执行,若我国境内不存在被执行人的财产,当事人就只能向外国特定法院提起执行申请。但如果该外国仲裁裁决因客观原因在国外没有得到执行,在经过超过2年的时限后,如果我国境内出现了可供执行的被执行人的财产,执行申请人应当在其知道或应当知道之日2年内向相关财产所在地的中级人民法院提出申请。

与内国仲裁裁决相比,《承认及执行外国仲裁裁决公约》(以下简称《纽约公约》)第3条规定涉外仲裁裁决的承认执行,不得受到过于严苛的程序限制或高昂的执行费用。[①] 我国司法按照《纽约公约》的精神,一方面,将涉外仲裁裁决的承认与执行的申请期限合二为一,有效简化了程序;[②]另一方面,将国内民事诉讼的申请执行期间规定用于涉外仲裁裁决承认与执行,从申请时效层面保障了外国仲裁裁决在

---

① 《纽约公约》第3条规定,各缔约方应承认仲裁裁决具有拘束力,并依援引裁决地之程序规则及下列各条所载条件执行之。承认或执行适用本公约之仲裁裁决时,不得较承认或执行内国仲裁裁决附加过苛之条件或征收过多之费用。

② 参见最高人民法院《关于执行我国加入的〈承认及执行外国仲裁裁决公约〉的通知》规定,"申请我国法院承认及执行的仲裁裁决,仅限于《1958年纽约公约》对我国生效后在另一缔约国领土内的作出的仲裁裁决。该项申请应当在民事诉讼法(试行)第一百六十九条规定的申请执行期限内提出"。这表明,承认与执行的申请时限就是申请执行的时限。

我国境内执行的程序正义。①

在某些情形下,当事人基于特别考虑,可能会仅提出承认外国仲裁裁决的申请,也可能会分割承认与执行两种程序分别提出申请。当承认程序与执行程序分离时,两者的申请时效是否仍然保持一致?实践对此的态度是,当某项外国仲裁裁决被我国有效承认后,该承认将产生执行申请时效中断的法律效果,自我国人民法院承认该涉外仲裁裁决之日起重新计算申请执行时效,时限仍为2年。② 最高人民法院《关于适用〈中华人民共和国民事诉讼法〉的解释》第545条吸收了这一仲裁实践经验,将其转化为明确规则。

值得反思的是,完全按照执行申请时效判断承认申请时效可能会在某些情形下有失公允。一方面,根据稳定权利义务进而稳定社会秩序的需要,以及承认作为执行之前提而优先于执行的情形,按照执行申请时效确定请求承认外国仲裁裁决的申请时效是有其合理性的;另一方面,考虑到某些外国仲裁裁决仅在涉及内国法院关联诉讼或内地仲裁机构的关联仲裁的情形下才有被承认的必要,如果这些关联诉讼或关联仲裁发生在上述承认程序的申请时效之后,以申请时效已过为由不予承认该外国仲裁裁决的,可能对相关当事人并不公平,特别是如果承认程序申请人既不知悉,也不能合理地知悉关联诉讼或关联仲裁会在中国境内发生的,则此种对当事人承认机会和权利的否定就是一种无理据的剥夺。鉴于此,笔者认为,如果一份仲裁裁决仅需要承认而不需要执行的,则原则上可不限制其申请时效,而仅要求其在需要进行承认的关联诉讼或关联仲裁中于特定期间内提出,否则应视为放弃,如此才不至于对关联诉讼或关联仲裁的进行产生不利干扰。更理想的制度安排应该是建立一种诸如商标国际注册统一登记的类似制度,即依托纽约公约秘书处,设立一种缔约方之间的国际统一承认程序,当事人可对公约项下仲裁裁决向秘书处提出承认申请,指定期希望得到承认的缔约方范围;秘书处可将其申请转致指定的缔约方,由后者根据公约之规定决定是否承认。在一定时限内被指定的缔约方不反对的,则可视为在缔约方获得了承认。以此方式赋予公约项下仲裁裁决以普遍的承认效力,这

① 最高人民法院《关于适用〈中华人民共和国民事诉讼法〉的解释》第545条第1款对当事人申请承认和执行外国法院判决、外国仲裁裁决的期间作出统一规定,均适用《民事诉讼法》第239条的申请执行期间。

② 参见最高人民法院《关于对国外仲裁机构的裁决申请承认和执行是否应一并提出问题的请示的复函》(〔2013〕民四他字第43号),最高人民法院指出,西安市中级人民法院于2009年12月7日裁定承认涉案外国仲裁裁决,泰普克公司于2010年1月27日申请执行该仲裁裁决,泰普克公司申请执行该仲裁裁决的期限从西安市中级人民法院承认裁定生效之日起重新计算。

不仅有助于当事人事后在各指定缔约方进一步倚赖该被承认的仲裁裁决，而且也有助于各缔约方之间就被承认的仲裁裁决，以及与以其为基础所裁判的其他案件保持一致立场。

简言之，无论是执行我国涉外仲裁裁决，还是承认与执行外国仲裁裁决，当事人的申请时效均为2年，自该仲裁裁决确定的履行期间或分期履行期间届满之日起算，否则，则自该仲裁裁决生效之日起算。如果针对外国仲裁裁决的承认是单独提起的，我国法院作出有效的承认裁定具有中断执行时效的效力，当事人如另行提起执行申请的，应自承认裁定生效之日重新起算，期限仍为2年。

三、涉外仲裁协议司法审查的内部报核制度

涉外仲裁协议司法审查的程序问题，即人民法院通过何种流程保障涉外仲裁协议司法审查的公正性与合理性，在实践中涉及人民法院的内部上报制度和仲裁机构自裁管辖权的审查程序。内部报核制度有助于减少各地司法机关在涉外仲裁司法审查过程中的标准差异，有高级别的人民法院统领涉外仲裁司法审查全局，有助于"支持仲裁""仲裁友好"①的立场和精神在全国司法体系内实施和实现。② 最高人民法院《关于仲裁司法审查案件报核问题的有关规定》（以下简称《仲裁司法审查规定》）革新了我国此前建立的仲裁内部报核制度，在整体上缩小了内、外仲裁在内部报核上的差异，产生趋同效应，有助于裁判一致目标之实现。③

（一）制度地位不断提高

在规范性质上，内部报核机制从原来的司法通知形式变更为司法解释，提高了规范的效力位阶。从起源和发展历程看，涉外仲裁的内部报核发轫于1995年最高

---

① 注意区分"仲裁友好"与"友好仲裁"的内涵差异。"友好仲裁"，是指在当事人授权的情形下，仲裁庭可以根据公平、正义等基本原则裁决案件。因此其"友好"的标准是就裁决的"准据法"而言的。"仲裁友好"（arbitration friendly）则是指"亲仲裁"或对仲裁持友好态度的环境或条件。因此其"友好"的标准是就与仲裁的关系好恶而言。

② 内部报核制度，是指人民法院所受理的涉外仲裁案件经司法审查后认为拟认定仲裁协议无效、不予执行或撤销涉外仲裁裁决，以及拒绝承认和执行外国仲裁裁决时应当向高级人民法院上报审核，若高级人民法院持相同意见，则应进一步向最高人民法院请示汇报，最后应当依照最高人民法院的审核意见作出裁定。参见最高人民法院《关于仲裁司法审查案件报核问题的有关规定》（法释〔2021〕21号，该解释于2022年1月1日起施行）。

③ 参见张勇健、任雪峰、梁颖：《〈关于仲裁司法审查案件报核问题的有关规定〉及〈关于审理仲裁司法审查案件若干问题的规定〉的理解与适用》，载《人民司法（应用）》2018年第4期。

人民法院《关于人民法院处理与涉外仲裁及外国仲裁事项有关问题的通知》。[①] 其后,1998 年最高人民法院以通知的形式将涉外仲裁裁决的撤销纳入其中。可见,此前的内部报核机制是以人民法院的“通知”形式建立的,法效较弱。此次最高人民法院以司法解释的方式将其规则位阶予以升级,也在形式层面表达了对仲裁内部报核机制的重视。此后,人民法院的内部报核也更加有“法”可依、有“据”可引。

在适用范围上,改变了内部报核仅限涉外仲裁协议的规定,国内仲裁协议也开始被纳入内部报核机制之中,形成内外覆盖、机制共享的内外报核司法审查新格局。我国涉外仲裁高速有效健康发展,涉外仲裁公信力的提升,以及良好涉外仲裁形象的建构,离不开严格的内部报核制度的支持。但实践中国内仲裁协议司法审查中一旦出现否定性评价,当事人即缺乏在涉外仲裁协议中可供利用的内部报核这一有效的救济途径,此种内外有别的反向歧视做法并无合理根据。鉴于此,《仲裁司法审查规定》将这一经验扩展至国内仲裁协议,从而在内部报核方面有使涉外与国内仲裁协议司法审查趋同的倾向。

(二)机制运行有待完善

在实施方式上,采取的是否定性上报到顶的方式。内部报核并不是针对涉外仲裁协议作出的所有裁定,而仅限于相关中级人民法院或专门法院拟裁定仲裁协议无效的情形。[②] 如果案件上报到相关高级人民法院后,高级人民法院也拟裁定无效的,则必须上报至最高人民法院进行审核。如果相关中级人民法院或专门法院,以及相关高级人民法院认为所涉仲裁协议有效的,则可直接作出有效裁定,从而无须上报。

在实施路径上,增加了上诉情形下的内部报核方式。《仲裁司法审查规定》第 8 条为部分涉外仲裁协议提供了二次内部报核的机会。[③] 依其规定,人民法院在司法审查后确认仲裁协议有效时应当对自身管辖权作出裁定。根据《民事诉讼法》的规定,当事人可对此类裁定提起上诉。[④] 受理上诉裁定的法院拟认定仲裁协议无效时,仍然需要按照内部报核制度采取否定性逐级上报至顶的方式进行上报审核。这就

---

① 参见最高人民法院《关于人民法院处理与涉外仲裁及外国仲裁事项有关问题的通知》(法发〔1995〕18 号),该通知决定对人民法院受理具有仲裁协议的涉外经济纠纷案、不予执行涉外仲裁裁决以及拒绝承认和执行外国仲裁裁决等问题建立报告制度。

② 需要指出的是,此处所谓的“否定性”情形,根据《仲裁司法审查规定》第 8 条的规定,应包括仲裁协议不成立、无效、失效、内容不明确无法执行等情形。

③ 只有在管辖权阶段针对仲裁协议效力的司法审查才会出现此种情形。在撤销或不予执行涉外仲裁裁决阶段进行的仲裁协议效力审查,不会导致人民法院作出不予受理、驳回起诉,以及其他管辖异议的裁定,因此,也就不会产生二次内部报核的程序与问题。

④ 参见《民事诉讼法》第 157 条。

可能导致某一涉外仲裁协议会经过两轮内部报核的审查,[①]固然确保了否定性司法审查的严格控制和划一司法,但也有减损司法效率的消极性。

此外,在人民法院基于涉外仲裁协议的问题裁定撤销或不予执行涉外仲裁裁决时,该裁定是否也可以由当事人提起上诉,对此存在国别立法的差异。有的国家对仲裁裁决司法审查所作的撤销裁定,允许上诉或有限度地上诉。[②] 所以也有学者提出,我们应该引进仲裁裁决撤销的上诉制度。[③] 这可能需要反思仲裁裁决撤销机制设立的理念,在确保仲裁裁决的权威性和撤裁上诉的程序合理性之间寻求适度的平衡点,以此为据审视和定夺撤裁上诉的可能性和可行性。

在适用条件上,国内仲裁协议的内部报核采取了有别于涉外仲裁协议的方式,是附条件的否定性上报到顶的机制,与涉外仲裁协议的内部报核制度存在一定的条件落差,确立了差序的报核格局。国内仲裁协议的内部报核相比于涉外仲裁协议存在两个突出的差异性特征:一是在人民法院拟作出否定性评价的情形下,涉外仲裁协议应逐级上报至最高人民法院,而国内仲裁协议则上报至高级人民法院即封顶。二是只有一类国内仲裁协议在被相关高级人民法院拟作出否定性评价的情形下,才会被上报至最高人民法院进行最终的审核。[④] 此类情形即当事人住所地跨省级行政区域。此种特别控制意在遏制高级人民法院可能存在的地方保护倾向,以客观中立地平等对待来自不同管辖区域的当事人。

---

① 如在第一次效力确认中,可能相关中级人民法院或专门法院、高级人民法院均拟裁定仲裁协议无效,但最高人民法院经审核后可能认为该仲裁协议有效。相关中级人民法院或专门法院作出有效裁定后,据此作出驳回起诉或不予受理的管辖权裁定。当事人即可针对此类裁定提起上诉,如果相关高级人民法院拟再次裁定该仲裁协议不成立、无效、失效或内部不明确无法执行的,则仍然还须向最高人民法院报核。这样就出现了针对同一份仲裁协议启动了两次内部报核程序的情形。

② 例如,日本国《仲裁法》第44条规定,法院审查当事人关于撤销仲裁裁决的申请后,认为仲裁裁决存在法定撤销事由的,可以撤销仲裁裁决;当事人如不服法院所作的决定,可以即时抗告;法国《新民事诉讼法典》第1481条第1款规定,对上诉法院就申请撤销仲裁裁决案件所作的判决,可以向最高法院提出上诉;英国《仲裁法》第67条第4款、第68条第4款规定,对法院就当事人以实体管辖权和严重不规范行为为由对仲裁裁决所提出的异议所作的决定,当事人上诉"应取得法院的准许"。转引自朱科:《国际商事仲裁司法审查案件内部请示报告制度的改革》,载《法学杂志》2017年第6期。

③ 参见朱科:《国际商事仲裁司法审查案件内部请示报告制度的改革》,载《法学杂志》2017年第6期;张雪:《论我国国际商事仲裁裁决司法追诉的内部报告制度》,载《山东审判》2005年第5期。

④ 需要指出的是,最高人民法院《关于仲裁司法审查案件报核问题的有关规定》第3条规定了两类可上报至最高人民法院的情形,除文述情形外,还包括人民法院拟以违背社会公共利益为由裁定不予执行或撤销我国内地仲裁机构的仲裁裁决之情形。由于后者仅限于涉嫌违背社会公共利益的情形,故与本文所述的仲裁协议司法审查的主题无关。

(三)内部报核的未来发展

在程序民主上,仲裁协议的内部报核从原来的封闭性部分地进行了突破,给予当事人及仲裁庭以适当的程序参与和意见表达的机会,体现了一定的程序民主。仲裁协议的司法审查适用诉讼程序,而诉讼最显著的特点是"两造平等对抗",法官在亲历的基础上居中裁判。但是,原来的内部报核制度是封闭在司法机关内部进行的,造成在法院对涉外仲裁协议进行审查期间,双方当事人皆无陈述和辩论的机会,法官试图在没有当事人参加的情况下实现"看不见"的公平和正义,有违当事人的程序参与与程序正当原则。因此,针对该机制,有"革命"与"改良"的两种立场。

"革命"的立场认为,报核制度更像是法院"法外院内"的暗箱操作。特别是一些文献提出了较为尖锐的质疑,认为它延迟了涉外仲裁裁决的执行效率,损害了当事人权益,是当代中国不得已而设立和存在的权宜性制度,在市场经济逐渐成熟,地方保护主义受到削弱,法官素质普遍提高的情况下,应当取消该制度。①

笔者倾向于采取"改良"的路线,即保持内部报核制度,同时进行民主化改进,确保相关方能够参与并表达意见。一方面,内部报核机制利用了最高人民法院和高级人民法院的制高点,控制了地方滥用司法审查权、司法审查不一的突出消极倾向;另一方面,也有助于将清明审查、仲裁亲和精神贯彻到底。简言之,现阶段的改良方案乃是对既有内部报核机制实现扬弃:扬其所长,弃其所短。在条件成熟时,也可以考虑更为民主化、透明化和法治化的替代措施予以取代。

最高人民法院《关于仲裁司法审查案件报核问题的有关规定》第5~7条是对内部报核机制的实质改进。根据其内容,可将其改进要点概括为如下三点:(1)强化内部控制,明确上报清单。下级法院在报核时必须同时上报两类资料,即书面报告和案件卷宗材料。其中,书面报告应明确下级法院的审查意见和具体理由。(2)强化形式监督,明确答复格式。为规范上级法院的审核意见,并确保下级法院能得到有效的报核回应,该规定明确上级法院应将审核意见以复函形式予以答复。(3)明确复核措施,确保复核质量。在报核的案件事实不清的情形下,上级法院可采取两类措施进行补充查实,即询问当事人和退回补查。此项规定具有较大的积极意义,一方面它在一定程度上给予了当事人陈述和表达意见的机会,另一方面对下级法院施加了事实查明的责任。

由上可见,我国关于涉外仲裁协议司法审查的内部报核机制的新发展在核心精

① 参见刘想树:《中国涉外仲裁裁决制度与学理研究》,法律出版社2001年版,第239~240页。

神主要有三:一是进行了适用范围的扩容,将其有所差别地扩展至国内仲裁协议的司法审查,从而促致司法对二者控制的趋同;二是进行了程序构造上的改进,分别对上、下级法院的报核职责进行了明确和强化,并增设了报核中事实查明的措施;三是有条件地突破了内部报核的“内部性”,增加了当事人参与表达的民主元素。

美国公司章程仲裁条款对股东约束力的法律问题研究

蔡斯芊*

实践中,有关公司章程中的仲裁条款是否可以有效约束股东的争议时有发生。综观美国有关司法实践,公司章程中的仲裁条款对股东的约束力问题,是一个有争议且极富研究价值的问题。本文以美国司法实践为研究对象,探讨公司章程中仲裁条款是否可以对股东具有约束力、公司章程仲裁条款是否违反证券法强制规定、公司章程中采纳仲裁条款的是否违背公共政策目标。历经几十年的发展,尽管仍有反对意见,但公司章程仲裁条款的使用越来越普遍,其效力也逐渐得到司法实践的认可,仲裁成为维护公司治理结构的主要方法之一。

一、问题的缘起

仲裁已经渗透到公司治理的格局中。一种越来越流行的替代争议解决机制——强制性仲裁,以更复杂的合同形式即公司章程和细则中的仲裁条款(以下简称章程仲裁条款)的形式出现。这些条款约束公司所有者(股东)接受仲裁程序,解决其针对公司管理的派生索赔。仲裁成为维护公司治理结构的主要方法之一。公司章程中引入仲裁条款,会影响到公司股东、公司董事以及公司本身。章程仲裁条款除可执行性的问题外,还有如果其具有可执行性,影响如何的问题。

公司法传统上反映了公司和股东之间的基本权力斗争:公司法努力使董事行使无约束的业务判断管理决策权,同时激励董事在他们对公司股东所负的信托责任及忠诚义务内行事。股东派生诉讼提供一种监督控制公司董事的机制。股东派生诉讼是股东监督公司经理行为的权利的基石。股东派生诉讼在上市公司(与少数人持

* 武汉大学国际法研究所2021级国际私法博士研究生。

股公司相反)中发挥着特别重要的作用。但由于章程仲裁条款具有禁止股东采纳诉讼方式解决争议的效力,公司章程中的强制性仲裁条款正在引发股东派生诉讼的革命,对公司法的基本原则产生影响。①

在过去10年里,美国联邦最高法院强制执行了规定强制仲裁纠纷的合同条款,并禁止集体诉讼。一些公司继续在与消费者、雇员和客户的合同中引入这些强制性仲裁条款。评论员、从业者和决策者建议,强制性仲裁革命可以,也应该适用于公司和证券诉讼。其主张是,公司可修改其章程或细则,包括这样的强制仲裁条款,或将之公开,从而迫使股东单独进行仲裁,结束我们所熟知的股东诉讼。②

在美国,对股东索赔的强制性仲裁并不是一个新话题。但辩论的主题最近发生了变化。一个争论点是:仲裁条款是否符合州法律和联邦法律。从历史上看,考虑采纳这些条款的公司必须预期面临来自法院,特别是美国证券交易委员会的反对。但美国联邦最高法院支持仲裁的裁决政策,再加上特朗普政府向美国证券交易委员会施压,要求其改变其反仲裁立场,任何剩余的法律障碍都有望得到消除。③

美国有学者强调从诉讼转移到仲裁将如何影响市场纪律的法律研究不足。诉讼,无论多么不完美,都会产生关于企业行为的公共信息的正外部性。它不仅直接通过补偿,而且通过信息和促进媒体审查,间接地阻止了不当行为。因此,即使人们假设特定的受害者在个别仲裁下会表现得更好,但必须承认,由于仲裁的声誉威慑不那么有效,仲裁对第三方和整体经济的影响可能会表现得更差。④ 那些支持仲裁的人通常基于这样的观点,即我们知道终结股东诉讼并不是一件坏事。他们引用了关于股东诉讼在赔偿受害者方面表现糟糕的证据,认为诉讼只是将财富从投资者转移给律师,而仲裁的高效快捷、费用低,会使仲裁当事人获益性更高。

二、公司争议以仲裁方式解决的法理基础

公司章程中规定的仲裁条款是否有效?公司治理条例涉及股东、高级管理人员和董事之间的权力平衡,通常属于公司"内部事务"的规则范围。⑤

---

① Emily Farinacci, *In a Bind: Mandatory Arbitration Clauses in the Corporate Derivative Context*, Ohio State Journal on Dispute Resolution, Vol. 28:3, 2013, p. 737.

② Roy Shapira, *Mandatory Arbitration and the Market For Reputation*, Boston University Law Review, Vol. 99, 2019, p. 875.

③ Ibid, p. 877 - 878.

④ Ibid, p. 913.

⑤ Emily Farinacci, *In a Bind: Mandatory Arbitration Clauses in the Corporate Derivative Context*, Ohio State Journal on Dispute Resolution, Vol. 28:3, 2013, p. 739.

公司法纠纷,又称"公司纠纷"或者"公司争议",是指因公司法律关系,或者因公司法上的权利义务关系所发生的纠纷。从争议主体看,有狭义与广义之分。狭义的公司法纠纷,又称"公司内部纠纷",是指公司、股东、董事、监事、高级管理人员等公司内部主体之间因公司法律关系发生的纠纷;广义的公司法纠纷,还包括公司债权人等利益相关者、侵害公司利益的他人与上述内部主体之间因公司法律关系发生的纠纷。①

从美国的实践来看,目前还不清楚公司治理文件是否会被视为美国仲裁法意义上的合同,哪怕仅仅是因为它们缺乏公平交易对手之间讨价还价的关键特征。② 但近年的一个发展是美国特拉华州《公司法》的修正,即只有法院选择条款不排除特拉华州法院时,该条款才有效。③ 全面仲裁条款被认为违反该法。

尽管联邦仲裁法的合法性和公司章程强制仲裁条款的强制执行性都受到威胁,但仍有几个支持强制性仲裁的论点值得关注。有学者认为,章程仲裁条款根据纯粹的合同法原则应是可执行的。如前所述,公司章程是所有股东在购买公司股票时都要遵守的合同,隐含地假定合同各方在签署合同前都已阅读并同意了合同条款。同样的原则也适用于公司概述其股东所有者权利的章程,只要这些规定在公司首次公开发行时包含在章程内。另一个关于可执行性的论点来自特拉华州《普通公司法》第102(b)(7)条,该条款允许公司通过限制董事和高级管理人员责任的章程条款。还有学者认为,因为公司法允许公司自由修改规范公司职员职责和公司形式的规则,"似乎没有理由不扩大责任限制法规以允许公司选择排除股东派生诉讼"。④

在美国司法实践中,上市公司章程中的仲裁条款被认为是基于合意的有效仲裁协议。2013年6月下旬,美国联邦最高法院和特拉华州尚克里法院的裁决将这个问题推到了最前沿。在美国运通公司诉意大利色彩餐厅案(American Express Co. v. Italian Colors Restaurant)中,美国联邦最高法院解释了《联邦仲裁法》,维持了一项商业合同中的强制性仲裁条款,包括集体诉讼弃权。⑤ 该决定将仲裁条款作为《联邦

① 参见张子学:《公司法纠纷可仲裁性初步研究》,载《中国政法大学学报》2019年第4期。

② Ann M. Lipton, *Manufactured Consent: The Problem of Arbitration Clauses in Corporate Charters and Bylaws*, GEO. L. J., Vol. 104, 2016, 629.

③ DEL. CODE ANN. tit. 8, §115 (2019).

④ Emily Farinacci, *In a Bind: Mandatory Arbitration Clauses in the Corporate Derivative Context*, Ohio State Journal on Dispute Resolution, Vol. 28:3, 2013, p. 765.

⑤ Claudia H. Allen, *Bylaws Mandating Arbitration of Stockholder Disputes?*. 39 Del. J. Corp. L. 751, 2015, p. 751.

仲裁法》(Federal Arbitration Act, FAA)下的一项合同。2014 年,美国马里兰州法院就"股东卡茨诉英联邦不动产投资信托公司案"(Katz v. CommonWealth REIT)关于被告章程细则中仲裁条款效力的争议作出判决,确认该条款有效,驳回了原告的起诉。法院认为,股东购股即表明其同意了一项契约框架(contractual framework),该框架明确认可股东应受董事会依据《马里兰州房地产投资信托法》单方修改的章程约束。相应地,股东购股即意味着其对于章程仲裁条款的有效性及所购股份受该条款约束具有推定知悉(constructive knowledge)。因此,法院认为双方达成了合意。该案例说明美国马里兰州法院认为上市公司章程中规定的仲裁条款有效,对股东具有约束力,因为股东购股即意味着对于章程中的仲裁条款具有推定知悉。股东购买股份即意味着其知悉并认可董事会在"契约框架"下采取的行动,包括董事会根据法律和章程大纲的规定单方制定的章程细则。当然,这一理论固然逻辑精巧,但无法改变多数外部股东只能被动接受管理层制定仲裁条款的现实,而"拟制合意"的背后则是美国法院对董事会在公司治理中权威的再次确认。① 但有外国学者认为,通过"卡茨诉英联邦不动产投资信托公司案"可以得出无论董事如何出于自己的利益考量来利用仲裁,还是会存在限制,不可能无限度损害股东的利益。美国的公司法始终对董事的利己主义的决定都抱有怀疑,没有道理对公司章程中的完全利己主义的仲裁协议有所例外。②

同时,美国是世界上第一个采用"揭开公司面纱"理论来进行仲裁协议效力扩张的国家,法院在"费舍诉国际布兰科案"(Fisher v. International Blank)中指出,虽然仲裁协议不存在一方当事人的签字,但根据合同法的原理,签订的合同中的仲裁协议仍然具有约束力,应将子公司及默认为其独立地位并对其实施控制的母公司看作是同一个整体,并且以此来进行裁决。③

三、美国有关公司章程仲裁条款效力的司法实践

是否需要对股东索赔进行强制性仲裁?在美国联邦最高法院的支持下,放弃集体诉讼的强制性仲裁条款在合同、消费者和劳动法中越来越普遍。决策者现在也考虑将这一趋势引入公司法和证券法。现有的争论主要围绕"同意"和"赔偿"展开:

---

① 参见赵轶君:《上市公司章程引入仲裁条款的美国实践与本土进路》,载《证券市场导报》2020 年第 7 期。

② Claudia H. Allen, *Bylaws Mandating Arbitration of Stockholder Disputes*?, 39 Del. J. Corp. L. 751, 2015, p. 48.

③ Bernard Hanotiau, *Complex Arbitrations Multiparty, Multicontract, Multi-issue and Class Actions*, Kluwer Law International 2005, p. 12.

股东是否可以“同意”公司治理文件中的仲裁条款？

有数据表明，公司章程中的强制性仲裁条款越来越普及，在美国股票市场上交易的公司越来越多地在其章程中加入仲裁条款。美国证券交易委员会明确授权监管《多德－弗兰克华尔街改革和消费者保护法》(Dodd-Frank Wall Street Reform and Consumer Protection Act)下的强制性仲裁条款，对证券法领域的纠纷仲裁采取了更为支持的态度。目前，在公司纠纷中支持仲裁协议的现代司法裁定变得越来越普遍。①

(一)有关公司章程仲裁条款效力的分歧

随着公司章程中仲裁条款越来越流行，包括股东、消费者和雇员等越来越关注他们起诉的宪法权利受到了限制。对此，不同利益相关方争论不休，但美国联邦最高法院早在20世纪70年代、纽约南区法院在20世纪90年代就在判决中认可了章程仲裁条款的合宪性。② 但公司章程中用于解决股东派生诉讼的强制仲裁条款并没有那么容易被采纳。涉及股东、上市公司和管理层之间纠纷的公司内部治理问题传统上被认为更适合由州法院处理，而不是私人决策者(仲裁员)处理。“关于仲裁和上市公司治理之间关系的零星学术争论为一场现在不可避免的法律斗争奠定了基础。”

但是，无论诉讼的法律结果如何，都会产生一种积极的外部性：关于企业行为的信息。在诉讼过程中披露的内部备忘录、电子邮件、电子表格和成绩单让人们了解相关公司是如何运作的。这些信息有助于外部观察员重新评估他们与争端各方做生意的意愿。换句言之，诉讼塑造了公司和商人的声誉。通过从诉讼转向仲裁，我们可能节省行政成本，但失去一些声誉威慑的效力。虽然对进行特定仲裁的公司来说，采用强制仲裁规定是可取的，但允许这种规定的预先影响总体上是不利的。③

近年来，在美国章程仲裁条款的法律障碍开始消除。2011年，美国联邦最高法院在“美国电报电话公司诉康塞普西翁案”(AT&T Mobility LLC v. Concepcion)判决中，执行了一项放弃集体诉讼的仲裁条款，同时裁定联邦仲裁法的适用优先于州

---

① Emily Farinacci, *In a Bind: Mandatory Arbitration Clauses in the Corporate Derivative Context*, Ohio State Journal on Dispute Resolution, Vol. 28:3, 2013, p. 739.

② Emily Farinacci, *In a Bind: Mandatory Arbitration Clauses in the Corporate Derivative Context*, Ohio State Journal on Dispute Resolution, Vol. 28:3, 2013, p. 739, 754; Ross v. Bemhard, 396 U. S. 531, 539 (1970); S. D. N. Y. Sept. 28, 1994.

③ Roy Shapira, *Mandatory Arbitration and the Market For Reputation*, Boston University Law Review, Vol. 99, 2019, p. 873.

合同法。合同法和公司法一样，被认为是州法调整的领域，但这并没有阻止美国联邦最高法院作出上述裁定。美国联邦最高法院在公司法范围内支持仲裁这一替代性争议机制，证明了强制性仲裁条款的普及。美国联邦最高法院在该案判决(5∶4)中认为，加利福尼亚州限制公司使用强制仲裁协议解决消费者和雇佣合同纠纷的能力的法律被《联邦仲裁法》优先取代。[①] 在该案中，原告消费者认为，他们签订的手机服务合同包含了一项条款，要求对所有客户集体纠纷进行仲裁，该仲裁条款违反了加利福尼亚州禁止附属合同中约定弃权集体诉讼。美国联邦最高法院不同意原告的主张，宣布根据美国《联邦仲裁法》判定加利福尼亚州法律无效，强调"联邦仲裁法的主要目的是确保私人仲裁协议按照其条款执行"。法院的决定提高了《联邦仲裁法》在公司合同中的重要性。上述判决影响了消费者和雇员的权利——当事人最有可能提起集体诉讼的权利，美国联邦最高法院对仲裁条款的支持，也表明强制性仲裁条款越来越频繁地在消费者和雇佣合同中使用。

2013 年，美国联邦最高法院在"美国运通公司诉意大利色彩餐厅案"的判决中支持"美国电报电话公司诉康塞普西翁案"，通过执行仲裁条款进一步扩大了《联邦仲裁法》的范围，即使执行仲裁条款使一项联邦法律(《谢尔曼法》)无效。[②] 在这两个判决中，仲裁条款的同意问题似乎让位于一种更具政策导向的方法。手机计划的消费者不能讨价还价地摆脱仲裁条款，但法院仍对他们执行了这些仲裁条款，认为仲裁是处理他们纠纷的更有效的程序。前述两个判决不仅是标志着法律障碍的减少，对于对抗任何剩余的公司法的不确定性具有明显好处；这些判决真正的创新不是在尊重仲裁条款方面，而是在执行这些条款中的集体诉讼弃权方面。

类似的支持仲裁的转变也在美国证券交易委员会内部发生，还有美国政府的推进。2017 年，美国财政部拟定了关于如何放松管制资本市场活动的一份报告(对行政命令第 13772 号的回应)。该报告指出，降低诉讼成本是重新振兴美国股票市场的关键，建议美国证券交易委员会转向支持仲裁的调查。媒体报道，美国政府持续推动美国证券交易委员会推翻其反仲裁立场，美国证券交易委员会曾私下向公司表示愿意改变其政策。2017 年 7 月，时任美国证券交易委员会委员迈克尔·皮瓦尔在一次公开演讲中提出："对于股东诉讼，公司可以向我们寻求救济，在他们的章程中引入强制仲裁条款……"[③]鉴于这种明显的支持仲裁的倾向，强制性仲裁条款现在

---

① 563 U.S. 333 (2011).

② 228 U.S. 228 (2013).

③ 563 U.S. 333 (2011).

更有可能被认为符合美国有关州和联邦法律。

那些支持转向强制仲裁的人通常通过批评现有股东诉讼弊端来为仲裁进行辩护。股东诉讼有两个主要理由:赔偿和威慑(deterrence)。目前为止,人们普遍认为,股东在诉讼赔偿方面表现不佳。股东原告得到的赔偿常常是名义性的。在罕见的补偿不是象征性的情况下,批评仍会继续下去,因为赔偿是循环的。也就是说,因为公司本身(直接或通过保险)通常是补偿原告的公司,所以费用由公司的现有股东承担。因此,多元化的投资者和原告一样有可能获得报酬,就像他们支付被告一样。一旦考虑到诉讼的交易成本(尤其是律师费),许多学者会得出结论,股东诉讼只是将财富从投资者转移给律师。在这种背景下,强制仲裁的支持者声称,转向仲裁实际上将改善消费者/投资者的状况。仲裁将产生更高的货币救济和降低交易成本(以一个更快、更具成本效益的程序)。①

但是,现有的关于支持仲裁和反对诉讼的论点的一个明显弱点是,缺乏对诉讼的另一个社会目标的关注:威慑。这是一个更广泛的问题:大多数关于股东诉讼的实证工作都集中在补偿上,导致对诉讼威慑作用的关注不足。在仲裁与诉讼的辩论中,那些支持仲裁的人绕过了缺乏证据的问题,假设很少的补偿金等于较弱的威慑。上述财政部报告提供了一个完美的说明:报告提到了证券类诉讼有助于威慑的可能性,但又通过援引低循环补偿的观点迅速驳回诉讼具有较高威慑的观点,然后呼吁考虑转向支持仲裁。②

诉讼为投资者和公众提供了有关企业行为的有用信息。认识到诉讼的信息作用会产生重要的政策影响。如果政策制定者和法院仍然决定强制执行仲裁条款,就需要设计仲裁程序,允许从仲裁中获得更多的信息,增强其威慑性。在理想情况下,在公司法和证券法领域,希望仲裁能为市场注入一些有价值的信息。

(二)区分公司内部事务和外部事务

美国关于上市公司章程仲裁条款约束力的司法实践较丰富。具体而言,公司章程只能约束股东根据公司章程和州公司法、基于股东权利提出的“内部事务”(internal affairs),而不能约束与公司内部事务无关的“外部事务”(external affairs)。

第一类是内部诉请案例,2013 年特拉华州法院在“锅炉制造商诉雪佛龙案”(Boilermakers v. Chevron)判决中阐述了限制公司章程规制范围的“内部事务原则”

① 563 U. S. 333 (2011).

② Roy Shapira, *Mandatory Arbitration and the Market For Reputation*, Boston University Law Review, Vol. 99, 2019, p. 882.

(internal affair doctrine)。具体而言,公司章程只能约束股东根据公司章程和州公司法、基于股东权利提出的“内部诉请”(internal claim),而不能约束与公司内部事务无关的“外部诉请”(external claim)。判决列举了两者的典例:前者包括股东因董事等主体违反州公司法中信义义务而提起的派生诉讼;后者则包括股东因在公司办公场所受伤对公司提起的侵权之诉,以及因商业合同纠纷对公司提起的违约之诉。①

第二类是外部诉请案例。特拉华州两级法院在2018~2020年对“夏巴库奇诉萨尔茨堡案”(Sciabacucchi v. Salzberg)的审理进一步明确了内外部诉请的界分。该案中,被告蓝色围裙(Blue Apron)等公司在章程中加入协议管辖条款,规定股东根据《1933年证券法》第11条提起的证券欺诈诉讼须在地区联邦法院进行,而不得在州法院进行。特拉华州衡平法院根据“锅炉制造商诉雪佛龙案”确立的原则否定了协议管辖条款的效力。法院认为,联邦证券法创设证券欺诈诉权是为了保障投资者买卖证券时的知情权,这一诉权并非源于投资者作为公司股东的股东权利,而是立法者为实现公共政策目标而创设,因此属于公司章程无权规制的“外部诉请”。有人提出异议:以斯坦福大学约瑟夫格伦德菲斯特(Joseph A. Grundfest)教授为代表的异议者认为,股票交易行为开启或终结了公司与股东的权利义务关系,与一般的侵权或违约行为有本质区别,应当属于公司章程可规制的“内部事务”。② 最后上诉法院认为,之前法院对内部诉请的认识过于狭窄。

从外部诉请案例的最终上诉结果可以看出,无论是内部诉请案例还是外部诉请案例,美国均认为其具有可仲裁性,并且认为之前法院对内部诉请的解释过于狭隘。美国联邦最高法院关于联邦仲裁法的判例是建立在合同法理论之上的,而合同法不能准确地描述公司法理论。合同法假定当事方具有保护自己利益的能力;公司法则相反,其基本结构是将股东权力降至最低。

(三)上市公司章程仲裁条款是否违反证券法强制规定及公共政策

如果章程条款规定证券欺诈纠纷须提交仲裁解决,其是否违反证券法的强制性规定?换言之,证券法基于投资者保护的公共政策目标而创设的民事诉权是否具有可仲裁性?美国联邦最高法院认为,基于联邦证券法律的证券欺诈纠纷具有可仲裁性,证券仲裁也成为美国证券行业常见的纠纷解决方式。上市公司章程仲裁条款是否违反法律强制性规定在美国仍是一个开放性问题。结合特拉华州最高法院判例,

---

① Boilermakers Local 154 ret. Fund v. Chevron Corp., 73 A. 3d, p. 939-962.

② See Grundfest J A., *The Limits of Delaware Corporate Law: Internal Affairs, Federal Forum Provisions, and Sciabacucchi*, Rock Centre for Corporate Governance Working Paper Series No. 241, 2019.

公司章程可约束的争议范围受"内部事务原则"的约束,而常见的因证券欺诈以及公司内部人违背信义义务所产生的纠纷均属于公司章程可约束的"内部争议"。虽然部分州制定法的规定给上市公司章程能否加入仲裁条款带来不确定性,但联邦最高法院一贯支持仲裁(包括证券欺诈纠纷仲裁)、坚持联邦仲裁法应优先于州法适用的立场,也将影响司法者的裁判乃至章程仲裁条款的最终命运。①

在"美国运通公司诉意大利色彩餐厅案"(American Express Co. v. Italian Colors Restaurant)中,美国联邦最高法院认为,仲裁协议和相关集体诉讼弃权是可强制执行的,即使通过仲裁寻求个别索赔的成本超过了潜在的可获得的赔偿。② 该案涉及美国运通公司与接受美国运通公司服务的商人之间商业协议的反垄断索赔。协议规定"强制仲裁,并规定'没有任何权利或权力以集体诉讼进行索赔'"。法院在阐明其作出如此决定的理由时,强调仲裁是一个合同问题,法院必须根据其条款"严格执行"仲裁协议,包括规定"执行仲裁规则的条款",无论公共政策是否反对(regardless of public policy objections)。③ 这一裁定与美国一些高等法院裁决将仲裁作为解决合同纠纷的"有效、简化的程序",以及美国《联邦仲裁法》支持仲裁的自由政策一致。美国联邦最高法院在一些判决明确阐释了支持仲裁的政策,指出不利于仲裁协议或歧视仲裁协议的州规则或法律无效。至于联邦法规与《联邦仲裁法》的关系,美国联邦最高法院认为,只有国会命令(congressional command)可以推翻《联邦仲裁法》优先适用地位。仲裁条款"实际上就是一种特别的法院选择条款"(a specialized kind of forum-selection clause),而美国联邦最高法院强调,支持推定商业合同中法院选择条款的有效性和可执行性。④

美国证券委员会对章程仲裁条款的态度经历了由反对到基本中立的转变。现在章程仲裁条款的采用越来越不会被认为违背公共政策目标。

四、结语

在美国司法实践中,上市公司章程中的仲裁条款被认为是基于合意的有效仲裁协议。无论是内部诉请案例还是外部诉请案例,均认为其具有可仲裁性,并且认为之前法院对内部诉请的解释过于狭隘。上市公司章程仲裁条款是否违反法律强制

---

① 参见赵轶君:《上市公司章程引入仲裁条款的美国实践与本土进路》,载《证券市场导报》2020年第7期。

② See *American Express*, 133 *S. Ct. at* 2311.

③ See Claudia H. Allen. *Bylaws Mandating Arbitration of Stockholder Disputes*?, Del. J. Corp. L., Vol. 39, 2015, p. 754.

④ Ibid, p. 755.

性规定在美国仍是一个开放性问题。虽然部分州制定法的规定给上市公司章程能否加入仲裁条款带来不确定性,但联邦最高法院一贯支持仲裁(包括证券欺诈纠纷仲裁)、坚持联邦仲裁法应优先于州法适用的立场,也将影响司法者的裁判乃至章程仲裁条款的"最终命运"。美国证券委员会对章程仲裁条款的态度经历了由反对到基本中立的转变。现在章程仲裁条款的采用越来越不会被认为违背公共政策目标。总的来说,历经几十年的发展,尽管仍有反对意见,但公司章程仲裁条款的使用越来越普遍,其效力也逐渐得到司法实践的认可。美国学者对公司章程仲裁条款及其章程修改都设计了详尽的示范条款。① 美国公司章程中的仲裁条款对股东是具有约束力的。仲裁成为公司治理的主要方法之一。

① See Hal S. Scott & Leslie N. Silverman, *Stockholder Adoption of Mandatory Individual Arbitration for Stockholder Disputes*, Harvard Journal of Law & Public Policy, Vol. 36, 2013, p. 1227 - 1230.

信息与资料

东帝汶《民法典》(节录)*

邹国勇** 徐袁格菲*** 译

第一卷 总 则

第一编 法律及其解释与适用

……

第三章 外国人的权利及法律冲突

第一节 一般规定

第13条 [外国人的法律地位]

1. 外国人享有与本国国民同等的民事权利,但法律另有规定的除外。

2. 但是,如果有关国家赋予其国民某项权利,而在相同情况下却不赋予东帝汶人,则不承认该等外国人享有相应的权利。

第14条 [定性或识别]

赋予法律的管辖权能,只包括那些基于其内容及在该法律中所具有的功能而构成冲突规范所涉及的法律制度的一部分的规则。

---

* 武汉大学(人文社会科学)自主科研项目“《民法典》时代我国国际私法典编纂路径研究”(项目编号:2021PT061)的阶段性成果,受到“中央高校基本科研业务费专项资金”资助。东帝汶《民法典》经第10/2011号法律批准通过,2011年9月14日公布于《东帝汶民主共和国官方公报》,自2012年3月14日起施行。本译文为节录的东帝汶《民法典》中的国际私法条款,载 http://mj.gov.tl/jornal/files/Codigo_Civil.pdf,最后访问日期:2021年9月6日。——译者注

** 武汉大学国际法研究所副教授,法学博士。

*** 武汉大学国际法研究所2021级硕士研究生。

第 15 条 [援引外国法律的一般原则]

冲突规范对外国法律的任何援引,如无相反规定,仅指适用该外国法律的内国法。

第 16 条 [对第三国家法律的转致]

1. 东帝汶冲突规范所指引的法律中的国际私法条款援引另一国法律时,且该另一国法律认为自己有权调整有关案件,则应适用该另一国法律的内国法。

2. 如果东帝汶冲突规范所指引的法律为属人法,且利害关系方经常居住于东帝汶境内,或经常居住于某一个国家而该国的冲突规范认为其国籍国的内国法为准据法,则不适用前款规定。

3. 但是,如果冲突规范所指引的国籍国法又援引不动产所在地法,而该法律认为本身应予适用时,则有关监护、保佐、夫妻间的财产关系、亲权、收养人与被收养人的关系以及死因继承等均只能适用第 1 款的规定。

第 17 条 [对东帝汶法律的反致]

1. 如果冲突规范所指引的法律中的国际私法条款援引东帝汶法律时,则应予适用的法律为东帝汶的内国法。

2. 但是,当涉及个人身份事项时,如果利害关系人经常居住于东帝汶境内或者经常居所地的法律亦认为东帝汶内国法为准据法时,只能适用东帝汶法律。

第 18 条 [不允许反致的情形]

1. 适用前两条规定将致使根据第 15 条规定原为有效或产生效力的法律行为变为无效或不产生效力,或使得原为合法、有效状况变为非法、无效,则不适用前两条规定。

2. 在容许当事人指定所适用的法律的情况下,如果当事人已指定适用外国法律,则不适用前两条规定。

第 19 条 [多元立法下的法律体系]

1. 如果因某人的国籍而应适用某国法律,且该国具有多个不同的地域性法律体系时,则由该国法律确定在各该情况下应适用的法律制度。

2. 如果无区际私法规范,应适用该国的国际私法;如果这仍不能解决问题,则以利害关系当事人的经常居所地法为其属人法。

3. 如果应适用的法律在地域上形成统一的法律秩序,且在该法律秩序内对于不同类别的人适用不同规范体系时,则必须遵守该法就体系冲突所确定的规范。

第 20 条 [法律欺诈]

在适用冲突规范时,对于因存有欺诈意图以规避本应适用的法律而造成的事实或法律情势无需予以考虑。

第 21 条 [公共秩序]

1. 冲突规范所指引的外国法的规定,如果其适用的结果将违背东帝汶国际公共秩序的基本原则,则不予适用。

2. 在此情况下,须适用本应适用的外国法中最合适的规定,或者替代性地适用东帝汶内国法的规定。

第 22 条 [对外国法律的解释与查明]

1. 对于外国法律,应当在其所属的法律体系范围内按照该法律体系所确立的解释规则进行解释。

2. 不能查明应适用的外国法律的内容时,可适用补充性管辖法律(*subsidiariamente competente*);用以指定应予适用法律的事实要素或法律要素无法确定时,应遵循相同的程序。

第 23 条 [在船舶或航空器上的行为]

1. 对于在港口或机场外的船舶或航空器上所实施的行为,适用该船舶或者航空器的注册地的现行法律。

2. 军用船舶及航空器,视为所属国领土的一部分。

第二节 冲突规范

第一分节 属人法的范围及确定

第 24 条 [属人法的范围]

个人的身份、人的能力、亲属关系、死因继承,均由有关主体各自的属人法调整,但本节另有限制的除外。

第 25 条 [法律人格的开始及终止]

1. 法律人格的开始及终止,亦由个人的属人法调整。

2. 某一法律效果取决于一人在他人死亡时仍生存,但两人具有不同属人法,且该等属人法对死亡先后的推定不一致时,适用本法典第 65 条第 2 款的规定。

第 26 条 [人格权]

1. 关于人格权的存在、保护以及对其行使所施加的限制,亦适用属人法。

2. 但是,外国人或无国籍人不得享有任何不为东帝汶法律所认可的法律保护。

第 27 条 [有关无行为能力后果的例外情形]

1. 如果按照应当适用的属人法,在东帝汶实施法律行为的人为无行为能力人,但假使适用东帝汶内国法认为该人具有行为能力,则不得以其为无行为能力人为由而认定该法律行为无效。

2. 他方当事人明知前款所指之人无行为能力,或者有关法律行为为单方法律行为、属于亲属法或继承法范围或涉及处分位于外国的不动产时,则不适用前款例外规定。

3. 如果无行为能力人在外国实施法律行为,而该国法律规定有与上两款相同的规则,则须遵守该国的法律。

第28条　[成年]

按先前的属人法已经确定的成年身份,不受属人法变更的影响。

第29条　[监护及类似制度]

监护及其他有关保护无行为能力人的类似制度,亦适用属人法。

第30条　[属人法的确定]

1. 属人法是指个人的国籍所属国法律。

2. 但是,对于表意人(declarante)依照经常居所地法在该国实施的法律行为,只要该法律被认为应予以适用,则在东帝汶予以承认。

第31条　[无国籍人]

1. 无国籍人的属人法为其经常居所地法律,或如果其为未成年人或禁治产人,则其属人法为其法定住所地法律。

2. 如无经常居所地,则适用第79条第2款的规定。

第32条　[法人]

1. 法人的属人法是指其主要且有效的行政管理机关所在国法律。

2. 属人法尤其调整下列事项:法人的权利能力;法人机构的设立、运作和权限;成员资格的取得及丧失方式,以及成员的权利及义务;法人、法人机构及其成员对第三人的责任;法人的变更、解散及消灭。

3. 法人总部从一国迁移至另一国时,只要该两国法律均有此规定,则不消灭其法律人格。

4. 受不同属人法调整的实体,其合并须按双方属人法的规定作出判断。

第33条　[国际法人]

国际法人的属人法,是指设立该法人的协议或其章程所指定的法律,如无指定,则为其主要营业地国法律。

第二分节　调整法律行为之法律

第 34 条　[法律行为的意思表示]

1. 法律行为意思表示的完成、解释及填补，均由适用于法律行为的实体法调整，意思表示的欠缺及瑕疵亦由该法调整。

2. 一行为是否为法律行为的意思表示，由表意人及相对人的共同经常居所地法确定；如无共同经常居所地，则由行为发生地法确定。

3. 沉默是否为意思表示的手段，亦由共同经常居所地法确定；如无共同经常居所地，则由要约接收地法确定。

第 35 条　[意思表示的方式]

1. 法律行为意思表示的方式，由适用于法律行为的实体法律调整；但是，意思表示的方式仅需遵守意思表示地的现行法律即可，除非调整法律行为的实体法律规定即使法律行为在外国完成，该法律行为也必须遵守特定方式，否则无效或不产生效力。

2. 如果法律行为意思表示未按意思表示地的法律所规定的方式作出，但已遵守该法律的冲突规范所援引的国家法律规定的方式，则该法律行为的意思表示在方式上仍属有效，但不影响前款最后部分规定的适用。

第 36 条　[法定代理]

法定代理，由适用于据以产生代理权的法律关系的法律调整。

第 37 条　[机构代理]

法人由其机构代理，受该法人的属人法调整。

第 38 条　[意定代理]

1. 意定代理的代理权，其设立、范围、变更、效果及终止，由代理权的行使地所属国的法律调整。

2. 但是，如果代理人在被代理人指定国家外的某一国家行使代理权，且与代理人订立合同的第三人知悉此事，则适用被代理人的经常居所地国法律。

3. 如果代理人以行使代理权作为其职业，而订立合同的第三人已知悉此事，则适用从事代理职业者的住所地法律（*é aplicável a lei do domicílio profissional*）。

4. 代理涉及不动产的处分或管理时，适用不动产所在地国的法律。

第 39 条　[时效及失效]

时效及失效，由适用于时效或失效所涉权利的有关法律调整。

第三分节　调整债之法律

第40条　[因法律行为所生之债]

1. 因法律行为所生之债以及法律行为本身的实体问题,均由有关主体指定的或者已予以考虑的法律调整。

2. 但是,当事人各方指定或予以考虑的法律,只能是符合表意人的重大利益(*corresponda a um interesse sério dos declarantes*)而可予适用的法律,或与该法律行为中任一为国际私法所考虑的要素有联结关系的法律。

第41条　[补充性标准]

1. 如果无法确定应适用的法律,单方法律行为适用表意人的经常居所地法律,而合同则适用双方当事人的共同经常居所地法律。

2. 如果无共同经常居所地,无偿合同适用提供利益一方的经常居所地法律,其他合同则适用订立合同地法律。

第42条　[无因管理]

无因管理,适用管理人的主要活动地法律。

第43条　[不当得利]

不当得利,由财产利益转移于受益人之事实所依据的法律调整。

第44条　[非合同责任]

1. 基于不法行为、风险或任何合法行为而产生的非合同责任,由导致损失的主要行为发生地国的法律调整;因不作为而产生责任时,适用责任人本应作为地法律。

2. 损害结果发生地国的法律认为行为人应负责,而行为地国的法律不如此认为时,适用损害结果发生地国法律,前提是行为人应能预见其作为或不作为会在该国造成损害。

3. 但是,如果行为人及受害人有同一国籍而偶然身处外国,或无同一国籍但有共同经常居所地而偶然身处外国,则适用国籍国法律或共同经常居所地法律,但不影响该外国对任何人一律适用的法律条款的适用。

第四分节　调整物之法律

第45条　[物权]

1. 占有、所有权及其他物权制度,均由物之所在地国法律调整。

2. 设定或转移过境物的物权时，视该过境物处于目的地国。

3. 受注册制度约束的运输工具，其权利的设定及转移，均由注册地国法律调整。

第 46 条 [设定或处分不动产物权的能力]

设定或处分不动产物权的能力，亦由物之所在地法律调整，前提是该法有此规定；否则适用属人法。

第 47 条 [知识产权]

1. 著作权由作品的首次发表地法律调整；如作品尚未发表，则由作者的属人法调整，但不得损抑特别法的规定。

2. 工业产权，由其创设地国的法律调整。

第五分节 调整亲属关系之法律

第 48 条 [结婚或订立婚前协定的能力]

结婚或订立婚前协定的能力，由立约人各自的属人法调整；该属人法亦为确定有关立约人的意思欠缺或瑕疵之制度的准据法。

第 49 条 [结婚方式]

结婚方式，由婚姻缔结地国法律调整，但下条另有规定的除外。

第 50 条 [例外情形]

1. 两名外国人在东帝汶缔结婚姻的，可按照任意一方当事人的国籍国法律所规定的方式，在其外交或领事代表机构处结婚，前提是当事人的国籍国法律承认东帝汶的外交和领事代表机构拥有同样的权限。

2. 两名东帝汶人或东帝汶人与外国人在外国结婚，可在东帝汶外交或领事代表机构处或天主教司铎（Sacerdotes）面前结婚；在任何情况下，缔结婚姻应当事先由主管机关履行公布程序，但依照第 1488 条规定免除此项程序者除外。

3. 两名东帝汶人或东帝汶人与外国人在外国按照教会法缔结婚姻的，不论根据当地法律缔结婚姻的法定形式如何，均应视为天主教婚姻，有关婚姻的转录（transcrição）以教区教堂记录为依据。

第 51 条 [夫妻间关系]

1. 夫妻间关系由双方的共同国籍国法律调整，但下条另有规定者除外。

2. 夫妻双方无共同国籍时，适用其共同经常居所地法律；如果无共同经常居所地，则适用与家庭生活有较为密切联系的国家的法律。

第 52 条 [婚前协定及财产制]

1. 婚前协定的实质及效力,以及法定或约定财产制的实质及效力,均由缔结婚姻时结婚当事人的国籍国法律调整。

2. 结婚当事人无共同国籍时,适用结婚时的共同经常居所地法律;如无共同经常居所地,适用婚后首个共同居所地法律。

3. 如果应适用的法律为外国法,且其中一个结婚当事人的经常居所地在东帝汶境内时,可约定采用本法典容许的任一财产制。

第 53 条 [财产制的变更]

1. 如果依照第 51 条所指的法律规定容许变更,则夫妻双方可法定或者约定变更其财产制。

2. 在任何情况下,新约定不具有损害第三人的追溯效力。

第 54 条 [司法裁判分居、分产以及离婚]

1. 司法裁判分居、分产以及离婚,适用第 51 条的规定。

2. 但是,如果在婚姻关系存续期间准据法发生变更的,则作为分居、分产或离婚所依据的事实,仅指对其进行核查时的相关事实。

第 55 条 [亲子关系的成立]

1. 亲子关系的成立,适用父亲或母亲于该关系确立日的属人法。

2. 如果为已婚妇女的子女,则与父亲的亲子关系的成立,由母亲及其丈夫的共同国籍国法律调整;如无共同国籍国,则适用夫妻双方的共同经常居所地法律;如亦无共同经常居所地,则适用子女的属人法。

3. 就前款规定而言,应以子女出生的时刻为准;如父母在子女出生的时刻已解除婚姻,应以解除婚姻的时刻为准。

第 56 条 [父母与子女的关系]

1. 父母与子女的关系,由父母的共同国籍国法律调整;如无共同国籍国,则由父母的共同经常居所地法律调整;如父母经常居住于不同国家,则适用子女的属人法。

2. 仅与父母其中一人确立亲子关系时,适用该人的属人法;如父母其中一人已经死亡,则适用仍生存者的属人法。

第 57 条 [收养之亲子关系]

1. 收养之亲子关系的成立,适用收养人的属人法,但不影响下款规定的适用。

2. 夫妻双方共同收养或者待被收养人为收养人配偶的子女时,适用夫妻双方的共同国籍国法律;如无共同国籍国,则适用共同经常居所地法律;如亦无共同常居地,则适用与收养人家庭生活有较为密切联系的国家的法律。

3. 收养人与被收养人的关系,以及被收养人与其原亲属的关系,均由收养人的属人法调整。此外,前款所指情形,亦适用第56条的规定。

4. 如果调整待被收养人与其父母关系的法律无收养的法律制度或不容许收养处于与待被收养人相同亲属状况的人,则不允许收养。

第58条 [认领或收养的特别要件]

1. 如果待被认领人或待被收养人的属人法规定,在认领或收养时必须征得待被认领人或待被收养人的同意,则作为认领或收养的要件,须遵守之。

2. 如果调整亲属或监护性质的法律关系的法律要求须征得因该法律关系而与利害关系人有联系的第三人的同意时,应遵守该要求。

第六分节 调整继承之法律

第59条 [准据法]

死因继承,由被继承人死亡时的属人法调整,该法亦为确定遗产管理人及遗嘱执行人权限的法律。

第60条 [处分能力]

1. 作出、变更或撤销死因处分的能力,以及因处分人年龄而对处分设定的特殊方式要求,由处分人作出意思表示时的属人法调整。

2. 在作出处分后取得新属人法的人,保留按前属人法相关规定撤销有关处分的必要能力。

第61条 [对处分的解释;意思的欠缺及瑕疵]

下列事项,由被继承人作出意思表示时的属人法调整:

(1)对有关条款及处分的解释,但明确指出或暗示由另一法律调整者除外;

(2)意思的欠缺及瑕疵;

(3)可否订立共同遗嘱或继承合同,但不得损抑第52条的规定。

第62条 [方式]

1. 死因处分以及其撤销或变更,如果其方式符合行为实施地法律的规定,或符合被继承人作出意思表示时或死亡时的属人法的规定,又或符合经行为实施地法的冲突规范所援引法律的规定,则均为有效。

2. 但是,如果被继承人作出意思表示时的属人法规定即使行为在外国作出,仍须遵守特定方式,否则无效或不发生效力时,须遵守之。

欧盟理事会1996年11月22日《关于保护免受第三国所通过法律的域外适用以及基于此或由此产生的行动影响的第2271/96号条例》(2018年合订文本)*

刘桂强** 译 邹国勇*** 校

第1条

当条例附件中所规定的法律(包括法规和其他法律文件)的域外适用,以及基于此或由此所产生的行动影响第11条规定的、在共同体和第三国之间从事国际贸易和/或资本流动以及相关商业活动的主体的利益时,本条例提供保护以对抗和抵消其影响。

欧盟委员会有权根据第11a条的规定通过授权法案,将第三国具有域外适用性并对欧盟的利益以及根据欧盟《运行条约》行使权利的自然人和法人的利益造成不利影响的法律、法规或其他法律文件列入本条例的附件,并在该类文书不再具有此影响时予以删除。

第2条

当第11条所规定的任何人的经济和/或金融利益直接或间接地受到附件中规定的法律或者基于此或由此产生的行动的影响时,该人应在获知此信息之日起30

---

* Council Regulation (EC) No. 2271/96 of 22 November 1996 Protecting Against the Effects of the Extra-territorial Application of Legislation Adopted by a Third Country, and Actions Based Thereon or Resulting Therefrom, Official Journal L 309, 29.11.1996, p.1-6. 该条例先后在2003年、2014年和2018年进行3次修订,本文系根据欧盟委员会2018年修订后的合订版本(Official Journal L199I, 7.8.2018, p. 1-6.)进行翻译的。——译者注

** 复旦大学法学院师资博士后,法学博士。

*** 武汉大学国际法研究所副教授,法学博士。

日内向欧盟委员会报告;在法人的利益受到影响时,这项(报告)义务便适用于董事、经理和其他负有管理职责的人。①

应欧盟委员会的要求,该人应当按照欧盟委员会的要求在该要求提出之日起30天内提供与实施本条例相关的所有信息。

所有信息应直接或通过成员国主管机关提交给欧盟委员会。如果相关主体直接将信息提交给欧盟委员会,欧盟委员会将立即通知提供信息者居住地或注册地所属成员国的主管机关。

第3条

根据第2条提供的所有信息,应当只能为实现提供该信息目的之用。

本质上属于保密信息或者在保密基础上提交的信息应在职业保密义务的保护范围内。未经提供信息者的明确许可,欧盟委员会不得披露该信息。

当欧盟委员会有义务或获得授权时,尤其是在与诉讼程序相关的情形下,应允许传递此类信息。传递信息时应考虑到相关人员的合法利益,即保护他/她的商业秘密不被泄露。

本条不妨碍欧盟委员会对一般性信息进行披露。如果信息披露违反提供该信息的本意,则不应允许。

当违反保密规定时,原始信息持有者有权视具体情况要求删除、无视或纠正该信息。

第4条

如果共同体外的法院或法庭作出的判决以及行政机关作出的决定,通过直接或间接的方式,使附件中的法律或者基于此或由此产生的行动产生效力,则不得以任何方式(在共同体内)予以承认和执行。

第5条

第11条所规定的任何人,均不得直接或通过子公司或其他中间人,主动或有意遵守附件规定的或者由其直接或间接产生的任何要求或禁止性命令,包括基于此或由其产生的行动的任何要求或禁止性命令,包括外国法院的要求。

根据第7条和第8条所规定的程序,在不遵守(外国当局的要求或禁止性命令)会严重损害其个人或共同体利益的情况下,可以授权个人完全或部分遵守。适用本条款的标准应根据第8条所规定的程序确定。当有充分证据表明不遵守会对该自然人或法人造成严重损害时,欧盟委员会应迅速向第8条所规定的委员会提交一份

---

① 信息应提供给以下地址:European Commission, Directorate General Ⅰ, Rue de la Loi/Wetstraat 200, B-1049 Brussels[传真:(32-2)2956505]。

草案,提出根据条例规定可采取的适当措施。

第6条

第11条所规定的任何人从事第1条规定的活动时,有权追偿因附件中所规定法律的适用或基于此或者由此产生的行动而遭受的任何损失,包括法律费用。

追偿对象包括造成该损失的自然人、法人或任何其他实体以及代表其行事的任何人或中间人。

1968年9月27日《关于民商事案件管辖权及判决执行的布鲁塞尔公约》应适用于根据本条提起的诉讼程序以及作出的判决。追偿可以根据该公约第2编第2~6节的规定,或者基于该公约第57条第3款的规定,通过在该人、实体、代表其行事的人或中间人持有资产的任何成员国法院提起的司法程序中获得。

在不影响其他可用手段的情况下,根据所适用的法律规定,追偿可以通过扣押和出售这些在欧共体内的人、实体、代表他们行事的人或者中间人所持有的资产(包括在共同体内注册成立的法人所持有的股份)的形式进行。

第7条

为执行本条例,欧盟委员会应当:

(a)对基于本条例所获得的信息,就第1条所提及的法律、法规、其他法律文件以及后续行动的影响,及时、全面地向欧洲议会和欧盟理事会报告,并定期就此作出全面、公开的报告;

(b)根据第5条所规定的条件进行授权,并且在规定委员会发表意见的时限时,充分考虑被授权对象所必须遵守的时限;

(c)对适用第4条和第6条规定的判决和决定,在《欧洲诸共同体官方公报》上发布公告;

(d)对第2条所指的成员国主管机关的名称和地址,在《欧洲诸共同体官方公报》上公布。

第8条

为执行第7条(b)项的规定,域外立法委员会应协助欧盟委员会的工作。执行法案应当按照本条第2款所述的审查程序通过。该委员会应符合《欧洲议会和欧盟理事会2011年2月16日关于成员国对委员会行使执行权力的控制机制的规则和一般原则的第182/2011号条例》(以下简称《第182/2011号条例》)的规定。[①]

---

① 《欧洲议会和欧盟理事会2011年2月16日关于成员国对委员会行使执行权力的控制机制的规则和一般原则的第182/2011号条例》(2011年《欧洲联盟官方公报》L55号,第13页)。

当涉及本款时,应适用欧洲议会和欧盟理事会《第 182/2011 号条例》第 5 条的规定。

第 9 条

各成员国应确定违反本条例相关规定时的制裁措施。这种制裁必须是有效的、相称的和劝阻性的。

第 10 条

欧盟委员会和各成员国应相互通报根据本条例所采取的措施以及与本条例有关的所有其他相关信息。

第 11 条

本条例应适用于:

(1)任何共同体内的自然人①以及成员国国民;

(2)任何在共同体内注册成立的法人;

(3)《欧洲经济共同体理事会 1986 年 12 月 22 日关于成员国之间和成员国与第三国之间适用自由提供海上运输服务原则的第 4055/86 号条例》第 1 条第 2 款所指的任何自然人或法人;②

(4)共同体境内居住的其他自然人,除非该自然人在其国籍国境内;

(5)在共同体内以专业身份行事的任何其他自然人,包括在成员国管辖或控制下的领水、领空、飞机或船舶上的人。

第 11a 条

根据本条规定的条件,欧盟委员会有权通过授权法案。

第 1 款所规定的欧盟委员会所享有的通过授权法案的权力应自 2014 年 2 月 20 日起计算,为期 5 年。欧盟委员会应在 5 年期限结束前 9 个月内起草一份授权报告。(授权期限届满后,)该授权应当默示延长相同期限,除非欧洲议会或欧盟理事会在每个期限届满前 3 个月内反对延长。

---

① 就本条例而言,"共同体内的居民",是指在本条例规定的义务产生或权利行使之日前的 12 个月,在共同体内至少合法居住 6 个月的时间。

② 《欧洲经济共同体理事会 1986 年 12 月 22 日关于成员国之间以及成员国和第三国之间适用自由提供海上运输服务原则的第 4055/86 号条例》(1986 年 12 月 31 日《欧洲诸共同体官方公报》第 L378 号,第 1 页)。该条例由《欧洲经济共同体理事会 1990 年 12 月 4 日关于在两德统一后修订〈欧洲经济共同体理事会 1986 年 12 月 22 日关于成员国之间和成员国与第三国之间适用自由提供海上运输服务原则的第 4055/86 号条例〉的第 3573/90 号条例》(1990 年 12 月 17 日《欧洲联盟官方公报》第 L353 号,第 16 页)修订。

欧洲议会或欧盟理事会可以随时决定撤销第1款所规定的授权。撤销决定一旦作出,该决定中所列明的授权事项即告终止。撤销决定自该决定在《欧洲联盟官方公报》上公布次日或自该决定中所列明的日期生效。任何已经生效的授权法案不因此而失效。

授权法案一经通过,欧盟委员会应同时向欧洲议会和欧盟理事会通报。

根据第1款通过的授权法案,只有在将其通报给欧洲议会或欧盟理事会后,欧洲议会和理事会在2个月期限内没有表示反对,或在该期限届满前,欧洲议会和欧盟理事会均通知委员会他们不会反对的情况下才会生效。根据欧洲议会或欧盟理事会的提案,该期限可延长至4个月。

第12条

本条例应当自其在《欧洲诸同体官方公报》上公布之日起生效。

本条例在整体上具有约束力,并直接适用于所有成员国。

附录　法律、法规和其他法律文件

国家:美国

法　　案

1.《1993财年国防授权法》第17编,《1992年古巴民主法》第1704节至第1707节

要求遵守的规定:

相关要求被整合到《1996年古巴自由和民主团结法》第1编,见下文。

可能对欧盟利益造成的损害:

产生的不利影响现已规定在《1996年古巴自由和民主团结法》,见下文。

2.1996年《古巴自由和民主团结法》

第1编

要求遵守的规定:

遵守美国对古巴的经济、金融封锁,特别是不得直接或通过第三国向美国出口任何原产于古巴或含有原产于古巴的材料或货物的商品或服务;不经营位于或曾经位于古巴或从古巴运输或者经过古巴的商品;在未得到出口国国家主管部门通知的情况下,不得向美国再出口原产于古巴的糖制品;或在未保证产品不是古巴产品的情况下向美国出口糖制品,冻结古巴资产,不得与古巴进行金融交易。

可能对欧盟利益造成的损害：

被禁止在美国的任何地方从船上装载或卸载货物，或进入美国港口；拒绝进口任何源自古巴的货物或服务，拒绝向古巴进口源自美国的货物或服务，限制涉及古巴的金融交易。

第3编和第4编

要求遵守的规定：

停止"非法交易"以前由美国人（包括获得美国公民身份的古巴人）拥有并被古巴政权征收的财产。（非法交易包括使用、销售、转让、控制、管理和其他有利于个人的活动）。

可能对欧盟利益造成的损害：

根据已经产生的责任，在美国起诉对参与非法交易的欧盟公民或公司，产生向美国当事人支付（多倍）赔偿的判决/决定。参与非法交易的个人，包括其配偶、未成年子女和代理人被拒绝进入美国。

3.1996年《制裁伊朗法》

要求遵守的规定：

不得故意为以下行为：

（1）12个月内在伊朗投资2000万美元以上，直接和显著提高伊朗开发石油资源的能力；

（2）向伊朗提供价值100万美元以上，或在12个月内提供总价值500万美元以上的货物、服务或其他类型的支持，直接和显著促进伊朗维持或提高国内精炼石油产品的生产能力或其对伊朗境内石油资源的开发能力；

（3）向伊朗提供价值25万美元以上，或在12个月内提供总价值100万美元以上的货物、服务或其他类型的支持，直接和显著帮助伊朗维持或提高国内石化产品的生产能力；

（4）向伊朗提供价值100万美元以上，或在12个月内提供总价值500万美元以上的精炼石油产品或可能直接和显著提高伊朗进口精炼石油产品能力的货物、服务或其他类型的支持；

（5）参与2002年1月1日或之后成立的、伊朗或其政府拥有特殊利益的、在伊朗境外开发石油资源的合资企业；

（6）参与运输来自伊朗的原油或隐瞒源自伊朗的、由原油和精炼石油产品组成的货物。

可能对欧盟利益造成的损害：

面临被限制向美国进口或向美国采购的措施,被禁止指定为主要交易商或作为美国政府资金的存放处,被禁止从美国金融机构获得贷款或通过这些机构转移资金,被禁止在美国管辖范围内进行外汇交易,面临美国的出口限制,被禁止在美国管辖范围内进行财产交易,或被拒绝获得进出口银行的援助,面临船只登陆和停港限制。

4. 2012 年《伊朗自由与反扩散法》

要求遵守的规定：

不得故意为以下行为：

(1)向在伊朗的港口、能源、航运或造船部门的经营者或者其代表人,或向被列入特别指定国民和被封锁人员名单上的任何伊朗人提供重大支持,包括为重大金融交易、货物或服务提供便利；

(2)与伊朗进行与伊朗能源、航运或造船部门有关的重要货物和服务的贸易；

(3)在特定情况下,从伊朗购买石油和石油产品并进行与之相关的金融交易；

(4)进行或促进进出伊朗的天然气贸易的交易(适用于外国金融机构)；

(5)与伊朗进行贵金属、石墨、原材料或半成品金属或可能用于特定部门或涉及特定人的软件的贸易;也不得为与此类贸易有关的重大金融交易提供便利；

(6)提供与特定活动有关的、或向特定类别的人提供承保服务、保险和再保险服务,包括但不限于上述第(1)款和第(2)款的活动。根据贸易或交易的性质和主体所尽勤勉义务程度,适用某些例外情形。

可能对欧盟利益造成的损害：

面临向美国进口或采购的限制措施,被禁止指定为主要交易商或美国政府资金的存放处,被禁止从美国金融机构获得贷款或通过这些机构转账,被禁止在美国管辖范围内进行外汇交易,面临美国的出口限制,被禁止在美国管辖范围内进行财产交易,或被禁止获得进出口银行的援助,被禁止和限制在美国开设和维持代理账户。

5.《2012 财年国防授权法》

要求遵守的规定：

禁止外国金融机构在知情的情况下与伊朗中央银行或另一指定的伊朗金融机构进行或促成任何重大的金融交易。在特殊情形下,与食品和药品有关以及与石油有关的交易除外。

可能对欧盟利益造成的损害：

民事和刑事处罚为被禁止和限制在美国开设和维持代理账户。

6.2012 年《减少伊朗威胁与叙利亚人权法》

要求遵守的规定：

不得故意为以下行为：

(1)向某些伊朗人提供承保服务、保险或再保险服务；

(2)促成伊朗主权债务或伊朗控制的实体的债务的发行；

(3)直接或间接与伊朗政府或受伊朗政府管辖的任何主体进行为美国法律所禁止的任何交易(适用于美国人拥有或控制的外国子公司)；

(4)向伊朗中央银行或其财产利益因伊朗扩散活动而受阻的金融机构提供专门的金融信息服务,或使其能够或协助其直接或间接地获得这种信息服务；

(5)关于第(1)项,人道主义援助、食品和医疗产品供应等情形除外,并且取决于主体所尽到的勤勉义务的水平。

可能对欧盟利益造成的损害：

面临向美国进口或采购的限制措施,被禁止指定为主要交易商或美国政府资金的存放处,被禁止从美国金融机构获得贷款或通过这些机构转账,被禁止在美国管辖范围内进行外汇交易,面临美国的出口限制,被禁止在美国管辖范围内进行财产交易,或被拒绝获得进出口银行的援助,被禁止和限制在美国开设和维持代理账户。

法　　规

1.《伊朗交易与制裁条例》

要求遵守的规定：

如果明知或应当知道该转出口贸易是专门提供给伊朗或其政府的,则不得向伊朗转出口任何从美国出口的和受美国出口管制规则约束的货物、技术或服务。

但该货物实质上在美国境外被改造成外国制造的产品,或被包含在外国产品中并且不超过其价值10%的除外。

可能对欧盟利益造成的损害：

受到民事处罚、罚款和监禁。

2. 美国《联邦法规汇编》第三十一编第五节第515部分,即《古巴资产管制条例》,B(禁止)、E(许可证、授权和许可证政策声明)和G(处罚)

要求遵守的规定:

相关禁止措施被整合到1996年《古巴自由和民主团结法》的第1编,见上文。此外,要求在涉及古巴的经济活动方面获得许可证和/或授权。

可能对欧盟利益造成的损害:

违反规定将面临罚款、没收(财产等)、监禁。

约 稿 启 事

《中国国际私法与比较法年刊》(以下简称《年刊》)是由中国国际私法学会、武汉大学国际法研究所主办,法律出版社出版发行的学术出版物,也是中文社会科学引文索引(CSSCI)法学学科来源集刊。《年刊》享有较高的学术声誉,在推进我国国际私法科学研究、繁荣发展和学术交流中发挥了十分重要的作用。

《年刊》坚持学术自律、自主和自尊的方针,一切采稿、编辑活动坚持学术标准。栏目设置以国际私法专论、冲突法研究、国际统一私法与比较法研究、区际法律问题研究、国际民商事争议解决机制研究等栏目为主,还设有电子商务与国际私法研究、国际私法实务研究、《海牙公约》研究、国际私法教学、评介与资料等栏目。《年刊》自2017年卷开始,每年出版2卷,面向国内外征集稿件,热忱欢迎广大专家学者踊跃赐稿。

稿件要求如下:

一、来稿体裁和字数不限,要求选题新颖,立论科学,论据充足,论证严密,层次清晰,语言流畅。

二、来稿必须包括:题目(包括英文译名),作者简介(姓名、所在单位、职务或职称、邮编、联系电话、电子邮箱),摘要,正文。

三、来稿必须是未经发表的学术论著,请勿引用未公开发表的资料,勿一稿多投。根据我国《著作权法》的有关规定,编辑部对来稿有权做文字性和技术性的修改、删节。

四、来稿文责自负,《年刊》所载文章仅代表作者个人观点,并不必然反映编辑部或者主办机构的观点或立场。

五、为适应我国信息化建设,扩大《年刊》及作者知识信息交流渠道,《年刊》已被《中国学术期刊网络出版总库》(CNKI)及重庆维普网等数据库收录,免费提供作者文章引用统计分析资料,其作者文章著作权使用费与本书稿酬一次性给付。如作者不同意文章被收录,请在来稿时声明,《年刊》编辑部将作适当处理。

六、来稿注释范例如下:

(一)文中注释采用脚注,全文每页脚注单独排序,注码放标点之后。

(二)非引用原文者,注释前加“参见”。

(三)引用资料非来自原始出处者,注明“转引自”。

(四)引文出自同一资料相邻数页者,注释例:第28页以下。

(五)具体注释体例:

1. 著作类

①季卫东:《法治秩序的建构》(增补版),商务印书馆2014年版,第20页。

②徐冬根:《财富与美德》,北京大学出版社2013年版,第31页。

2. 论文类

①韩长印、韩永强:《债权受偿顺位省思——基于破产法的考量》,载《中国社会科学》2010年第4期。

②许多奇:《论税法量能平等负担原则》,载《中国法学》2013年第5期。

③高薇:《网络交易中的私人纠纷解决》,载《政法论坛》2013年第5期。

3. 文集类

黄韬:《为什么法院不那么重要——中国证券市场的一个观察》,载苏力主编:《法律和社会科学》(第9卷),法律出版社2012年版。

4. 译作类

[英]H. L. A. 哈特、[美]托尼·奥诺尔:《法律中的因果关系》,张绍谦译,中国政法大学出版社2005年版,第216页。

5. 报纸类

许多奇:《“带头大哥”为何涉嫌非法集资》,载《解放日报》2007年10月15日,第13版。

6. 古籍类

《史记·秦始皇本纪》。

7. 辞书类

《新英汉法律词典》,法律出版社1998年版,第24页。

8. 外文类

依从该文种注释习惯。

例如:Shen Wei, *Rethinking the New York Convention—A Law and Economics Approach*, Cambridge: Intersentia, 2013, p. 153.

9. 法院判决、公告类

《关于进一步支持小微企业增值税和营业税政策的通知》(财税〔2014〕71号)。

10. 网络资讯类

原则上，如果同样内容有纸质参考，请选用纸质参考，以方便保存查阅。

尹守革：《专访吴晓灵：央行应该有更多的自主权》，载搜狐财经网 2013 年 12 月 18 日，http://business.sohu.com/20131218/n392003645.shtml。

七、经《年刊》采用的来稿，会敬奉稿酬及样书。所有来稿 3 个月内未收到录用通知，作者有权对稿件另行处理，编辑部一般不予退稿，请作者自留底稿。

八、任何来稿视为作者、译作者已经知悉并同意《年刊》的约稿条件。

来稿请采用电子文本。电子文本请发送电子邮件至 ybpil@whu.edu.cn。

《中国国际私法与比较法年刊》编委会

2022 年 5 月